苏州大学"211工程"资助项目
苏州大学金融学科质量工程建设重点教材

国际金融学

第三版

乔桂明 著

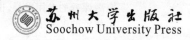
苏州大学出版社
Soochow University Press

INTERNATIONAL FINANCE

图书在版编目(CIP)数据

国际金融学/乔桂明著. —3版. —苏州：苏州大学出版社,2017.1(2022.12重印)

苏州大学"211工程"资助项目　苏州大学金融学科质量工程建设重点教材

ISBN 978-7-5672-1724-9

Ⅰ.①国… Ⅱ.①乔… Ⅲ.①国际金融学－高等学校－教材 Ⅳ.①F831

中国版本图书馆CIP数据核字(2016)第190518号

内容简介

本书以现代经济学理论和国际金融研究的最新成果为基础,用科学的观点与方法阐述货币资本在国际间周转与流动的规律、渠道和方式,揭示国际经济关系,特别是国际货币关系的演变与创新。全书共为十章,分别阐述了国际金融的研究对象和内容;外汇与外汇风险;汇率与汇率制度比较;国际收支与国际储备管理;国际资本流动与国际金融危机;国际金融市场发展与创新;经典的汇率理论;国际金融问题中其他重要理论;开放经济条件下的宏观经济政策及其协调和国际货币体系与国际金融组织机构。

本书是全国高等院校财经类专业规划教材,也是苏州大学出版社出版的东吴财经丛书系列教材之一,可作为全国高等财经院校和综合性大学商学院经济类、管理类学生国际金融课程的专用教材,也可作为广大从事经济特别是国际金融领域的理论工作者和实际工作者的参考书。

国际金融学

（第三版）

乔桂明　著

责任编辑　薛华强

苏州大学出版社出版发行
（地址：苏州市十梓街1号　邮编：215006）
南通印刷总厂有限公司印装
（地址：南通市通州经济开发区朝霞路180号　邮编：226300）

开本 787 mm×960 mm　1/16　印张 21.5　字数 446千
2017年1月第1版　2022年12月第3次印刷
ISBN 978-7-5672-1724-9　　定价：58.00元

苏州大学版图书若有印装错误,本社负责调换
苏州大学出版社营销部　电话：0512-67481020
苏州大学出版社网址　http://www.sudapress.com

《国际金融学》第三版前言

由我和王怡、张咏梅老师编著的《国际金融学》第一版和第二版分别于2005年8月和2010年8月由中国财政经济出版社出版，由于该书适合于中国金融开放与创新的时代背景，特别是满足了我国国际金融市场迅速发展的需要，受到社会各界，特别是从事金融教学和理论研究工作者的普遍欢迎。由于本书理论与实际紧密结合，同时又充分体现了与时俱进、开放创新等时代气息，受到社会各界的一致好评。《国际金融学（第二版）》从2010年出版至今，又过去了5个多年头，根据国际上畅销教材的出版惯例，又到了该做修订的时候。在苏州大学国际金融教学团队的共同努力和众多兄弟院校金融相关专业师生的鼎力支持下，新版教材终于成稿。

本教材为全国高等院校财经类专业"十二五"规划教材，先后获得苏州大学精品教材、优秀教学成果一等奖和江苏省金融学质量工程培育点建设重要优秀成果等荣誉。《国际金融学（第三版）》虽然相对于以前版本做了一系列调整和改动，但依旧保留了前两版的优秀品质。继续保持编著者对国际金融研究知识点和逻辑与脉络的一贯理解，即货币与资本运动的原理研究：外汇、汇率和国际资本流动；货币与资本运动的平台研究：国际金融市场、国际货币体系、国际金融组织机构和国际经济组织协调；货币与资本运动的结果研究：国际收支与国际储备，强调了宏观与微观的一体性、内容与形式的完整性，以及逻辑与脉络的严密性。整部教材引导学生学习经典理论，分析实际现象，探讨可行的国际金融问题解决方案。

2008—2014年，国际经济和金融舞台上风云变幻，跌宕起伏，热点不断。由美国次贷危机引发的"百年一遇"的国际金融危机继续发酵，对国际金融产品和交易、跨国公司经营管理、开放经济宏观经济政策选择等产生了极其深刻的影响。一方面，全球经济失衡问题更加突出，大国宏观经济政策的以邻为壑效应暴露无遗，美元、欧元、日元等主要货币的汇率表现动荡不安，国际资本流动方向和规模频繁变化，前景不明，欧债危机、俄罗斯卢布危机、全球量化宽松货币政策等逐渐升级，国际金融体系改革任重而道远——如此复杂多变的国际金融新局面，对开放程度日益提高的新兴市场国家提出了严峻挑战。另一方面，中国经济和金融与世界其他地区的融合程度越来越高，彼此相互依赖、相互影响。在此过程中，中国外汇市场和汇率形成机制逐渐完善，资本账户开放度稳步提高，上海、广东、福建、天津自由贸易区相继设立，人民币国际化的阶段性战略目标正在实现——这表明，无论是国内的微观个体还是宏观决策层，都必须认真学习有效对抗外部冲击的本领，以尽早适应经济全球化所固有的利益输送与危机传染并存的双重属性。为了迎合近年来国际经济形势的深刻变化和中国金融开放与创新向纵深发展，需要对国际经济的人才知识结构做出新的定位，使其更好地满足对人才培养的需要。

《国际金融学(第三版)》教材的修订工作正是在前述背景下完成的。此次修订的特点主要体现在以下几个方面：

其一，能够反映国际金融领域的最新发展和有关研究的最新成就。为此，我们在编写过程中充分注意吸收本学科的最新成果，尽量采用最新的研究成果和统计资料。对于一些不适宜作为基本知识进行介绍，却能反映最新动态的内容，以专栏或附录的形式给出，以拓宽学生的视野，丰富背景知识。

其二，大量使用图表、举例、专栏等丰富多样的形式，深入浅出地讲解国际金融基础知识和经典理论，分析国际金融现象与事件，利用新增加的导读、学习重点与难点、专栏、核心概念和复习思考题等多种形式明确教学与复习的重点。

其三，全书对知识核心的传递更加明确，结构体系更加紧凑。金融学研究的核心对象是货币资金，而国际金融学是研究货币资金在国际间流动、运作及由此引发的一系列金融行为的规律的一门学科。可见，货币资本仍然是国际金融学研究的核心，但它所研究的货币不再是在一国国内使用的货币，而是国际货币或外汇，所以本书以外汇作为切入点，以汇率作为核心，围绕这个核心展开叙述。全书框架按照基础知识、经典理论和宏观管理三部分来进行布局，使结构体系更加合理紧凑。

其四，与时俱进，对原有教材存在的不足做了进一步弥补和改进。《国际金融学》一书自2005年出版以来受到市场的普遍欢迎，但在过去的十年中，尤其是近几年，国际政治经济关系和国际金融市场发生了明显变化，如美国量化宽松货币政策的退出、人民币国际地位的迅速崛起、亚洲基础设施投资银行的创立等，使原教材内容在很大程度上落后于国内外实际情况的变化，对原有内容的修正与补充已迫在眉睫。所以编者在关注形势变化和认真听取各兄弟院校师生对教材使用情况的意见后，决定出版《国际金融学》第三版。第三版与前两版相比，除了更新涉及国际金融领域的体制改革、环境变化、业务发展等最新变革内容以外，还做了以下具体修改：一是将全书设计为三大板块，即国际金融基础、国际金融理论和国际金融宏观管理。基础部分侧重于对国际金融框架体系、知识结构的初步阐述和完整理解；理论部分是在对国际金融基本知识学习的基础上，对国际金融涉及的各种理论做了深度分析和广度介绍，强调了每种理论的产生背景、重要贡献和局限性的讨论与评价，以满足专业理论工作者和报考金融学硕士、博士生的知识功底需要，也便于教师在教学过程中针对不同的教学对象对教学内容进行取舍；宏观管理部分主要体现对国际金融管理问题的应用性研究，深入阐述开放经济条件下的内外均衡政策和国际货币体系的演化、运行及其对世界经济的影响，同时介绍国际金融组织机构的地位和在国际经济管理中的作用。

《国际金融学》第三版力求体现学术性、历史性和前瞻性的统一，理论与实践紧密结合,突出一个"新"字,以反映国际金融领域的最新理论和实践成果。《国际金融学》第三版由乔桂明教授完成全面修改与审定,博士研究生屠立峰,硕士研究生张怀洋、卞牧星和张栋杰等参与了部分资料的搜集和整理工作。

在本书的再版过程中,充分吸收了当代国内外国际金融研究领域专家学者的最新研究成果和学术观点,苏州大学出版社薛华强编辑为本书的出版付出了辛勤的劳动,在此表示衷心感谢。

苏州大学东吴商学院教授、博士生导师

乔桂明

2016年10月于苏州大学东吴商学院

目　　录

第一章　导论 …………………………………………………………(1)
第一节　国际金融的内涵与学科发展 ……………………………(1)
第二节　国际金融的研究对象和研究内容 ………………………(3)
第三节　当代世界金融变革的特征与趋势 ………………………(4)
第四节　学习国际金融的意义与方法 ……………………………(10)

国际金融基础

第二章　外汇与外汇风险 ……………………………………………(16)
第一节　外汇的产生和发展 ………………………………………(16)
第二节　外汇的形态与分类 ………………………………………(19)
第三节　外汇的作用 ………………………………………………(24)
第四节　外汇管制 …………………………………………………(27)
第五节　外汇交易与外汇风险 ……………………………………(42)
第六节　外汇风险的防范策略与措施 ……………………………(51)

第三章　汇率与汇率制度比较 ………………………………………(59)
第一节　汇率的概念及其标价方法 ………………………………(59)
第二节　汇率的分类 ………………………………………………(61)
第三节　汇率决定与变动及其对经济的影响 ……………………(68)
第四节　汇率制度的比较与选择 …………………………………(80)

第四章　国际收支与国际储备管理 …………………………………(87)
第一节　国际收支与国际收支平衡表 ……………………………(87)
第二节　国际收支分析 ……………………………………………(99)
第三节　国际收支调节 ……………………………………………(106)
第四节　国际储备 …………………………………………………(112)

第五章　国际资本流动与国际金融危机 ……………………………(129)
第一节　国际资本流动 ……………………………………………(129)

第二节　国际金融危机……………………………………………………（138）
　　第三节　国际债务危机……………………………………………………（143）
第六章　国际金融市场发展与创新…………………………………………（152）
　　第一节　国际金融市场概述………………………………………………（152）
　　第二节　国际金融市场业务………………………………………………（158）
　　第三节　欧洲货币市场……………………………………………………（169）
　　第四节　国际金融衍生工具市场…………………………………………（176）

国际金融理论

第七章　汇率理论研究………………………………………………………（194）
　　第一节　汇率理论所要研究和解决的主要问题…………………………（194）
　　第二节　早期的汇率理论…………………………………………………（196）
　　第三节　金本位向不兑换纸币过渡时期的汇率理论……………………（199）
　　第四节　第二次世界大战后的汇率理论…………………………………（209）
　　第五节　汇率理论的进一步发展…………………………………………（222）
第八章　国际金融问题中其他重要理论……………………………………（228）
　　第一节　国际收支理论……………………………………………………（228）
　　第二节　国际资本流动理论………………………………………………（238）
　　第三节　货币危机理论……………………………………………………（251）
　　第四节　三元悖论问题……………………………………………………（264）

国际金融宏观管理

第九章　开放经济条件下的宏观经济政策及其协调………………………（268）
　　第一节　开放经济下的宏观经济政策目标和工具………………………（268）
　　第二节　政策搭配原理……………………………………………………（272）
　　第三节　开放经济条件下的政策选择……………………………………（278）
　　第四节　宏观经济政策的国际协调………………………………………（285）
第十章　国际货币体系与国际金融组织机构………………………………（295）
　　第一节　国际货币体系……………………………………………………（295）
　　第二节　国际金融组织机构………………………………………………（318）

第一章 导 论

本章作为本书的导论,首先将对国际金融的内涵和学科发展进行阐述,然后讨论国际金融的研究对象、研究内容和当代国际金融变革的特征与发展趋势,最后论述学习国际金融的意义和方法。通过本章的学习,试图让广大读者进入国际金融学的殿堂。

第一节 国际金融的内涵与学科发展

在当代国与国之间的经济交往中,不仅发生以商品和劳务为主要内容的国际贸易,而且大量发生着以国际信贷、国际投资等引起的以货币资本运动为主的国际金融关系,从历史的观点看,国际金融随国际贸易的产生而产生,其研究的范围也随国际经济合作方式的不断丰富和合作领域的不断拓宽而扩大,从最初仅服务于国际贸易的货币兑换和贸易资金收付结算,发展到目前脱离国际贸易直接为一国国民经济服务的国际信贷、国际投资等活动。这些形式多样的国际金融交易引起的国际资本流动不仅数量庞大,而且以其独立的运动规律影响着国际经济的发展。

与历史的发展相对应,国际金融成为一门独立学科也是一个逐步发展的过程。学科的萌芽可追溯到200多年前,它是在国际贸易学的基础上产生的,并曾长期依附于国际贸易学。这主要是由于早期各国间的联系以商品贸易为主,货币是商品交换的媒介,国际间的资金流动仅是商品流动的对应物。第二次世界大战后,生产和资本国际化迅速发展,与之相适应,国家之间的货币金融关系也日益发展。同时,随着布雷顿森林体系的建立,国际金融领域出现了不同于以往的人为的制度安排的方式,这使得国际金融方面的问题开始具有某些独立的特征,引起了更多研究者的关注。

20世纪50年代和60年代,西方开始出现专门以国际金融问题为研究对象的学术专著,现代意义上的国际金融学已具备雏形。但学者们对国际金融学的研究对象仍有不同的理解,国际金融学的研究范围尚未明确界定。第二次世界大战以后,确切地说是20世纪60年代以后,国际金融才摆脱了对国际贸易的依附,成为一门独立的新兴的经济学科。在这之前,国际金融则属于国际经济学的一个组成部分。国际经济学是研究稀缺资源在世界范围内的最优分配以及国际间商品和生产要素的流动原因与方式的一门经济理论学科。其内容主要包括国际贸易和国际金融的理论,注重的是对国际经济活动和国际经济关系的研究。所以时至今日,还有一些国家(例如美国)的大学教科书仍把国际金融放在"国际经济学"中讲授。但从20世纪60年代后,包括美国在内的西方发达国家的一些大学已逐渐让"国际金融"脱离"国际经济学"而成为一门独立的学科。"国际经济学"也常被"国际贸易"和"国际金融"两门独立学科所取代。随着科技的进步和经济的发展,国际金融活动中的实务交易内容不断被强化。人们公认,如果没有一定理论深度和实务操作相结合的国际金融教科书,那么,要想培养出国际经济活动急需的国际金融人才是不可能的。自然,国际金融学除了要有深刻而完整的理论体系外,还应包括一些必要的实务操作技能。20世纪70年代后,布雷顿森林体系崩溃,世界经济进入了所谓的无体系时代。同时,国际间资本流动尤其是金融性资本的流动规模迅速扩大,其存量以远远高于贸易量的速度发展,其流动越来越具有独特的规律。20世纪80年代以后,经济金融化和一体化趋势加速,国际金融的新现象、新问题层出不穷,国际金融的领域不断拓宽,国际金融在国际经济关系和国民经济运行中的地位日益重要。为顺应这一潮流,欧美教育界开始出现了国际金融方面的专门教材,国际金融学逐渐发展成为一门真正独立的学科。

国际金融虽然日益重要,但关于国际金融的内涵至今仍未有统一的看法。学术界依然是仁者见仁、智者见智,这足以说明国际金融理论和实际活动之复杂。尽管如此,国内外的一些专家学者还是从不同角度尝试着为国际金融下定义。以下几种描述是在相关文献中经常看到的:① 查尔斯·金德尔伯格认为,国际金融学作为经济学科的分支,它主要考察各国之间的经济活动和经济关系。② 蒂尔伯特·斯耐德认为,国际金融学主要研究国际经济关系,其中包括与国际分工、国际商品交换、国际间劳动力流动和资本流动相联系的货币关系。③ 彼得·凯恩认为,国际金融学是以国家为经济单位,考察国与国之间经济关系的一门科学。④ 新贸易理论主要代表人物保罗·克鲁格曼认为,国际金融学是研究扩大了范围的经济学,国际金融特指有关国际贸易或范围更广的国际收支方面的金融活动。⑤ 小岛清则认为,国际金融学是有关生产要素自由流动和消费者选择自由受到限制的一种不完全竞争的理论,是国际商品交换领域实行自由竞争但又考虑收支平衡条件的经济理论。⑥ 国内金融专家易纲、姜波克、马君璐、陈雨露、裴平等则在研究国际专家学者有关理论基础上普遍认为:国际金融是研究货币资本在国际间周转与流通的规律、渠道和方式以及阐述国际金融关系发展的历史与现状的一门理论与实务相结合的学科。

第二节 国际金融的研究对象和研究内容

国际金融作为经济学科的一个新领域,它有着自己特定的研究对象。国际金融当然以国际金融活动为研究对象。具体来说,它是以货币的国际间流动、资本的国际间转移以及国际金融活动与世界经济、各国经济之关系为研究对象的学科。从全球视角来看,国际金融研究国际间货币金融关系和运行;从一国视角来看,国际金融研究开放经济中对外货币金融关系和活动。国际金融作为一门新兴学科,它的主要任务是:通过分析国际金融的诸项活动,揭示国际间货币运动和资本移动的规律,阐述国际金融活动与各国经济(包括世界经济)的内在联系。

根据国际金融的研究对象和任务,我们认为国际金融的研究内容包括国际金融理论和国际金融实务两大部分。

国际金融理论的研究是在对国际金融活动进行抽象、归纳和推理的基础上,对一些基本概念进行界定,对国际金融活动中的基本关系和基本规律进行揭示,对不同的国际金融观点进行阐述。国际金融理论的研究内容主要包括:

一是关于货币国际间流通的基本理论,即外汇与汇率理论。这一理论主要由以下几方面内容组成:外汇的概念;外汇汇率的概念、标价方法和种类;影响汇率的因素;汇率制度;汇率对经济的影响;汇率决定与变动的理论。

二是关于资本国际间流动的理论:资本国际间移动的含义及类型;跨国公司与国际资本流动的理论与实证分析;国际资本移动的特点与新趋势。

三是关于货币、资本国际间运动的结果理论,它由国际收支理论和国际储备理论构成。首先,货币、资本的运动会导致一国国际收支的变化,国际收支的变化不仅影响各国宏观经济,而且也是国际金融活动中的矛盾焦点。因此,要研究国际收支的概念、国际收支平衡表编制、国际收支的调节和国际收支的理论与政策。其次,国际收支的变化又会导致国际储备的增减,而国际储备反过来会影响国际收支和汇率的稳定。因此,要研究国际储备的概念、构成及作用;要对国际储备需求进行分析,对国际储备供给管理进行研究。

四是关于国际金融市场的理论。国际金融市场作为一切国际金融交易活动的平台,包括货币市场、资本市场、外汇市场、黄金市场和各种创新性的金融衍生品市场等。在国际经济运行中,国际金融市场的交易活动与一国的国际收支构成紧密联系。一国在其对外政治、经济和文化的联系中所发生的国际收支,无论是贸易收支还是非贸易收支,是长期资本流动还是短期资本流动,是货币的交易还是黄金的买卖,无不通过国际金融市场来实现。随着历史的变迁,国际金融市场在第二次世界大战后经历了三个阶段的变化:伦敦、纽约和苏黎世并列的国际金融市场;欧洲货币市场的形成与发展时期的国际金融市场;发展中国家金融市场的发展与国际化时期的国际金融市场。因此,本部分主要研究现代国际金融市场的形成与发展、欧洲货币市场、国际资本市场、国际黄金市场以及当代迅速发展的金融期货、期权和互换市场。

五是关于国际金融活动协调的理论。国际金融活动是世界范围内国与国之间的货币、资本运动,若各国均仅考虑本国如何获取最大利益,而不考虑别国利益,则国际金融必然处于一种无序状态,到头来各国的利益都会受到损害。因此,国际金融活动存在着协调问题。"协调问题"的研究内容包括:其一,为了适应国际贸易和其他支付的需要,各国政府要协调确定一系列原则安排和惯例,因此,要讨论国际金融活动的协调内容——国际货币体系。其二,当今的世界是开放的世界,在开放经济的条件下,各国制定和执行国际金融政策,以及参与国际金融各项业务活动都要考虑本国的宏观经济目标与政策。所以,这部分还要研究开放经济条件下的宏观经济政策工具、开放经济的相互依赖性、开放经济条件下的政策搭配及经济政策国际协调的实践和方案。其三,为了保证国际金融活动的有序、有效,就需要有一个协调、管理和监督的机构,因此,还要介绍国际金融活动中的协调主体——国际金融机构。

国际金融实务部分主要涉及办理国际金融业务的程序和条件,各种外汇交易的方法、手段和工具。这里需要指出的是:第一,考虑到目前我国高校国际金融专业的课程体系基本上都安排了理论和实务两部分来教学,而本教材突出的是理论教学的缘故,故只选择其主要实务作概略介绍。第二,由于"理论"与"实务"很难截然分开,所以,不可能根据已有的理论来一一对应地介绍实务,当然在介绍实务时,也不可能完全不涉及有关的理论问题。本教材介绍的国际金融实务知识主要包括两个方面:外汇交易实务和外汇风险管理实务。具体内容为:即期交易、远期交易、掉期交易、期货交易、期权交易、互换交易和远期利率协定等基本原理和方法。同时我们对外汇交易风险、会计(折算)风险和经济风险的类型及各种风险的防范措施也作了分析与研究。

第三节　当代世界金融变革的特征与趋势

自从20世纪70年代末以来,世界金融发生了一场深刻的变革,其最主要特征是全球化。进入21世纪以来,这场变革还在继续,而且出现了加速发展的趋势。其基本特征被许多经济学家概括为自由化、国际化、一体化、证券化和全球化。当今世界的一个根本性大趋势就是经济全球化,而金融全球化就是其中的核心,更值得我们重视和关注。现将这五大趋势阐述如下。

一、金融的自由化

金融自由化开始于美国。自由化的涵义是相对于管制而言,也就是对管制的放松。在大萧条以后,美国逐步形成了对金融业(主要是银行业)的管制。管制主要表现为:(1) 对银行支付存款利息率限制的"Q 条例"(Regulation Q);(2) 对银行进行证券业务的限制(格拉斯-斯蒂格尔法);(3) 存款保险制度;(4) 对金融市场和金融机构的管理与监督(证券与交易委员会、存款保险公司、贷款保险公司、住宅贷款局等);(5) 限制新银行开业;(6) 联邦储备银行的集中和加强等。20 世纪 70 年代以后,美国出现了一股对大萧条重新认识的思潮。这种思潮认为 30 年代银行发放冒险性贷款和进行风险性投资并非政府管制不严所致,当时的问题本来是可能通过一个强有力的中央银行(最后贷款人)来解决的。因而认为对银行和其他金融机构进行严格的管制是错误地总结了 30 年代银行危机的教训。除了这种认识方面的原因外,经济条件的变化对金融自由化的发展也起了强有力的推动作用。1965 年之前,在普遍低利率的情况下,"Q 条例"并未形成实际约束,因而未能影响银行的存款吸收能力。而在 1965 年之后,由于利息率普遍提高,政府管制就产生了约束力,从而限制了银行的获利机会。存款人把资金转向利息率不受限制的票据和证券。非银行的金融机构的出现更是吸收了大量的存款。银行设法通过发行商业票据、回购协议和吸收欧洲美元等方式进行反击。管制必然导致逃避管制,各种金融创新应运而生。大额存单、回购协议、商业借据(CP)、欧洲美元和货币市场基金等都是为了逃避"Q 条例"限制而创造出来的。面对雨后春笋般出现的金融创新,管制变得无能为力,而这些逃避管制的做法导致了银行效率的下降。而且,在无法有效实行管制的条件下强行实行管制,不但不能确保银行体系的安全性,反而会降低银行的安全性。由于以上这些情况的变化和发展,从 20 世纪 80 年代开始,西方各国先后对金融实行自由化。其中首先是利息率自由化(如逐步取消"Q 条例"),尔后是业务自由化(打破银行业和证券业的从业界限、逐步取消银行业务的地域限制等)。目前,西方国家的金融自由化已达到很高的程度,但各国的发展水平和速度是不平衡的。例如,日本为实现利息率自由化花费了近 15 年的时间,到目前为止,日本的金融自由化与欧美国家相比仍有差异。但是,无论如何,金融自由化已是大势所趋,即使是发展中国家也逐步步入了金融自由化的进程。

二、金融的国际化

金融国际化同金融管制和金融自由化发展密切相关。在 20 世纪 50 年代和 60 年代,大多数国家对国际资本流动实行严格的限制。在一些工业化国家,经常项目下的货币可兑换也只是刚刚实现,而大部分发展中国家仍实行外汇管制。在这样的背景下,尽管国际资本流动规模很小,但欧洲货币市场却逐渐发展起来。早在 1957 年,欧洲美元市场即开始形成。1958 年英格兰银行限制英国银行为外国客户提供英镑贷款,为了维持英国在世界贸易融资中的领先地位,英国银行把目光转向了美元。而欧洲货币的可兑换性的恢复,使得欧洲银行可以持有美元存款,而无须先通过中央银行把美元兑换成本国货币。这些都促进了美元境外业务的发展。推动欧洲美元市场发展的另一个重要原因是,在美国政府加强金融管制的情况下,欧洲美元市场为美国银行逃避管制提供了一条途径。"Q条例"不适用于外国人,如果一个美国银行先把美元存放在其设在伦敦的支行,再从该支行把存款转存回纽约本部,这笔存款就不受"Q条例"的管制。于是,美国银行纷纷在欧洲建立分支机构。更重要的是,在欧洲美元市场上具有没有储备要求、不交再保险费、没有国家监督和干涉以及时区一致等有利条件。因此,欧洲银行(Eurobank)比美国国内银行具有更强的竞争力。换句话说,同美国国内银行相比,在欧洲银行的美元存款利率高、贷款利率低。这就使欧洲美元市场迅速发展起来。这种所谓欧洲银行并不是指某个欧洲国家的银行,而是指位于欧洲的离岸银行。这种离岸市场的出现,打破了传统意义上的国际金融市场的概念。传统的国际金融市场,只是发达国家国内金融市场的延伸,是市场所在国居民和非居民之间信贷的中介场所。其金融业务一般要受到该国法律、政策和市场规则的约束。而离岸市场是非居民之间的借贷中介场所,其业务一般不受东道国的法律限制。欧洲美元市场的发展可以看作是世界金融国际化的重要标志。对资本流动限制的失效促使西方国家放松了对资本国际流动的限制。例如美国在20世纪60年代为了解决因在欧洲投资而造成的国际收支问题,曾颁布所谓"利息平等税",即购买欧洲债券和股票必须纳税。后来对美国银行的海外贷款和美国的对外直接投资也进行了限制。这些措施未能制止资本的外流,只是进一步刺激了欧洲货币市场和欧洲债券市场的发展。于是在1974年,美国只得取消了利息平等税。又如在石油美元回流期间,美国政府为了使美国银行摆脱在同欧洲银行竞争中的不利地位,解除了对美国银行向石油进口国贷款的限制。此后一段时期,西方国家所推行的金融自由化政策直接从正面推动了金融的国际化。金融自由化意味着允许资金流向能够提供最高回报率的地方,而不管这个地方是在境内还是在境外。

接着,发达国家又相继解除了对资本国际流动的限制,这是作为金融自由化政策的一部分。1979年,英国取消了妨碍国际资本自由流入或流出的一切限制。到1984年,日本给予美国银行进入东京金融市场(包括承销政府债券)许多权利。1986年,日本三家最大的证券公司获准在美国承销美国国库券。1986年10月,英国取消了经纪人的固定佣金并进行了其他一些改革(所谓的伦敦"大爆炸")。在这个时期,经营英国股票、债券的证券公司一下子由原来的19家增加到49家,其中包括大批外国公司。

综观目前的形势,在发达国家之间,各种形式的资本已基本上实现了自由流动。国际金融业务早已超越了传统的贸易融资范围。我们似乎可以这样来概括:欧洲市场的发展以及本国金融机构(资金)的准出和外国金融机构(资金)的准入是金融国际化的最主要标志。这种趋势如大潮的洪峰般不可阻挡,20世纪90年代以来,我们看到这股洪流已在冲击发展中国家的大门。

三、金融的一体化

金融国际化是金融一体化的条件，国际金融一体化则是金融国际化的高度发展。一般认为，国际金融一体化的标志是：世界储蓄在对风险进行调整之后，将流向回报率最高的地方；不同金融资产在对风险进行调整之后，将提供相同的收益率。一体化意味着同一金融产品在不同国家和地区的市场上由于套利而只有一个价格。外汇市场是实现了一体化的金融市场的最高范例，它是一个世界范围的市场。外汇交易场所并非集中于世界的某一个地方，而是分布于世界的各个角落。世界上的国际商业银行的外汇部门通过路透社金融信息终端机和路透交易机（Reuter Dealing System）、德励财经金融信息终端机和德励财经交易机（Telerate System），以及同业专用电话，参加了全球电脑联网，为外汇交易提供了必要的通信条件。世界上主要的外汇中心是伦敦、纽约、东京、新加坡、中国香港、阿姆斯特丹、法兰克福、米兰、巴黎、多伦多和巴林。这些作为通信枢纽点的中心点使 24 小时的连续交易运作起来，伦敦仍是世界上最大的外汇交易中心。外汇市场的参与者包括中央银行、商业银行、经纪人、公司和个人。外汇市场的核心往往是巨型国际银行的货币交易室。外汇市场的主要交易是由商业银行之间的直接交易和通过经纪人的间接交易构成的。银行参与外汇交易主要是因为它们需要为其客户（包括政府、公司、银行和个人）提供货币服务（Currency Services），其中包括各种货币的支付、支票清算服务和货币的风险管理等。巨型国际银行的地区交易室为当地提供这类服务，而其中心交易室则在全球范围内调剂各种货币的余缺。由于货币交易规模巨大，这些银行在本国和其他国家间的外汇交易中起着举足轻重的作用。一般来说，这些银行要使自己的资产和负债的币种构成相匹配，常利用外汇市场消除和减少货币风险暴露（Currency Exposure）。如果它们预期某种货币将会升值，它们就会在短期内持有较多的这种货币。例如，在 1992 年年末至 1993 年年初的欧洲汇率机制危机中，由于预料英镑将会贬值，银行在风险暴露度所允许的范围内出售英镑，买进马克。英镑贬值之后，它们便出售马克，买回英镑，以恢复原有的匹配状态。在外汇市场上，通过发现潜在的购买者和出售者，经纪人对银行起着重要的支持作用。由于有经纪人提供各种信息，发现买者和卖者，外汇市场就变得更加有竞争性和高效率。由于外汇市场的一体化，在世界范围内，任何两种货币之间的汇率几乎都是一样的。一体化不仅意味着相同金融市场在世界范围内或某个地区内的连通，而且意味着不同金融市场在世界范围内或某个地区内的贯通。不同金融商品回报率的趋同可通过资金在两个市场之间流动或通过第三个市场间接实现。例如，由于投资者在欧洲市场购买和销售债券，欧洲各国资本的回报率趋向同一水平；欧元的出现就是金融区域一体化的最好例证。在欧洲的货币体系内，过去那种具有民族特征的金融体系和金融市场以及由此导致的分隔被高度一体化的货币体系和金融市场所代替。

四、金融的证券化

证券化是 20 世纪 80 年代中期以来国际资本市场的最主要特征之一。在金融体系中,资金的流动可以直接或间接地(通过中介所)进行。直接金融所涉及的是债权在借方和贷方之间的直接交换。这种交换往往涉及股票、债券和其他金融工具的交易。间接金融则涉及金融中介机构为借方和贷方所提供的服务。第二次世界大战后,国际银行贷款一直是国际融资的主要渠道,并于 1980 年达到顶峰,占国际信贷总额的比重高达 85%。但从 1981 年开始,国际银行贷款地位逐渐下降,到 80 年代中期,国际证券已取代国际银行贷款的国际融资主渠道地位。1998 年,全球证券资产第一次超过了银行信贷资产。20 世纪 90 年代以后,国际金融市场已进入证券化的成熟发展阶段。

所谓证券化趋势是指借款人和贷款人日益通过直接融资实现资本的转移,而不是通过银行的中介来确立债权和债务关系。由于政府对商业银行的管制比较严格,通过资本市场的直接融资(发售股票、债券、商业票据等),能够以更为优惠的条件为借贷者筹集资金,这使银行在融资活动中渐失竞争优势。大企业越来越多地依靠发行股票、债券等方式筹集资金。信息技术的发展使得信息的获取变得相对容易(如对借款者资信的调查变得容易了),银行已无法垄断借款者的资信信息。信息技术的发展推动了证券化的发展。面对激烈的竞争,银行也逐步扩大其在资本市场的业务,减少金融中介业务。在欧洲市场上,自 20 世纪 80 年代以来,一方面,欧洲证券市场运转效率不断提高;另一方面,世界债务危机后银行中介成本提高。这样,在欧洲市场上银团贷款的比重下降,各种证券融资方式的比重上升。这些新的证券融资形式包括:非包销的安排(不通过银行包销或银行担保的证券融资),如欧洲商业债券(Eurocommercial Papers,即通常所称商业票据)和欧洲票据(Euronotes);已承诺的安排(银行担保的证券融资),如票据发行安排(NIF)和滚动包销安排(RUF)等。金融证券化的趋势也同投资者的机构化和投资者投资偏好的改变有关。在 20 世纪 70 年代早期,由于官方限制,获取和管理分散化国际证券资金的成本过高,养老基金、保险公司、互助基金等机构投资者在证券的跨国交易中所起的作用十分有限。进入 20 世纪 80 年代以后,由于自由化,机构投资者在证券跨国交易中的作用大大增加。在 20 世纪 80 年代中期以后,日本成为世界上最大的债权国。日本对美国的巨额贸易盈余所导致的资金由日本向美国的流动成为国际资本流动的主要特点。日本的剩余资金主要掌握在日本机构投资者(如养老基金和保险公司)的手中。出于争取高回报的考虑,这些机构投资者宁愿购买证券而不是取得银行存款。这样,证券市场便取代贷款市场成为国际资本流动的主要载体。与此相适应的是商业银行业的相对衰落和投资银行业的迅猛发展。从 20 世纪 80 年代中期到末期,作为对银团贷款量相对下降而证券化借贷活动急剧增加这种证券化的反应,国际银行纷纷迅速扩大自己的债券业务。虽然在 20 世纪 90 年代银团贷款在国际金融市场融资中的比重曾一度明显回升,但在东南亚金融危机过后,证券融资的增长速度又大幅度提高,再次在国际金融市场融资中独占鳌头。

五、金融的全球化

当前,金融全球化已成为概括国际金融发展趋势的最标准用语。全球化指的是全球范围内的一体化。它已超越了只涉及国家之间金融交往的金融国际化概念。在一些经济文献中,全球化被形容为地域的消失(the end of geography)。金融全球化可视为金融一体化的最高阶段。正如国际化和一体化的情况一样,全球化的推动力量主要是"信息革命"和"解除管制(自由化)"。信息革命的表现主要有:通信技术和计算机技术的发展(通信卫星、计算机编程交易、图文传真机、自动转账支付机、电子销售点、电话银行、对谈通信屏幕、互联网等)。到 20 世纪 80 年代中期,60%的跨太平洋外汇交易、50%的跨大西洋外汇交易已是通过通信卫星进行的。卫星技术的应用大大增加了资金的全球流动。信息革命为金融全球化提供了技术条件。而以上所说的金融自由化、国际化、一体化和证券化就产生了金融全球化的内在必然性。在新的科学技术条件下,规模收益递减的规律在许多产业中已经失效,为了降低成本提高竞争力,金融产业的集中度和规模越来越大。通过合并与兼并,超巨型商业银行和超巨型投资银行不断涌现。如美国大通银行和化学银行的合并、日本三菱银行和东京银行的合并就是典型的例子。这些超大型金融机构的经营战略完全是全球性的:在全球范围内追求利润最大化,民族国家的边界对于这些金融巨头来说已不再是重要的了。全球一体化的趋势已经表现在各国利息率、市盈率、债务、股权比和资本充足率的趋同以及外国所有权比重的提高等方面。资金的流动将迅速导致同一币种的同一类型贷款的国内外市场利息率相等。套利者在外汇现货市场和远期市场间的套利活动则将保证(在扣除预期的汇率变动之后)不同币种的同一类型贷款的国内外市场利息率相等。随着金融全球化和日、美两国经济中许多结构性差别的消失,日本和美国股票市盈率的昔日巨大差别已完全改观。金融全球化的另一个重要方面是国家与国家间互相购买对方的资产,你中有我,我中有你,相互控制。到 20 世纪 80 年代末,美国 11.1%的商业资产(business assets)已为外国人所拥有。美国的国债市场在很大程度上是由中国和日本投资者支撑的。根据美国财政部公布的数据,2008 年年底,中国持有美国国债达到 7 274 亿美元,开始超越日本成为美国国债的最大持有国。而 2013 年,中国持有的美国国债总规模高达 13 159 亿美元,稳居世界各国/地区之首。这也是中国持有美国国债总量自美方有统计数据以来首次突破 1.3 万亿美元关口,创下历史之最。数据还显示,中国占各国/地区所持美国国债总额的比例为 23.2%,应该说这种现象是金融国际化的最新表现。

综合以上五个方面的情况分析,我们认为当前金融发展的基本趋势可总的概括为全球一体化。但这只是一种趋势,还不是普遍的现实。如要成为普遍的现实还须经过一个过程。值得我们思考的是:是否会出现更多的区域一体化集团?区域一体化是否会成为全球一体化的对立面?换言之,区域一体化究竟能促进全球一体化还是否定全球一体化?

金融全球一体化是世界经济的发展大潮。但在全球一体化的过程中,各主权国家之间的矛盾与斗争并不会消失。而且,我们必须清醒地看到,世界金融在沿着自由化、国际化、证券化、全球一体化方向发展的同时,世界经济中实物经济与虚拟经济的脱节日趋严重。这是全球经济的一个重要的不稳定因素。在20世纪80年代中期,金融市场的演化已经使金融走上一条追逐自身利润的道路。在过去,国际金融从属于国际贸易和国际直接投资,虚拟经济与实物经济是结合在一起的,现在,为金融而金融已成为金融业的特点。1985年伦敦欧洲美元市场的交易量已经是世界商品和服务贸易量的25倍。金融活动与国际贸易脱钩已是明显的事实。但是,我们应该清醒地看到,金融业毕竟不能直接创造作为财富基础的实物(包括服务),金融的利润归根结底是要由新增物质财富支付的。虚拟经济过度脱离实物经济就会形成泡沫经济,而泡沫迟早是会破碎的。

事实确是这样,金融全球一体化带来了不少负面效应。1987年和1989年的股票市场崩溃,1995年的墨西哥金融危机,1997年的东南亚金融危机和2007年由次贷危机引发的"百年一遇"的美国金融危机,以及继后爆发的欧债危机,应该说都是金融全球化的负面效应。我们看到在这个大潮中,巨型机构的投机资本在全球范围内转移资金造成了汇率波动,相关国家国内金融秩序遭到破坏,进而对实物经济也造成了严重的破坏。由于更大程度的机构化以及国际金融体系的结构和运行机制的变化,国际金融体系的系统风险的性质和转移机制发生了变化。一个市场的崩溃会导致整个系统的崩溃,产生惊人的多米诺骨牌效应。

特别值得注意的是,发展中国家资本市场的波动性传统上比发达国家大。由于资金的跨境活动迅速,而发展中国家市场的容量相对较小,外国投机资本转移资金对市场稳定性的破坏作用就较大。为此,发展中国家对金融全球化的趋势应进行慎重的、科学的分析研究,既要看到它的正面效应,也要看到它的负面效应,从而制定切实的对策,趋利避害。这样不仅可以使本国经济立于不败之地,而且对全球经济的稳定也能做出贡献。

第四节 学习国际金融的意义与方法

现代社会是经济社会,而经济社会实质上就是一个金融社会。金融与经济发展有着密切的关系。金融发展的状况在一定程度上制约着经济发展的规模和速度。国际金融作为金融的重要组成部分,对世界经济和各国(地区)经济的发展都具有重要作用。战后世界经济的高速增长,除了科学技术飞速发展这一直接因素外,国际金融市场的发展也是一个极其重要的原因。以固定汇率制为基础的国际货币体系,在当时曾创造了一个相对稳定的国际金融环境,使得国际贸易和国际资本移动得以顺利进行,促进了固定资产的更新和扩大,这些都为世界经济的发展提供了必要的和有利的前提条件。另一方面,国际金融市场的蓬勃发展,加速了资本国际化的进程,这就推动了世界经济的进一步发展。20世纪60年代后,新加坡、韩国、中国香港和中国台湾的经济增长速度十分惊人,这与它们积极参与国际金融活动、有效利用外资等是分不开的。因此,为了加速本国经济的发展,我们应该学好、用好国际金融的理论与实务知识。

在我国已加入WTO的背景下,学习与掌握国际金融知识,对于我们更好地贯彻执行党中央、国务院关于扩大对外开放、全面融入世界的大政方针具有重要的现实意义。

20世纪70年代以来,随着布雷顿森林体系的崩溃,世界经济跌宕不宁,金融风暴频频刮起。进入80年代后,问题更加严重。1982年,拉美发生债务危机;1992—1993年,欧洲发生货币体系危机;1994—1995年,墨西哥出现金融危机;1997年,泰国又爆发了历史上最为严重的金融风暴,而且迅速演化成大规模的地区性危机,国际金融市场随之剧烈震荡,东南亚各国乃至世界经济受到重创;2007年2月由次贷危机引发的"百年一遇"的美国金融危机全面爆发,美国的金融危机进而又演化为全球的经济危机,让世界经济再一次进入大萧条,数以千计的银行、企业和金融机构倒闭,更有北欧小国冰岛和美国加州的州政府等濒临倒闭,继后又引发了欧洲的债务危机。这场美国金融危机虽随全球各国政府史无前例的"救市"行动而逐渐消退,然而回想如此严重的危机,我们仍不禁会打个寒战。虽然中国由于对外开放程度的有限性而在此次危机中相对而言能够"独善其身",但试想如果我们是日本、英国,或者是韩国、越南等全面参与国际经济的国家,那么我们怎样接受本国经济在数月之内倒退10%这样一个残酷的事实?金融危机带来的负面影响正在日渐消退,然而没有退去的是它带给我们这样一个永久的、深刻的理性思索:作为一个开放世界中的一员,我们该做何种准备来迎接这个开放的、动荡不堪的国际金融市场?

在国际经济日益融合的今天,国际金融的一个重要课题就是金融市场的创新发展及汇率波动,它已经将每一个参与世界经济的国家纳入这个大潮中,我们不能通过闭门而拒风险,只能迎接这个挑战。当今国际经济中,各国货币之间的比率关系、汇率的波动对经济实体的影响远远超过了以往任何一个时期,而且汇率因素将在越来越大的程度上影响并决定着一国参与世界经济获益的大小。

作为主动或被动参与国际竞争与国际经济活动的企业、银行、政府以及个人,如果不想让自己在国际生产、贸易中获取的收益一夜之间化为乌有,那么掌握国际金融理论和外汇交易的知识与技巧将必不可少。如何预测汇率走势、规避外汇风险甚至利用外汇市场获取新的利润已成为我们在市场经济和国际竞争中的必修课。研究国际金融理论,认识外汇市场,并掌握外汇交易战术,掌握美元、欧元、日元和英镑等重要货币国家的经济背景以及对其汇率进行预测已经成为经营活动中十分重要的部分。这也正是本书的意义。

我国改革开放以来,国际经济与贸易有了迅速发展,国际金融业务也日益增长,截至 2014 年年底,中国外汇储备达到 3.84 万亿美元,这对我国外向型经济以及整个国民经济的发展起到了十分重要的促进作用。但是我国毕竟是转轨经济的国家,国际金融的发展水平和国际金融市场的管理能力仍落后于市场经济发达国家。我国加入 WTO 后,根据《国际服务贸易总协议》和《国际金融服务协议》,我国的金融市场将在现有的基础上全面对外开放,国内金融服务业将会加速与国际市场接轨。国内金融业将不可避免地面临国外金融机构的强力竞争,尤其是欧美发达国家金融机构的竞争。在这种形势下,我们为了迎接挑战,发展自己,并立于不败之地,就必须不断地加强对国际金融知识的学习与研究。

国际金融是高等院校经济、管理类专业的一门重要专业课,因此,掌握国际金融知识也是高校专业建设与学科发展的需要,是培养和造就一大批涉外经济高级人才的需要。

研究国际金融的方法有许多,这里我们着重强调这样几种方法,即实事求是的方法、理论联系实际的方法和科学抽象的方法。

关于实事求是的方法。用实事求是的方法研究、介绍国际金融知识,其要求有三:第一,由于国际金融是一新的研究领域,我国在这方面研究时间更短,加之我们参与国际金融活动的深度和广度仅是在近几年才有了较大发展,因此,必须承认,我们还没有建立起自己的理论体系,我们应当以引用和介绍西方国家的国际金融理论为主。第二,西方国际金融理论是以西方的宏观经济理论和微观经济理论为基础的。林德特就认为,国际金融同经济学其他领域在这一点上是相同的,即都受两种力量——获取最大利润和进行竞争的影响。因此,通常的微观和宏观经济理论只要注意其应用条件或稍作修改,就能应用于国际金融领域。这就涉及对西方的宏观和微观经济理论的分析和评价问题。对此,我们要实事求是地承认这些理论有正确的、符合实际的一面,并吸收其正确的东西为我所用,同时也要指出它们条件假设上的矛盾、缺点和局限性。第三,在介绍西方国际金融理论时,首先要力求客观,反对断章取义;其次是在透彻了解和掌握的基础上,进行科学的分析和评价,取其精华,弃其糟粕;最后,我们必须承认,本书对国际金融理论的介绍、分析和评价是概略的、初步的,要做出深入的、全面的分析和评价,有待于学者与我们共同努力。

关于理论联系实际的方法。国际金融作为一门科学,是在国际间货币和资本的运动中产生、发展与完善起来的。学习国际金融要坚持理论联系实际的方法。首先是联系国际金融领域的实际。特别是自 20 世纪 70 年代以来,由于西方国家通货膨胀加剧,汇率和利率变动频繁,加上现代通信、电脑技术的高度发展,在传统的业务以外,出现了形式各异的新金融工具和新融资技术。这要求我们在研究传统业务的同时,也要对金融创新作部分介绍。其次是结合我国经济建设的实际,注意运用国际金融的基本理论分析和探讨我国的实际问题,如人民币汇率机制问题、我国外汇储备的适度问题以及利用外资问题等等。

关于科学抽象方法。国际金融现象十分复杂,每一现象都是一个历史过程,是诸多因素共同作用的结果。对此,我们又不能像在实验室那样,使其他因素保持不变,而只改变其中一种因素来观察对所研究问题影响的规律。所以采用科学抽象法十分重要,它是指在假定其他因素不变的条件下,用演绎推理方法来说明某一因素的变动对所研究问题的影响,并阐述其规律性。

另外,在学习国际金融过程中还要把握这样几点:一是要坚持、反复地学习已学过的与本课程相关的内容,做到循序渐进,触类旁通;二是要找出各问题之间的相关性,掌握其内在联系,做到理论与实际的紧密结合,切忌死记硬背;三是要把相似或相对称的概念、理论和实务等加以联系对比,找出它们之间的相同点与不同点,以提高自己的综合分析能力;四是要掌握本课程中涉及的计算原则和计算技术,以提高知识的运用能力和解决金融实务的能力。

本章复习思考题

一、主要名词概念

金融的自由化　金融的国际化　金融一体化　金融证券化　金融全球化

二、思考题

1. 试述国际金融的研究对象与研究内容。
2. 简述当代世界金融变革的特征与发展趋势。

三、讨论题

1. 怎样理解学习国际金融的重要意义?
2. 结合自身特点,谈谈对本课程学习的打算。

国际金融基础

第二章 外汇与外汇风险

导读

在一国内部,货币是各种各样经济交易的媒介,充当着一般等价物。但由于各国都有自己独立的货币和货币制度,一国货币不可能在另一国流通,因而在对国际经济交易所带来的对外债权债务进行清偿时,人们就需要将外国货币兑换成本国货币,或将本国货币兑换成外国货币,这就导致了外汇的出现。而各国间货币收支关系的发展和世界汇率制度的变化必将带来汇率的波动,从而形成外汇风险。外汇及其交易是构成国际货币关系的两个基本要素,也是国际金融研究的出发点。本章重点掌握外汇的概念和分类、外汇管制的方法与手段、外汇风险的识别与防范措施。

学习重点与难点

1. 外汇定义和满足条件。
2. 外汇风险的甄别及其防范措施。
3. 中国外汇管理的历史沿革与人民币国际化的进程。

第一节 外汇的产生和发展

一、外汇的含义

外汇的最初含义是国外汇兑,指人们通过特定的金融机构(外汇银行)将一种货币兑换成另一种货币,借助于各种金融工具对国际间债权债务关系进行非现金结算的行为。比如,我国某进出口公司从美国进口一批机械设备,双方约定用美元支付,而我方公司只有人民币存款,为了解决支付问题,该公司用人民币向中国银行购买相应金额的美元汇票,寄给美国出口商,美国出口商收到汇票后,即可向当地银行兑取美元。很显然,这里的外汇是一个动态概念,是指国际汇兑的过程。

随着世界经济的发展,国际经济活动日益活跃,国际汇兑业务也越来越广泛,慢慢地"国际汇兑"由一个过程的概念演变为国际汇兑过程中国际支付手段这样一种静态概念,从而形成了目前外汇的狭义静态定义:以外币或用外币表示的国际结算的支付凭证。在这个一般定义的基础上,各国政府、各个国际组织由于具体情况的差异,或出自不同使用者的不同需要,对外汇的概念又有了广义的理解。

国际货币基金组织(IMF)对外汇做了广义的解释:"外汇是货币行政当局(中央银行、货币机构、外汇平准基金及财政部)以银行存款、财政部库券、长期与短期政府债券等形式所持有的在国际收支逆差时可使用的债权。"从这个解释中可以看出,国际货币基金组织特别强调外汇应具备平衡国际收支逆差的能力及中央政府的持有性。我国政府根据我国国情,对外汇也有特殊的规定。我国于2008年8月1日实施了新修订的《中华人民共和国外汇管理条例》(以下简称《外汇管理条例》),《外汇管理条例》中明确规定了外汇的具体范围,包括:(1) 外币现钞,包括纸币、铸币;(2) 外币支付凭证或者支付工具,包括票据、银行存款凭证、银行卡等;(3) 外币有价证券,包括债券、股票等;(4) 特别提款权;(5) 其他外汇资产。其中"其他外汇资产"主要是指各种外币投资收益,如股息、利息、债息、红利等。由此可见,广义的静态外汇,是泛指一切以外国货币表示的资产,如外国货币、外币有价证券、外币支付凭证等。

在国际贸易活动和人们日常生活中通常是在狭义上使用外汇概念的,由于以外币表示的有价证券及暂时存放在持有国境内的外币现钞不能直接用于国际支付,故不属于外汇。只有存放在国外银行的外币资金以及将对银行存款的索取权具体化了的外币票据,才构成外汇,它主要包括以外币表示的银行存款、银行汇票、支票。银行存款是外汇的主要构成部分,这不仅因为银行汇票等外汇支付凭证需以外币存款为基础,而且因为外汇交易主要是运用国外银行的外币存款来进行的。

不管是广义理解还是狭义理解,对一般国家而言,一笔资产被认为是外汇,必须具备以下四个条件:

(1) 以外币表示的国外资产。也就是说,用本国货币表示的信用工具或有价证券不能视为外汇。美元是国际支付中常用的货币,但对美国人来说,凡是用美元对外进行的收付都不算是动用了外汇。而只有对美国以外的人来说,美元才算是外汇。

(2) 在国际上能得到偿还的货币债权。空头支票、拒付的汇票等,均不能视为外汇。因为如果这样,国际汇兑的过程也就无法进行,同时在多边结算制度下,在国际上得不到偿还的债权,显然不能用作本国对第三国债务的清偿。

(3) 可以自由兑换成其他支付手段的外币资产。也就是说外国货币不一定是外汇,外汇必须具备自由兑换性。一般来说,只有无须一国货币当局的审批和管制,就能自由兑换成其他国家的外钞,同时能不受限制地存入或汇出该国商业银行的普通账户的货币才算作外汇。例如,美元可以自由兑换成日元、英镑、欧元等其他货币,因而美元对其他国家来说是一种外汇。又如1996年前,我国人民币在一般国际交往和结算中还不能自由兑换成其他种类货币,尽管人民币当时在周边国家和地区已有流通,对其他国家来说它也是一种外币,却不能算作是外汇。

(4) 该货币在国际支付领域被广泛使用。

二、外汇的产生和发展

外汇的产生是资本主义商品生产的必然结果。早在罗马帝国横跨欧亚非三洲的统治时期,商品就已经在国际间流通,那时国际间由于商品流通而引起的支付,很大一部分仍属于自然经济的实物交易,还不是现在所使用的"支付"这个广泛的概念。到了11世纪,西方基督教国家对东方伊斯兰国家进行了九次"十字军东征"(1096—1291)。为了保障军队的供给,西方国家必须从国内筹措资金在国外购买军需或民用商品。这样东西方的商品交换,就从不定期的偶然交换方式发展成为定期的贸易活动,这些从西方国家调集的货币资金(主要是金属货币),就在沿十字军东征所经过的城市开始流通起来。由于商品流通的规模和范围随着战争而扩大,于是地中海沿岸,在交通方便的国家中就形成了国际贸易集市。在交易时各种货币相遇在一起,便产生了各种铸币的比价问题。当时各种货币的比价,是根据各自的重量和成色而定的,还不是十分复杂。随着交易规模的扩大,货币需求量也不断增长,携带金银铸币现金已显得很不方便,而且还需要承担很大的风险。于是,各国商人之间开始使用商业汇票作为支付工具,虽然这些早期的商业汇票还仅仅是一种支付命令书,既不具备转让的性质,也没有严格的支付程序,流通范围十分狭窄,不可与现代商业汇票相提并论,但它毕竟是现代国际间支付的雏形。

产业革命以后,由于资本主义生产方式的形成与发展,主要的资本主义国家(如英国)一方面从世界各地进口原材料,另一方面又向世界各地输出制成品。世界市场逐步形成,国际贸易规模日益扩大,传统的以金银铸币作为支付手段的方式,已不能适应国际贸易的需要,因为金银的生产量很小,运输费用高,风险大,于是纸币代替金属货币及使用票据作为支付手段逐渐发展起来。初期的票据都是由各地信誉良好的商人签发的,这些商人为跨越国界的支付开设了货币汇划与兑换的商号,这便是现代银行的前身。随着银行的产生,银行信用凭证(主要是银行签发的各种票据)逐步成为国际间普遍采用的支付手段。外汇的概念便逐步形成。

外汇作为国际支付手段,大致经历了以下四个发展阶段:

第一阶段,以金银为主要国际支付手段。在国际贸易中,最初充当国际支付手段的是金银,就是靠相互输送大量的黄金和白银来完成贸易支付活动的。但慢慢地发现,这样既不安全又费事费力,妨碍了国际商品交换的扩大和发展。到了12世纪,意大利兑换商发行用于国际清偿结算的兑换证书,推动了信用形式的发展。

第二阶段,以英镑作为主要国际支付手段。18世纪,资本主义产业革命首先在英国取得了胜利,英国成为"世界工厂",从世界各地输入原材料,向世界各地输出工业产品,伦敦成为国际贸易和金融中心,在国际贸易结算和支付中大量使用英镑作为支付手段。因为各国都需要和英国进行贸易,各国货币都要同英镑相兑换,英镑的国际地位不断提高,使用范围不断扩大,成为世界性货币。一度,英镑及以英镑表示的信用工具,成为主要的国际支付手段。

第三阶段,美元成为主要的国际支付手段。"二战"以后,美国取代英国成为经济实力最强大的资本主义国家。美国拥有世界黄金储备的75%,国民生产总值占整个世界的近50%。为此,战后建立的国际货币基金组织及其国际货币制度,确定美元等同于黄金的特殊地位,各国开始大量储存美元。于是在国际经济活动中美元及以美元表示的信用工具,成为主要国际支付手段。

第四阶段,各种可兑换货币共同作为国际支付手段。"二战"后,随着资本主义各国经济(尤其是当时的西德、日本经济)的迅速崛起,美国的经济地位相对慢慢衰落,美国国际收支连年出现逆差,美元危机不断发生,美元信誉下降;相反,西欧国家货币和日本货币日渐强劲。相应地,这些国家的货币,如德国马克、日元、英镑、法国法郎、瑞士法郎等及其信用工具,开始与美元共同充当国际支付手段。随着1999年欧元区统一货币——欧元的诞生,欧元在国际货币储备和流通中的比重越来越大,美元、欧元和日元成为三种最重要的国际货币。

第二节 外汇的形态与分类

一、外汇的形态

外汇的形态是指外汇作为价值实体的存在形式。按广义的概念理解,外汇形态主要包括以下几种:

(一) 外币存款

外币存款是指以可兑换外国货币表示的各种银行存款,它是外汇价值的主要表现形式。一笔外币存款,对银行来说是对客户发生的债务;对存款者来说,则是对银行取得的一笔债权。

(二) 外币支付凭证

外币支付凭证是指以可兑换货币表示的各种信用工具。国际上常用的外币支付凭证有:

1. 汇票(Bill of Exchange)

汇票是由出票人签发的,要求付款人见票时立即或在将来指定到期日,向收款人或其指定人或持票人,支付一定金额的无条件书面命令。汇票通常由债权人开立,如出口商、债权银行等。汇票的种类有很多,按付款期限的不同,可分为即期汇票和远期汇票;按出票人和付款人的不同,可分为商业汇票和银行汇票;按承兑人的不同,可分为商业承兑汇票和银行承兑汇票;按有无附属单据,又可分为光票和跟单汇票。

2. 本票(Promissory Note)

本票是出票人约定于见票时或于一定日期,向受款人或其指定人支付一定金额的无条件的书面允诺,这里的出票人通常是债务人。本票按出票人的不同,同样可分为商业本票(Trader's Note)和银行本票(Bank's Note)。

3. 支票(Cheque or Check)

支票是由存款人对银行签发的,授权银行从其账户中即期支付一定金额给收款人或持票人的书面支付命令。支票与前述的汇票相似,但两者有区别:(1)出票人不同,汇票的出票人是债权人,而支票一般是债务人;(2)支票必须是以银行为付款人,而汇票的付款人可以是银行,也可以是其他当事人;(3)支票要求付款人见票即付,因而支票仅仅起支付工具的作用,而汇票并不一定要求付款人见票即付,这样汇票就不仅具有支付工具的职能,还具有信贷工具的作用。支票的种类又可分为:记名支票与不记名支票;一般支票与画线支票;保付支票与不保付支票;等等。

4. 信用卡(Credit Card)

信用卡是信用机构对具有一定信用的顾客提供的一种赋予信用的卡片。目前,国际上流行的信用卡有美洲银行卡、万事达卡和运通卡等。

(三)外币有价证券

外币有价证券是指以可汇兑外国货币表示的、用以表明财产所有权的凭证,其基本形式有外币股票、外币债券和外币可转让存款单等,其中,外币可转让存款单是指可在票据市场上流通转让的定期存款凭证。

(四)外币现钞与其他外汇资金

外币现钞是指以可汇兑外国货币表示的货币现钞。在国际经济交易中,以外币现钞作为支付手段通常是在非贸易交易中使用的,包括美元、欧元、日元、英镑、瑞士法郎、港元等。其他外汇资金包括:在国外的各种投资及收益;各种外汇放款及利息收入;在国际货币基金组织的储备头寸;国际结算中发生的各种外汇应收款项;国际金融市场借款、国际金融组织借款;等等。

二、外汇的分类

按照不同的区分标准,我们可以把作为国际清偿的支付手段的资产,划分为不同的种类。

(一)按货币兑换限制程度的不同,可分为自由外汇和记账外汇

自由外汇或称自由兑换外汇,是指可以自由兑换成其他国家货币,并可向第三国办理支付的外国货币及其支付手段。一般来说,一国货币要成为国际上的自由外汇需满足三个条件:一是对本国国际收支中经常项目的付款和资金转移不加限制;二是不采取歧视性的货币措施或多重汇率;三是在另一个国家的要求下,随时能购回对方经常项目中所结存的本国货币。目前,全世界有50多个国家接受以上的条件规定,这些国家

的货币都是可自由兑换货币。由于国际经济交往的扩大和加深,货币的非自由兑换性严重阻碍了一国对外经济的开放和交往,因此,许多国家都在力争调整国内的经济和货币政策,逐步放宽对货币的管制,使其货币成为可自由兑换货币。但是一国或地区货币在国际金融市场上的地位受到该国或地区经济实力、对外贸易的规模、政治文化及其他因素的影响,因此,真正普遍用于国际结算的可自由兑换货币也只有十几种,例如:美元(USD)、英镑(GBP 或£)、欧元(EUR 或€)、日元(JPY)、瑞士法郎(CHF)、加拿大元(CAD)、港元(HKD)等。

在 2004 年 5 月前,我国实行银行结汇、售汇及付汇的严格管理制度,尽管企业收到的外汇必须卖给银行,付汇必须向银行购买(国家规定的七种情况除外[①]),不能以收抵支,即不能直接将出口收到的外汇对外支付,或直接兑换成其他货币用以对外支付,但这并不影响其可兑换性和多边支付性,只不过这种可兑换性和多边支付性是由外汇指定银行的结售汇业务来实现罢了。随着我国金融业的不断开放和创新,特别是外汇管理体制改革的不断深入,原有的强制结售汇制度正逐渐走向意愿结售汇制度。

专栏2.1

我国结售汇制度的发展阶段

我国结售汇制度的发展分为两个阶段:

第一阶段期间,结售汇制度允许企业保留一定比例的外汇属于一种激励机制,不是普惠政策,这是强制性结售汇制度的阶段。

1994 年至 1996 年 7 月,实行银行结售汇制度。1996 年 7 月至 1997 年 10 月,外商投资企业开始纳入银行结售汇体系,对外商投资企业实行了限额结汇制度。外商投资企业经过申报和区分外汇账户后,可以在外汇指定银行结售汇,也可以继续通过外汇调

[①] 《结汇、售汇及付汇管理暂行规定》第六条规定:"下列范围内的外汇可不结汇,在外汇指定银行开立外汇账户:(一)国家批准专项用于偿还境内外外汇债务并经外汇局审核的外汇;(二)捐赠协议规定用于境外支付的捐赠外汇;(三)境外借款、发行外币债券、股票取得的外汇;(四)境外法人或自然人作为投资汇入的外汇;(五)外国驻华使领馆、国际组织及其他境外法人在华机构的外汇;(六)外商投资企业的外汇;(七)居民个人及来华人员个人的外汇。"

中国人民银行于 1997 年 10 月 10 日发布的《关于允许中资企业保留一定限额外汇收入的公告》又进一步规定:自 1997 年 10 月 15 日起,进出口额 3 000 万美元以上、资本金 1 000 万人民币元以上的外经贸公司,年进出口 1 000 万美元以上、资本金 3 000 万人民币元以上的有进出口权的生产型企业允许保留最高限额为年进出口额 15%的外汇。2004 年 3 月 30 日,国家外汇管理总局又发布了《国家外汇管理局关于调整经常项目外汇账户限额核定标准有关问题的通知》,自 2004 年 5 月 1 日起,外汇账户额度上调到 30%~50%。

剂中心买卖外汇。国家外汇管理局根据外商投资企业实投资金和经常项目外汇资金周转的需要,核定外汇结算账户的最高金额,在最高金额以内的经常项目外汇收入可以保留,也可以卖给外汇指定银行,超过最高金额的,必须卖给外汇指定银行或者通过外汇调剂中心卖出。1997年10月至2002年10月,限额结汇开始在中资企业逐步推出。2002年10月起,经常项目实行限额管理条件下的结售汇制度。这是我国结汇制度从强制结汇向意愿结汇改革迈出的第一步,经过此次调整,境外中外资企业在经常项目外汇账户管理政策方面,包括账户的开立和使用、限额的核定等,已经实现了完全统一。2003年1月1日起,已取消国内外汇贷款专用账户的开立、变更和撤销,境内中资机构中长期外债融资条件,融资租赁金融条件,对外发债市场时机选择和项目融资金融条件的审批等。通过一系列政策调整,便利和规范了企业和个人的外汇收支活动,加快了从直接管理为主向间接管理为主的转变,进一步适应了经济发展的需要。

第二阶段期间,结售汇制度给持有外汇的境内居民一定的选择权,可以保留外汇或者将外汇卖给银行,属于意愿结售汇的性质。

2006年央行和外汇管理部门出台放松外汇账户等一系列与结售汇相关的政策措施。2012年4月中旬,外汇管理部门宣布停止实行强制性结汇制度,企业和个人可以自主保留外汇收入。不过这只是官方正式释放意愿结汇的政策信号。

记账外汇,又称为清算外汇或双边外汇,是指记载在双方指定银行账户中的外汇,未经货币发行国批准不能自由兑换成其他货币,也不能自由对第三国进行支付,只能根据协定规定,在签订协定的两国之间相互使用。它是双边协定的产物。为了节省自由外汇,贸易双方政府签订支付协定,互为对方国家开设清算账户,以互相抵销债权债务的方法进行国际结算。协定要规定记账货币和支付货币,记账货币(即记账外汇)可以是协定国任何一方的货币,也可以是第三国货币,但它仅仅作为计算单位使用。到一定时期(一般是一个年度年),将双方账面的债权债务差额按照协定规定以现汇或货物清偿,或转入下一个年度贸易项下去平衡。记账外汇尽管有时使用的是自由兑换货币,但其外汇的性质并不自由。例如,过去我国与苏联订有双边贸易支付协定,曾使用瑞士法郎作为记账货币,但在双方账户上的瑞士法郎存款不能自由兑换成其他货币,也不能用来对第三国支付,只能由双方根据易货协定的安排相互之间提供商品来冲抵,保持彼此之间收支大体平衡。

(二)按外汇来源和用途的不同,可分为贸易外汇、非贸易外汇和金融外汇

贸易外汇是指来源于或用于进出口贸易的外汇,即由于国际间的商品流通所形成的一种国际支付手段。例如,出口商品,收到国外进口商以外币支付的货款(以本币支付的货款也具有相同的性质)就是贸易外汇;同样,进口企业所付的货款(无论是外币还是本币)也是贸易外汇。一个企业的进出口贸易除了货款本身的结算外,还包括由此而

引起的其他必要的支付,例如,运费、保险费、宣传广告费、商标注册和专利登记费、出国推销活动费,以及付给经销商、代理商的佣金,进出口贸易中发生的索赔、理赔外汇收支等。这些费用开销都是由于商品的进出口而产生的,也是服务于进出口贸易的,故称贸易从属外汇,属于贸易外汇的范畴。

非贸易外汇是相对于贸易外汇而言的,是指贸易外汇以外的一切外汇,即一切非来源于或用于进出口贸易的一种国际支付手段,如劳务外汇、侨汇和捐赠外汇等。劳务外汇是指来源于或用于无形贸易的一种国际支付手段。如一个国家的居民(包括个人、企业、单位)向国外非居民打电话、邮递信函包裹、租用卫星转播、旅游服务、投资收益、对外承包工程和劳务合作外汇,等等。这是一种劳务交易,获得劳务的国家所支付的是非贸易外汇,提供劳务的国家所收到的同样是非贸易外汇。不需要提供任何报偿的外汇是一种单方面汇款。根据汇款人身份的不同,又可把单方面汇款区分为侨汇和一般性质的捐赠外汇。侨汇是指居住在国外的侨民向国内的单方面汇款。我国的侨汇除了居住在国外的华侨、外籍华人向国内的单方面汇款外,还包括港澳台同胞向内地的单方面汇款,因为这些地区实行与内地不同的社会制度,流通不同的货币,彼此之间的经济往来也要用外汇结算。外国人(包括外国企业、单位或政府)向国内的无报偿汇款称捐赠外汇,如赈灾汇款、慈善捐款等。

金融外汇与贸易外汇、非贸易外汇不同,是属于一种金融资产外汇,如银行同业间买卖的外汇,既非来源于有形贸易或无形贸易,也非用于有形贸易或无形贸易,而是为了各种货币资金头寸的管理。资本在国家之间的转移,也要以货币形态出现,或是买卖各种有价证券,或是进行间接投资,或是进行直接投资,这都将在国家之间形成流动的金融资产,构成金融外汇。

贸易外汇、非贸易外汇和金融外汇在本质上都是外汇,它们之间并非不可逾越,而是经常发生转化。例如,以来源于贸易的外汇来支付劳务进口的款项,是将贸易外汇转化为非贸易外汇。反过来我们也能将非贸易外汇转化为短期资本流出,即转化为外汇金融资产。而商品进口付汇时又可把在国外的外汇金融资产转化为贸易外汇来加以应用,因为国际资本的流动,往往伴随着国际间的商品流通与劳务交易的发生而进行。

(三)按外汇买卖交割期限的不同,可分为即期外汇和远期外汇

所谓交割是指交易双方交换各自标的所有权的一种行为。外汇买卖的交割是指卖主把标价货币的所有权移交给买主,而买主则按汇价把等值的计算货币的所有权移交给卖主。因此,外汇交割就是外汇买卖行为的货币收付,是外汇买卖行为的终结。

即期外汇,又称现汇,是在外汇买卖成交后两个工作日之内办理实际交割的外汇。那么,外汇买卖为什么不能像商品买卖那样,一手交钱,一手交货,当面钱货两清呢?这是因为外汇买卖形成总是异地收付,需要有个汇付过程。在历史上最省时间的汇付是电报划转资金,所以电汇就成为外汇交割的基本方式。但是,如果外汇交易

之时立即委托电报公司拍报,命令国外汇入行支付所卖出的标价货币给受益人,则费用很高,对买卖双方都不利。如果将作为付款委托书的电文交给电报公司,集中于第二天凌晨发出,避开电报业务的高峰时间,就可以获得电报公司对隔夜业务的优惠,成本较低;同时,电报的送达时间为24小时,这就形成了剔除交易日当天的两个工作日交割的国际惯例。

远期外汇也叫期汇,是指交易后在两个工作日以后交割的外汇,即买卖双方达成交易后,双方先按商定的汇价签订合同,预约在将来某一天办理实际交割的外汇。这种外汇买卖一般是为了防范不利的汇率变动带来的风险损失,或是为了争取有利的汇率变动带来收益。进出口企业经常用它来进行套期保值,外汇银行则经常用它来平衡头寸。

(四)按货币的不同,外汇可分为硬币外汇和软币外汇

外汇总是以具体货币来表示的,成为各种货币名目的外汇。如美元外汇是指以美元作为具体国际支付手段的外汇;日元外汇则是以日元作为具体的国际支付手段的外汇;等等。在国际外汇市场上,由于多方面的原因,各种货币的币值总是经常变化的,汇率也总是经常变动的,于是根据币值和汇率走势将各种货币归类为硬币外汇和软币外汇,或称强币外汇和弱币外汇。硬币外汇是指币值坚挺、购买能力较强、汇价呈上涨趋势的自由兑换货币。软币外汇是指币值疲软、购买能力较弱、汇价呈下跌趋势的自由兑换货币。由于各国国内外经济、政治环境经常发生变化,各国在世界经济、政治中的地位也常常不同,故各种货币处于硬币还是软币的状态,就不是一成不变的,往往是昨天的硬币变成了今天的软币,昨天的软币却成为今天的硬币。纵观世界外汇市场,今非昔比的货币并非少见,如在大英帝国强盛时期("一战"前),英镑是世界上最强硬的货币,但"二战"后,随着英国在国际上政治、经济地位的衰落,英镑总的走势变成了软币,起码说是一种不那么硬的货币。同样,美元也经历了从布雷顿森林体系下霸主地位的强硬,到今天多元国际货币体系下多种强币激烈挑战的局面,美元再想回到过去那种叱咤风云的时代已是不可能的了。

第三节 外汇的作用

外汇作为国际结算的计价工具和支付手段,是随着国际经济交往的发展而产生的;反过来,通过外汇的买卖,实现购买力的国际转移,使一个国家与另一个国家之间的货币流通能够顺利地展开,又进一步促进了国际经济交往的发展。外汇市场是当今世界最大的市场,根据2013年9月5日路透社公布的国际清算银行(BIS)调查显示,全球单日平均发生的外汇交易额高达5.3万亿美元。国际外汇交易的发展,为促进国际资本

流动的迅速增长创造了必要条件,为推动世界经济贸易的增长发挥了重要作用,外汇在世界经济舞台上正扮演着越来越活跃的角色。

一、外汇在一国宏观经济中的作用

(一)外汇对一个国家的经济发展具有重要作用

外汇对一个国家来说,是一种特殊的国际清偿手段和国际债权。它方便了一国因对外政治、经济、科技、文化的交流与协作所产生的国际收付或国际间债权债务的结算和清偿,从而对该国经济的发展起到了重要作用。

外汇更是为一国发展对外贸易提供了便利,使各国实现比较利益成为可能,有利于提高生产效率和劳动生产率。由于各国资源条件的不同、技术水平的不同,一般来说,一个国家总是在某些产品的生产上具有优势,而在另外一些产品的生产上相对处于劣势。外汇的存在,促进了国际贸易的发展,使每个国家都能选择具有比较优势的产品进行生产,这样可降低各国的产品生产成本,提高各国的生产效益,推动各国经济的加速发展。

对于发展中国家来说,拥有充足的外汇可以及时引进发展国民经济所必需的先进技术与设备,推动发展生产力。所以可以这样认为:外汇的充足与否决定着发展中国家对外经济贸易和技术交流的范围与程度,制约着一国国内经济建设的规模和进程。

(二)外汇是各国中央银行或货币当局干预外汇市场、稳定外汇汇率的主要手段,因而对一国经济的稳定发展也起着重要作用

为了维持汇率的稳定,无论是在固定汇率时期还是在浮动汇率时期,都存在各国中央银行干预外汇市场的问题。比如不少国家都设有"外汇平准基金",当外汇汇率上涨,本国货币汇率下跌时表明外汇供不应求,反之,则为本币供不应求,此时,中央银行为了维护汇率的稳定,便会向市场上投放外汇购买本币,或投放本币购买外汇,从而使外汇与本币的供求关系趋于平衡。在这种情况下,外汇起着稳定外汇汇率的作用。

(三)外汇是衡量一国国际经济地位的主要标志之一

一国国际收支和国际储备反映了该国对外经济交往的实力,而外汇与这两者的关系十分密切。当一国国际收支持续出现顺差时,外国对本国的债务增多,外汇市场上就会出现外汇供过于求的现象,本国货币对外国货币的比值也随之提高,在国际市场上就会成为"硬通货",本国国际储备中外汇也相应地增加;反之,一国国际收支经常性出现逆差,外汇储备也会相应地减少,本国货币对外国货币的比值就会下跌,在国际市场上,本国货币就会成为"软通货"。由此可见,一国外汇收入的增加,对增加国际储备、提高本币币值、稳定汇率、提高对外经济地位等都具有举足轻重的作用。

二、外汇在国际经济中的作用

(一)外汇可以实现购买力的国际转移

世界各国的货币制度不同,不同的货币不能在对方国家流通,除了历史上金本位制度下用金银作为直接国际支付手段外,不同国家的购买力不能转移。随着银行外汇业务和国际业务的开展,只要借助于国际通行的、可自由兑换货币计值的信用工具的发行和汇兑,就能使不同国家的货币在一定范围内的流通得以实现,这不仅促进了国际间货币购买力的转移,而且也推动了国际经济关系的发展。

(二) 外汇使国际结算变得安全、迅速与便利

国际间的经济贸易交往,必然产生国际收支的结算和国际债权债务的清偿问题。在现代国际货币体制下,经营国际业务的银行,只要按照外汇市场汇率或官方汇率将本国货币或第三国货币折合成应付对方国货币,委托其国外分行或代理行代为解付即可。由于现代通信技术手段的发达与便捷,通常在 24 小时内便可汇交对方国的有关收款人,国际结算和国际清偿十分安全、迅速和便利。

(三) 外汇有利于调节国际间资金供求与优化配置

由于世界各国之间经济发展不平衡,资金余缺不一,在客观上存在着调剂资金余缺的必要。利用外汇这种国际间的支付手段,可以办理长、短期国际信贷和各种形式的融资,以促进国际投资与资本移动,实现国际间资金供求关系的调节,活跃资金市场,优化资源配置,提高资本效益。

(四) 外汇促进了世界经济一体化的进程

国际外汇业务的发展,为资本国际化创造了十分重要的条件。自 20 世纪 60 年代起,跨国公司的产生和发展是资本国际化的产物,又是国际外汇业务中最活跃的参加者。目前,生产国际化、流通国际化和资本国际化主要是通过跨国公司进行的。全球现有跨国公司 4 万余家,其子公司逾 20 万家,控制着世界贸易的 50% 以上和 30% 的国际技术转让,因此,跨国公司已经成为经济生活国际化的主体力量,不断促进世界经济一体化的进程。

以上我们分析的是外汇的积极作用,同时,我们还应看到外汇数量与价格的变化也会带来一些消极影响。首先,对一个国家来说,外汇储备数量是一国货币供给量的组成部分,因此外汇储备的急剧增加,会导致货币供给量的过快增长,带来通货膨胀的压力。其次,外汇供求数量的对比变化,必然影响到外汇市场外汇价格的变化,而外汇价格的不确定,使公司、企业的成本与利润也无法确定,从而增加经营风险。同时,外汇价格的波动使一国储备价值也处于不断波动之中。第三,当今的外汇主要是一国有黄金保证的纸币,因此它必然受到该国国内经济和国际收支状况的影响。一国国民收入水平的上升,往往伴有国际收支的逆差,从而增加一国外汇的供给压力;反之,则会减轻外汇供给的压力。外汇供给的扩大可增加商品、贸易与资本的国际流动性,而外汇供给的减少则会缩小国际流动性。若国际流动性扩大或缩小,与国际经济发展的数量、要求相适应,就会有利于国际经济的发展;反之,则会引起国际性的通货膨胀与危机,对国际经济的发展带来巨大的破坏。1997 年爆发的东南亚金融危机充分说明了这一点。

第四节 外汇管制

一、外汇管制的概念与目的

外汇管制(Foreign Exchange Control)是指一个国家通过法律、法令、条例等形式对外汇资金的收入与支出、输入或输出、存款或放款,对本国货币的兑换以及对外汇率所进行的管理。

一国实行外汇管制,主要有以下几个目的:(1)限制外国商品的输入,促进本国商品的输出,以扩大国内生产;(2)限制资本外逃和外汇投机,以稳定外汇汇率和保持国际收支的平衡;(3)稳定国内物价水平,避免国际市场价格巨大变动的影响;(4)增加本国的黄金和外汇储备。

二、外汇管制的演变

外汇管制是西方国家国际收支危机与货币信用危机不断深化的产物。第一次世界大战以前,西方各国普遍实行金本位制度,国际间的经济关系和货币关系比较稳定,外汇管制无从产生。第一次世界大战期间,交战国(如英、法、德、意等国)为防止资本外逃,弥补国际收支逆差,减缓本国货币汇率波动,纷纷实行战时经济体制,对外汇严加管制,以便动员本国一切人力、物力、财力来应付战事。大战结束后,西方各国随着经济恢复和发展,又逐渐恢复削弱了的金本位制度,并取消了外汇管制,以促进对外贸易的正常进行。

1929—1933年,西方各国普遍爆发了严重的经济危机,金本位制度崩溃,国际间的经济关系和货币关系极不稳定,许多西方国家产生了国际收支危机,自由贸易政策难以推行,一部分国家(如德国、奥地利、南斯拉夫、罗马尼亚、希腊、保加利亚和阿尔巴尼亚等国)又重新恢复了外汇管制。

第二次世界大战期间,西方各国为了缓和经济危机,应付巨额的战争费用,又恢复了原先已有所放宽的外汇管制。据统计,在当时100多个西方国家中,实行外汇管制的占90%以上;仅美国、瑞士等一些国家,由于远离战争中心地带或受中立条约的保护,国际收支有巨额顺差,因而没有实行外汇管制。

"二战"结束后,由于西方总危机进一步深化及经济危机周期的缩短,通货膨胀日益加剧。同时,美国利用其战后对其他西方国家的政治经济优势,加紧资本输出,占领国际市场;在本国则高筑关税壁垒,限制其他国家商品的进入,使西方一些国家普遍发生美元荒、黄金储备短缺以及外汇汇率不稳等问题。因此,大多数西方国家在"二战"后,不仅没有放松外汇管制,反而更加强化。它们一方面企图将外汇管制作为缓和或解决国际收支危机的工具,另一方面也作为对抗美国扩张政策的手段。但是,严格的外汇管制毕竟影响了正常的国际贸易的发展。美国为了便于对外扩张,一再施加压力,迫使英、法、日等国放松外汇管制,借以打入英、法等国控制的传统市场。同时,由于美国的国际收支不断恶化,联邦德国、日本、英国、法国等国的经济实力有所加强,力图恢复伦敦、巴黎、法兰克福等地的金融贸易中心地位。因此,自1958年年末起,西欧14个国家——英国、法国、联邦德国、意大利、荷兰、比利时、卢森堡、西班牙、葡萄牙、瑞典、挪威、丹麦、奥地利、爱尔兰等实行了有限度的货币自由兑换(主要是对非居民所持有的贸易与非贸易外汇可以自由兑换成为另一种货币或直接汇出国外)。1960年,日本也宣布实行部分的货币自由兑换,联邦德国则更进一步实行完全的自由兑换。英国于1979年10月24日起撤销了一切未废除的外汇管制条例。因此,从发展形势看,西方工业化国家为了活跃本国经济、加强对外贸易及金融等方面的竞争,出现了逐步放宽外汇管制的趋势。

综上所述,西方各国为了本国利益,根据形势发展,外汇管制有时严格、有时松动。由于管制措施涉及其他国家的利益,因此在一定程度上反映了西方国家间的矛盾。

三、世界各国外汇管制的类型

根据外汇管制的内容和宽严程度不同,当今世界可分为三种类型的国家和地区。

(一)实行严格的外汇管制的国家和地区

这类国家和地区对经常项目和资本项目都实行严格的外汇管理。除计划经济国家,如朝鲜等国家之外,多数发展中国家,如印度、缅甸、摩洛哥、智利、赞比亚、巴西、秘鲁等国均属这一类型。这些国家和地区经济不发达,国民生产总值低,出口创汇有限,外汇资金匮乏,为了有计划地使用外汇资源,加速经济建设,不得不实行严格的外汇管制。

(二)实行部分管制的国家和地区

这类国家和地区原则上对经常项目不加以管制,但对资本项目仍实行程度不等的管制。一些工业国家,如丹麦、挪威、澳大利亚、法国、日本等国,以及一些经济金融状况较好的发展中国家,如圭亚那、牙买加、南非等国都属于这一类型。这类国家和地区除日本特别发达外,其他都属于经济比较发达、国民生产总值较高、贸易和非贸易出口良好、有一定的外汇黄金储备的国家和地区。

(三)放松管制的国家和地区

这类国家和地区准许本国和本地区货币自由兑换,对经常项目和资本项目都不加以限制。一些工业很发达的国家,如美国、德国、英国、瑞士等国,以及国际收支有盈余的产油国,如沙特阿拉伯、阿联酋等国均属这一类型。这类国家和地区经济很发达,国民生产总值高,贸易和非贸易出口在国际市场上占相当份额,有大量的黄金外汇储备。这些国家虽名义上声称不管制,却都在一定情况下采取变相的措施加以管制。

四、外汇管制的主要内容

世界各国外汇管制的有关内容十分复杂烦琐,而且往往因客观形势的变化而经常修改。但总的看来,不外乎以下几个方面。

(一)外汇管制的机构

凡实行外汇管制的国家,一般都由该国政府授权的中央银行作为执行外汇管制的机构,如英国的英格兰银行、美国的联邦储备银行等。但也有些国家,另外设立专门机构,担负起外汇管制的职能,如意大利专门设立外汇管制局负责外汇管制工作。

除了官方机构负责外汇管制外,许多国家还由它的中央银行指定一些大商业银行作为经营外汇业务的指定银行(Appointed or Authorized Bank)。指定银行可以按外汇管制法令办理一定的外汇业务,非指定银行不得经办外汇业务。

(二)外汇管制的对象

管制的对象是法令中应首先明确的问题,具体对象可分为五个层次:

(1) 对人的管理。即什么人需受管制法令的约束。人可划分为居民和非居民、普通个人和法人。居民是指长期定居在本国的任何普通个人和法人,包括本国公民、外国侨民、在本国境内依法注册的国内外机构和单位。非居民是指长期居住在本国关境之外的任何个人,包括外国人和本国侨民,依法设立在本国境外的机构和单位,依法注册在外国的国内外机构和单位以及外国外交使团。一般来说,对居民的管制较严,对非居民的管制较松。

(2) 对物的管理。主要是指凡是可以作为国际支付手段的货币、票证等,如黄金等贵金属、外国货币以及以外币表示的股票、债券、汇票、存折及外币支付凭证如信用卡、支票等。

(3) 对地区的管理。这是指对本国不同地区实行不同的管制政策。例如,各国的出口加工区、经济特区、保税区等通常实行比较宽松的管理政策。

(4) 对行业的管理。这是拉美地区一些新兴工业化国家经常采用的一种办法,我国也是如此。即对传统出口行业实行比较严格的管制,对高新技术和重工业出口实行相对宽松优惠的政策。对高新技术和人民生活必需品的进口采取较优惠的政策,而对奢侈品行业进口则实行严格的管制。我国曾实行过的外汇留成制度,就是一种典型的行业差别政策。

(5) 对国别的管制。这是指针对不同国家、不同地区的情况实行不同的管制政策。

(三)外汇管制的主要内容

1. 贸易外汇管制

贸易收支,通常在一国国际收支中所占比例最大,因此,实行外汇管制的国家大多对这一项目实行严格管制。

出口外汇管制,一般都规定出口商须将其所得外汇结售给指定银行,即出口商须向外汇管制当局申报出口价款、结算所使用的货币、支付方式和期限等。在收到出口贷款后又须向外汇管制机构申报,并按官方汇率将全部或部分外汇结售给外汇指定银行。

在出口方面,许多国家通过税收、信贷和汇率等措施刺激出口,而对于一些国内急需的、供应不足的或对国计民生有重大影响的商品、技术及战略物资则要限制出口,限制出口的办法通常有出口许可证和数量控制。

在进口方面,一般由有关当局签发进口许可证,即进口商只有获得进口许可证才能购买进口所需外汇。一般来讲,为保护本国经济,有关当局都限制与国内生产形成竞争的商品进口,并且禁止某些奢侈品和非必需品的进口。此外,还有其他限制进口的办法,如实行限量进口、征收进口税和进口附加税、规定进口的支付条件、对进口规定预存保证金及实行国家对某些进口产品的专营等。

2. 非贸易外汇管制

非贸易外汇收支范围较广,它涉及劳务收支、转移收支,如运输费、保险费、佣金、利息、股息、专利费、许可证费、版税、稿费、特许权使用费、技术劳务费、奖学金、留学生费用、旅游费用等。而其中的运输费、保险费和佣金等属于进出口贸易的从属费用,基本按贸易外汇管制办法处理,一般无须再通过核准手续,就可由指定银行供汇或收汇。对其他各类非贸易外汇收支,都要向指定银行报告或得到其核准。实行非贸易外汇管制的目的,在于集中非贸易外汇收入,限制相应的外汇支出。各个国家根据其国际收支状况,一般在不同时期实行宽严程度不同的非贸易外汇管制。

3. 资本输出入管制

资本项目是国际收支的一个重要内容,所以无论是发达国家还是发展中国家都非常重视资本的输出入,并且根据不同的需要,对资本输出入实行不同程度的管制。

发展中国家由于外汇资金短缺,一般都实施各种优惠措施,积极引进对发展本国民族经济有利的外国资金,例如,对外商投资企业给予减免税优惠并允许其利润汇出等。为了保证资本输入的效果,有些发展中国家还采取以下措施:(1)规定资本输入的额度、期限和投资部门;(2)从国外借款的一定比例要在一定期限内存放在管汇银行;(3)银行从国外借款不能超过其资本与准备金的一定比例;(4)规定接受外国投资的最低额度;等等。过去发展中国家都严格管制资本输出,一般不允许个人和企业自由输出(或汇出)外汇资金。但是近年来,随着区域经济一体化和贸易集团化趋势的出现,不少发展中国家开始积极向海外投资,以期通过直接投资来打破地区封锁,带动本国出口贸易的增长,例如拉美国家、东盟各国、韩国和中国近年来的海外投资都十分活跃。

相对而言,发达国家对资本输出入采取的限制性措施较少,即使采取一些措施,也是为了缓和其汇率和官方储备所承受的压力。例如,日本、德国、瑞士等国由于国际收支顺差,其本国货币经常趋于升值或上浮,成为国际投机资本的主要冲击对象;这些国家国际储备的增长,又会加剧其本国的通货膨胀,因此它们便采取了一些限制外国资本输入的措施,以缓和本国货币汇率升值的局面。这些措施包括:(1)规定银行吸收非居民存款缴纳较高的存款准备金;(2)规定银行对非居民存款不付利息或倒收利息;(3)限制非居民购买本国的有价证券,等等。与此同时,发达国家积极鼓励资本输出,例如,日本从1972年起对于居民购买外国有价证券和投资于外国的不动产实行完全自由化等。必须指出,虽然限制资本输入、鼓励资本输出是发达国家的一个总趋势,但根据不同时期的国际收支和本国货币汇率状况,上述措施在运用过程中有时宽松,有时严格,不断进行调整。

4. 货币兑换管制

(1)自由兑换的含义与分类。经常项目和资本项目的管制是以货币兑换管制为基本前提的。如果一国货币是自由兑换货币,那么,经常项目和资本项目管制就难以进行。货币自由兑换按范围可分为贸易项目、非贸易项目和资本项目下的自由兑换。按对象可分为企业用汇和个人用汇的自由兑换。按程度可分为完全的和局部有限的自由兑换。按照国际货币基金组织的定义,一国货币若能实现经常项目下的货币自由兑换,那么该国货币就被列为可兑换货币。截至2015年,被基金组织列为可兑换货币的国家和地区已达148个。

(2)管制货币兑换的原因。货币兑换管制是外汇管制最主要最基本的管制。"二战"后初期,除了美国、瑞士等个别国家外,世界上所有其他国家都实行了不同程度的兑换管制。20世纪60年代后,西欧及日本等国开始放松兑换管制。另一方面,更多的发展中国家都实行严格的兑换管制。发达国家和发展中国家实施货币兑换管制的原因可归纳为以下几个方面:

第一,外汇短缺,即外汇供不应求。导致外汇短缺的原因很多,例如,西欧和日本在20世纪40年代和50年代的外汇短缺是由于"二战"的破坏,工业生产能力未完全恢复造成的;大多数发展中国家的外汇短缺是由于经济发展阶段落后,创汇能力差引起的。

第二,金融秩序的混乱与失控。导致金融秩序混乱的因素是多方面的,究其国内原因,一般与货币长期高估有关,而货币的高估又与货币发行量过度增加有关。货币高估诱发人们对该种货币的贬值预期,从而引起人们抛售该种货币。而当抛售达到一定规模致使该国政府的外汇储备减少到一定程度时,管制便应运而生。

第三,经济体制及价格体系的差异。货币自由兑换意味着国内市场与国际市场、国内价格体系与国际价格体系联结更紧密了。这种联结势必对国内经济的运行及各种比价关系造成冲击。所以,在国内的经济体制和价格体系与外部世界存在巨大差异的情况下,货币自由兑换的难度很大。

5. 汇率管制

它是指该国是否实行复汇率制度。所谓复汇率是指一国实行两种或两种以上高低不同的汇率,即双重汇率和多种汇率。复汇率的类型有以下几种:

(1) 按复汇率适用对象来划分,可分为两类。一类是贸易及非贸易汇率,即经常项目汇率,它通常相对稳定;另一类是金融汇率,又称资本项目汇率,通常由市场供求关系决定,政府对此不加干涉。

实行这种类型的复汇率的原因,通常是因为国内金融秩序混乱、短期资本流动过于频繁,因此,为了稳定进出口和物价,政府便对贸易和非贸易汇率进行干预,以便让其稳定在一个理想的水平上。

(2) 按复汇率适用的行业或商品种类来划分,可划分为鼓励出口与限制进口的本币低汇率、适用于一般性出口与进口的一般汇率,以及鼓励进口与限制出口的本币高估汇率等差别汇率。

采用这种类型复汇率的主要原因在于,需求弹性不可能在所有进出口商品的种类中完全一致,有的高,有的低,所以,根据不同种类进出口商品的需求弹性差异而采取不同的汇率,能使汇率真正起到经济杠杆的作用。此外,这种方法对某些行业或商品的生产给予特殊鼓励,而对另外的某些行业或商品进口予以限制,可以更好地调整本国的产业结构。

(3) 按复汇率表现形式来划分,可分为公开和隐蔽两种。隐蔽的复汇率又有多种表现形式。第一种形式是对出口按商品种类分别给予不同的财政补贴或税收减免,因而产生不同的实际汇率;或者对进口商品按种类征收不同的附加税,这样也会产生不同的实际汇率。第二种形式是采用影子汇率。所谓影子汇率实际上是附在不同种类进出口商品之后的一个不同的汇率系数。例如,某种商品的国内平均单位生产成本是9元人民币,国外售价为1美元,官方汇率为1美元合7元人民币,通过官方汇率只能弥补该单位产品的7元生产成本。为鼓励出口,就在该类产品的官方汇率之后附加一个1.3的折算系数($1.3 \times 7 = 9.1$)。这样,当该产品出口后,1美元的收入便能换到9元人民币。由于不同种类的进出口商品因成本不同往往形成不同的影子汇率,所以影子汇率构成实际上的复汇率。第三种形式是官方汇率与市场汇率混合使用,即在一国已存在官方汇率和市场汇率的条件下,对不同企业或不同的出口商品实行不同的外汇留成比例。允许企业将其留成外汇在市场上按市场汇率换成本国货币,这等于是变相的出口补贴,对不同的企业规定不同的留成比例,实际上就是对它们实行高低不同的复汇率。

截至2015年,国际货币基金组织中仍有33个国家实行复汇率。实行复汇率的实践证明它有许多弊端。第一,管理成本较高。由于汇率种类繁多,势必要耗费大量的人力成本。管理人员主观知识上的缺陷、官僚作风及信息不通等都会导致复汇率的错误运用,使经济运行的整体效益下降。第二,复汇率是一种歧视性的金融措施,容易引起国际间的矛盾和别国的报复,不利于国际经济合作和国际贸易的正常发展。第三,复汇率使价格扭曲。多种汇率导致多种商品价格,使价格关系变得复杂和扭曲。第四,导致不公平竞争。复汇率在某种意义上来讲是一种变相的财政补贴,因而使不同企业处在不同的竞争地位,不利于建立公平竞争关系及形成透明的市场关系。

从"二战"后世界各国的历史来看,实行复汇率的频率相当高,但是终止复汇率的频率也相当高,也就是说,复汇率被经常性地作为一种权宜之计或过渡措施来加以利用,较少有国家长期实行某种特殊形式的复汇率制度。

6. 黄金输出入管制

实行外汇管制的国家,一般禁止私人输出或输入黄金,有的国家对出售黄金实施征税。

五、我国的外汇管理

(一) 我国实行外汇管理的必要性

我国是一个发展中国家,因此在较长的时期里,仍需实行比较严格的外汇管理。从根本上来讲,外汇管理是为了稳定我国的对外金融,促进国民经济发展及维护国家权益。具体表现在以下几个方面。

1. 实行外汇管理是我国对外经济开放的客观需要

改革开放以来,我国经济生活发生了根本性的变化,进出口贸易发展迅速,对外劳务输出入成倍增长,利用外资增加迅猛,外汇体制改革取得了可喜的成绩。在这种改革开放形势下,如果不进行外汇管理,很容易造成外汇资金的流失,反过来,又会影响我国的进一步对外开放,使对外开放不能达到预期效果。

2. 实行外汇管理是保持我国国际收支平衡的需要

随着我国不断对外开放,对外经济的收入与支出越来越频繁,数额也越来越大,这就需要进一步加强外汇管理,以保持我国的国际收支平衡。因为一国的国际收支状况是一国经济实力的体现,并反映该国的国际经济地位,如果放松或不进行外汇管理,就会造成滥用外汇、乱借外汇、逃汇及套汇等严重后果,最终将严重影响到国际收支的平衡。

3. 实行外汇管理是我国维护人民币统一市场的需要

人民币是我国唯一的法定货币,国内禁止一切外币流通。曾经在有些年份,我国南方城市同时流通港币、外汇兑换券及人民币,助长了国内一些地方非法倒卖外汇及外汇兑换券的活动,严重扰乱了金融秩序。为了维护人民币统一市场,维护我国的金融秩序,就必须加强外汇管理。人民币兑换券1995年始停止使用。

4. 实行外汇管理是我国提高用汇经济效益的需要

由于我国经济发展十分迅速,所以国家要对外汇资金进行统一管理、合理安排,用在重点建设项目上,从而提高用汇经济效益。如果放松外汇管理,将外汇资金过度分散,听任各地方和部门随意使用,那么国家重点开发项目所需的外汇资金将得不到保证,这对经济建设是不利的。

(二) 我国外汇管理的历史变迁

我国外汇管理的发展大致分四个阶段。

1. 国民经济恢复时期的外汇管理(1949—1952年)

旧中国是一个半封建、半殖民地国家,外国银行在中国享有发行钞票、公布汇率、操纵外汇资金和外汇交易等特权。新中国成立后,中央人民政府指定中国人民银行为外汇管理机关。各大行政区实行各自的外汇管理法令。当时我国外汇管理的主要内容是:肃清外币,禁止外币流通、买卖,防止逃套外汇;管理人民币、外币、金银贵金属出入国境;管理华商和外商指定银行及建立供给外汇的制度;等等。在《外汇管理暂行办法》中明确规定:出口货款,各种业务、劳务所得外汇,华侨汇入的外汇,必须集中于中国银行;进口所需外汇和其他非贸易用途的外汇,必须申请批准;对进出口贸易实行许可证管理制度。当时全国外汇资金由中央人民政府财政经济委员会统一掌握分配,按照先中央、后地方,先工业、后商业,先公家、后私人的原则分配。这一系列外汇管理措施的实行,保证了外汇收入集中在国家手中,用于恢复和发展国民经济最急需的地方,对稳定金融物价起到了重要作用。

2. 实行全面计划经济时期的外汇管理(1953—1978年)

自1953年起,我国进入社会主义改造和建设时期,外币在国内已停止流通,外商银行除国家准予保留的设在上海和厦门的5家银行外都已停业。到1956年,随着对私营工商业社会主义改造的完成,我国进入了全面建设时期,对外贸易由国营外贸专业公司统一经营,全国物价基本稳定。这一时期我国的外汇管理工作是在国家核定的计划范围内,由对外贸易部、财政部和中国人民银行三家单位分口负责管理,对外贸易部负责进出口贸易外汇,财政部负责中央部门的非贸易外汇,中国人民银行负责地方非贸易外汇和私人外汇。国家实行"集中管理,统一经营"的管汇方针,即一切外汇收支由国家管理,一切外汇业务由中国银行经营。原来各大行政区制定的以私营为重点的《外汇管理暂行办法》已不适用了,当时我国外汇管理的工作重点是建立对国营单位外汇收支的计划管理制度。这一时期,根据国家管汇的实际需要,还制定了一些内部规定,如《贸易外汇管理办法》《非贸易外汇管理办法》《个人申请非贸易外汇管理办法》等。由于在这一时期我国没有确立外汇主管部门,也没有制定全国统一的外汇管理法令,即使有一些内部掌握方法,因为未履行立法手续,就不具备法律性质,因此,在对外经济往来中我国外汇管理工作较被动。这个时期我国的外汇管理是处于从分散到集中的过渡时期。

3. 转轨经济时期的外汇管理(1979—1996年)

1979年以前我国的那种高度集中统一的、以行政手段管理为主的外汇管理制度,是与当时指令性计划管理体制和国家垄断的外贸管理体制相适应的。把有限的外汇资金用于经济建设的重点项目,对保证外汇收支平衡及汇率稳定起过积极的作用。但这种外汇管理体制过于集中,统得过死,完全依靠计划和行政手段,忽视市场规律和经济手段。并且,经济效益低,应变能力差,不利于调动各方创汇的积极性和经济的发展。

1979年之后,我国的工作重点转移到社会主义现代化建设上来,实行了改革开放政策,经济体制逐步向着有计划的商品经济转变。1992年又确定发展社会主义市场经济,对外贸易由国家垄断变为多家经营和自负盈亏,对外贸易、金融与技术合作迅速增加,外汇收入成倍增长。如何积极利用外资,引进外国先进技术,发展外向型经济,这一系列问题要求我们加强和改善对外汇的宏观控制。1993年12月28日,中国人民银行发布了《关于进一步改革外汇管理体制的公告》,使外汇体制改革进一步深化。

(1) 设立专门的外汇管理机构。1979年以前,国家计划委员会、财政部等多家机构分别承担管理外汇的任务。为了适应改革开放形势的需要,国务院于1979年3月批准设立国家外汇管理总局,并赋予它统一管理全国外汇的职能。当时国家外汇管理总局与中国银行是一个机构、两块牌子。1982年8月,根据国务院关于政企分开的决定,国家外汇管理总局同中国银行分开,划归中国人民银行领导。1988年6月,国务院又决定国家外汇管理局成为国务院直接领导的国家局,归口中国人民银行管理,进一步加强了外汇管理工作。

(2) 颁布外汇管理条例和各项实施细则。1981年前,我国没有一个全国性的外汇管理法规。随着对外开放,外商和外国银行需要了解我国的外汇管理法规,国内企业对外谈判、签订合同,也需要有一个外汇收支方面的法律依据。1980年12月,国务院公布了《中华人民共和国外汇管理暂行条例》,随后又陆续颁布了一系列外汇管理实施细则和其他管理办法,并在1996年对原有条例和实施细则进行了修改与补充,使我国的外汇管理立法和制度日臻完善。

(3) 改革外汇分配制度,实行外汇留成办法。1979年前,我国对外汇实行的统收统支、统一分配的办法难以调动创汇单位的积极性。1979年8月,国务院决定在外汇由国家集中管理、统一平衡、保证重点的同时,实行贸易和非贸易外汇留成,区别不同情况,适当留给创汇的地方、部门和企业一定比例的外汇,以进口发展生产、扩大业务所需要的物资和技术。留成外汇是计划分配外汇的补充,对奖励出口、弥补出口亏损、调动各方面创汇的积极性以及发展生产都起到了积极的作用。

(4) 建立外汇调剂市场,对外汇进行市场调节。1979年前,我国没有外汇市场,外汇是按照指令性计划纵向分配,不允许外汇横向流通。实行外汇留成办法后,客观上产生了调剂外汇余缺的需要。1980年10月国家公布了《调剂外汇暂行办法》,1981年又补充公布《关于外汇额度调剂工作暂行办法》,允许有留成外汇的国营和集体企业,通过外汇管理部门,按照高于贸易外汇内部结算价5%~10%的调剂价格,把多余的外汇卖给需用外汇的国营和集体企业,并于1986—1987年两次提高外汇调剂价格。1986年10月,根据国务院《关于鼓励外商投资的规定》,允许外商投资企业之间调剂外汇,价格由他们自己确定。1988年3月,为了配合对外贸易承包经营责任制,根据国务院《关于加快和深化对外贸易体制改革若干问题的规定》,制定了《关于外汇调剂的规定》,各省、自治区、直辖市都设立了外汇调剂中心,办理地方、部门、企业的留成外汇和外商投资企业的自有外汇的调剂业务,价格放开,由买卖双方根据外汇供求状况自行议定。从1991年起允许侨汇和国内居民通过外汇调剂中心买卖外汇。到1991年年底,全国已有40多个外汇调剂中心,有的城市还开办了公开的外汇调剂交易,根据国家产业政策和进口计划,制定了调剂外汇的投向指导序列,至此初步建立起一个中国式的外汇调剂市场。外汇调剂市场的建立是计划经济与市场调节相结合的需要,促进了外汇资金的横向流通,提高了资金使用效益,对协助进口,鼓励出口,解决外商投资企业的外汇平衡,促进中小企业的生产和发展科研、文教及卫生事业,都起到了积极作用。

(5) 引进外资银行,建立多种形式的金融体系。1979年之前,所有外汇业务由中国银行独家经营。1979年起,我国的经济体制向"以国营经济为主体,多种经济形式并存"的方向发展。对外贸易经营权下放,对外经济贸易发展迅速,由一家银行经办外汇业务已不能满足需要。与此同时,我国的经济特区和沿海城市的改革开放与发展,促使外汇业务经营体制逐步进行改革。

自1979年10月开始,从中央到地方,陆续成立了一批可经营外汇业务的信托投资公司、金融公司、财务公司或租赁公司。1987年10月,国家公布了《非银行金融机构管理办法》,加强对它们的业务指导和管理。

1982年开始,我国首先在深圳特区引进外资银行。1985年4月,国务院颁布了《经济特区外资银行、中外合资银行管理条例》后,在经济特区及上海等沿海城市批准了一批经营外汇业务的外资银行及中外合资银行,与此同时,还设立了一批全国性和区域性的综合银行,如交通银行、中信实业银行、深圳发展银行等,批准它们经办外汇业务。时至今日,国有商业银行,经中国人民银行批准经营外汇业务的其他股份制商业银行,外资银行,中外合资银行,中外合资财务公司和国营非银行金融机构等共同形成了我国以外汇事业为主、多种金融并存的外汇金融体系,对发展我国对外经济贸易、促进外商投资、提高金融服务质量起了一定作用。

(6) 积极引进外资,建立外债与外商投资企业的外汇管理。自60年代中期到1979年期间,我国基本上不向外国借款,也不允许外商来华投资。改革开放后,我国引进了大量外资,同时,我国还在120多个国家和地区设立了大量的非贸易性生产企业。

在这段历史期间,我国逐步建立起对外借款的计划管理制度、向外借款的窗口管理制度、借款的审批制度、外债的监测登记制度和外汇的对外担保方法及短期债务余额的控制办法,从而使我国的外债规模控制在国家承受能力之内,使偿债率(当年还本付息额/当年外汇收入)和债务率(年底外债余额/当年外汇收入)均低于国际公认的外债警戒线(20%和100%)。

为了鼓励外商来华投资,改善投资环境,保障投资者的权益,我国对外商投资企业的外汇管理采取比较灵活的办法。1983年8月,公布了《侨资企业、外资企业、中外合资经营企业外汇管理施行细则》。1986年1月,国务院发布了《关于中外合资企业外汇收支不平衡问题的规定》。1986年10月,国务院又发布了《关于鼓励外商投资的规定》。我国对外商投资企业外汇收支的政策是鼓励外商投资的产品出口,允许企业保留出口或提供劳务所得的全部外汇,在银行开立外汇账户,自行安排使用;正常业务的外汇支出、外方投资者分得的纯利润、外籍职工的工资收入、外汇资本的转移都允许从其外汇存款账户中支取汇往境外;允许外商投资企业向国内外银行借用外币贷款,自借自还;允许外商投资企业通过外汇调剂市场买卖外汇;允许在国内市场购买中国的商品出口换取外汇,将所得的人民币利润再投资于能创造外汇的企业。

(7) 放宽对国内居民的外汇管理。1979年起实行居民收入的外汇按规定比例留存的办法。从1988年起,国家银行开办了居民外汇存款,从外国和港澳地区汇给国内居民的汇款和居民持有的外币现钞都允许存入银行并允许在规定的数额和用途内提取外汇、外钞汇出,进行外汇买卖或携带出境使用。

(8) 1993年12月28日,中国人民银行总行公布了我国外汇管理体制的新方案,这是一次力度很强的改革,主要有以下几个方面:

① 从1994年1月1日起,实现汇率并轨,实行以市场供求为基础的、单一的、有管理的浮动汇率制。

② 实行结汇制,取消对国内企业实行长达15年的外汇留成制,企业出口所得外汇收入须当时结售给指定的经营外汇业务的银行。以后需要用汇时,凭合法进口单据再向银行买汇,无须再经外汇管理当局批准,供求关系由汇率调节。

③ 银行向持有合法进口单据的用汇需求者提供(出售)外汇。为确保供汇,建立银行间外汇市场,中心设在上海(即中国外汇交易中心),联网全国,相互调剂头寸,形成由银行市场决定的汇率。外汇调剂中心的原有功能将逐步消退。

④ 取消外币和外汇券计价,经过一段时间过渡后,取消外汇券。

⑤ 取消外汇收支的指令性计划,国家主要运用经济、法律手段实现对外汇和国际收支的宏观调控。

上述方面的改革,将使我国外汇管理体制进入一个全新的阶段,其主要特征是:汇率统一,以结汇制代替留成制,以全国联网的统一的银行间外汇市场取代以前的官价市场和分散隔离的调剂市场,以管理浮动汇率制取代以前的官价固定调剂价浮动的双重汇率制,以单一货币(人民币)流通取代以前的多种货币流通和计价。这些重大改革,无疑将使我国外汇管理体系进入一个更加透明、更加市场化、更加统一和高效的新时期。

4. 经常账户下完全自由兑换时期(1996—2005年)

对于经常账户下兑换尚残存的限制,于1996年7月1日又进行了改革,从而基本上全部得以取消。1996年11月27日,当届中国人民银行行长戴相龙正式致函国际货币基金组织,宣布中国自1996年12月1日起,接受国际货币基金组织协定第8条的全部义务,从此不再限制不以资本转移为目的的经常性国际交易支付和转移,不再实行歧视性货币安排和多重货币制度,这标志着中国实现了经常账户下人民币的完全可兑换。

实现经常账户完全可兑换后,对经常账户下的外汇收支的管理仍然存在。例如,我国实行结汇制,除个人外,企业团体在经常账户下的外汇收入必须及时出售给外汇指定银行,个人外汇则可选择自行持有、存入银行或卖给外汇指定银行。再例如,为加强对经常账户下外汇收支的监管,我国还实行出口收汇与进口付汇的核销监管,由国家外汇管理局对这些外汇收支的真实性进行审核,以防止各种非法行为(例如骗汇、资本与金融账户下外汇收支混入经常账户下)。与此同时,我国还对资本与金融账户实行较严格的管制,基本原则是:管理从紧,严格审批。登记一切资本输出入,鼓励外商直接投资,严格控制外债规模、结构、目的和流向,对本国资本输出实行严格管理。

5. 以市场供求为基础的外汇管理发展新时期(2005年以来)

自2005年7月21日起,我国开始实行以市场供求为基础、参考一篮子货币进行调节、有管理的浮动汇率制度,形成更富弹性的人民币汇率机制,外汇管理进入发展新时期。

(1) 自2005年7月21日起,我国开始实行以市场供求为基础、参考一篮子货币进行调节、有管理的浮动汇率制度。人民币汇率不再盯住单一美元,形成更富弹性的人民币汇率机制。

(2) 中国人民银行于每个工作日闭市后公布当日银行间外汇市场美元等交易货币对人民币汇率的收盘价,作为下一个工作日该货币对人民币交易的中间价格。

(3) 在这一阶段,每日银行间外汇市场美元对人民币的交易价仍在人民银行公布的美元交易中间价上浮动,非美元货币对人民币的交易价也在人民银行公布的该货币交易中间价上下一定幅度内浮动。中国人民银行根据市场发育状况和经济金融形势,适时调整汇率浮动区间。2007年人民币汇率浮动幅度由1994年确定的0.3%扩大至0.5%,2012年扩大至1%,2014年3月17日起,银行间即期外汇市场人民币兑美元交易价浮动幅度又由1%扩大至2%,外汇指定银行为客户提供当日美元最高现汇卖出价与最低现汇买入价之差扩大至3%。

同时,中国人民银行负责根据国内外经济金融形势,以市场供求为基础,参考一篮子货币汇率变动,对人民币汇率进行管理和调节,维护人民币汇率的正常浮动,保持人民币汇率在合理、均衡水平上的基本稳定,促进国际收支基本平衡,维护宏观经济和金融市场的稳定。

(三) 人民币的自由兑换问题

人民币自由兑换是我国外汇管理体制的最终目标之一。随着我国的经济发展和经济体制改革的深入,人民币在边境贸易中以及在部分周边国家内通用性增强,人民币自由兑换的呼声也日益高涨。一国货币的自由兑换能促进国内外价格体制的接轨,并以此促进国内外市场的接轨,从而有利于资源的合理配置,增强企业的竞争能力,改善产业结构,提高劳动生产率等。但是,货币兑换并非没有前提条件,在条件尚不成熟的情况下强行推行一国货币自由兑换,将会导致灾难性的后果。

人民币自由兑换的含义有这样几个方面:一是指在经常项目交易中实现人民币自由兑换,二是指在资本项目交易中实现人民币自由兑换,三是指对国内公民个人实现人民币自由兑换。根据国际货币基金组织关于货币自由兑换的定义,如果经常项目交易中实现了货币的自由兑换,则该货币就是可兑换货币。那么,人民币成为可兑换货币的条件是什么?目前来看,主要有以下几个方面:

(1) 宏观金融的稳定。货币稳定是金融稳定的一个重要方面,外汇市场是金融市场的一个重要组成部分,如果没有宏观金融的稳定,汇率的稳定、外汇市场的稳定就无从谈起。要使一国宏观金融稳定,最重要的是使其货币供给增长和物价都保持稳定。这种稳定,不是指实现货币自由兑换前一瞬间的稳定,而是指实现货币自由兑换前相当长的一段时间内的稳定。我国在这方面还存在一定差距。以物价为例,在过去30多年中,经历了多次相当大的幅度波动,其中1988年和1994年的消费物价增长率都在20%以上;在20世纪末和新世纪初,又出现物价持续28个月的下跌;2004年又一次出现物价大幅上涨;2012年至2015年6月我国的物价又连续出现39个月的下跌。这不仅反映了宏观金融的不稳定,也反映了金融制度建设的滞后,而克服这些差距需要相当长的时间。

我国经常出现"一放就乱"的现象,在金融领域的表现则更加严重。如中央政府号召抓住机遇,发展经济,各地就一哄而上,而与此同时又没有相应的风险约束,于是,便导致货币超额发行及各种金融混乱。如1992年下半年和1993年上半年,人民币对美元的调剂价一度从1992年9月下旬的6.9元一路直升,急攀到1993年6月下旬约10.9元的高点,2004—2007年又一次出现经济过热、信贷失控的局面。可见如果在金融混乱局面未得到彻底扭转之前使人民币实现自由兑换,那么外汇市场是不可能稳定的。

实现宏观金融稳定的一个前提条件是利率。我国在利率政策的运用上目前仍存在欠缺,主要表现在:① 没有真正实行利率市场化,实际利率经常为负。由于利率的非市场化,所以利率不能反映真实的资金价格,利率也无法体现货币的市场供求关系。负利率现象的经常出现,更是助长了滥用资金和乱集资行为,这不利于提高劳动生产率和发展正常储蓄及资本积累。② 短期利率的运用不够灵活。一般认为,中长期利率对投资和经济发展的影响较大,而短期利率则对货币市场和金融业的影响较大。灵活运用短期利率是实现金融宏观调控的重要手段。短期利率应经常变动,可以低于也可以高于中长期利率。而我国的短期利率始终是低于中长期利率的,不仅存款如此,贷款也是如此。短期利率运用不够灵活与贯彻短期利率的金融工具品种稀缺有关。在金融比较稳定和发达的国家,中央政府经常利用短期国库券来实现其货币调控。由于短期国库券期限短,可以不断地收回、不断地发行,因而为灵活运用短期利率创造了物质基础。而我国目前还没有发行短期国库券,因此灵活运用短期利率便失去了一个有效途径。

实现宏观金融稳定的另一个前提条件是进行银行制度改革。它应从两方面着手:一是商业银行的企业化经营;二是增强人民银行的独立性,使其不再依附于各级财政。增强人民银行的独立性有两种做法,一种是使其独立于政府之外,直接受人大常委会管辖,这种做法可能性不大。另一种是使其独立于政府之内。独立于政府之内必须要有相应的保障措施,否则便是一句空话。有人曾建议仿效美国联邦储备体系,撤销各省、市、自治区的人民银行,改按大区建立人民银行。这样,可削弱人民银行对各地政府的依附性,为强有力的中央宏观金融调控清除基层障碍。这两项措施目前正在加速实施,并不断得以完善。商业银行的竞争力逐渐增强,不良资产比重不断下降,人民银行的独立性正在得到体现。

(2) 金融市场一定程度的发育和完善。金融市场范围很广,既包括外汇市场,又包括短期货币市场等。在外汇市场方面,我国的银行间外汇市场已于1994年4月1日正式运作,外汇指定银行作为交易主体进入市场,改变了由企业直接交易的方式。银行间外汇市场取代了处于隔离状态的各地外汇调剂中心,有利于中央宏观调控的实施。但为了使人民币自由兑换后的外汇市场趋于活跃,外汇供求相对平衡,还必须要增加外汇市场交易工具的品种,并允许外汇投机。外汇投机能对市场起到平衡作用,使各个时点上的外汇供求趋于均衡,使汇率趋于一致。外汇投机存在的必要前提是短期货币市场,包括资金拆借市场和短期国库券市场。当外汇供过于求时,投机者从短期货币市场上获取人民币资金,购入外汇;当外汇供不应求时,投机者抛出外汇,并用所得人民币再投回短期货币市场。政府则可通过在短期货币市场上买卖短期国库券和调整短期利率来影响汇率和货币流通量。当人民币汇率下浮和通货膨胀压力较大时,在短期货币市场上出售高利率的短期国库券,把资金从外汇市场吸引到短期货币市场上来,把居民个人、企业、集团手中的资金回笼起来,由此达到稳定货币汇率和货币供给量的目的。当人民币汇率上浮和银根紧缩时,则操作方向相反。根据日本、泰国的经验,短期货币市场是成功维持货币自由兑换的重要条件。

(3) 经济实力(或规模)。货币自由兑换必须有强大的经济实力予以支持。弱小的经济通过货币自由兑换把国内市场与国际相联结,风险很大。经济实力越强大,经济结构和产品结构越多样,抵御货币兑换所带来的风险的能力就越强,货币兑换可能带来的负面影响就越小。衡量一国经济实力(或规模)可以用国民生产总值或人均额来表示。根据国际货币基金组织(IMF)2009年4月份发布的《世界经济展望》数据,2008年,中国和日本GDP分别为4.4万亿美元和4.9万亿美元。也就是说,中日两国之间以GDP衡量的经济总量相差5 000亿美元。2010年,中国的GDP猛增到59 847亿美元,而同年日本的 GDP 为 54 885 亿美元,中国的 GDP 历史上第一次超越日本,成为仅次于美国的世界第二大经济国。这一年也堪称"中国世界第二强国"元年。2013 年中国货物进出口总额达 4.16 万亿美元,中国超越美国跃居世界第一货物贸易大国。2014 年,中国进出口总值达到了 26.43 万亿元人民币,比 2013 年又增长了 2.3%。其中,出口 14.39 万亿元,增长 4.9%;进口 12.04 万亿元,下降 0.6%,贸易顺差 2.35 万亿元,比 2013 年扩大 45.9%。从这个意义上说,人民币实行自由兑换的经济规模条件已基本达到。

(4) 充足的国际储备。实现人民币自由兑换,为应付随时可能发生的兑换要求,维持外汇市场和汇率的相对稳定,政府要有充足的国际储备,特别是外汇储备。那么,应保有多少外汇储备才算充分?根据对已实行货币自由兑换的若干国家(如日本、韩国、新加坡等)的研究和通行的国际储备需求理论,充足的外汇储备是指外汇储备额占年进口额的比重最少不得低于 20%,一般应维持在 30% 左右。2014 年年底,我国中央政府外汇储备高达 3.84 万亿美元,外汇储备已十分充裕。

(5) 适当的人民币汇率水平。汇率水平适当不仅是人民币自由兑换的前提,也是人民币自由兑换后保持外汇市场稳定的重要条件。人民币汇率下浮虽然有利于出口以及暂时性地抑制外汇市场上的过度需求和资金外逃,但不利于稳定国内物价和提高劳动生产率,并且还会构成对社会总需求的额外负担。人民币汇率水平直接影响着宏观经济和微观经济稳定的条件。在人民币自由兑换后的一段时间内,管理浮动汇率制度是比较理想的汇率制度,为此需要寻求一个指导汇率,政府应适时采取干预措施,防止实际汇率过分偏离指导汇率。2005 年前的 10 年,我国人民币汇率一直保持在 RMB8.27/USD－RMB8.28/USD 之间,2005 年以后,人民币迅速升值,目前一直维持在 RMB6.10/USD－RMB6.20/USD 之间,这说明人民币汇率水平趋于一个较为稳定的时期。

(6) 微观经济方面。货币的自由兑换将使国内价格体系与国外价格体系联系更紧密,世界市场价格的波动将反映得更直接频繁,国内外价格体系的差异对国内经济的影响将更巨大。为了减少价格体系差异和价格波动的冲击,一方面要继续理顺国内的比价关系,通过扩大开放使国内价格体系更接近国际市场的比价体系;另一方面要加大企业经营机制转变的力度,使企业对价格的反应更灵敏,加快企业特别是亏损的大中型企业的技术改造,促进产品的升级换代,从而增强它们抗衡价格波动的能力和市场竞争能力。而这几年来,我国政府充分重视国有大中型企业的现代企业制度建设和中小型企业的改制与市场竞争力的培育,微观经济层面大有改观。

第五节 外汇交易与外汇风险

一、外汇交易

（一）即期外汇交易(Spot Exchange Transaction)

1. 概念

即期外汇交易，又称为现汇交易、现货交易、现期交易，是指外汇买卖成交后在两个营业日内办理有关货币收付交割的外汇业务。在各类外汇交易中，即期外汇交易是基础，其交易量居各类外汇交易之首。

需要指出的是，即期外汇交易虽然在两个营业日之内交割，但仍有风险。按照惯例，外汇交易双方应在同一营业日内办理交割。不过由于时区不同，同一天交割的交易，交割时间在远东开始较早，欧洲较晚，美国更晚，这就使即期外汇交易包含了一定的风险。例如，一家德国银行和一家美国银行进行了一笔即期外汇交易，卖出欧元，买入美元。德国法兰克福外汇市场的交易时间是 7:30～16:00(格林威治时间)，纽约外汇市场的交易时间是 12:30～21:00(格林威治时间)。这样在交割日如果出现以下情况，德国银行将蒙受损失，即该德国银行在 12:30 之前已经将欧元交割，解入对方指定银行的账户中。在德国银行交割欧元之后到 12:30 纽约外汇市场开市这段时间内，与该国银行交易的美国银行恰巧破产倒闭。其结果是该德国银行虽然已经交付了欧元，却没有收到相应的美元，因为既定的交割日在纽约还未到来，美国银行还未交割美元就倒闭了。

2. 即期外汇交易的方式

即期外汇交易可以发生在客户与外汇银行之间，也可以发生在外汇银行之间。就前者而言，即期外汇交易方式可以分为汇出汇款、汇入汇款、出口收汇和进口付汇以及外汇投资。

(1) 汇出汇款。指需要对外国支付外币的客户先向银行支付本币，再委托银行向国外的收款人汇款。银行接受了汇款人的委托，便请求收款人的往来银行从本行的外币结算账户中借记相当金额，支付给收款人。汇出汇款实际上是客户向外汇银行买入外汇、外汇银行卖出外汇的一种即期外汇交易。

(2) 汇入汇款。收款人收到从外国寄来的以外币支付的款项，便把收到的外币通过结汇卖给银行，得到本币款项。它实际上是客户卖出外汇、外汇银行买入外汇的即期外汇交易。

(3) 出口收汇(信用证结算)。出口商将出口货物装船后，立即开具以外币计价的汇票，并在汇票下面附上有关单证，请银行议付，以便收回本币出口货款。银行将汇票等单据寄给开证行,按照汇票即期支付的条件,接受以外币支付的款项,并让支付行将应付款项记入外币结算账户。在此结算过程中,实际上是客户向议付行卖出了一笔外币、议付行做了一笔买入外汇的即期交易。

(4) 进口付汇(信用证结算)。为进口商开出信用证的银行按照出口商开出的附有全部单证的即期汇票条件,将外币计价的进口货款通过外币结算账户垫付给出口商后,接着向进口商提示汇票,请其按照即期付款条件支付本币。进口商以本币向银行支付了进口货款,进口结汇就完成了。在此结算过程中,实际上是进口商作为客户向开证银行买入一笔即期外汇、开证行做了一笔卖出外汇的即期交易。

上述汇出汇款和汇入汇款是两类单纯而又基本的外汇交易形式,可以用于一切目的。银行间的汇款方法有电汇、信汇和票汇三种。汇入汇款和出口收汇都是向银行供应外汇的,采取银行买、客户卖的形式,是国际收支顺差的因素;汇出汇款和进口付汇是向银行要求得到外汇,采取银行卖、客户买的形式,是国际收支逆差的因素。

(二) 远期外汇交易(Forward Exchange Transaction)

1. 概念

远期外汇交易,又称期汇交易,是指买卖双方在成交时先就交易的货币种类、汇率、数量以及交割期限等达成协议,并以合约的形式将其确定下来,然后在规定的交割日再由双方履行合约,结清有关货币金额的收付。远期外汇交易的主要作用:一是利用远期外汇交易套期保值;二是利用远期外汇交易进行投机。

在远期外汇交易中买卖双方签订的合约称为远期合约。根据成交日与交割日之间的间隔,远期外汇交易有一月期、二月期、三月期、六月期、一年期等数种。最多的是三月期的远期外汇交易。一年期以上的称为超远期外汇买卖,比较少见。

2. 远期外汇交易的特点

(1) 远期外汇交易是银行通过电话、电传等通信工具与其他银行、外汇经纪人和客户之间进行的交易。

(2) 在远期外汇合约中,汇率、货币种类、交易金额、交割日期等内容因时因地因对象而异,由买卖双方议定,无通用的标准和限制。远期外汇合约到期时实际支付金额基本上是全额交收的。

(3) 远期外汇交易是无限制的公开活动,任何人都可以参加,买卖双方可以直接进行交易,也可通过经纪人进行交易。如果不通过外汇经纪人,则不需要支付手续费。

(4) 远期外汇交易主要在银行之间进行,个人和小公司参与买卖的机会较少。买卖价格由各银行报出,并且交易中没有共同清算机构,交易的盈亏在规定的交割日结算。

(5) 远期外汇交易除银行偶尔对小客户收一点保证金外,没有缴纳保证金的规定。绝大多数交易不需缴纳保证金。款项的交收全凭对方的信用,所以有一定的风险。

3. 远期外汇交易的两种类型

(1) 固定外汇交割日的远期外汇交易(Fixed Forward Transaction)。这是指交易双方商定某一确定的日期作为外汇买卖的交割日,这类交易的交割日既不能提前,也不能推迟。例如,8月1日,A银行和B银行通过电传签订一项三月期固定外汇交割日的远期合约。A银行愿以1美元=1.3602瑞士法郎的汇率卖出100万美元,买进等值的瑞士法郎;B银行也愿意以同样的汇率买进100万美元,卖出等值的瑞士法郎,交割日为11月1日。届时,A银行和B银行必须在11月1日这一天,同时按对方的要求将卖出的货币解入对方指定的银行账户内。如果一方提前交割,另一方则既不需提前交割,也不需因对方提前交割而支付利息。但如有一方延迟交割,则另一方可向其收取滞付利息费。

(2) 选择外汇交割日的远期外汇交易(Optional Forward Transaction),又称择期远期交易。这是指交易一方可以把签订远期外汇合约的第三天到合约到期之前的任何一天选择为交割日。例如,C银行和D客户在4月5日达成一项三月期选择外汇交割日的远期外汇合约。C银行愿意按1英镑=1.6772美元的汇率卖出10万英镑,买进等值美元,D客户也愿意按同样的汇率买进10万英镑,卖出等值美元。在从4月8日至7月5日止的任何一个营业日,D客户都可以要求C银行按约定的汇率进行交割,并按对方的要求将各自卖出的货币解入对方指定的银行账户内。此外,择期交易一方也可约定在一定时间以后到合同期满日为止的一段时间内选择交割日。

4. 远期外汇交易的了结与展期

(1) 了结。远期合约一旦签订,对远期外汇买卖的双方都具有法律效力。如果交易者在合约中同意购买远期外汇,那么,到交割日他必须购买。同样,卖汇者必须付汇。例如,某英国出口商与银行订立了一份远期合约向该行出售一月期美元20万。如果届时他能从进口商处得到20万美元,则可如约交割得到相应数额的本国货币英镑。但如果1个月后由于某种特殊原因出口商并没有得到20万美元,那么,他也必须了结其原有的远期合约。他可以先在现汇市场上买入现汇20万美元,并支付相应数额的英镑,然后再进行履约。同样,一个对外负有债务的债务人,如果已买入远期外汇,到交割日又不需要外汇时,也可以即期交易了结其远期合约,即在交割日依据合约买下外汇,之后在现汇市场上售出。

由于汇率的变动,当事人在了结其不能正常履行的远期合约时,可能获益也可能蒙受损失。例如,卖出期汇的出口商,如果在将来以低于期汇的价格买入现汇用于履约,则可赚取一笔投机利润。若情况相反,他便要蒙受一定的损失。

了结只是客户处理其不能正常履行的远期合约的方法之一,假如客户在银行开立了外币账户,也可将其外币存款支付给对方或将收到的外币存入其外币账户。此外,客户(如出口商)还可在货币市场上借款支付给远期合约的另一方。到底是否选择了结这一方法须经过比较权衡才能决定。

（2）新合约和展期。如果客户在了结之后，仍打算进行远期抛补，那么，可能出现两种情况：签订新的远期合约或对原合约展期。

签订新合约，适用的汇率是新汇率，交易金额与前一份合约相比可以一样，也可以不一样。

对远期合约展期，往往是由于外汇银行很看重有关客户，于是对原已签订的远期合约提供展期，即在与客户了结原来的合约后，对将签订的新的远期合约给予汇率上的优惠。它是一种成交后两个营业日以内交割的外汇交易。

（三）掉期交易（Swap Exchange Transaction）

掉期交易也叫调期交易，指同时买卖不同交割日货币的外汇交易。按照掉期交易中两笔交易的期限，可以划分为即期对远期的掉期交易和远期对远期的掉期交易。前者由一笔即期交易和一笔远期交易构成，后者由两笔不同期限的远期交易构成。

（四）货币期货交易（Currency Futures）

货币期货交易指在有组织的交易市场上以公开竞价方式进行的具有标准的合同金额和标准的清算日期的货币买卖。

（五）货币期权交易（Currency Option）

货币期权交易指的是按合约规定在一定的日期或一定的期限内以一定的价格买卖一定数额货币的权利的交易。

（六）套汇、套利和投机

1. 套汇（Arbitrage）

套汇指在同一时间内当两地同一货币汇率发生差异时以低价买进高价卖出而获取利润的交易活动。

套汇可分为直接套汇与间接套汇两种。直接套汇也叫两角套汇，或双边套汇。它指的是利用两个不同地点的外汇市场之间的某一货币汇率的差异，同时在这个外汇市场上一边买进并一边卖出，以赚取汇率差额的交易。

间接套汇也叫三角套汇，或多边套汇。它是利用三个不同外汇市场之间的货币汇率差异，同时在这三个外汇市场上进行套汇买卖，从汇率差额中赚取利润的一种外汇交易。

2. 套利（Interest Arbitrage）

套利交易指的是利用外汇市场汇价的差异以及当时两国短期投资利率上的差额，将资金从利率低的国家（或地区）调往利率高的国家（或地区），从中赚取利差收益的外汇交易。

套利交易有两种主要形式：一是保值套利，二是未保值套利。

保值套利（Covered Interest Arbitrage），也叫抵补套利，指套利者在将资金从低利率地区调往高利率地区的同时,在外汇市场上卖出远期高利率货币,以避免汇率风险。

未保值套利(Uncovered Interest Arbitrage),也叫未抵补套利,指的是将资金从利率低的货币转向利率高的货币,从而赚取利率差额,但不同时进行反方向交易轧平头寸。这种套利要承受高利率货币贬值的风险。

3. 投机(Speculation)

投机是指根据某种资产价格的变动情况进行买卖以赚取利润的交易活动。从外汇市场的情况来看,根据买卖的方向不同,可以划分为多头交易和空头交易。多头交易指在估计某种货币的汇率会上升时,先买入该种货币,待该种货币汇率上升后再卖出该种货币,以获取汇率上涨的好处。空头交易指在估计某种货币的汇率会下跌时,先卖出某种货币,然后再买入该种货币以获取汇率下跌的好处。

二、外汇风险

(一)外汇风险的概念及类型

1. 外汇风险的概念

外汇风险(Foreign Exchange Risk),也称汇率风险,是指任何经济实体或个人的外币应收应付款、资产与负债以及未来经营活动产生的预期的净值,用本币衡量时,由于相关汇率发生变化而产生额外损益的可能性。

对外汇风险的理解,应把握以下几个问题。

(1) 风险具有不确定性。所谓风险,是指由于发生预料之外的事件,对某项经济活动产生不利或有利影响的可能性。换句话说,风险具有不确定性。在浮动汇率制度下,影响汇率变动的因素十分复杂,人们对汇率变动的幅度往往难以预测准确,这就对其经济活动涉及本外币兑换折算的经济实体和个人产生不利或有利的影响,即发生额外损益。这是因为,有关当事人以外币表示的应收和应付款、资产和负债以及未来预期收入与支出的方向是相反的(即应收款、资产、预期的收入引起外汇从国外流入国内,而应付款、负债和预期的支出则引起外汇从国内流向国外)。汇率一旦变化,用本币来衡量上述不同流向的外币款项时,就必然出现两种不同的结果,不是损失就是获利,二者必居其一。

如某公司与一日本商人签订一套价值1亿日元的设备合同,以日元付款。按签合同时USD1=JY100的汇率,该套设备的货价折合100万美元。但到付款时,如果美元兑日元的汇率下跌到1∶80,则该公司需要125万美元以支付1亿日元的货款,比预计的100万美元多了25万美元,也就是说,仅仅由于汇率的变动使该公司遭受了25万美元的额外损失。当然,如果付款时,美元对日元升值,则该公司就可由于比预计少付美元而获得额外收益。

外汇汇率的不确定性告诉我们,在处理外汇风险问题上,必须慎重。如果我们只强调汇率变动可能带来的损失,而看不到也会带来额外收益的可能性,那么,这种失之片面的态度有可能使当事人在处理涉外业务时缩手缩脚、坐失良机或增加不必要的成本；反之，如果当事人只看到额外收益的一面而忽视额外损失的一面，则有可能损失惨重，甚至倾家荡产。

（2）受险头寸是汇率变动作用的对象。尽管经济实体或个人所拥有的外汇流入流出量的本币价值可能因汇率变动而发生额外损益，但并不意味着所有外汇流量都承担外汇风险。事实上，只有暴露在汇率变动下的那部分同期流入流出量相抵后的净额才会发生额外损益。

如一家中国企业在1993年12月20日与一外商签订一份金额为100万美元的进口合同，同时，又与另一外商签订了一份90万美元的出口合同，实际办理付汇和收汇的时间都在1994年2月20日。按签合同时的汇率100美元兑换580元人民币核算，该企业的进口成本为580万人民币，出口结汇额为522万人民币，净支出为10万美元，合人民币58万元。但1994年2月20日办理实际收付时，人民币汇率制度已有重大变革，美元兑人民币汇率变为100：870。此时，该公司的进口成本升至870万元人民币，比预计增加290万元，出口结汇后获得783万元人民币，比预计多收入261万元。收支相抵后，美元净支出额未变，而人民币净支出额增至87万元。由于汇率的变化，使该企业蒙受的额外损失为29万元人民币。同理，如该企业的出口合同价值为100万美元，进口合同价值为90万美元，则汇率变动可获得29万元人民币的额外收益。假定该企业的上述进出口合同的价值均为90万美元，即无净支出额，那么，无论汇率怎样变动，人民币的收付额总是相等的，因此也就无额外损益。

经济实体在一定时间内的涉外经济往来往往既涉及外汇流入的交易，也涉及外汇流出的交易，在某一时点上存在外汇净流入或净流出的情况是非常普遍的。人们通常把这部分受汇率变动影响的外汇净流量称为"受险头寸"（Exposure），有时也称为"敞口头寸"。受险头寸具体表现为"多头"（Long Position）和"空头"（Short Position）。前者指外汇净资产或预期净流入量，后者指外汇的净负债或预期净流出量。如果出现同期限、同币种、同数量、不同流向的两笔外币款项时，则称之为受险头寸为零或无受险头寸，此时当然也就无外汇风险。

受险头寸可在一定时期内从对外贸易、外汇买卖、国际借贷中产生，也可从外币资产和负债中产生，或从厂商未来的涉外经济交易中产生。只有汇率变动作用于受险头寸时，才能产生用本币表示的额外损益。

（3）发生外汇风险的前提条件。根据以上分析我们可以看出，汇率变动与受险头寸是构成外汇风险的要素，但并不能据此就认为，只要存在汇率变动和持有受险头寸，外汇风险就一定会发生。道理很简单，如果汇率变动与受险头寸不在同一时点相遇，即持有外币"多头"或"空头"期间，汇率没有发生变化，或汇率变化时，受险头寸为零，那么，就不会发生外汇风险。显然，在汇率变动和受险头寸之外，还存在着另一个构成外汇风险的要素——时间。事实上,汇率变动只有在一定时点上作用于外币多头或空头时,才会发生外汇风险。另外,收付外汇的时间期限长短不同,当事人承担的外汇风险大小也不同。期限越长,在此期间内发生汇率变动的机会就越多,当事人承担的风险也就越大;反之则越小。

据此,我们可以把发生外汇风险的前提条件归纳为以下两点:其一,在一定时期内,经济实体和个人由于拥有不为零的受险头寸,需要进行本外币的兑换或折算;其二,在上述期间,相关汇率发生了(预料之外的)变化。

以上两个条件是涉外经营活动的当事人遇到外汇风险的必要条件,两者缺一不可。

(4) 汇率变动的间接影响。从广义上讲,外汇变动的不确定性不仅直接影响到经济实体和个人的涉外经营效果,也间接影响到其他从事国内经营活动的实体和个人。如本币对外币升值,由于进口较升值前便宜,可能使某些进口商品挤占国内市场,造成某些相关企业的产品销售困难,利润下降,甚至亏损。再如本币对外币贬值,会引起投资者抛售其持有的本国金融工具,抽逃大量资金,造成证券价格下跌,致使本国部分投资者遭受损失,等等。但是,由于汇率变动与仅从事国内经营活动的厂商和个人没有直接联系,所以他们的"受险头寸"在金额上无法确定或量化。因此,本章对这些汇率变动给厂商和个人造成的间接损益暂且不论,只讨论微观实体和个人直接承受的在金额上可以量化的外汇风险(这一点已在外汇风险的定义中反映出来)。

2. 外汇风险的种类

经济实体和个人一定时期内的涉外经营活动,按履约时间排列,可分为已履约完毕、正在履约和按经营计划预计会签约并履行的经济交易。这些发生于一定时期不同阶段的经济交易导致产生不同含义的受险头寸。例如,对于会计年度内已经结算了结的经济交易所产生的某种外币净额,由于年终结算时使用的汇率与交易实际结算时的汇率不同,而发生以本币表示的账面额外损益。这部分停留在账面上的外汇净额便成为具有账面意义的受险头寸。就正在履行合同的涉外经济交易而言,当事人的外币应收或应付款净额会因汇率变动而产生用本币表示的实际损益,故视这部分外汇净额为具有真实意义的受险头寸。对计划中将要进行的经济交易而产生的预期外汇现金流量净额,会因预料之外的汇率变动,使以本币表示的未来外汇现金流量净额发生变化,当事人需据此调整其计划。因此,上述未来外汇现金流量净额就构成具有潜在经济意义的受险头寸。

由于受险头寸存在的形态和性质不同,汇率变动作用于不同受险头寸后,对经济实体和个人的影响亦有差异。为了较全面地评估外汇风险对经济实体和个人涉外经营活动的财务状况的影响,以及对外汇风险进行科学管理,根据受险头寸的表现形态,将外汇风险概括为以下三类。

(1) 交易风险。交易风险是指经济实体和个人在进行的涉外经营活动中,由于汇率变动,使其尚未了结的外汇应收、应付款或外币债权债务的本币价值发生额外损益的可能性。具体讲,它是指某经济实体和个人在签订了涉外经济合同,但尚未实际完成本外币结算期间,用本币衡量的交易性受险头寸因汇率变动而产生的多收少付或少收多付的可能性。根据涉外经济交易的性质不同,交易风险又可进一步分为外汇买卖风险和贸易结算风险。

① 外汇买卖风险。外汇买卖风险是指本国货币与外币在不同时点进行交换时,由于不同时点上的汇率差异,可能产生的额外损益。换言之,这种风险是由于先买进或卖出外汇,而后再反过来卖出或买进外汇时产生的。以外汇买卖为业务的外汇银行承担的风险主要是买卖风险。银行以外的企业、个人在以外币进行贷款或借款以及伴随外币贷款、借款而进行外汇交易时也会发生同样的风险。

假定某一外汇银行按 1 美元＝1.50 瑞士法郎的汇率买进 100 万美元,当天按 1 美元＝1.52 瑞士法郎卖出 80 万美元,银行还持有 20 万美元,这种美元多头将来卖掉时会因瑞士法郎与美元汇率的变动而发生亏损或收益。如果美元升值,银行会获得一笔收益,如果美元贬值,银行会有一定的损失,收益率的高低或损失率的高低取决于汇率变动的幅度。

此外,如果企业借进外币,也会面临上述银行所遇到的外汇风险。例如,一日本企业筹措了一笔年利率 10%、期限为 1 年的 100 万美元借款。在汇率为 1 美元＝200 日元时,该企业把 100 万美元卖出,得到 2 亿日元。还款时,该企业应该偿还本金 100 万美元,再加上利息 10 万美元,共计 110 万美元。但由于汇率的不同,企业所负担的成本也不同:

第一种情况:在 1 美元＝200 日元的情况下,110 万美元合 2.2 亿日元,汇兑损益为零,总借款成本为 10%。

第二种情况:在 1 美元＝210 日元的情况下,110 万美元合 2.31 亿日元,汇兑损失为 0.11 亿日元,总借款成本以日元计算为 15.5%。

第三种情况:在 1 美元＝182 日元的情况下,110 万美元约合 2.00 亿日元,汇兑盈利约为 0.2 亿日元,总借款成本以日元计算几乎为零。

② 贸易结算风险。贸易结算风险是指由于汇率的变动,以外币计价的债权或债务的本币价值发生变化的风险。在进出口业务中,从签订合同到贷款结清最少需要 1 个月,最长达半年至 1 年,在此过程中,汇率一旦变动,进出口商将面临风险。例如,一笔交易以美元计值,到期付款时,如果美元升值,出口商实际获得的款项兑换成本币将比按签合同时的汇率折成本币金额多;如果美元贬值,出口商实际获得的本币款项将要减少,出口商受到损失。因此,交易结算风险是伴随着商品和劳务的输出或输入在进行外币结算时所产生的,它不是因外汇买卖而产生的。这种风险是企业面临的最主要的外汇风险。

(2) 评价风险。评价风险也称会计风险或折算风险,是指企业为合并过去一定时期内的涉外财务报表而进行会计处理时,由于折算汇率与交易实际发生日的汇率不同所发生账面损益的可能性。即企业在进行会计核算时,需把一定时间内已发生的所有以外币计值的资产和负债按一特定汇率(如期初汇率、期末汇率或平均汇率)一律折算成本国货币计算。由于特定的汇率并不是国际经济交易实际发生日的汇率,因而会出现账面上的损益。尽管这种风险只是账面上的,但会影响到企业纳税和向社会公布营业报告书的结果。评价风险是国际会计学科主要的研究对象之一。

(3) 经济风险。经济风险是指汇率变动后对企业的未来盈利能力产生潜在影响的可能性。与上面提到的几种风险相比,经济风险对企业的影响要复杂得多,也重要得多。它不像折算风险那样只会产生账面价值的变化,而是会引起企业未来经营活动所获收益的增加或减少;它也不像交易结算风险那样只对应收、应付款项余额的价值发生变动,而是对企业的销量、价格、成本以及投资、融资等都具有一定的影响,潜在的经济风险直接关系到企业的预期经济效益。然而对经济风险的分析却十分困难,而且还不可避免地带有主观色彩,可以说,对经济风险的分析实际上是一个探索和研究汇率变动对企业的销售量、销售价格、生产成本、生产费用等变量产生影响的过程。

专栏 2.2

中国外汇交易中心

中国外汇交易中心暨全国银行间同业拆借中心(以下简称"交易中心")于 1994 年 4 月 18 日成立,是全国银行间外汇市场、货币市场、债券市场以及汇率和利率衍生品市场的具体组织者和运行者。

一、为全国银行间外汇市场提供电子交易平台

中国外汇交易中心受中国人民银行和国家外汇管理局委托,为银行间外汇市场提供统一、高效的电子交易系统。该系统提供集中竞价与双边询价两种交易模式,支持人民币对七种外币(美元、欧元、日元、港币、英镑、林吉特、俄罗斯卢布)的即期和人民币对五种外币(美元、欧元、日元、港币、英镑)的远期、掉期、期货和期权交易以及九组外币(欧元/美元、澳元/美元、英镑/美元、美元/日元、美元/加拿大元、美元/瑞士法郎、美元/港币、欧元/日元、美元/新加坡元)的即期、远期和掉期交易,同时还包括交易分析、数据直通处理和即时通信工具等辅助功能。

二、形成并发布人民币汇率

2005 年 7 月 21 日人民币汇率形成机制改革后,交易中心根据中国人民银行授权,每个工作日上午 9 时 15 分发布人民币兑美元等主要外汇币种汇率中间价。(1) 人民

币兑美元汇率中间价的形成方式为:交易中心于每日银行间外汇市场开盘前向外汇市场做市商询价,并将全部做市商报价作为人民币兑美元汇率中间价的计算样本,去掉最高和最低报价后,将剩余做市商报价加权平均,得到当日人民币兑美元汇率中间价,权重由交易中心根据报价方在银行间外汇市场的交易量及报价情况等指标综合确定。

(2) 人民币兑欧元、日元、英镑和港币汇率中间价由交易中心分别根据当日人民币兑美元中间价与上午9点国际外汇市场欧元、日元、英镑和港币兑美元汇率套算确定。

(3) 人民币兑林吉特、俄罗斯卢布汇率中间价的形成方式为:交易中心于每日银行间外汇市场开盘前向银行间外汇市场相应币种的做市商询价,将做市商报价平均,得到当日人民币兑林吉特、俄罗斯卢布汇率中间价。

三、清算服务

交易中心为银行间外汇市场人民币/外币、外币/外币即期竞价交易提供直接清算服务。人民币资金清算通过中国人民银行支付系统办理,外汇资金清算通过境外清算系统办理。

交易中心为人民币外汇即期询价交易提供净额清算业务。该业务以多边净额清算为基础,并通过清算限额和保证金等风险管理措施,严格防范风险,并通过清算限额和保证金等风险管理措施,严格防范风险,保证参与各方的合法权益。

资料来源:中国外汇交易中心网站,http://www.chinamoney.com.cn

第六节 外汇风险的防范策略与措施

一、交易风险的防范与管理

(一)选择有利的计价结算货币

在进出口双方签订合同时,选择哪种货币作为计价货币,对双方来讲都是至关重要的。作为出口商应争取用硬货币成交,避免以软货币成交。硬货币是指汇价平稳或不断上升的货币,软货币是指汇价不稳而且总是下跌的货币。一笔交易由于软硬货币选择的不同,其结果迥然不同。例如,如果一笔交易双方商定以美元计价并支付,到实际支付日,美元对西方国家货币汇率平均下跌10%,出口商所收到的货款价值也就损失10%(尽管美元金额没变)。相反,如果当时以日元计价,而日元在实际支付日那天对西方国家货币的汇率平均上涨15%,对美元汇率上涨20%,该出口商实际收到的款项将远远高于以美元计价支付的金额。

与出口商相反,进口商应尽量选择软货币作为计价货币,用软货币计价付汇可以减少付汇成本。

但在谈判中选择哪一种货币是一个比较复杂的问题。首先,各种货币之间的"软"

和"硬"是经常变化的,在签订合同时,某种货币是硬货币,但在支付时,很可能变成软货币。这就要求企业在签订合同之前对汇率有个大概的预测。其次,货币的选择不是凭一方的意愿决定的,而是由双方共同协商确定,在这当中,贸易条件、商品的销路状况等都会影响到货币的选择。

当然,如果选择本国货币计价,本国进出口商不承担任何汇率风险,风险被国外进出口商承担。多数发达国家的进出口商愿意以本国货币计价结算,但多数发展中国家还不能以本币计价。这有两方面的原因,从出口上看,发展中国家出口的目的是获得一定的外汇,因而倾向于用可兑换外币计价;从进口上看,由于多数国家的货币是不可兑换货币,对方不愿接受,因而发展中国家的进出口贸易很难用本币计价。

(二) 调整进出口商品的价格

在签订合同时,如果出口商无法用硬货币成交,进口商不能用软货币成交,这时就应考虑调整价格。

1. 出口时用加价保值

如果出口合同中不得不以软货币计价,出口商就应适当提高价格,把将来计价货币汇率下跌的因素计算在内,不然等于跌价销售。当然,在提价时,要考虑对方的承受能力及商品在国际市场上的竞争能力。商品加价的方法主要有两种:

一是根据预测汇率的变动幅度来确定。例如,某出口商出口家具,以软货币瑞士法郎计价成交。原来准备每套家具的单价为 4 500 瑞士法郎,但卖方考虑法郎可能在近期内贬值 10%,于是在签订合同时,每套家具的单价相应地调整为 4 950 瑞士法郎。

二是根据出口商做远期交易的成本确定。为防范外汇风险,出口商一般把将要收到的外汇在远期市场卖出,为此,出口商要付出一笔费用,这部分费用要加到商品的价格中去。例如,美国一出口商出口一批商品到瑞士,商品的价格为 100 000 瑞士法郎,当时的即期汇率为 1 美元=1.5 瑞士法郎,即商品价值相当于 66 666.67 美元,而当时的远期汇率为 1 美元=1.65 瑞士法郎,如果美国出口商抛出瑞士法郎买进远期美元,获得的美元要少于 66 666.67 美元。只有在瑞士法郎金额为 110 000 的情况下,美国出口商才能获得 66 666.67 美元,为此,美国出口商的报价为 110 000 瑞士法郎。

2. 进口时用压价保值

在签订进口合同时,如计价货币为硬货币,进口商可根据硬货币的升值幅度,压低商品的价格。因为根据国际惯例,软货币价格高,硬货币价格低。此外,进口方可要求对方同时以硬货币和软货币两种货币报价。如以软货币报价,一般情况下,对方会把软货币的汇率风险加到货价上。是否接受软货币报价,要看货物加价的幅度是否超过用软货币购买远期硬货币所付的费用。

例如,某进口商从英国进口一台机器,3 个月后付款。英国出口商的报价为 1 000 美元,如该进口商手中有英镑,希望以英镑成交,对方也同意,当时的即期汇率为 1 英镑＝2美元,3个月的远期汇率为1.95美元,英镑汇率看跌。如按这种汇率,对方的报价如为513英镑以下,则可以接受,如超出这个价款,就应接受美元报价。

（三）合同中加列保值条款

保值条款是国际贸易中交易双方同意在合同中写进采用某种方式分摊未来汇价风险的条款。它的优点在于解决了因货币选择和货物加价压价使双方难以成交的问题。具体方式有以下几种：

1. 硬货币保值

它是指把合同中规定的支付货币金额按照该货币与某种硬货币的比价,折成硬货币的价格。到支付日,如果支付货币与硬货币的汇价发生波动,商品的价格也要变动。例如,1983年港币一度暴跌,当时内地对香港出口的部分商品在以港币计价合同中增加了一条保值条款,即：若港币对美元（当时的硬货币）的汇价上下幅度高达3％时,就按照港币对美元的汇价变化幅度,相应调整港币价格。

2. "一篮子货币"保值

它是指在合同中规定一种支付货币,并用多种货币组成的"一篮子货币"保值。用"一篮子货币"保值,首先要确定"一篮子货币"的构成,然后确定每种货币所占的比例,按照支付货币与每种货币的汇价,折成保值货币的价格,到支付时,再按当时的实际汇价折成支付货币的金额。例如,某企业签订出口石油的贸易合同,价格为每桶石油24美元,双方商定以欧元、日元、英镑来保值。三种货币所占的比例为：欧元40％,日元和英镑分别为30％,当时的外汇市场汇率为1欧元＝1.14美元,1美元＝100日元,1英镑＝1.50美元。把24美元折成三种货币：

24美元×40％×1/1.14＝8.42（欧元）

24美元×30％×100＝720（日元）

24美元×30％×1/1.5＝4.80（英镑）

到付款日,市场汇率变为1欧元＝1.19美元,1美元＝95日元,1英镑＝1.55美元,因此：

8.42×1.19＝10.02（美元）

720/95＝7.58（美元）

4.80×1.55＝7.44（美元）

10.02＋7.58＋7.44＝25.04（美元）

即进口商每桶将支付25.04美元。由于"一篮子货币"中的各种保值货币与支付货币汇价的变化不同,有升有降,因此能够分散风险。目前,很多国家用特别提款权和欧元保值。

（四）自我平衡法

外汇风险产生的前提是币种不同、时间的差异,因而在进口和出口贸易中如能使用同一种货币或合理安排时间,就可避免外汇风险。自我平衡法就是在币种和时间上进行管理的。自我平衡法有单项平衡和综合平衡两种。

1. 单项平衡

单项平衡是指一笔交易的货币平衡。即企业在签订合同时,使用的货币与该企业持有的货币币种一致。如我国某企业准备引进一批设备,国家拨给一部分美元,为避免外汇风险,该企业就应用美元进口。如某企业向国外借款购买设备,预计出口商品可以销到日本换取日元,借款时应借日元,以后以日元归还,不会产生汇率风险。对于外贸企业来说,收付货币的币种一致是避免贸易支付风险的最简单、最有效的方法。

2. 综合平衡

综合平衡是指企业在签订进出口合同时,选择不同货币或同一货币计值以分散风险。如某企业签订两笔金额和到期日都相近的出口(或进口)合同,若一笔以美元计价,一笔以日元或欧元计价,可以减轻或弥补汇兑损失。同时,也可保持进出口的平衡,如以美元成交一笔出口货物,再以美元成交一笔进口货物,如果收付金额、时间接近,也可避免汇率风险。

(五)货币市场的借贷

在合同签订后,企业可通过货币市场的借贷来防范外汇风险。

我们以出口为例。出口商在签订出口合同后,可从银行借入一笔与其出口收入币种相同、金额相同、期限相同的贷款,并将这笔现汇卖出,换成本币,实际收款后,再用这笔款项偿还贷款。

例如,某美国出口商签订了1.5万瑞士法郎的出口合同,3个月后收款,为此,该出口商先借期限3个月、年利率为10%的瑞士法郎,并按1美元=1.5瑞士法郎的汇率,卖出瑞士法郎,获得1万美元。然后把1万美元在货币市场投资3个月,年利率为9.25%,3个月后,该出口商用获得的出口收入偿还瑞士法郎的贷款。这时即使瑞士法郎贬值,对美国出口商也无影响。该出口商的净利息支出,即为防止外汇风险所花费的成本。

如果该公司的内部收益率高于货币市场的利息率,该出口商会把借到的瑞士法郎换成美元后直接用于公司的经营。在这种情况下,该公司不仅避免了外汇风险,而且能把得到的本金迅速投入经营,从而取得较好的经济效益。当然使用借贷法弥补风险的前提条件是公司要具有较好的信誉,对于信誉较差的企业而言,使用这种方法会有一定困难。

(六)远期交易法

远期交易是指双方当事人先行签订合同,规定将来交割的时间、汇率和金额,到期再交割。在货币市场上筹措资金比较困难的企业可采取此方法。

仍以美国公司为例,假如美国一公司向英国出口一批货物,双方商定以英镑计价并结算,价格为 10 万英镑。贸易合同签订时的汇率为 1 英镑=1.6 美元,这笔货款折合 16 万美元。美国出口商担心 6 个月后英镑贬值,为此,该出口商按照 1 英镑=1.55 美元的 6 个月远期汇率,把 10 万英镑卖给银行,到期可收到 15.5 万美元,比签订合同时少收 5 000 美元,这 5 000 美元就是该公司利用远期交易防范外汇风险的成本。

假如美国另一公司从日本进口一批货物,以日元计价结算,价格为 1 亿日元,货款在 3 个月后支付。现在的即期汇率为 1 美元=100 日元,3 个月的远期汇率为 1 美元=95 日元,该公司为防止日元的大幅度升值,决定用 1 052 631.57 美元买进 1 亿远期日元。与签订合同时相比,该公司多付出 52 631.57 美元,这就是该公司做远期交易的成本。3 个月后,不管汇率如何变化,该公司都不用担心成本的增加。

从上面进出口两方面的例子可以看出,利用远期交易防范外汇风险实际上就是利用外汇市场的机制,以现在能确定的成本去代替未来不确定的结果。

(七) 利用外汇期货交易和外汇期权交易

外汇期货交易是在有形的交易市场,根据成交单位、货币种类、货币数量标准化的原则,按固定价格购买与卖出远期外汇的一种业务。外汇期货交易和远期外汇交易极其相似,二者都是通过合同形式把购买或出卖外汇的汇率固定下来,而且都是在一定时期以后交割。而不是即时交割,因而企业或个人可通过外汇期货交易防范汇率风险。

(八) 货币互换

这部分内容将在第六章中详述,此处不再举例说明。

(九) 提前与延期结汇

提前与延期结汇是指进出口商通过更改外汇收付时间,以防范外汇风险的一种方法,主要有以下几种做法:

(1) 作为出口商,当计价货币看跌时,争取提前收汇;当计价货币看涨时,可推迟收汇。

(2) 作为进口商,当计价货币看跌时,争取延期付汇;当计价货币看涨时,争取提前付汇。

严格地说,提前或延期结汇的方法并不能将风险全部消除,提前结汇可使外汇受险部分消失,而延期结汇是把受险头寸留了下来,具有投机性质。如果汇率走势与预测的正好相反,企业将蒙受损失。此外,在合同签订后,更改结汇日期比较困难,所以,这种方法一般在跨国公司内部的贸易往来中运用得比较多。但很多国家对提前付汇或延期结汇有一定的限制。

(十) 其他方法

1. 议付

议付也称出口押汇。即出口商按照进口方所开的信用证备货装船后,可凭汇票和全套合格单据向有关银行申请提前获得款项。银行经审查无误后,将票款支付给出口商,然后再由该银行向开证行索汇。办理议付后,出口商立即得到资金,可以避免外汇风险。

2. 外币票据贴现

远期票据在未到期之前,经银行承兑后,可向有关银行办理贴现,提前取得票款。如以托收办理出口结汇,则可采取这种方法。

3. 福费廷

福费廷(forfeiting)属于担保业务的一种类型,是票据担保业务中最常见的形式。它通常是指买进因商品和劳务的转让(主要是出口贸易)而产生的在将来某一时间到期的债务,这种购买对原先的票据持有人没有追索权。通常这些应收款项采用商业汇票或本票的形式,担保人应进口商请求,在延期付款票据(远期汇票等)上加签担保,以便出口商向当地银行或金融机构进行贴现融资,且贴现机构对出口商没有追索权。由于远期汇票的期限一般都较长,所以福费廷交易也被称为"中长期出口票据贴现融资"。

福费廷具有以下特点:

(1) 福费廷票据产生于销售货物或技术或劳务服务的正当贸易,在大多数情况下,票据的开立都是以国际贸易为背景的。但随着同业竞争的加剧和业务技术的改进,少部分国内贸易也进入了福费廷业务的范畴。

(2) 福费廷业务中,出口商向包买商卖出票据时,即声明无追索权。从而把票据权利转给包买商。

(3) 福费廷业务是一种非常重要的中长期融资业务,融资期限至少是半年以上,以5—6年的居多,也有长达10年之久的。每个包买商都设定自己的时间限制,这种限制很大程度上取决于市场条件及对该笔交易所牵涉的风险的估计。

(4) 出口商选择福费廷,实际上是将赊销变成了一次现金交易。出口商仅有的责任就是生产和提供符合贸易合同规定的货物或劳务,并正确开出票据(远期汇票)。因此,福费廷业务对出口商来说是一项很有吸引力的服务。在很多国家,人们发现福费廷与其他现有的出口融资形式比较,可能是一种相对便宜的选择。

(5) 信誉卓越的福费廷融资者的业务经营政策中有一条重要的原则是:维护福费廷交易中有关各方的利益。他们一般既不把出口商的名字转告给第三方,也不在将来直接与出口商发生业务往来,因此,从这一意义上来说,福费廷票据的卖方(包括银行在内)是受到保护的。

4. 保理业务

国际保理(International Factoring)是指由从事国际保理业务的保理商向出口商提供的包括收汇风险担保、资信调查、货款催收、资金融通等内容的一系列综合性财务服务。

国际保理业务的特点:

出口商以商业信用形式出卖商品,在货物装船后即将应收账款转卖给保理商,从而使出口商的部分或全部应收款立即转换成现金,实际上是将出口应收款贴现。

在国际市场竞争越来越激烈的情况下,出口商为了争得买主,必须在产品、价格和付款条件诸多方面具有竞争力。就付款条件而言,在信用证(L/C)、付款交单(D/P)、承兑交单(D/A)和赊销(O/A)中,最受进口商欢迎的莫如 D/A 和 O/A 支付方式。但在这两种支付方式下,出口商承担的风险太大,出口商往往因此而不愿接受,从而失去贸易成交的机会,这就需要国际保理机构提供信用风险担保和融资,使进出口双方顺利达成交易。所以保理业务一般是在托收方式下为出口商提供信用担保和融资而进行的,可以使出口商便于避免风险、及时收回货款。国际保理对于扩大出口极为有利。

保理业务最大的特点就是可以提供无追索权的贸易融资,而且手续方便、简单易行,既不像信用放款那样需要办理复杂的审批手续,也不像抵押放款那样需要办理抵押品的移交和过户手续。在出口商卖断单据后,能够立即得到资金融通。当然,如果出口商资金雄厚,有时也可以在票据到期后再向保理公司索要货款,一般保理商在票据到期以前预付给出口商 80%~90% 的货款(扣除融资利息),这样就基本解决了在途和信用销售的资金占用问题。如果出口商将单据卖断给保理公司,就意味着一旦进口商拒付货款或者不按期付款等,保理公司只能自己承担全部风险,而不能向出口商行使追索权。由于保理公司承担了信贷风险,放弃了追索权,所以出口商可以将这种预付款作为正常的销售收入对待,而不像对银行的贷款那样必须显示在平衡表的负债方。这样一来,表示公司清偿能力的主要参数之一的流动比率也会得到改善,有助于提高公司的资信等级和清偿能力。

二、折算风险的防范与管理

由于折算风险是由汇率变动造成的资产负债表上的资产和负债发生变化的风险,因此,首先要弄清何种币种、何种期限的资产和负债不相等,然后再想方设法使该种货币的资产与负债相等(增加资产、减少负债,或减少资产、增加负债,这取决于是资产小于负债还是资产大于负债)。此外,还要注意使其期限接近相等。然而,实际操作起来却并非这么容易,这是因为,减少了折算风险可能会造成交易风险或信用风险等。必须仔细分析与权衡,以使风险最小且又不致造成其他种类风险的产生与加大。

三、经济风险的防范与管理

由于经济风险涉及投入、产出、销售以及区位选择、行业的进出等经营管理的诸方面,因此,经济风险的防范往往需要总经理、董事长等高级主管的直接策划。在这方面,通常有两种减少风险的措施可供采用,即经营多样化和财务多样化。

(一)经营多样化

这包括产品多样化、销售渠道多样化、生产地址多样化和原材料来源的多样化。这种经营多样化是指国际范围内的多样化,它既可防范一般非系统风险,也可防范一国的系统风险。系统风险(Systematic Risk)是指一个国家内所有企业都拥有的风险,如一国范围内的经济周期、利率的提高等所造成的风险。非系统风险(Unsystematic Risk)是指单个企业所具有的风险。系统风险靠一国国内的分散化策略是消除不了的,但通过跨国经营的多样化就可降低甚至消除系统风险。非系统风险可以通过分散化予以消除。由此可知,进行多样化的跨国经营,其防范风险的能力要比只在国内经营的企业大多了。这是因为,在世界许多国家都有子公司的大企业,其各个分支机构同时遇到经济风险的可能性是极小的。

(二)财务多样化

这是指在世界许多金融市场筹集多币种来源的资金和将手中拥有的多币种资金投资于多种货币标值的金融工具。这样,有的币种升值,有的币种贬值,从而可在相当大程度上抵消公司面临的汇率风险。

本章复习思考题

一、主要名词概念

外汇　自由外汇　记账外汇　贸易外汇　金融外汇　外汇管制　外汇风险

二、思考题

1. 简述外汇的产生和基本分类。
2. 简述外汇的经济地位与作用。
3. 简述中国外汇管理的历史变迁。
4. 试对人民币走向自由兑换问题做出分析。
5. 简述外汇风险的形成和类型。
6. 外汇风险形成的前提条件是什么?

三、讨论题

1. 我国是实现外汇管制的国家,你认为这样的管制有无必要?
2. 美国金融危机后,人民币的国际地位日益提高,你认为人民币能否在国际货币体系中发挥更大的作用?
3. 结合实际试述外汇风险的防范策略与措施。

第三章　汇率与汇率制度比较

导读

如果将货币视为一种特殊的商品，那么，可将汇率看成是一种特殊的商品价格——货币的价格，它通过对其他经济变量的作用，从而对一国乃至整个世界经济产生特殊的影响。同时，由于汇率的特定水平及其调整对经济有着重大影响，并且不同的汇率制度本身也意味着政府在实现内外均衡目标过程中需要遵循不同的规则，所以合理地选择汇率制度是一国乃至国际货币制度的重要问题。本章主要论述汇率的标价方法、汇率的决定基础与影响因素、汇率变动对经济产生的重要影响和汇率制度及其选择。

学习重点与难点

1. 汇率概念及其标价方法和套算。
2. 汇率的决定基础及其影响因素分析。
3. 固定汇率制与浮动汇率制各自的优点与缺陷。

第一节　汇率的概念及其标价方法

一、汇率的概念

汇率指一个国家的货币用另一个国家的货币所表示的价格，也就是用一个国家的货币兑换成另一个国家的货币时买进、卖出的价格。换句话说，汇率就是两种不同货币之间的交换比率或比价，故汇率又称为"汇价"。

从汇率的定义可以看到，汇率是一个"价格"的概念，它跟一般商品的价格有许多类似之处，不过它是各国特殊商品——货币的价格，因而这种"价格"也具有一些特殊之处。首先，汇率作为两国货币之间的交换比例，客观上使一国货币等于若干量的其他国家货币，从而使一国货币的价格（或所代表的价值）通过另一国货币表现出来。而在一国范围内，货币是没有价格的，因为价格无非是价值的货币表现，货币不能通过自身来表现自己的价值。其次，汇率作为一种特殊价格指标，通过对其他价格变量的作用而对一国经济社会具有特殊的影响力。作为货币的特殊价格，作为本国货币与外国货币之间价值联系的桥梁，汇率在本国物价和外国物价之间起着一种纽带作用，它首先会对国际贸易产生重要影响,同时也对本国的生产结构产生影响,因为汇率的高低会影响资源在出口部门和其他部门之间的分配。除此之外,汇率也会在货币领域引起反应。汇率这种既能影响经济社会的实体部门,同时又能影响货币部门的特殊功能,是其他各种价格指标所不具备的。

二、汇率的标价方法

计算两种货币的兑换比率,先要确定用哪种货币作为标准货币。由于确定的标准货币不同,便产生了三种不同的汇率标价方式。

(一) 直接标价法(Direct Quotation)

直接标价法是以一定单位的外国货币为标准,折算成若干单位的本国货币的汇率表示方法。因为这种标价方法是以外国货币为标准,来计算应付多少本国货币的,所以又称为应付法(Giving Quotation)。如 2015 年 6 月 14 日中国银行外汇买入价行情为:USD100 = CNY 619.54,JPY100 = CNY5.015 9;卖出价行情为:USD100 = CNY622.02,JPY100 = CNY5.0511。在直接标价法下,外国货币的数额固定不变,总是为一定单位,外币价值的升降用相对的本国货币数额的变化来表示。一定单位外币折算的本国货币越多,说明外币汇率上涨,本币汇率下跌;反之,一定单位外币折算的本国货币越少,说明外币汇率下跌,本币汇率上涨。

(二) 间接标价法(Indirect Quotation)

间接标价法是以一定单位的本国货币能够兑换的某种外币的数额来表示的汇率标价方法。因这种标价法以本国货币为标准,来计算应收多少外国货币,所以又称应收标价法(Receiving Quotation)。英国是历来采用间接标价法的国家,美国自 1978 年起也改用间接标价法,但美元对英镑仍保留了过去习惯采用的直接标价法。如伦敦外汇市场行情:GBP1=USD1.5674;纽约外汇市场行情:USD1=JPY105。在间接标价法下,本国货币的数额固定不变,本币价值的升降以外国货币数额的变化来表示。一定单位本国货币折算的外币数量增多,说明本币汇率上涨,外币汇率下跌,反之则相反。

(三) 美元标价法(U.S. Dollar Quotation)

美元标价法是以一定单位的美元为标准来计算应兑换多少其他各国货币的汇率表示法。其特点是:美元的单位始终不变,汇率的变化通过其他国家货币量的变化表现出来。这种标价方法主要是随着国际金融市场之间外汇交易量的猛增,为了便于国际间进行交易,而在银行之间报价时通常采用的一种汇率表示方法。目前,已普遍使用于世界各大国际金融中心。这种现象在某种程度上反映了在当前的国际经济中,美元仍然是最重要的国际货币。美元标价法仅仅表现世界其他各国货币对美元的比价,非美元货币之间的汇率则通过各自对美元的汇率进行套算。如外汇银行的报价为:USD1=JPY120.9027,USD1=CHF1.7120,则通过美元标价能套算出 CHF1=JPY120.9027/1.7120=JPY70.6207 或 JPY100=CHF1.4160。

第二节 汇率的分类

汇率作为买卖外汇的价格,因制定方法的不同、业务用途的不同,以及货币制度的不同和国家政策的不同而表现为不同的形式,根据不同的标准,汇率一般可作如下分类。

一、从银行买卖外汇的角度来划分,汇率可分为买入汇率和卖出汇率

（一）买入汇率(Buying Rate)

买入汇率也称为买入价,是银行向客户买入某种货币时所使用的汇率。例如,某银行的美元买入价为:USD1＝CHF1.578 1,其含义是银行向顾客买入1美元时,愿意支付1.578 1瑞士法郎。

（二）卖出汇率(Selling Rate)

卖出汇率也称为卖出价,是银行向客户卖出某种货币时所使用的汇率。例如,某银行的美元卖出价为 USD1＝CHF1.578 7,其含义是银行向顾客卖出1美元时,顾客必须支付1.578 7瑞士法郎给银行。

银行买入或卖出某种货币是一个相对的概念。首先,银行美元的买入价即是顾客卖出美元的价格。其次,银行买入美元而支付瑞士法郎,也可看作是银行卖出瑞士法郎而收取美元。因此,美元的买入价也是瑞士法郎的卖出价,而银行美元的卖出价便是瑞士法郎的买入价。例如,对于同一个报价"USD＝CHF1.584 1－1.585 0",对于美元而言,前一个汇率是买入价,后一个汇率是卖出价;而对于瑞士法郎而言,前者是卖出价,后者则为买入价。由此可见,对于直接标价的货币,卖出价的数额总是大于买入价。而对于间接标价的货币,买入价的数额总是大于卖出价的数额。但不管采用何种标价法,银行总是以低价买入某种货币,然后按高价卖出此种货币。买入汇率与卖出汇率一般相差1‰~5‰,两者的差额为商业银行买卖外汇的利润。银行对一般顾客的买卖差价通常比银行同业买卖汇率差价要大。

通常银行间交易的报价并非报出数字,只是报出小数点后的最末两位数。例如,某银行在报美元兑换瑞士法郎的买入价和卖出价时,不是报"USD1＝CHF1.578 1－1.578 7",而只是报"81－87"或"USD1＝CHF1.578 1/87"。

在一般报刊的金融消息中,常出现中间价或中间汇率。中间价,即为银行买入价与卖出价的平均数:(买入价＋卖出价)÷2＝中间价。

银行在买卖外汇时还有现钞价,它是指银行与客户买卖某种货币的现钞时所使用的兑换率。现钞也有买入价和卖出价,其价差要比一般汇率的价差大。通常银行在收兑外汇现钞时的汇率要比一般的外汇买入价低,而卖出价则相同。这意味着银行在进

行现钞买卖时,要收取更高的价差收益。这是因为:(1)在银行各种货币买卖中,现钞的交易量十分小,而其交易所负担的成本与银行间大宗交易所需成本几乎相同。(2)要进行现钞交易,银行必须持有一定数量的各种货币的现钞,以便随时按客户要求提供各种货币的现钞,而这些现钞是没有利息的,这样就使银行负担了机会成本、存储成本以及承担因各种货币汇率变动而产生的外汇风险。(3)银行贮存现钞和运送现钞还承担运送费用及保险费用。

二、按汇兑方式来划分,汇率可分为电汇汇率、信汇汇率和票汇汇率

(一)电汇汇率(Telegraphic Transfer Rate,T/T Rate)

电汇汇率是指银行进行某种货币的买卖后,用电报或电传的方式通知其在国外的分行或代理行支付款项时所使用的汇率。电汇付款时间最短,通常付款是在当天或次日。与其他汇款方式比较,电汇使外汇银行在国外的外汇存款利息减少,因此,电汇汇率比其他支付方式所使用的汇率高。目前,国际上大额外汇买卖基本都采用电汇付款的方式,因此电汇汇率又被称为基本汇率,其他汇率都以电汇汇率为基础计算确定。外汇市场上公布的汇率一般都是电汇汇率。

(二)信汇汇率(Mail Transfer Rate,M/T Rate)

信汇汇率是指银行在买卖某种货币后,用信函方式通知其在国外的分行或代理行支付款项时所采用的汇率。邮寄信函的付款方式所需的时间较长,而在邮程时间内,银行可获得较多利息,因此,信汇汇率比电汇汇率低。目前,在外汇交易中采用信汇付款方式较少。

(三)票汇汇率(Demand Draft Rate,D/D Rate)

票汇汇率指银行买卖汇票、支票和其他票据时采用的汇率。所谓票汇,是银行在卖出某种货币时,开立一张由其国外的分行或代理行付款的汇票给外汇的购买人,由自己带到国外或寄往国外取款。根据汇票的期限不同,票汇汇率可分为即期票汇汇率和远期票汇汇率。即期汇票是由出票人签发,要求付款人在见票时支付给收款人或持票人一定金额的无条件书面支付命令。远期汇票则是要求付款人在一定期限内或在特定的日期,对收款人或持票人支付一定金额的无条件书面支付命令。远期汇票的付款期限一般为30天、60天、90天等。银行卖出远期汇票后付款时间较迟,故汇率也较低。远期汇票的期限越长,说明付款时间也越迟,汇率也越低。

三、按外汇交易的交割期限来划分,汇率可分为即期汇率和远期汇率

(一)即期汇率(Spot Exchange Rate)

即期汇率是指进行外汇即期交易时所使用的汇率。即期交易是指外汇买卖成交后,交易双方在两个营业日内进行交割的交易方式。所谓交割是买卖双方履行交易合约,进行货币交付的授受行为。前面我们所讨论的电汇、信汇等交易都是即期交易,使用的汇率都属于即期汇率。

（二）远期汇率(Forward Exchange Rate)

远期汇率是指进行远期外汇买卖时所使用的汇率。远期外汇买卖是指外汇买卖双方事先订立交易合同，但并不立即进行买卖货币的支付，而是约定在未来一定时期（通常是1～6个月或12个月）按事先确定的汇率进行交割的交易方式。这个事先确定的汇率即是远期汇率，它是协议汇率，由买卖双方在合同中协议商定。合同内容还包括交易的货币种类、金额、交割日期等。到合同规定的交割日期，双方按合同内容进行交割，不受当时外汇市场行情的影响。

专栏 3.1

远期汇率的报价和计算

远期汇率的报价方式通常有两种：第一种是直接报出远期外汇的买价和卖价。例如某银行三个月美元与港币的报价为 7.793 5/7.803 5，就表示银行愿意以 7.793 5 港币的价格买入三个月远期美元，以 7.803 港币的价格卖出三个月远期美元。

第二种是不直接报远期汇率，而是报出即期汇率和升贴水点数。即使即期汇率变动很大，但远期汇率和即期汇率之间的差价一般比较稳定，因此这种报价方式更为普遍。

直接标价法下，远期汇率＝即期汇率＋外汇升水，或远期汇率＝即期汇率－外汇贴水。

不过，如果标价中将买卖价格全部列出，并且远期汇率的点数也有两个，则无须考虑两种标价法的区别，只要按照下面的规则就可正确计算远期汇率。

(1) 若远期汇率的报价大数在前、小数在后，表示单位货币远期贴水，计算远期汇率时应用即期汇率减去远期点数。

例如，美元与新加坡元的即期汇率为 1.422 2/1.423 0，若某银行三个月远期外汇报价为 210—200，则表示该行愿意以 1.401 2 新加坡元（1.422 2－0.021 0）的价格买入三个月远期美元，以 1.403 0 新加坡元（1.423 0－0.020 0）的价格卖出三个月远期美元。

(2) 若远期汇率的报价小数在前、大数在后，则表示单位货币远期升水。

例如，美元与新加坡元的即期汇率为 1.422 2/1.423 0，若某银行三个月报价为 200—210，则表示该行愿意以 1.442 2 新加坡元（1.422 2＋0.020 0）的价格买入三个月期远期美元，以 1.444 0 新加坡元（1.423 0＋0.021 0）的价格卖出三个月期远期美元。

四、按汇率的制定是否通过第三国货币来划分,汇率可分为基本汇率和交叉汇率

(一) 基本汇率(Basic Rate)

基本汇率是指一国货币对其关键货币的汇率。所谓关键货币是指在国际经济交往中使用得最多的,在其外汇储备中所占比重最大的,在国际上普遍可以被接受的可自由兑换的货币。第二次世界大战后,美元在国际金融市场上取得了主导地位,成为国际支付中使用得最多的货币和各国外汇储备的主要货币,因此,大多数国家都将美元作为关键货币,并以此制定基本汇率。但也有例外,历史上某些非洲国家因历史的原因而采用对英镑或法国法郎的汇率作为本国货币的基本汇率。

在外汇市场上,每天都有众多的外汇交易在进行,而且每笔外汇交易的汇率通常是不一致的。因此,在计算某日的基本汇率时就不能以该日某一笔交易所采用的汇率为准,而应以该日所有的关键货币交易所采用汇率的加权平均数作为当日的基本汇率。其公式为:

$$E_t = \frac{\sum_{i=1}^{n} Q_i R_i}{\sum_{i=1}^{n} Q_i} \tag{3-1}$$

其中:E_t 为 t 日的基本汇率;Q_i 为当日第 i 笔关键货币交易的成交额;R_i 为第 i 笔交易的成交汇率。

(二) 交叉汇率(Cross Rate)

交叉汇率又称套算汇率,是指两种货币通过各自对第三种货币的汇率所套算出的汇率。例如,人民币兑美元的汇率为人民币基本汇率,若某日人民币兑美元汇率为 USD1=CNY6.220 2,而国际金融市场上美元兑英镑的汇率为 GBP1=USD1.564 0,则人民币兑英镑的汇率可根据基本汇率和国际金融市场汇率套算出来:CNY6.220 2=USD1=GBP $\frac{1}{1.564\ 0}$,GBP1= CNY6.220 2×1.564 0,GBP1=CNY9.728 4。

交叉汇率的推算根据有关货币的报价方式不同而有所区别:

(1) 如果两种货币的汇率均为直接标价,则将两汇率相除。例:

GBP1=USD1.485 0……英镑对美元的直接标价

CHF1=USD0.613 3……瑞士法郎对美元的直接标价

故英镑对瑞士法郎的汇率为:

GBP1=CHF $\frac{1.485\ 0}{0.613\ 3}$≈CHF2.421 3

(2) 如果两种汇率均为间接标价,亦可相除。例:

USD1=GBP0.673 4……英镑对美元的间接标价

USD1=CNY6.220 2……人民币对美元的间接标价

则人民币对英镑的汇率为：

$$GBP1 = CNY\frac{6.2202}{0.6734} \approx CNY9.2370$$

（3）如果两个汇率一个为直接标价，一个为间接标价，则两数相乘得出交叉汇率。例：

CAD1=USD0.8017……加元对美元的直接标价

USD1=CHF1.5095……瑞士法郎对美元的间接标价

则加拿大元与瑞士法郎的交叉汇率为：

CAD1=CHF0.8017×1.5095≈CHF1.2102

（4）交叉汇率若用买入价与卖出价显示，也可用类似的方法来获得。例：

① 两汇率为直接标价情形。

	中心汇率（USD/GBP）	买入价	卖出价
		1.4840 买 出	1.4850
		卖 入	
	国际市场汇率（USD/EUR）	1.3334	1.3350

这里英镑与欧元均为直接标价，此时可采用交叉相除的方法来获得交叉汇率的买入价与卖出价。

买入价（英镑对欧元的直接标价）：

$$GBP1 = EUR\frac{1.4840}{1.3350} \approx EUR1.1117$$

卖出价（英镑对欧元的直接标价）：

$$GBP1 = EUR\frac{1.4850}{1.3334} \approx EUR\ 1.1137$$

② 两汇率为间接标价情形。

这里英镑和瑞士法郎均为间接标价，此时也可用交叉相除的方法来获得交叉汇率的买入价与卖出价。

买入价（英镑对瑞士法郎的直接标价）：

$$GBP1 = CHF\frac{1.6300}{0.6740} \approx CHF2.4184$$

卖出价（英镑对瑞士法郎的直接标价）：

$$GBP1 = CHF\frac{1.630\ 5}{0.673\ 0} \approx CHF2.422\ 7$$

③ 两汇率一是直接标价,一是间接标价的情形。

中心汇率为瑞士法郎对美元的直接标价,而国际市场汇率为英镑对美元的间接标价,此时交叉相乘,可得瑞士法郎对英镑的买入价与卖出价。

买入价(直接标价):

$CHF1 = GBP0.663\ 0 \times 0.674\ 4 \approx GBP0.447\ 1$

卖出价(直接标价):

$CHF1 = GBP0.664\ 0 \times 0.675\ 4 \approx GBP0.448\ 5$

五、按银行营业时间来划分,汇率可分为开盘汇率和收盘汇率

(一) 开盘汇率(Opening Rate)

开盘汇率是指外汇银行在一个营业日刚开始进行首批外汇买卖时所使用的汇率。由于现代通信技术的高度发达,世界各金融中心的联系十分密切,整个世界金融市场实质上是一个整体。因此,各外汇市场的汇率是相互联系、相互影响的,一个外汇市场的开盘汇率受到上一个时区外汇市场的收盘汇率或营业中的汇率的影响。

(二) 收盘汇率(Closing Rate)

收盘汇率是指外汇银行在一个营业日的外汇交易终了时进行最后一批外汇买卖的汇率。收盘汇率通常是一个营业日最后 10 秒或 30 秒或 60 秒某种货币交易的最高汇率和最低汇率的平均数。通常,西方国家金融报道中公布的汇率是当天或上一个营业日的收盘汇率。

六、按衡量货币价值来划分,汇率可分为名义汇率、实际汇率和有效汇率

(一) 名义汇率(Nominal Exchange Rate)

名义汇率是指在外汇市场上官方公布的或在市场上通行的、没有剔除通货膨胀因素的汇率。各外汇银行公布的汇率均为名义汇率,国际贸易的结算和外汇买卖都按照名义汇率来计算。

(二) 实际汇率(Real Exchange Rate)

实际汇率是相对于名义汇率而言的,它有两种表达方式:

一是指对名义汇率进行了价格调整后的汇率。我们知道,各国政府为达到增加出口和限制进口的目的,经常对各类出口商品进行财政补贴或减免税收,对进口商品则征

收各种类型的附加税。实际汇率便是名义汇率与这些补贴和税收之和或之差,用公式表示:

$$实际汇率 = 名义汇率 \pm 财政补贴和税收减免 \tag{3-2}$$

二是指在名义汇率基础上剔除通货膨胀率后的汇率,旨在解释通货膨胀对名义汇率的影响。同时,这一概念在货币实际购买力的研究中也常常被用到。此时,实际汇率是按外国与本国物价指数之比对名义汇率进行调整,以反映两国货币购买力的相对水平。其关系式可表示为:

$$S_r = S \frac{P^*}{P} \tag{3-3}$$

其中: S_r 为实际汇率; S 为名义汇率; P^* 为外国物价指数; P 为本国物价指数。

(三) 有效汇率(Effective Exchange Rate)

有效汇率是对一国货币与其他国家货币的双边汇率的升值率或贬值率进行加权平均,以反映该国货币对外币总价值的变化情况。在外汇市场上,一国货币对某一国货币的汇率可能是升,而对另一国货币的汇率可能是降,因此,单一的双边汇率无法说明该国货币对外价值总的变化情况。通过有效汇率可以综合说明该国货币对外价值总的变化情况。有效汇率中的权数通常是该国主要贸易伙伴在与该国贸易中所占的比重,或在世界贸易额中所占的比例。其计算公式为:

$$A 国货币的有效汇率 = \sum_{i=1}^{n} A 国货币对 i 国货币的汇率 \times \frac{A 国对 i 国的出口贸易值}{A 国的全部对外出口贸易值} \tag{3-4}$$

专栏 3.2

外汇市场的交易币种

国际清算银行(BIS)的调查显示:美元仍是外汇市场之王,占 2013 年 4 月全球外汇交易量的 87%,三年前是 85%;欧元尽管还是第二大流通货币,但是其国际影响力在过去三年里已经下滑,占比从 2010 年的 39% 下降到了 2013 年 4 月的 33%;日元的重要性显著提高,全球外汇交易中,日元的占比在三年内从 19% 提高到 23%;英镑和瑞士法郎交易量占比下降,而墨西哥比索和人民币等货币交易量大幅增加,见图 3-1(由于每笔交易都涉及两种货币,因此 BIS 给予整体货币市场母数百分比为 200%,而不是 100%)。

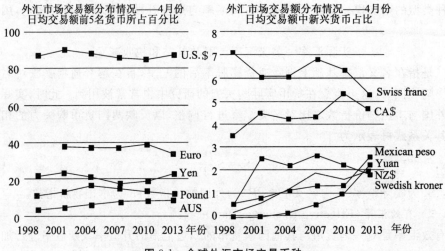

图 3-1　全球外汇市场交易币种

目前,人民币已跻身全球十大交易货币。国际清算银行发表的最新全球外汇市场成交量调查报告显示,如今人民币的日均交易额从 2010 年 4 月的第 17 位跃升至 2013 年的第 9 位,将瑞典克朗、新西兰元和港元甩在身后,成为日均交易额前 10 名的货币之一,人民币在国际上日益得到认可。

资料来源:李天华.人民币正在向全球使用货币迈进.中国经济网,2014-02-27.

第三节　汇率决定与变动及其对经济的影响

一、汇率决定的基础

汇率的本质是两国货币各自所代表或所具有的价值的比率,因此,各国货币所具有或所代表的价值是汇率决定的基础。但由于货币制度、货币发行基础、货币形态与种类的不同等,使各国货币价值的具体表现形式也很不一样。

(一) 金本位制度下汇率的决定

金本位制(Gold Standard System)是指以黄金为一般等价物的货币制度,包括金币本位制、金块本位制和金汇兑本位制。金币本位制(Gold Specil Standard)盛行于 19 世纪中期至 20 世纪初期,属于完全的金本位制度。后两种本位制出现于由金币流通向纸币流通过渡和第二次世界大战后对黄金与货币兑换实行限制的时期,而且时间较短,属于不完全的金本位制度。通常,金本位制主要是指金币本位制。金币本位制有如下四个特点:

(1) 以一定成色和重量的金币作为本位币,并成为市面流通的法定通货。

(2) 金币可以自由铸造和自由熔化。

(3) 银行券可以自由兑换金币。

(4) 黄金可以自由输出、输入国境。

由于银行券可以自由兑换成金币，因而在国际结算中，无论是通过银行券还是通过黄金来进行，两国货币之间的汇率就是两国本位币的含金量之比，即铸币平价（Mint Par）。如英国货币 1 英镑铸币的重量为 123.274 47 格令，成色为 22 开金（24 开为纯金），即含金量为 113.001 6 格令。美国货币 1 美元铸币的重量是 25.8 格令，成色为 90%，即含金量为 23.22 格令。根据含金量对比，两国货币的铸币平价为 113.001 6÷23.22＝4.866 5，即 1 英镑折合为 4.866 5 美元。

但是，铸币平价只是决定汇率的基础。正如市场价格要背离价值那样，市场上的实际外汇行市也要受到外汇供求情况的影响。如果市场上对某一外汇的需求增加，并大于这一外汇的供给，则该外汇的汇率就要上浮；反之，如果市场上对某一外汇的供给增加，造成这一外汇供过于求，该外汇汇率就要下浮。

可是，在金本位体制下，汇率的波动不会漫无边际，而总是环绕着铸币平价上下波动，亦一定以黄金输送点（Gold Points）为界限，所谓黄金输送点是指铸币平价±单位货币所含黄金的平均运输费用。这是因为，在金本位制下黄金可以自由地输出、输入，当汇率对一国不利时，它就不用外汇，而改用输出、输入黄金的办法来办理国际结算，因而各国汇率的波动幅度很小，成为自发的固定汇率。

黄金输送点限制了外汇汇率的波动范围，见图 3-2。

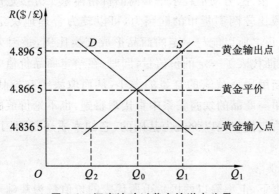

图 3-2　汇率波动以黄金输送点为界

如图 3-2 所示，当时英国与美国之间运送 1 英镑黄金费用约为 0.03 美元，则 4.866 5（铸币平价）±0.03 美元是一英镑兑换美元汇率的波动界限。若外汇需求超出 Q_1，汇率上升超出黄金输出点，美国进口商在国内宁可用美元购买黄金运往英国支付，而不愿在外汇市场上用美元购买英镑去支付；反之，外汇需求低于 Q_2，汇率低于黄金输入点,美国出口商宁可用英镑在英国购买黄金运回美国,而不愿在外汇市场上用英镑换回美元。故金币本位制下的外汇汇率比较稳定,汇率波动局限于铸币平价上下6‰的幅度。

(二) 纸币流通下的汇率决定

1. 汇率的价值基础

在实行纸币流通制度的早期阶段,各国一般都规定过纸币的金平价,即纸币名义上或法律上所代表的含金量。纸币作为金的符号,执行着金属货币的职能,因而也就代表了一定的价值。如果纸币实际代表的含金量与国家规定的含金量一致,则金平价无疑是决定两国货币汇率的价值基础。但在现实生活中,由于纸币不能与黄金兑换,其发行又不受黄金准备限制,纸币发行总量往往超过由流通所需金量按金平价决定的数量,这就使得纸币实际代表的金量与国家规定的含金量相背离。因此,名义上或法律上的金平价已不能作为决定两国货币汇率的价值基础,取而代之的是纸币所实际代表的含金量。

随着纸币流通制度的演进,纸币的金平价与其实际代表的金量相互脱节的现象日趋严重,货币非黄金化的呼声也越来越高。在这种情况下,纸币所实际代表的金量很难确定,它在决定两国货币汇率的过程中,似乎变得无足轻重。与此同时,由于纸币代表一定的金量,一定金量的价值又可反映在一系列的商品上,人们更直观地把单位纸币所代表的价值视为单位货币同一定商品的交换比例,即商品价格的倒数,或纸币的购买力。

在两国社会生产条件、劳动消耗水平和商品价格体系十分接近的情况下,通过比较两国间的物价水平或比较两国货币的购买力,可以较为合理地决定两国货币的汇率。但必须注意的是,纸币之所以能与一定的商品形成交换比例,是因为它是金的符号,代表了一定的金量,从而代表了一定的价值量;同时,在给定商品价值的条件下,单位纸币购买力的大小取决于纸币所代表的金量的大小,从而取决于它所代表的价值的大小。尽管这些不易从纸币与商品的现实关系中直接观察到,也不论价值的化身是什么,纸币流通制度下汇率的决定依然是以价值为基础的,它的本质还是两国货币所代表的价值量之比。

2. 外汇市场的供求

在纸币流通制度下,汇率除以两国货币所代表的价值量为基础外,还随着外汇市场供求关系的变化而变化。特别是在货币与黄金相对分离,黄金—物价—国际收支运作机制基本失灵的现实生活中,外汇市场供求的力量在很大程度上决定了汇率的实际水平。西方经济学家十分重视外汇市场供求对汇率形成的作用,他们认为:当外汇供不应求时,外汇汇率上升;当外汇供过于求时,外汇汇率下降;当外汇供求相等时,外汇汇率达到均衡;实际汇率由外汇市场供给与需求的均衡点所决定。这种外汇市场上的供求关系及其对外汇汇率形成的作用可以用图 3-3 来表示。

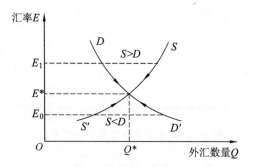

图 3-3　纸币流通条件下外汇供给与需求

在图 3-3 中，横轴表示一国外汇的需求量或供给量，统称外汇数量 Q，纵轴表示该国外汇市场上的汇率 E（以一单位外国货币为标准折算为若干单位本国货币）。外汇需求曲线 DD' 是一条向右下方倾斜的曲线，因为汇率降低意味着外国商品与劳务的价格相对降低，会扩大本国对外国商品与劳务的进口，从而导致外汇需求量的增加。反之，外汇供给曲线 SS' 是一条向右上方上升的曲线，因为汇率提高意味着以外币表示的本国商品与劳务的价格相对便宜，会使外国购买更多的本国商品与劳务，从而导致外汇供给量的增加。在一段时期内，如果汇率偏高为 E_1，外汇的供给大于需求（$S>D$），外汇汇率就会面临下跌的压力；如果汇率偏低为 E_0，外汇的供给小于需求（$S<D$），外汇汇率就会面临上涨的压力。只有当外汇的供给和需求相等于 Q^* 时，外汇市场上的实际汇率 E^* 才能确定。由于各种原因，外汇市场上的实际汇率亦不稳定，而且也不完全与两国货币所代表的价值之比保持一致。但是，从长期和综合的眼光来看，外汇市场上外汇的实际价格（即实际汇率）与其代表的价格应是基本一致的。

3. 汇率波动的规则

纸币流通制度下的汇率波动规则因所处国际货币体系的不同而有所差异。为改变金本位制度崩溃后各国汇率的混乱状况，1944 年 7 月，由英美等 44 国在美国新罕布什尔州的布雷顿森林共同签署了《国际货币基金协定》和《国际复兴开发银行协定》（总称布雷顿森林协定），从而建立起第二次世界大战后以美元为中心的国际货币体系，即布雷顿森林体系。按照此协定的要求，各成员国应公布各自货币按黄金或美元来表示的对外平价，其货币与美元的汇率一般只能在平价上下 1% 的幅度内波动。如果汇率的波动超过这一幅度，各成员国政府就有责任对外汇市场进行干预，直接影响外汇的供给与需求，以保持汇率的相对稳定。只有当一国国际收支发生"根本性不平衡"，对外汇市场的干预已不能解决问题时，该国才可以请求变更平价。可见在布雷顿森林体系的安排下，各成员国货币的汇率是围绕着平价，根据外汇市场供求状况，并被人为地限制在很小范围内进行波动的,常被称为"可调整的钉住汇率制",如图3-4所示。

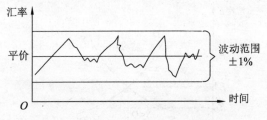

图 3-4　布雷顿森林体系下的汇率波动

由于美元的国际地位不断下降和国际储备货币的多元化,1972年后,许多国家放弃布雷顿森林体系下的钉住美元,在协议规定的幅度内进行浮动的汇率波动规则,实行汇率的自由浮动。1976年1月8日,国际货币基金组织国际货币制度临时委员会在牙买加达成"牙买加协定"。同年4月,基金组织理事会通过《国际货币基金协定第二次修正案》,允许成员国自由地做出汇率方面的安排,同意固定汇率制与浮动汇率制并存,从而使汇率的自由浮动合法化,形成了一种新的国际货币体系,即所谓"牙买加体系"。在这个体系下,金平价或与美元的平价在决定汇率方面的作用已被严重削弱,外汇市场的供求关系对汇率的变化起决定性的作用。其最一般或最典型的汇率波动则是汇率自由涨落,几乎不受限制,如图3-5所示。

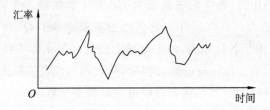

图 3-5　牙买加体系下的汇率自由浮动

二、影响汇率变动的因素

在浮动汇率下,汇率是经常变动的,影响汇率变动的因素很多,有些因素对汇率的影响是根本性的或决定性的,如一国经济发展状况、国际收支和通货膨胀的变化;有些因素对汇率的影响只是暂时的,如中央银行的干预、外汇市场的投机力量等。

(一)国际收支

国际收支是一国对外经济活动的综合反映,其收支差额直接影响外汇市场的供求关系,并在很大程度上决定了汇率的基本走势和实际水平。国际收支对汇率变动的影响可直观地由图3-6表示。

图3-6中,纵轴为外汇汇率 E,横轴为外汇数量 Q。假定某国的国际收支处于平衡

状态,其外汇市场的均衡汇率为 E^*。从外汇供给方面考察(或假定该国外汇市场上需求基本稳定,即外汇需求曲线 DD 不变),当该国的国际收支出现逆差,其外汇供给就会相对减少($SS \rightarrow S'S'$),这时外汇汇率上升($E^* \rightarrow E'$);当该国的国际收支出现顺差,该国的外汇供给就会相对增加($SS \rightarrow S''S''$),这时外汇汇率下降($E^* \rightarrow E''$)。见图 3-6(a)。从外汇需求方面考察(或假定该国外汇市场上的供给基本稳定,即外汇供给曲线 SS 不变),当该国的国际收支出现逆差,该国对外汇需求相对增加($DD \rightarrow D'D'$),导致外汇汇率上升($E^* \rightarrow E'$);当该国的国际收支出现顺差,该国的外汇需求相对减少($DD \rightarrow D''D''$),导致外汇汇率下降($E^* \rightarrow E''$)。见图 3-6(b)。以上从供求双方的考察都说明:当一国的国际收支出现顺差,就会增加该国的外汇供给和国外对该国货币的需求,进而引起外汇的汇率下降或顺差国货币汇率的上升;反之,当一国的国际收支出现逆差,就会增加该国的外汇需求和本国货币的供给,进而引起外汇汇率的上升或逆差国货币汇率的下降。

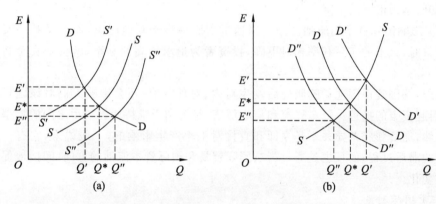

图 3-6 国际收支对汇率变动的影响

(二)通货膨胀差异

在纸币流通制度下,一国货币发行过多,流通中的货币量就会超过商品流通的实际需要,进而造成通货膨胀。通货膨胀意味着物价升高,货币的购买力下降,最终导致货币对内贬值。在大多数情况下,货币的对内贬值必然会引起对外贬值。如果两国的通货膨胀率相同,那么,两国货币的名义汇率因通货膨胀的相互抵消而继续保持不变,只有当两国的通货膨胀率存在差异,通货膨胀因素才会对两国货币的汇率产生重大影响。例如,当一国的通货膨胀率高于另一国的通货膨胀率时,通货膨胀率较高国货币的汇率就趋于下跌,而通货膨胀率较低国货币的汇率则趋于上升。假定两国的实际利率相同,对著名的费雪方程进行推论,就可以说明上述通货膨胀差异对两国货币汇率的影响:

$$\pi_A - \pi_B = \frac{F-E}{E}, (i_A = i_B) \tag{3-5}$$

式(3-5)中 π_A 为 A 国的通货膨胀率;π_B 为 B 国的通货膨胀率;F 为远期汇率(每一单位 B 国货币所兑现的 A 国货币单位数);E 为即期汇率(每一单位 B 国货币所兑现的 A 国货币单位数);i_A 为 A 国的实际利率;i_B 为 B 国的实际利率。

显然,如果 A 国的通货膨胀率大于 B 国的通货膨胀率,B 国货币的汇率将趋于上升,或表现为远期升水;反之,B 国的货币汇率将趋于下降,或表现为远期贴水,以保持平价关系。

具体地说,通货膨胀主要从两方面对汇率产生影响。

(1) 影响进出口贸易。当通货膨胀使一国物价上涨率高于其他国家的物价上涨率,而汇率又未能对此及时反应时,该国出口商品的成本会相对提高,这就削弱了该国商品在国际市场上的竞争能力,不利于扩大商品的出口;同时,该国进口商品的成本会相对降低,但能够按国内已上涨的物价出售,这就增加了进口商品的盈利,容易刺激商品的大量进口。这种状况会使一国贸易收支恶化,形成外汇市场供求缺口,推动外币汇率的上升,本币汇率的下降。

(2) 影响国际资本的流动。当一国通货膨胀率高于其他国家,而名义利率又没有做出调整时,该国的实际利率相对下降,投资者为追求较高的利率,就会把资金转移到国外。

另外,一国货币因通货膨胀先后发生对内、对外贬值,还会影响人们对该国货币的信心,引起资金的抽逃。资金外流和信心低落,是不利于维持两国货币之间的汇率稳定的。当然,通货膨胀差异并不是立即和直接对汇率产生影响的,一般说来,它有一个半年以上的滞后过程,而且也是通过影响国际贸易和国际资本流动的方向,间接地促使汇率发生变化。

(三) 国际利差

利率是资金的价格。对于筹资者来说,利率的高低决定筹资成本的高低;对于投资者来说,利率的高低决定投资收益的高低。当国际间存在利率差距时,在特定汇率水平下,为套利而跨国流动的资金就会大量出现,并通过影响外汇市场的供求,促使汇率变动,而汇率的变动又会反过来遏制资金的跨国流动。只有当利率差与汇率变动的水平相等,资金跨国流动无利可图时,利率差对汇率的影响才会消除。由费雪效应发展而来的利率平价理论对此做出了精辟的概括和说明,其表达式为:

$$i_A - i_B = \frac{F-E}{E} \tag{3-6}$$

式(3-6)中 F、E、i_A、i_B 的含义与式(3-5)相同。

由此方程式可以看出:以 A 国货币进行投资和以 B 国货币进行投资的利率差,应等于 B 国货币汇率的远期升水率或贴水率,而且随着利差的扩大,汇率的远期升水或贴水也应同比例地发生变化(如图 3-7 所示)。

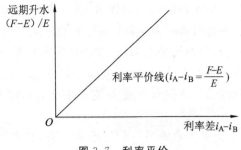

图 3-7 利率平价

假定,美国的存款年利率为 12%,英国的存款年利率为 7%,汇率表现为英镑的价格,目前即期汇率为 £1=＄2。根据利率平价理论,人们预期的 12 个月的远期汇率是:

$$0.12-0.07=\frac{F-2}{2} \Rightarrow 0.05=\frac{F-2}{2} \Rightarrow F=2.1$$

F 为 2.1 意味着英镑 12 个月的远期汇率升水率($\frac{2.1}{2}-1=0.05$)恰好等于利率差 0.05。如果 12 个月的远期汇率不是 £1=＄2.1,而是 £1=＄2.4,美国投资者就会用美元买进即期英镑用作投资,并卖出远期英镑换回美元。因为英镑的实际未来价格要比利率平价关系所隐含的价格高 0.3 美元(2.4－2.1＝0.3)。美国投资者将一单位美元投资于英国 12 个月的收益为 1.284 美元[(1＋0.07)×2.4/2.0],大于投资在本国的收益 1.12 美元(1＋0.12)。投资者为追求利润而套利必然驱使英镑的即期汇率上升,远期汇率下跌,直至英镑的远期升水与利率差相一致。

(四) 经济增长率

经济增长对一国货币汇率的影响是多方面的。经济增长可能导致本国货币币值上升的原因是:一国经济的正常增长,往往意味着生产率提高很快,因此通过生产成本的降低改善本国产品的竞争地位而有利于出口,抑制进口;一国实际经济的正常增长反映了一国经济实力增强,于是该国货币在外汇市场上的信心增强,货币替换就会发生作用,即人们开始把手中的其他国家货币转化为该国货币。但一国的经济增长也可能导致该国货币币值有下降的趋势。这是因为,一国经济在高速增长的情况下,国内需求水平会提高,由此会造成进口支出的大幅度增长,如果出口保持不变,则该国经常收支项目的盈余减少甚至出现逆差,这样该国币值就会产生下降趋势。

就一般意义来说,一国的高经济增长在短期内不利于本国货币在外汇市场的行市,但从长期看,却有力地支持着本国的货币币值。

(五) 外汇投机活动

外汇市场上的投机活动,对汇率的变动有十分重要的影响。特别是在今天的世界资金市场上充斥着数千亿美元的"热钱",这些资金根据各种信息和投机者对汇率变化的预期,在短期内从一种货币转换成另一种货币,以获得投机利润,并在实际上引起了汇率的变动。一般说来,当投机者预测某种货币汇价将要上升时,即在市场上买进该种外币,等到汇价真的上升后,即在市场上卖出;当预测到某种货币汇价将要下跌时,即在市场上卖出该种外汇,等到真的下跌后,即在市场上买进,从中获取投机利益。投机者为了从汇率的涨跌中获得利润,往往制造假象,对汇率变动起到了推波助澜的作用。

(六) 政府干预

由于汇率是以一种货币来表示的另一种货币的价格,汇率的变化将影响到国际范围内进行交易的商品和劳务的价格,进而对一国的资源配置和经济运行发挥重要的作用。出于宏观经济调控的需要,各国政府大多对外汇市场进行官方干预,希望将汇率波动限制在政策目标范围内,而不是建立在自由市场所确定的水平上。政府干预外汇市场的类型主要有以下几种。

1. 按干预的手段分,可分为直接干预与间接干预

直接干预是指政府直接入市买卖外汇,改变原有的外汇供求关系以引起汇率变化的干预。间接干预指政府不直接进入外汇市场而进行的干预,其做法有两种:第一,通过改变利率等国内金融变量的方法,使不同货币资产的收益率发生变化,从而达到改变外汇市场供求关系乃至汇率水平的目的;第二,通过公开宣告的方法影响外汇市场参与者的预期,进而影响汇率。也就是说,政府可以通过新闻媒介表达对汇率走势的看法,或发表有利于中央银行政策意图的经济指标,这些做法都可以达到影响市场参与者心理预期的目的。

2. 按是否引起货币供应量的变化分,可分为冲消式干预(Sterilized Intervention)与非冲消式干预(Unsterilized Intervention)

冲消式干预是指政府在外汇市场上进行交易的同时,通过其他货币政策工具(主要是在国债市场上的公开市场业务)来抵消前者对货币供应量的影响,从而使货币供应量维持不变的外汇市场干预行为。为抵消外汇市场交易对货币供应量的影响而采用的政策措施被称为冲消措施。非冲消式干预则是指不存在相应冲消措施的外汇市场干预,这种干预会引起一国货币供应量的变动。

3. 按干预策略分,可分为三种类型

一是熨平每日波动型(Smoothing Out Daily Fluctuation)干预,它是指政府在汇率日常变动时在高价位卖出、低价位买进,以使汇率变动的波幅缩小的干预形式。二是砥柱中流型或逆向型(Leaning Against the Wind)干预,它是指政府在面临突发因素造成的汇率单方向大幅度波动时,采取反向交易的形式以维护外汇市场稳定的干预形式。三是非官方钉住型(Unofficial Pegging)干预,它是指政府单方向非公开地确定所要实现的汇率水平及变动范围,在市场汇率变动与之不符时就入市干预的干预形式。政府在外汇市场干预中常常交替使用以上三种干预策略。

4. 按参与者的国家分,可分为单边干预与联合干预

单边干预是指一国对本国货币与某外国货币之间的汇率变动,在没有相关的其他国家的配合下独自进行的干预。联合干预则是指两国乃至多国联合协调行动对汇率进行干预。单边干预主要出现在小国对其与大国货币之间的汇率进行调节的过程中,缺乏国际协调时的各国对外汇市场的干预也多采取单边干预的形式。相比之下,由于外汇市场上投机性资金的实力非常强大,同时国际间政策协调已大大加强,当前各主要大国对外汇市场进行的比较有影响的干预基本上采取的都是联合干预。

除以上一些主要因素外,还有其他因素,如信息、心理预期、政治形势和季节性变化等也会对汇率的变动产生不同程度的影响。各种因素(包括主要因素与其他因素)相互交织、相互依存、相互制约,有时还相互抵消,形成一种综合力量,共同改变外汇市场供求状况,进而引起汇率的变动。

三、货币的升值与贬值

汇率的变化表现为货币的升值与贬值,作为两种货币之比价,汇率的上升或下降必然是一种货币的升值,同时也是另一种货币的贬值。

货币的升贬值在不同的货币制度和汇率制度下有着不同的方式。在第二次世界大战以前的金本位制度下,由于汇率取决于货币的含金量之比,那么,汇率的升贬值也就取决于各国货币法定含金量的变化。如果一种货币法定含金量减少,则它对黄金和其他货币贬值,其他货币对其升值。在第二次世界大战后的布雷顿森林体系下,实行的是金汇兑本位制,各国货币之间保持固定汇率,汇率水平以各种货币法定代表的黄金价值(即金平价)标准来确定,所以汇率的调整也就以官方确定的金平价的高低为准。尽管在金本位制和金汇兑本位制下也存在外汇市场和市场汇率的波动,但货币的升贬值主要是指法定的升贬值,这实际上就是政府对货币的价值调整。

在固定汇率制度崩溃后的浮动汇率制度下,西方国家货币汇率的变化主要是外汇市场汇率的变化,它表现为汇率随市场上外汇供求关系的变化而随时上下波动。因此,在这些国家中货币的升贬值已不再是法定的升贬值(Revaluation,Devaluation),而是指市场汇率的上浮、下浮(Appreciation,Depreciation)。

当然,在浮动汇率制度下,也有不少国家尤其是发展中国家仍然实行比较固定的汇率制度,货币的升贬值主要取决于货币当局法定的汇率调整。

不管在上述哪种制度下,货币升贬值都是指一种货币相对于另一种货币而言的,升贬值的幅度可以通过变化前后的两个汇率计算出来。具体方法如下:

(1) 在直接标价法下:

本币汇率的变化(%)=(旧汇率/新汇率－1)×100%

外汇汇率的变化(%)=(新汇率/旧汇率－1)×100%

(2) 在间接标价法下:

本币汇率的变化(%)=(新汇率/旧汇率-1)×100%
外汇汇率的变化(%)=(旧汇率/新汇率-1)×100%

上述公式计算出来的结果如果是正数即表示本币或外汇升值,如果是负数即表示本币或外汇贬值。

举个例子来说明。1998年9月10日,美元兑日元的汇率为1美元等于134.115日元,2005年1月25日美元兑日元的汇率为1美元等于104.075日元。在这一期间,日元兑美元的汇率变化幅度为:

(134.115/104.075-1)100% = 28.86%

而美元兑日元的汇率变化幅度为:

(104.075/134.115-1)×100% = -22.40%

即日元对美元升值28.86%,同时美元对日元贬值22.40%。

四、汇率变动对经济的影响

(一)汇率变动对进出口的影响

一般说来,本币贬值,外汇汇率提高,而本国国内物价未变动或变动不大,则外国购买本国商品、劳务的购买力增强,增加了对本国商品出口的需求,从而可以扩大本国商品的出口规模。从另一方面看,本币贬值后,出口商品以外币表示的价格就降低,从而提高了出口商品的竞争能力,有利于扩大商品出口。同时,本币汇率下降,以本币所表示的进口商品的价格则会提高,影响进口商品在本国的销售,起着抑制进口的作用。

本币汇率贬值有利于扩大出口、抑制进口,其最终结果有利于贸易收支的改善,但这个改善过程存在时滞现象。同时本币贬值,还应遵循"马歇尔-勒纳条件①(Marshall-Lerner Condition)",才能真正起到改善一国国际收支的作用。

(二)汇率变动对国际资本移动的影响

本币汇率上升,本币的购买力增强,从而使本国资本扩大对外投资。例如,日元在20世纪80年代和90年代初大幅度升值后,日本企业加快了向海外发展的速度,汽车行业首先决定扩大和提前实施在海外就地生产计划。家用电器、办公机械和机床行业也拼命向海外拓展。与此同时,本币汇率上升也会吸引外资的流入,因为本币的威望在提高。

本币贬值对资本流动的影响,取决于贬值如何影响人们对该国货币今后变动趋势

---

① 对出口需求价格弹性与进口需求价格弹性之和问题的研究,即为著名的马歇尔-勒纳条件,它用来证明本币贬值在什么情况下才能改善贸易收支。其结论为:E_x(出口需求价格弹性)+E_m(进口需求价格弹性)>1,能改善一国的贸易收支;$E_x+E_m=1$,对贸易收支没有影响;$E_x+E_m<1$,则会恶化一国的贸易收支。

的预期。如果贬值后人们认为贬值的幅度还不够,汇率的进一步贬值将不可避免,即贬值引起汇率将进一步贬值的预期,那么,人们就会将资金从本国转移到其他国家,以避免再遭损失。但如果人们认为贬值已使得本国货币汇率处于均衡水平,那么,原先因本币定值过高而外逃的资金就会抽回到国内。当然,贬值在一定情况下也会吸引外资的流入,因为在贬值不造成汇率不稳和金融危机的前提下,一定的外资在本币贬值后可购买更多的投入品和工厂。

(三) 汇率变动对非贸易收支的影响

当本币贬值、外汇汇率上升时,外国货币的购买力相对提高,贬值国的商品、劳务、交通、旅游和住宿等费用就变得相对便宜,这对外国游客无疑增加了吸引力。对其他无形贸易收入的影响也大致如此。反过来,本币贬值后,国外的旅游和其他劳务开支对本国居民来说相对提高,进而抑制了本国的对外劳务支出。本币升值后的情况,当然与以上结果相反。

(四) 汇率变动对外汇储备的影响

当作为主要储备货币的美元汇率下跌时,拥有美元储备的国家就会遭受损失。但对积欠美元债务的国家来说,则相应地减轻了债务负担。相反,如果某种储备货币的汇率上涨,持有这种储备货币的国家其外汇储备的实际价值就会增加,而对积欠以这种货币计算的债务国来说,则会增加债务的实际负担。

本国货币汇率的变动,通过资本流动和进出口贸易额的增减,直接影响到本国外汇储备的增减。一国货币汇率稳定,外国投资者能够稳定地获得利息和红利收入,有利于国际资本投放,从而促进外汇储备增加;反之,则引起资本外流,外汇储备减少。

(五) 汇率变动对物价的影响

本币贬值后,国内物价将会上升,并逐渐扩展。因为,货币贬值后,进口商品的物价用贬值国货币来表示就会上升,进口原材料、半成品的价格上涨,就会直接影响到本国商品生产成本的提高。另一方面,由于进口消费品价格的提高,会影响到本国工资水平的提高,这又间接地影响到商品生产成本的增加。

国内物价上涨的另一方面原因是,通过贸易收支改善的乘数效应,引起需求拉动的物价上涨。

(六) 汇率变动对产业结构和资源配置的影响

本币贬值后,出口产品在国外市场的竞争能力提高,出口扩大,整个贸易部门的利润率就会高于非贸易部门,从而会诱使资源流向出口产品制造业或出口贸易部门,这样一来,整个经济体系中贸易出口部门或出口产品制造业所占的比重就会扩大,从而提高本国的对外开放程度,更多的产品将加入与外国产品相竞争的行列。另一方面,货币贬值后,进口商品的价格提高,使原来对进口商品的一部分需求转向了对本国商品的需求,这样,使国内某些内销产品行业也得到了较快的发展。

(七) 汇率变动对国际经济的影响

弱小国家汇率的变动对贸易伙伴国的经济产生的影响轻微,而主要工业国货币汇率的变动将对国际经济产生严重的影响:

(1) 主要工业国家汇率的变动(贬值)将会不利于其他工业国和发展中国家的贸易收支,由此将加剧工业国和发展中国家的矛盾,加剧工业国之间的矛盾,也可能引起贸易摩擦与汇率战,并影响世界经济的景气。

(2) 主要工业国家的货币一般作为国际间的计价手段、支付手段和储备手段,故其汇率变动将会引起国际金融领域的动荡,这对整个国际经济的发展将是十分不利的。

第四节 汇率制度的比较与选择

汇率制度(Exchange Rate System)是指一国货币当局对本国汇率变动的基本方式所做的一系列安排或规定。纵观世界汇率制度,大致可分为固定汇率制度(Fixed Exchange Rate System)和浮动汇率制度(Floating Exchange Rate System)两种。

一、固定汇率制度

固定汇率制度是指一国货币同另一国货币的汇率基本固定,汇率波动幅度被限制在一定幅度内的汇率制度。这种汇率制度主要包括两种类型,即金本位制下的固定汇率和纸币流通条件下的固定汇率。

金本位制下的固定汇率制度的特点是:固定汇率制是自发形成的;两国货币之间的中心汇率是按两国本位币含金量决定的金平价之比来自行确定的;黄金自由输出、输入的原则能自动保证现实汇率的波动不超过黄金输送点;由于各国货币的金平价是不会变动的,因此各国之间的汇率能够保持真正的稳定。

纸币流通条件下的固定汇率制的特点是:固定汇率制是通过国际间的协议人为建立起来的;各国当局通过规定的金平价制定中心汇率;现实汇率是通过国内各项经济政策被维持在人为规定的狭小范围内波动;各国货币的金平价是可以调整的,当一国国际收支出现根本性失衡时,金平价则可以经由国际货币基金组织的核准而予以变更。

那么,各国是如何运用经济政策将汇率限制在一定幅度内呢?常用的经济政策手段主要有:(1) 运用贴现政策手段。即当外国货币"价格"下降,出现低于汇率波动"下限"趋势时,该国则要降低贴现率,从而诱使资金外流,对外国货币的需求上升,以本国货币所表示的外国货币的"价格"提高,从而扭转外汇汇率继续下跌的趋势;当外国货币"价格"上涨,有超过汇率波动上限趋势时,则该国提高贴现率,以吸引国外资金流入,增加本国的外汇收入,从而减少本国的国际收支逆差,降低以本国货币所表示的外币"价格",使汇率维持在既定的波动幅度之内。(2) 运用外汇储备手段。即当外汇汇率上涨过高(超过了规定的波动上限)时,该国政府就从外汇储备中拿出一部分外汇,在市场出售,以增加外汇的供应,平抑汇率上涨幅度,使其不至于超过汇率波动的上限;当外汇汇率下跌过低(低于规定的波动下限)时,该国政府就在外国市场上购进外国货币,这样,汇率下降的趋势就会因对外国货币的需求增多有所缓和。(3)运用外汇管制手段。即在特定条件下,直接限制某些外汇支出,或举借外债,以弥补国际收支逆差,减少外汇需求。

二、浮动汇率制度

浮动汇率制度是指各国汇率依据外汇市场的供求情况的变化而变化,当外汇供大于求时,外汇兑本币的价格就要下降,外汇汇率下跌;反之,当外汇供不应求时,外国货币就会升值,外汇兑本币的价格就要上涨,外汇汇率就要上升,中央银行一般没有义务进行干预。西方国家从1973年开始普遍实行该种汇率制度。

浮动汇率制度按照政府是否干预,可区分为自由浮动(Free Floating)和管理浮动(Managed Floating)两种。自由浮动又称"清洁浮动(Clean Floating)",它又指政府对外汇市场不加任何干预,完全听任外汇市场供求关系,自发地决定本国货币的汇率。管理浮动又称"肮脏浮动"(Dirty Floating),它是指政府对外汇市场进行或明或暗的干预,使市场汇率朝有利于政府的方向浮动。

浮动汇率制度按汇率浮动方式,可区分为单独浮动(Independentily Floating)、联合浮动(Joint Floating)和钉住政策(Pegging Policy)等类型。单独浮动即指一国货币不与其他国家货币发生固定联系,其汇率根据外汇市场的供求变化而自动调整。如英镑、美元、日元等货币均属单独浮动。联合浮动又称共同浮动,指国家集团在成员国之间实行固定汇率,同时,对非成员国货币实行共升共降的浮动汇率。1973年3月,欧共体为了建立稳定的货币区,对成员国(法、荷、比、丹麦、卢、西德)之间的货币实行固定汇率,并规定上下浮动的界限为货币平价上下各1.125%,即所谓"地洞中的蛇"(Snake in Tunnel)。而比、荷、卢三国规定汇率波动幅度为平价上下各0.75%,即所谓"小蛇形浮动"。钉住政策的汇率制度,是指一些国家使本国货币钉住某工业发达国家的货币(如东南亚一些国家与地区往往钉住美元),使本国货币与钉住的货币保持相对固定的汇率,面对所有其他货币的汇率则是浮动的。据统计,目前有51个发展中国家使本国货币钉住美元和英镑等单一货币。

三、固定汇率制与浮动汇率制的比较

固定汇率制与浮动汇率制孰优孰劣的争论从未休止。为了较为客观和全面地认识这两种汇率制度,我们特对它们各自的优缺点加以比较和研究。

(一)固定汇率制的利弊分析

固定汇率制的有利之处表现为:(1)在固定汇率制下的汇率保持相对的稳定性,使国际贸易和国际投资活动的成本和价格计算有可靠的依据并保持稳定,从而减少了进出口贸易及资本输出、输入所面临的汇率风险。(2)由于各国货币币值及汇率基本稳定,就使各国所拥有的国际清偿能力稳定。(3)在固定汇率制下,汇率的稳定在一定程度上抑制了外汇市场的投机活动。

固定汇率制的弊端为:(1)在固定汇率制度下,国内经济目标要服从于国际收支目标。当一国国际收支失衡时,就需要采取紧缩性或扩张性财政政策与货币政策,从而给国内带来失业增加或物价上涨的后果。(2)在固定汇率制下,若发生了通货膨胀,由于纸币对内价值下降,必然促使本国货币对外币价值相应地降低,但由于人为地维持汇率的稳定,汇率不发生相应的变动,这就使货币对内价值与对外价值发生背离,结果物价上涨使出口商品的成本增加,出口减少,国际收支出现逆差,本币币值更加不稳。为了稳定汇率,该国货币当局只能动用黄金与外汇储备,从而使大量的黄金与外汇流失。(3)在固定汇率制下,由于各国有维持汇率稳定的义务,一国的国内货币政策要不断适应主要贸易伙伴国的货币政策,从而削弱了国内货币政策的自主性。更重要的是,一旦国外出现失业问题,国外对本国出口产品的需求就会减少,这时本国就会出现国际收支逆差,引起黄金外汇外流,国内被迫采取通货紧缩政策,结果使本国也出现失业问题。(4)容易引起通货膨胀在国际间的迅速传染。

(二) 浮动汇率制的利弊分析

浮动汇率制的有利之处表现为:(1)在浮动汇率制度下,一国国际收支的失衡可以经由汇率的自由波动而予以消除,故财政、货币政策就可以专注于国内经济目标的实现。(2)在浮动汇率制下,一国可以听任本币在外汇市场上上浮或下跌,而不必通过外汇储备和货币供给的增减来适应他国货币政策的要求。各国便可根据本国的情况,自主地采取有利于本国的货币政策。(3)在浮动汇率制下,一国由于无义务维持汇率的稳定,因而就不需要像在固定汇率制下那么多的外汇储备,这部分节约下来的外汇资金,即可用于进口更多的国外产品,增加投资,促进经济发展。(4)在浮动汇率制下,各国的国际收支能够自动地迅速获得调整,而不至于出现累积性的长期国际收支赤字或盈余,因而可避免巨大的国际金融恐慌,在一定程度上保证了外汇市场的稳定。

浮动汇率制的弊端主要表现为:(1)为改善本国国际收支或为了本国利益,有的国家采取贬值倾销;有的国家实行高汇率;有的国家甚至任意干预,造成大幅度的、频繁的和不合理的汇率上浮或下跌,严重妨碍国际经济贸易的顺利进行。(2)助长各国在汇率政策上的利己主义或各自为政,削弱货币金融领域的国际合作,加大国际经济关系的矛盾。(3)助长外汇投机活动,扩大国际游资在上浮或下浮货币之间为牟取投机暴利而进行巨额的、频繁的投机性流动,从而加剧国际金融市场的动荡不定。(4)浮动汇率人为地扭曲了货币的币值,难以正确估计或反映国际贸易的商品成本或盈亏,妨碍国际贸易的正常进行和顺利发展。(5)在浮动汇率制下,一些主要货币如美元汇率任意持续地下浮或上浮,使广大发展中国家进口工业制成品价格上涨,出口初级产品价格下跌,再加上保护主义的种种限制,从而使发展中国家的贸易条件、国际收支和国民经济不断恶化。

四、其他汇率制度

(一) 爬行钉住制

爬行钉住制是指汇率可以作经常的、小幅度调整的固定汇率制度。这一制度有两个基本特征。首先,实施国负有维持某种平价的义务,这使得它属于固定汇率制这一大类。其次,这一平价可以经常、小幅度地调整(例如调整 2‰～3‰),这又使得它与一般的可调整的钉住制相区别,因为后者的平价调整是很偶然的,而且一般幅度很大。

爬行钉住制在 20 世纪 60 年代时在国际范围内引起了学术界较为广泛的重视。自那时起,一些国家相继采用了这一制度,例如智利(1965—1970,1973—1979),韩国(1968—1972),秘鲁(1976—1977,1978 至今),等等,但为数并不多。

(二) 汇率目标区制

汇率目标区制的含义可分为广义与狭义两种。广义的汇率目标区是泛指将汇率浮动限制在一定区域内(例如中心汇率的上下各 10%)的汇率制度。狭义的汇率目标区是指美国学者威廉姆森(John Williamson)于 20 世纪 80 年代初提出的、以限制汇率波动范围为核心的、一整套内容的国际政策协调方案。包括中心汇率及变动幅度的确定方法、维系目标区的国内政策搭配和实施目标区的国际政策协调等。我们在此分析的主要是广义的汇率目标区。

汇率目标区不同于其他类型的汇率制度。首先,从它与管理浮动汇率制的比较看,区别有两点:第一,目标区中,当局在一定时期内对汇率波动制定出比较确定的区间限制;第二,在目标区中,当局要更为关注汇率变动,必要时要利用货币政策等措施将汇率变动尽可能地限制在目标区内。它与可调整钉住的主要区别在于:目标区下汇率允许变动的范围更大。

依据目标区区域的幅度、目标区调整的频率、目标区的公开程度以及对目标区进行维持的承诺程度,目标区可分为严格的目标区与宽松的目标区两种类型。前者的目标区区域较小、极少变动、目标区域公开,政府负有较大的维持目标区的义务。后者则是目标区区域较大、经常进行调整、目标区域保密,政府只是有限度地将货币政策运用于对汇率目标区的维持。

汇率目标区在进入 20 世纪 90 年代后引起了研究者的特殊兴趣,这是因为,在新形势下目标区域内的汇率变动具有某些非常重要的特征。我们将对此进行简要介绍。

我们假定目标区是完全可信的,也就是交易者确信汇率将永远在目标区以内变动,政府在汇率变动至目标区的上下限时进行干预;经济基本面的变动完全是随机的。那么,当汇率的变动逐渐接近目标区边缘时,交易者会预期汇率很快将做反向调整,重新趋近于中心汇率。这一预期将会产生稳定性作用,汇率的变动在没有政府干预时也不会超过目标区范围,而是保持在目标区边缘并且常常会自动向中心汇率调整。目标区下的市场汇率围绕着中心汇率上下变动,当离开中心汇率至一定程度后便会自发向之趋近。这一情形宛如热恋中的情侣短暂分离一段时间后便会尽可能地抗拒进一步的分离,急于寻求重新相聚,所以称之为"蜜月效应"(Honeymoon Effect),如图 3-8 所示。

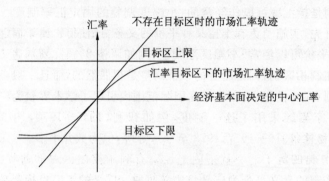

图 3-8　汇率目标区的蜜月效应示意图

汇率目标区下的汇率变动还存在另外一种情况,那就是由于经济基本面向某一方向的变动程度很大并且已表现为长期的趋势,市场交易者普遍预期汇率目标区的中心汇率将做较大的调整时,汇率目标区不再具有普遍的可信性。在这种情况下,投机发生,市场汇率变动将不再自动倾向于中心汇率。相反,两种力量的较量使此时的汇率变动非常剧烈,而且一般超过了浮动汇率制下的正常汇率变动程度。与前面的分析相对应,这一汇率变动情况正如情侣在长期共同生活中发现爱情已褪去了玫瑰色的光芒,双方存在根本上的性格不合而不再指望将婚姻关系维持下去,一些小事都会引起大动干戈,这可称之为"离婚效应"(Divorce Effect)。

可以看出,汇率目标区是对汇率制度可信性与灵活性的一种折中,这导致它的汇率变动也具有双重特征。显然,这种双重特征对达成开放经济内外均衡的同时实现有利也有弊。怎样运用目标区制度因而也成为当代国际金融理论和政策讨论的一个热门话题。

(三) 货币局制

货币局制(Currency Board)是指在法律中明确规定本国货币与某一外国可兑换货币保持固定的兑换率,并且对本国货币的发行作特殊限制以保证履行这一法定的汇率制度。货币局制通常要求货币发行必须以一定(通常是百分之百)的该外国货币作为准备金,并且要求在货币流通中始终满足这一准备金要求。这一制度中的货币当局被称为货币局,而不是中央银行。因为在这种制度下,货币发行量的多少不再完全听任货币当局的主观愿望或经济运行的实际状况,而是取决于可用作准备的外币数量的多少。货币当局失去了货币发行的主动权。当然,在货币局的建立过程中,各国常常会根据具体情况对之进行一定修改。香港地区实行的就是货币局制(即联系汇率制)。

五、影响一国汇率制度选择的主要因素

通过对以上不同汇率制度的特点的分析,我们可以将影响一国汇率制度选择的主要因素归结为以下四个方面。

(一)本国经济的结构性特征

如果一国是小国,那么它就较适宜采用固定性较高的汇率制度,因为这种国家一般与少数几个大国的贸易依存度较高,汇率的浮动会给它的国际贸易带来不便;同时,小国经济内部价格调整的成本较低。相反,如果一国是大国,则一般以实行浮动性较强的汇率制度为宜,因为大国的对外贸易多元化,很难选择一种基准货币实施固定汇率;同时,大国经济内部调整的成本较高,并倾向于追求独立的经济政策。

(二)特定的政策目的

这方面最突出的例子之一就是固定汇率有利于控制国内的通货膨胀(当然并非指隔离国际通胀的传染)。在政府面临着高通胀问题时,如果采用浮动汇率制往往会产生恶性循环。例如,本国高通胀使本国货币不断贬值,本国货币贬值通过成本机制、收入工资机制等因素反过来进一步加剧了本国的通货膨胀。而在固定汇率制下,政府可以保持汇率水平不变,政策的可信性也可以得以增强,在此基础上的宏观政策调整比较容易收到效果。又如,一国为防止从外国输入通货膨胀而往往选择浮动汇率政策。因为浮动汇率制下一国的货币政策自主权较强,从而赋予了一国御通货膨胀于国门之外、同时选择适合本国的通胀率的权利。可见,政策意图在汇率制度选择上也发挥着重要的作用。再例如,出口导向型与进口替代型国家对汇率制度的选择也是不一样的。

(三)地区性经济合作情况

一国与其他国家的经济合作情况也对汇率制度的选择有着重要影响。例如,当两国存在非常密切的贸易往来时,两国间货币保持固定汇率比较有利于相互间经济关系的发展。尤其是区域内的各个国家,其经济往来的特点往往对它们的汇率制度选择有着非常重要的影响。

(四)国际国内经济条件的制约

一国在选择汇率制度时还必须考虑国际条件的制约。例如,在国际资金流动数量非常庞大的背景下,对于一国内部金融市场与外界联系非常紧密的国家来说,如果本国对外汇市场干预的能力因各种条件限制而不是很强的话,那么采用固定汇率制的难度无疑是相当大的。

以上是一国在选择汇率制度时所要考虑的主要问题。汇率制度的选择是个非常复杂的问题,许多结论在理论界也有诸多争议。

本章复习思考题

一、主要名词概念

汇率　基本汇率　交叉汇率　名义汇率　实际汇率　有效汇率　铸币平价　黄金输送点

二、思考题

1. 什么是汇率的直接标价？什么是汇率的间接标价？其实质是否相同？
2. 汇率是如何决定的？影响汇率变动的主要因素有哪些？
3. 试比较固定汇率制和浮动汇率制的利弊。
4. 试述汇率变动对经济的重要影响。
5. 请结合实际谈谈我国人民币汇率制度选择的合理性。

三、讨论题

1. 结合实际，试分析影响人民币汇率走势的主要因素。
2. 2005年我国汇率制度调整后，人民币大幅升值，汇率弹性也不断增强，试分析人民币汇率变化对我国经济的重要影响。

第四章　国际收支与国际储备管理

导读

　　国际收支是国际经济领域的一个重要课题,因为在国际经济关系中,国与国之间贸易、经济、政治、文化和科技等方面的往来,通常会引起相互间的债权债务关系和国际货币收支关系,从而产生国际收支问题。一国国际收支的变化又会引起一国国际储备的变化。当一国国际收支出现顺差时,表现为储备量的增加;当一国国际收支逆差时,又会使一国国际储备量减少,甚至引起汇率的不利波动。随着世界经济的发展,不仅储备总量在扩大,而且储备资产中的结构也在不断发生变化,国际储备呈多元化发展趋势,这就增加了储备资产管理的难度。本章主要论述什么是国际收支,衡量一国国际收支状况的标准和为谋求国际收支平衡所采取的政策与措施是什么,最后讨论国际储备的构成和如何合理地对国际储备进行有效的管理。

学习重点与难点

1. 国际收支平衡表结构和编制方法。
2. 国际收支失衡的原因和危害分析。
3. 调节国际收支平衡的主要政策和措施。
4. 适度国际储备的宏观追求与有效管理。

第一节　国际收支与国际收支平衡表

一、国际收支的基本概念

　　"国际收支"(Balance of Payments)是国际经济学中最重要、使用频率最高的核心概念之一,同时也是一个含混不清、常常被人们不严格地加以使用的概念。在不同的场合,国际收支概念所表达的含义有差异,国际收支的含义也随国际经济交往的不断扩大而不断发展和丰富。

（一）狭义的国际收支概念

　　在国际信用不很发达、国际资本流动甚微的时代,西方经济学家还没有使用国际收支这一概念,人们把国际经济交往活动的商品进出口作为对外贸易收支来考察。因此,这一时期的对外贸易收支就是国际收支的全部内容。

随着国际经济交往内容与国际信用的不断扩大,人们开始把国与国之间的债权债务关系以及由此产生的债权债务的清偿作为国际收支的内容。由于各国货币制度的不同,各种货币要在国际间流通自然存在许多障碍,所以,国际间的结算大多以外汇票据作为主要工具。这种流通从国外流入国内,就构成了外汇的收入;从国内流入国外,就构成外汇的支付。因此,此时的国际收支可理解为国际间的外汇收付。它是一个国家在一定时期内,由于政治、经济、文化等各种对外交往而发生的、必须立即结清的、来自其他国家的货币收入总额与付给其他国家的货币支出总额的对比。显然,此时已将外汇收支作为国际收支的全部内容。

我们将以上的国际收支定义为狭义的国际收支。它具有两大特点:

(1) 这一概念以支付为基础(On Payment Basis),即只有现金支付的国际经济交易才能计入国际收支。

(2) 外汇的收支必须是立即结清的。

(二) 广义的国际收支概念

第二次世界大战结束后,国际经济活动的内涵、外延有了新的发展,狭义国际收支的概念已经不能反映实际情况。对外贸易收支虽然是国际收支中的一个重要项目,对一国国际收支的平衡确实产生重要影响,但它并不能包括全部的国际经济交易,如国与国之间的赠予、捐款、赔偿、侨民汇款等。另外,用外汇收支来定义国际收支也不完全正确。国际收支的绝大部分要通过外汇进行,而且外汇收支的盈余或亏损所形成的国家外汇储备的增减变化对一国具有重要意义。但并非一切国际经济交易都要表现为外汇的收与支。如第二次世界大战后出现的易货贸易、补偿贸易、无偿援助和战争赔款中的实物部分、清算支付协定下的记账资产等等,而这些在世界经济中的影响愈来愈大。因此,只有广义的建立在全部经济交易基础之上的国际收支概念才是完整地反映一国对外经济总量的概念。

IMF 在《国际收支手册》(*Balance of Payments Manual*)中对国际收支作的定义为:国际收支是某一时期的统计表,它表明:

(1) 某一经济体同世界其余国家或地区之间在商品、劳务以及收益方面的交易。

(2) 该经济体所持有的货币、黄金、特别提款权以及对世界其余国家或地区的债权、债务所有权的变化和其他变化。

(3) 为平衡不能相互抵消的上述交易和变化的任何账目所需的无偿转让和对应项目。

IMF 所定义的国际收支概念,可概括为:一国的国际收支是一国居民在一定时期内与外国居民之间的经济交易的系统记录。

要正确理解这一概念,需要从以下几点加以把握:

(1) 这一概念不再以支付为基础,而是以经济交易为基础(On Transaction Basis),即只要是一国居民与外国居民之间的国际经济交易,就是国际收支的内容,即使未实现现金收付的国际经济交易,也要计入国际收支之中。

(2) 国际收支考察的是"流量"而不是"存量",记录的是一定时期内的发生额而不是某个时点的持有额。当人们提及国际收支时,总需要指明属于哪一段时期,各国通常以一年为报告期,当然也可以是一个月或一个季度。

(3) 一国国际收支所记载的经济交易必须是在该国居民与非居民之间发生的。

判断一项经济交易是否应包括在国际收支范围之内,所依据的不是交易双方的国籍,而是交易的双方是否分属于不同国家的居民。同一国家居民之间的交易不属国际经济交易,非同一国家居民之间的交易才属国际经济交易。这里需要指出的是:公民与居民是不同的。公民是一个法律概念,而居民则以居住地为标准,包括个人、政府、非营利团体和企业四类。即使是外国公民,只要他在本国长期(一般在一年以上)从事生产、消费行为,也属于本国的居民。按照这一原则,IMF作了如下规定:移民属于其工作所在国家的居民;逗留时期在一年以上的留学生、旅游者也属所在国的居民;但官方外交使节、驻外军事人员一律算是所在国的非居民;国际性机构,如联合国、IMF、世界银行等是任何国家的非居民。

二、国际收支平衡表

国际收支平衡表(Balance of Payments Statement)就是国际收支按特定账户分类和复式记账的原则编制的特殊会计报表。一国与别国发生的一切经济交易,不论是否涉及外汇收支都必须记入该国的国际收支平衡表中,各国编制国际收支平衡表的主要目的,是为了有利于全面了解本国的涉外经济关系,并以此进行经济分析、制定合理的对外经济政策。

这里,有两点必须说明:

一是国际借贷虽然是国际收支的原因,但它们两者却是不同的概念。国际借贷是一存量,表示某一特定时日一国对外资产与负债的明细状况,采用国际借贷平衡表(Balance of International Indebtedness Statement)予以记录。国际收支乃是一流量,表示某一段时期内发生的一国的全部对外经济交易活动,采用国际收支平衡表(Balance of Payments Statement)记录。两者从不同角度反映了同一国际经济交易活动,但国际借贷还涉及外汇汇率变动、资产负债值的变动损益,两者的作用不同。国际货币基金组织出版的《国际收支手册》(第五版)在编制国际收支平衡表的标准格式时,同时增加国际投资头寸表,即一国对外金融资产和负债存量的平衡表,使流量和存量结合的两套数据更具有可比性,更精确、更完整地组成一个经济体的国际账户,这正是将国际收支与国际借贷结合起来的一种巧妙构思和设计,对国际收支的综合分析更加有利。

二是国际收支平衡表的编制是一种事后的统计,其中记录的经济交易活动涉及计价原则和记载时间原则,国际收支平衡表采用成交的实际市场价格作为交易计价的基础,至于交易价格的变动或计价货币的汇率变动,不反映在国际收支平衡表内,而是反映在国际投资头寸中。记载时间采用权责发生制的原则,一旦经济价值产生、改变、交换、转移和消失,交易则被记录下来,一旦所有权发生变更,债权和债务就随之出现,所有权变更日期为交易记载时间,只有当所有权变更日期不清楚时,才以交易各方入账时间来代替。

(一) 国际收支平衡表的结构

国际收支平衡表所包含的内容十分繁杂,各国又大多根据各自不同需要和具体情况来编制,因此,各国国际收支平衡表的内容、详简也有很大差异,但其主要结构还是基本一致的。根据国际货币基金组织(IMF)出版的《国际收支手册》(第五版)要求,国际收支平衡表的标准组成部分包括三大账户:经常账户、资本和金融账户及平衡账户(包括储备资产和净误差与遗漏)。第五版国际收支平衡表设计与第四版相比在结构上做了新的调整,这是出于以下两个原因:首先,国际收支账户和国际投资头寸的统计体系必须与国民账户体系相协调,保持一致。例如,将经常转移与资本转移区别开来,设立资本和金融账户,并且,在经常账户内设立收入(包括职工报酬和投资收入)。其次,金融创新和资产证券化的高涨,使投资期限长短的区别十分困难,为此,金融账户对其作了新的分类。国际货币基金组织第五版《国际收支手册》的标准组成部分为如下:

1. 经常账户(Current Account)

经常账户是指居民与非居民之间发生实际资源交易所作的记录,包括货物和服务、收入及经常转移三项,通常以总额记录。

(1) 货物和服务(Goods and Services)。

① 货物(Goods)。货物包括一般商品、用于加工的货物、货物修理、各种运输工具在港口采购的货物(如燃料、给养、储备和物资)、非货币黄金。货物出口列为贷方项目,货物进口列为借方项目,出口与进口货物的价格均按 FOB 价计算。

② 服务(Services)。服务包括运输、旅游、通信服务、建筑服务、保险服务、金融服务、计算机和信息服务、专有权利使用费和特许费、其他商业服务、个人文化和娱乐服务、别处未提及的政府服务。服务收入列为贷方项目,服务支出列为借方项目。

(2) 收入(Income)。

① 职工报酬(Compensation of Employees)。职工报酬包括个人在非居民经济体为该经济体居民工作而得到的现金或实物形式的工资、薪金和福利,列为贷方项目;反之,以现金或实物形式支付给非居民工人的工资、薪金和福利,列为借方项目。

② 投资收入(Investment Income)。投资收入包括居民实体因拥有国外金融资产而得到的收入,列为贷方项目;反之,承担非居民负债的支出,列为借方项目。投资收入

的组成部分包括直接投资收入、证券投资收入和其他投资收入。最常见的是股本收入（红利）和债务收入（利息）。

（3）经常转移（Current Transfers）。经常转移是因复式会计原理而设立的平衡项目，当一经济体的居民实体向另一非居民实体无偿提供了实际资源或金融产品时，需要在该转移项目的借贷某一方进行抵消性记录以达到平衡。《国际收支手册》第五版中将转移区分为经常转移和资本转移，经常转移留在经常账户内，而资本转移却放到资本和金融账户内。因此，经常转移包括排除下面三项（属于资本转移）的所有转移：① 固定资产所有权的转移；② 同固定资产收买/放弃相联系的或以其为条件的资金转移；③ 债权人不索取任何回报而取消的债务。经常转移包括各级政府（如政府间经常性的国际合作，对收入和财产支付的经常性税收等）的转移和其他转移（如工人汇款、捐款、索赔等）。

2. 资本和金融账户

资本和金融账户（Capital Account and Financial Account）是指居民与非居民之间发生资产和负债交易所作的记录，资产表示对非居民的债权，负债表示对非居民的债务，包括资本账户和金融账户两项，通常以净额记录。

（1）资本账户（Capital Account）。资本账户包括资本转移和非生产、非金融资产的收买/放弃。

① 资本转移（Capital Transfers）。资本转移包括固定资产所有权转移，同固定资产买进、卖出联系在一起或以其为条件的资金转移以及债权人不索取任何回报而取消的债务。资本转移可分为各级政府的转移和其他转移。

② 非生产、非金融资产的收买/放弃（Acquisition/Disposal of Nonproductive, Nonfinancial Assets）。非生产、非金融资产的收买/放弃，在概念上包括居民与非居民之间有形资产（如土地和地下资产）和无形资产的交易，事实上主要指同无形资产相关的各种交易（如专利、版权、商标、经销权等，以及租赁或其他可转让合同）。这里，必须区分这类资产的运用（记录在服务项下的经销权和专利费用）和资产的买卖（记录在资本账户的无形资产项下）。

（2）金融账户（Financial Account）。金融账户包括涉及一个经济体对外资产和负债所有权变更的所有交易。《国际收支手册》第五版中明确指出资本和金融账户各标准组成部分按净额记录，如有必要，对有些交易，可以按总额在补充表格中记录。金融账户按投资类型或功能可分为直接投资、证券投资、其他投资、储备资产四项。

① 直接投资（Direct Investment）。直接投资反映了一经济体居民实体（直接投资者）在另一经济体居民企业（直接投资企业）中获取长远利益的目标，这意味着直接投资者和直接投资企业之间存在着长期的关系，并且投资者对企业经营管理施加着相当大的影响，直接投资者在直接投资企业中拥有10%或以上的股权或投票权，视为对企业

的管理具有影响。非居民在本国经济体的直接投资列为贷记项目,而居民在国外的直接投资列为借记项目。具体资本交易分为股本资本、再投资收益和其他资本三项。

② 证券投资(Portfolio Investment)。证券投资的主要内容包括股本证券和债务证券,分为资产和负债下的交易。股本证券包括一切表明在债权人的所有债权得以清偿之后对公司型企业剩余资产拥有所有权的工具和凭证,如股票、参股凭证等。债务证券包括中长期债券、货币市场工具(如短期债券、短期国库券、商业票据和融资票据、银行承兑汇票、短期可转让的大额存单等)和其他派生金融工具(如期权、可转让的金融期货合同等)。

③ 其他投资(Other Investment)。其他投资是一个剩余项目,包括所有直接投资、证券投资或储备资产未包括的金融交易,也分为资产和负债下的交易,包括贸易信贷、贷款、货币和存款、其他资产或其他负债。

3. 储备资产(Reserve Assets)

储备资产包括货币当局可随时利用并控制在手的外部资产。它可以分为货币黄金、特别提款权、在基金组织的储备头寸、外汇资产(包括货币、存款和有价证券)和其他债权。一个国家的国际收支综合差额出现顺差或逆差时,最终必须通过储备资产的变动来平衡。由于复式会计的缘故,一国国际收支顺差,则储备资产增加,储备资产的差额记为"—"号;相反,国际收支逆差,则储备资产减少,储备资产的差额记为"+"号。一般来说,储备资产增加列入借记项目,储备资产减少列入贷记项目。

4. 净误差和遗漏账户(Net Errors and Omissions Account)

这是一个人为的平衡账户,用于轧平国际收支平衡表中借贷方总额。按复式会计原理,报表中借方总额与贷方总额之和应为零,而国际收支平衡表的编制是一种事后统计,由于资料来源不一、资料不全或资料本身有错误或遗漏、统计上的误差等种种原因,总的净值表现为净的贷方余额或净的借方余额。设立此平衡账户,可以人为作一笔相反的记录,达到总净额为零。由于在编制过程中出现的某些误差和遗漏通常可自我冲消达到平衡,因此,该账户数值小并不一定代表统计报表的准确性高,但数值较大必定影响统计报表的准确性和分析。

(二) 国际收支平衡表的编制原则

国际收支平衡表是按照复式簿记(Double Entry)来编制的。复式簿记法是国际会计的通行准则,即每笔交易都是由两笔价值相等、方向相反的账目表示。国际收支平衡表编制的基本原理是:

(1) 任何一笔交易发生,必然涉及借方和贷方两个方面,有借必有贷,借贷必相等。

(2) 所有国际收支项目都可以分为资金来源项目(如出口)和资金运用项目(如进口)。资金来源项目的贷方表示资金来源(即收入)增加,借方表示资金来源减少。资金运用项目的贷方表示资金占用(即支出)减少,借方表示资金占用增加。

(3)凡是有利于国际收支顺差增加或逆差减少的资金来源增加或资金占用减少均记入贷方,凡是有利于国际收支逆差增加或顺差减少的资金占用增加或资金来源减少均记入借方。国际收支账户运用的是复式记账法,即每笔交易都是由两笔价值相等、方向相反的账目表示。根据复式记账的惯例,不论是对于实际资源还是金融资产,借方表示该经济体资产(资源)持有量的增加,贷方表示资产(资源)持有量的减少。记入借方的账目包括:反映进口实际资源的经常项目;反映资产增加或负债减少的金融项目。记入贷方的项目包括:反映出口实际资源的经常项目;反映资产减少或负债增加的金融项目。例如:

① 进口商品属于借方项目;出口商品属于贷方项目。

② 非居民为本国居民提供劳务或从本国取得收入,属于借方项目;本国居民为非居民提供劳务或从外国取得的收入,属于贷方项目。

③ 本国居民对非居民的单方向转移,属于借方项目;本国居民收到的国外的单方向转移,属于贷方项目。

④ 本国居民获得外国资产属于借方项目;外国居民获得本国资产或对本国投资,属于贷方项目。

⑤ 本国居民偿还非居民债务属于借方项目;非居民偿还本国居民债务属于贷方项目。

⑥ 官方储备增加属于借方项目;官方储备减少属于贷方项目。

(三)国际投资头寸

国际投资头寸是一个经济体对外金融资产和负债存量的平衡表。国际收支交易和国际投资头寸结合在一起构成了一个经济体一套完整的国际账户,并构成国民账户体系的有机组成部分。几乎所有国家都是先编制国际收支和反映国际投资头寸的数据,然后再汇入国民账户。

表4-1 国际投资头寸的标准组成

		由于下述估价变化而引起的全年头寸变化				
	年初头寸	交易	价格变化	汇率变化	其他调整	年底头寸
A 资产						
1 在国外的直接投资						
1.1 股本资本和再投资收益						
1.2 其他资本						
2 证券投资						
2.1 股本证券						

续表

| | 年初头寸 | 由于下述估价变化而引起的全年头寸变化 ||||| 年底头寸 |
		交易	价格变化	汇率变化	其他调整	
2.2 债务证券						
3 其他投资						
3.1 贸易信贷						
3.2 贷款						
3.3 货币和存款						
3.4 其他资产						
4 储备资产						
4.1 货币黄金						
4.2 特别提款权						
4.3 在基金组织中的储备头寸						
4.4 外汇						
B 负债						
1 在报告经济体的直接投资						
1.1 股本资本和再投资收益						
1.2 其他资本						
2 证券投资						
2.1 股本证券						
2.2 债务证券						
3 其他投资						
3.1 贸易信贷						
3.2 贷款						
3.3 货币和存款						
3.4 其他负债						

国际投资头寸的标准组成如表 4-1 所示，分为资产和负债，分别下列直接投资、证券投资、其他投资和储备资产。表中"交易"这一栏的数字正是国际收支平衡表中相应金融账户有关项目的数字，使两张表的统计口径一致，但国际投资头寸还有"价格变化"、"汇率变化"和"其他调整"，更确切地反映了一个经济体对外金融资产和负债存量

的价值变动。国际投资净头寸(对外金融资产的存量减去对外负债的存量)表明截至某日为止该经济体对外债权与债务的对比情况。若对外债权大于债务,可将其简单看成净债权国;反之,则为净债务国。若把直接投资的股本资本从债务中排除,则更为确切。

(四)国际收支平衡表编制实例

现以美国国际收支为例,假设某一时期内有如下几项交易:

(1)一日本公司用200万美元向一家美国公司购买精密电子仪器设备,以日本公司在日本银行的美元存款支付。

美国公司出口了设备,应列为贷方中商品出口;若日本银行将贷款委托往来的美国银行付给美国公司,并借记其在美国银行开立的美元账户上,相当于美国银行对日本银行的负债减少,应列为借方中其他投资负债减少。

  借:其他投资   200万美元
    贷:商品出口   200万美元

(2)丹麦政府出售其在纽约资本市场发行的60万美元的20年期债券,以增加丹麦政府的美元外汇储备,美国政府购买了这些长期债券。这笔交易可记为:

  借:证券投资   60万美元
    贷:其他投资   60万美元(负债增加)

(3)美国企业以价值1 000万美元的设备投入中国,举办合资企业。这笔交易可记为:

  借:直接投资   1 000万美元
    贷:商品出口   1 000万美元

(4)美国政府动用外汇库存100万美元向阿富汗政府提供无偿援助,另外提供相当于200万美元的粮食药品援助。这笔交易可记为:

  借:经常转移   300万美元
    贷:储备资产   100万美元
      商品出口   200万美元

(5)美国某企业在德国投资所得利润相当于400万美元的欧元金额,其中一半用于当地的再投资,1/4用于购买当地商品运回国内,1/4欧元调回国内统售给当地货币当局以换取美元。这笔交易可记为:

  借:商品进口   100万美元
    对外直接投资   200万美元
    储备资产   100万美元
    贷:投资收入   400万美元

(6)美国人在法国旅行花费50万美元,用美元旅游支票在法国银行换取欧元。这笔交易可记为:

借：服务进口　　　　　　　　　　　　　　　50万美元
　　贷：其他投资　　　　　　　　　　　　　　50万美元（银行存款
　　　　　　　　　　　　　　　　　　　　　　　　　　负债增加）

综合上述交易，可得一个假设的美国国际收支平衡表4-2。

表 4-2　假设的美国国际收支平衡表　　　　　　　　单位：万美元

项目	借方	贷方	差额
一、经常账户	450	1 800	+1 350
A. 货物与服务			
a. 货物	商品进口(5)100	商品出口(1)　200 　　　　　(3) 1 000 　　　　　(4)　200	+1 300
b. 服务	服务进口(6)50		−50
B. 收入		投资收入(5) 400	+400
C. 经常转移	援助 (4) 300		−300
二、资本和金融账户	1 560	210	−1 350
A. 资本账户	—	—	
B. 金融账户	1 560	210	−1 350
a. 直接投资	(3) 1 000 (5) 200		−1 200
b. 证券投资	(2) 60 (1) 200		−60 −90
c. 其他投资		(2) 60 (6) 50	0
d. 储备资产	(5) 100	(4) 100	0
合　计	2 010	2 010	0

（五）我国国际收支平衡表编制

新中国成立以后，在计划经济体制下我国一直只编制外汇收支平衡表，以反映对外贸易和非贸易的收支状况，但资本流动的状况无法反映。1980年4月，我国加入国际货币基金组织后，作为成员国，有义务向基金组织报送国际收支平衡表。为此，我国从1980年起建立了国际收支统计制度，并分季按年编制国际收支平衡表。1998年起我国按IMF第五版公布的"国际收支平衡表"要求进行编制，2001年起改为按半年公布国际收支状况，申报日从25个工作日缩短为10个工作日，2003年1月1日起进一步缩短为5个工作日。表4-3是我国2014年按IMF第五版公布的"国际收支平衡表"要求进行编制的我国国际收支平衡表。

表 4-3　2014 年中国国际收支平衡表　　　　　　　单位:亿美元

项　目	行次	差　额	贷　方	借　方
一、经常项目	1	2 197	27 992	25 795
A. 货物和服务	2	2 840	25 451	22 611
a. 货物	3	4 760	23 541	18 782
b. 服务	4	−1 920	1 909	3 829
1. 运输	5	−579	382	962
2. 旅游	6	−1 079	569	1 649
3. 通信服务	7	−5	18	23
4. 建筑服务	8	105	154	49
5. 保险服务	9	−179	46	225
6. 金融服务	10	−4	45	49
7. 计算机和信息服务	11	99	184	85
8. 专有权利使用费和特许费	12	−219	7	226
9. 咨询	13	164	429	265
10. 广告、宣传	14	12	50	38
11. 电影、音像	15	−7	2	9
12. 其他商业服务	16	−217	14	231
13. 别处未提及的政府服务	17	−10	11	20
B. 收益	18	−341	2 130	2 471
1. 职工报酬	19	258	299	42
2. 投资收益	20	−599	1 831	2 429
C. 经常转移	21	−302	411	714
1. 各级政府	22	−29	16	46
2. 其他部门	23	−273	395	668
二、资本和金融项目	24	382	25 730	25 347
A. 资本项目	25	0	19	20
B. 金融项目	26	383	25 710	25 328
1. 直接投资	27	2 087	4 352	2 266

续表

项 目	行次	差 额	贷 方	借 方
1.1 我国在外直接投资	28	−804	555	1 359
1.2 外国在华直接投资	29	2 891	3 797	906
2. 证券投资	30	824	1 664	840
2.1 资产	31	−108	293	401
2.1.1 股本证券	32	−14	170	184
2.1.2 债务证券	33	−94	123	217
2.1.2.1（中）长期债券	34	−92	123	215
2.1.2.2 货币市场工具	35	−2	0	2
2.2 负债	36	932	1 371	439
2.2.1 股本证券	37	519	777	258
2.2.2 债务证券	38	413	594	181
2.2.2.1（中）长期债券	39	410	497	88
2.2.2.2 货币市场工具	40	4	97	94
3. 其他投资	41	−2 528	19 694	22 222
3.1 资产	42	−3 030	995	4 025
3.1.1 贸易信贷	43	−688	282	970
长期	44	−14	6	19
短期	45	−674	276	950
3.1.2 贷款	46	−738	177	915
长期	47	−455	0	455
短期	48	−282	177	459
3.1.3 货币和存款	49	−1 597	514	2 111
3.1.4 其他资产	50	−8	22	29
长期	51	0	0	0
短期	52	−8	22	29
3.2 负债	53	502	18 699	18 197
3.2.1 贸易信贷	54	−21	154	174

续表

项　目	行次	差　额	贷　方	借　方
长期	55	0	3	3
短期	56	－20	151	171
3.2.2 贷款	57	－343	17 464	17 807
长期	58	－57	511	569
短期	59	－286	16 953	17 239
3.2.3 货币和存款	60	814	994	180
3.2.4 其他负债	61	52	87	35
长期	62	58	64	6
短期	63	－6	23	29
三、储备资产	64	－1 178	312	1 490
3.1 货币黄金	65	0	0	0
3.2 特别提款权	66	1	1	1
3.3 在基金组织的储备头寸	67	10	13	4
3.4 外汇	68	－1 188	298	1 486
3.5 其他债权	69	0	0	0
四、净误差与遗漏	70	－1 401	0	1 401

注：
1. 本表计数采用四舍五入原则。
2. 本表数据由分季度平衡表累加得到。
资料来源：http://www.safe.gov.cn/News/N258.htm，2015年6月24日。

第二节　国际收支分析

一、国际收支盈余、赤字和平衡

　　前面我们已经谈到，国际收支平衡表是根据复式簿记原理来编制的，故借方总额与贷方总额最终必然相等。尽管某个项目或某些项目会出现借方金额大于贷方金额，或贷方金额大于借方金额的情况，但这些赤字额或盈余额必然会由其余项目的盈余额或赤字额抵消。譬如，经常账户与资本和金融账户中任何一个出现赤字或盈余，势必会伴随另一个账户的盈余或赤字，而且经常账户差额与资本和金融账户差额之和正好为零。

然而，这种平衡也只是形式上的平衡。按照交易的动机或目的，国际收支平衡表中所记录的交易应有自主性交易（Autonomous Transactions）和补偿性交易（Compensatory Transactions）之分。自主性交易是指那些基于商业（利润）动机或其他考虑而独立发生的交易。例如商品、劳务、技术交流、收益转移、无偿转让、各种形式的对外直接投资、证券投资等。商品劳务的交易是因国际间商品价格、成本的不同和劳务技术的差异而发生的；单向、无偿转移是私人基于个人关系、人道，或政府基于政治、军事等方面的考虑而发生的；长期资本流动则是因国内外投资预期收益率不同而发生的。显然，这些交易完全没有考虑到一国国际收支是否因此发生不均衡，故属于自主性交易。补偿性交易也称调节性交易（Accommodating Transactions），它是指为调节自主性交易所产生的国际收支差额而进行的各项交易，包括国际资金融通、资本吸收引进、国际储备动用等。通过补偿性交易的调节作用，虽然能使国际收支的不平衡状态达到平衡，但有其局限性。主要表现在：根据国际收支平衡表上收支不平衡作为调节的主要目标，充其量只能实现国际收支在会计上的平衡，不一定或不可能解决该国国民经济发展中的不平衡。尽管一国国际收支会计意义上的平衡，不是国际收支平衡最完善的定义，但是国际收支会计意义上差额的大小和持续时间的长短，也直接决定该国货币市场汇率的涨跌和国际储备地位的消长。

一个国家的国际收支是否平衡，实际上是看自主性交易所产生的借贷金额是否相等。分析的方法是：在国际收支平衡表上划出一条水平线，在这一水平线上放上所有的自主性交易项目，在此线之下放上一切补偿性交易项目，那么当线上差额为零时，我们称国际收支处于平衡状态。当线上项目借方金额大于贷方金额时，我们称国际收支出现了赤字。而当线上项目贷方金额大于借方金额时，则称国际收支出现了盈余。由于会计上的国际收支是一个恒等式，自主性交易差额与补偿性交易差额之和为零，所以我们对国际收支不平衡的测度也可以使用补偿性交易项目来分析，即用线下项目的借贷资金对比来分析，如果补偿性交易项目的借方金额大于贷方金额，就可以说国际收支处于盈余，反之则称国际收支赤字。

尽管理论上将国际经济交易区分为自主性交易和补偿性交易是十分有益的，但在实际上作此区分会面临难以逾越的技术性困难。区分商品劳务交易、长期资本流动和官方储备资产变动等项目是自主性交易还是补偿性交易还较容易，因为其带有两种不同交易的明显性质特征，但对于短期性资本流动究竟是属于自主性交易还是补偿性交易，则难以做出明确的回答。首先，一国货币当局因自主性交易的不平衡而向国外私人金融市场借款，从本国的角度看，应属补偿性交易，但从对方国家的立场来看，这一短期资本流出是为了追逐利润，则被视为自主性交易。其次，一国为弥补自主性交易赤字，采取紧缩货币、提高利率的政策，吸引了短期资本流出减少和流入的增加。这种交易从货币当局的角度来看，是有意识的政策作用，本质上说是一种弥补自主性交易收支不平衡的融通性交易,当然是属于补偿性交易类别。但从私人交易主体的立场角度来看,这些交易的动机是出于商业行为的考虑,是出于安全、投机、获利等目的的自主性短期资本的流动。

二、国际收支与国民账户

在开放经济条件下,一国的商品(劳务)市场通过国际贸易与外国的商品(劳务)市场发生联系,金融市场通过国际资本流动与外国的金融市场发生联系,由此国内外经济连为一体,相互依赖、相互影响。一个开放经济体的国民收入应包括国内经济交易和对外经济交易两部分。宏观的国民收入总量为GNP(国民生产总值),它等于GNI(总国民收入)。GNP或GNI减去折旧等于NNP(国民生产净值),再减去间接商业税加上津贴等于NI(国民收入),减去公司未分配利润、公司利润税、社会保险费等,加上转移支付等于PI(个人收入),减去个人所得税等于PDI(个人可支配收入)或GNDY(可支配国民收入总值)。这些总量指标之间有一定的差异,但在宏观分析上可以近似替代。

简单的国民收入账户可写成:

$$GNDY = C + I + G + CAB \tag{4-1}$$

$$CAB = (X - M) + NY + NCT \tag{4-2}$$

$$CAB + NKA + RT \equiv 0 \tag{4-3}$$

$$CAB = S - I \tag{4-4}$$

其中,C为消费,G为政府开支,CAB为经常账户差额,NY为国外净收入,NCT为经常转移净额,NKA为资本和金融账户净余额(不包括储备资产),RT为储备资产,S为国内总储蓄,I为国内总投资,X为货物和服务出口,M为货物和服务进口。

完整的国民收入账户可写成:

$$\text{总需求} \ Y = C_D + I + G + X + NY_I + NCT_I + NKA_I \tag{4-5}$$

$$\text{总供给} \ Y = C_S + S + T + M + NY_O + NCT_O + NKA_O \tag{4-6}$$

其中,下标I为外汇流入(Flow In)、O为外汇流出(Flow Out),C_D为总需求消费,C_S为总供给消费,T为政府税收。当总需求等于总供给时,可写成:

$$(C_D - C_S) + (I - S) + (G - T) + [CAB + NKA] = 0 \tag{4-7}$$

可见,国际收支账户构成国民收入账户四大平衡之一,即消费物资价值平衡、银行信贷平衡、政府财政收支平衡、国际收支平衡。因此,一个开放的经济体,既要考虑国际收支的平衡,更要考虑国民收入的平衡。

三、国际收支分析

一般而言,各国政府和国际经济组织都将国际收支平衡作为金融运行良好的指标,而把国际收支不平衡作为政策调整的重要对象。按照人们的传统习惯和国际货币基金组织的做法,国际收支的分析方法都采用差额法。

（一）贸易收支差额分析

贸易收支差额即商品进出口收支差额。这是传统上用得比较多的一个口径，即使在第二次世界大战后出现的许多新的国际收支调节理论中，也有几种将贸易收支作为国际收支的代表。实际上，贸易账户仅仅是国际收支的一个组成部分，绝不能代表国际收支的整体。但是，对某些国家来说，贸易收支在全部国际收支中所占的比重相当大。因此，出于简便，我们仍然可将贸易收支作为国际收支的近似代表。

此外，贸易收支在国际收支中还有它的特殊重要性。商品的进出口情况综合反映了一国的产业结构、产品质量和劳动生产率状况，反映了该国产业在国际上的竞争能力。因此，即使像美国这样资本账户比重相当大的国家，仍然十分重视贸易收支的差额。

（二）经常项目收支差额分析

经常项目包括贸易收支、无形收支（即服务和收入）和经常转移收支。前两项构成经常项目收支的主体。虽然经常项目的收支不能代表全部国际收支，但它综合反映了一个国家的进出口状况（包括无形进出口，如劳务、保险、运输等），而被各国广为使用，并被当作是制定国际收支政策和产业政策的重要依据。同时，国际经济协调组织也经常采用这一指标对成员国经济进行衡量，例如国际货币基金组织就特别重视各国经常项目的收支状况。

（三）资本和金融账户差额分析

资本和金融账户差额具有两方面的分析作用。

首先，通过资本和金融账户余额可以看出一个国家资本市场的开放程度和金融市场的发达程度，对一国货币政策和汇率政策调整提供有益的借鉴。一般而言，资本市场开放的国家资本和金融账户的流量总额较大。由于各国在利率、金融市场成熟度、本国经济发展程度和货币价值稳定程度等方面存在较大的差异，资本和金融账户差额往往会产生较大的波动，要保持这一余额为零是非常困难的。

其次，资本和金融账户与经常账户之间具有融资关系，所以资本与金融账户的余额可以折射出一国经常账户的状况和融资能力。根据复式记账原则，在国际收支中一笔贸易流量通常对应一笔金融流量，因此经常账户中实际资源的流动与资本和金融账户中资产所有权的流动是同一问题的两个方面。在不考虑错误与遗漏因素时，经常账户中的余额必然对应着资本和金融账户在相反方向上的数量相等的余额，也就是说，经常账户余额与资本和金融账户余额之和等于零。当经常账户出现赤字时，必然对应着资本和金融账户的相应盈余，这意味着一国利用金融资产的净流入为经常账户赤字融资。影响金融资产流动的因素很多，这些因素主要是影响国内和国外各种资产的投资收益率与风险的各种因素，例如利率、各种其他投资的利润率、预期的汇率走势和税收方面的考虑，以及政治风险等因素。

但是,资本和金融账户与经常账户之间的这种融资关系随着国际金融一体化的发展和加速,正逐渐发生着变化。

第一,资本和金融账户为经常账户提供融资要受到诸多因素的制约。

例如,如果一国很难吸引国外资本流入,那么势必主要通过本国政府持有的金融资产(即资本和金融账户中的官方储备)进行融资。由于一国的储备数量是有限的,所以这一融资也是有限的。再比如说,如果提供融资的主要是国外资本(即资本和金融账户中的直接投资、证券投资和其他投资),那么这种融资方式将受到稳定性和偿还性两方面的限制。其原因有二:首先,流入的资本并不一定是稳定的。一国经济环境的变化、国际资本市场上的供求变动,乃至于突发事件等因素都有可能引起资本的大规模撤出。同时,这些资本中有相当部分是以短期投机为目的的,一国的经常账户赤字如果主要依靠这类资本融资,很难长期维持下去。其次,利用外国资本进行融资必然面临着偿还问题。如果因各种因素导致对借入的资金使用不当,这一偿还就会发生困难。特别是当吸引资本流入的高利率并非自然形成,而是存在人为扭曲的因素时,更容易发生偿还困难。资本流入为经常账户赤字融资,意味着资本的所有与使用分离,从而蕴涵了发生债务危机的可能性。所以,即使是为了规避金融风险、维持经济稳定,政府也会限制资本和金融账户对经常账户的融资作用。

第二,资本和金融账户已经不再是被动地由经常账户决定,并为经常账户提供融资服务,其自身流动已存在着独立的运动规律。

国际间的资本流动曾经在长期内依附于贸易活动,本身流量有限,对各国经济的影响并不突出。进入 20 世纪后,尤其是近二十年来,国际资本流动取得了突破性进展,其流量远远超过国际贸易流量,从根本上摆脱了与贸易的依附关系,具有相对独立的运动规律,对一国乃至于世界经济都发挥着越来越大的影响。

第三,资本和金融账户与经常账户的融资关系中,债务和收入因素也会对经常账户产生重要影响。

这是因为,收入账户是影响经常账户状况的重要因素,资本和金融账户为经常账户提供融资后产生的资本流动会造成收入账户的相应变动,并通过债务支出进而影响到经常账户。尤其当一国经常账户赤字数额长期居高不下时,由此导致的债务积累会使利息支出越来越大,这又加剧了经常账户状况的恶化,从而形成恶性循环的局面。

由此可见,资本和金融账户具有非常复杂的经济含义,应当对它进行综合的分析和谨慎的运用,才能有利于对本国的金融市场和资本流动进行有效的调控。

(四)综合账户差额分析

综合账户差额是指经常账户与资本和金融账户中的资本转移、直接投资、证券投资、其他投资账户所构成的余额,也就是将国际收支账户中的官方储备账户剔除后的余额。由于综合差额必然导致官方储备的反方向变动,所以可以用它来衡量国际收支对一国储备造成的压力。

当一国实行固定汇率制（即本币与某一种外币保持固定比价）时，总差额的分析意义更为重要。因为，国际收支中的各种行为将导致外国货币与本国货币在外汇市场上的供求变动，影响到两个币种比价的稳定性。为了保持外汇市场上的价格（即货币间的比价——汇率）不发生变动，政府必须利用官方储备介入市场以实现供求平衡。所以，综合差额在政府有义务维护固定汇率制度时是极其重要的。而在浮动汇率制度下，政府原则上可以不动用储备而听任汇率变动，或是使用储备调节的任务有所减轻，所以这一差额在现代的分析意义上略有弱化。但这一概念比较综合地反映了自主性国际收支的状况，是全面衡量和分析国际收支状况的指标，具有重大的意义。

从上述介绍可以看到，国际收支的差额分析有多种，不同的国家往往根据自身情况选用其中一种或若干种，来判断自己在国际交往中的地位和状况，并采取相应的对策。比如，某个国家的经常账户连年发生巨额赤字，而资本和金融账户则连年盈余。这样的国家虽然综合账户处于平衡，但从长期看，国际收支状况不容乐观。因为长年的经常账户赤字反映了该国产业的国际竞争力低下，国际收支的长久平衡没有坚实的基础，眼前的平衡是依靠利用外资来维持的，所以它极可能存在严重的外汇短缺和结构性国际收支不平衡。

四、国际收支失衡的原因分析

如果一国出现了国际收支不平衡，就需要采取措施来加以纠正。但是，除了知道国际收支失衡的数量之外，我们还需分析国际收支不平衡的原因，这样才能做到标本兼治。

（一）周期性不平衡（Cyclical Disequilibrium）

周期性不平衡是一国经济周期波动引起该国国民收入、价格水平、生产和就业发生变化而导致的国际收支不平衡。周期性不平衡是世界各国国际收支不平衡常见的原因。因为在经济发展过程中，各国经济不同程度地处于周期波动之中，周而复始地出现繁荣、衰退、萧条、复苏，而经济周期的不同阶段对国际收支会产生不同的影响。在经济衰退阶段，国民收入减少，总需求下降，物价下跌，会促使出口增长，进口减少，从而出现顺差；而在经济繁荣阶段，国民收入增加，总需求上升，物价上涨，则使进口增加，出口减少，从而出现逆差。第二次世界大战以来，由于各国的经济关系愈益密切，因此各国的生产活动和国民收入受世界经济的影响亦愈益增强。

（二）货币性不平衡（Monetary Disequilibrium）

货币性不平衡是指一国货币价值变动（通货膨胀或通货紧缩）引起国内物价水平变化，从而使该国一般物价水平与其他国家比较相对地发生变动，由此引起的国际收支失衡。例如，一国发生通货膨胀，其出口商品成本必然上升，使用外国货币计价的本国出口商品的价格就会上涨，从而削弱本国商品在国际市场上的竞争能力，客观上起到了抑制出口的作用。相反,由于国内商品物价普遍上升,相比较而言,进口商品就显得便宜,鼓励了外国商品的进口,从而出现贸易收支的逆差。当然,这里值得指出的是,通货膨胀也会引起该国货币汇率一定程度的贬值,但一般来说此时汇率贬值的幅度要比物价上涨的幅度小得多,因而其影响也小得多。它只能缓和但不会改变通胀对国际收支的影响。货币性不平衡可以是短期的,也可以是中期的或长期的。

(三) 结构性不平衡(Structural Disequilibrium)

结构性不平衡是指当国际分工格局或国际需求结构等国际经济结构发生变化时,一国的产业结构及相应的生产要素配置不能完全适应这种变化,从而发生的国际收支失衡。

世界各国由于地理环境、资源分布、劳动生产率差异等经济条件和历史条件不同,形成了各自的经济布局和产业结构,从而形成了各自的进出口商品结构和地区产业结构,各国的产业、外贸结构综合形成国际分工结构。若在原有的国际分工结构下,一国的进出口尚能平衡,但在某一时期,若世界市场对该国的出口需求或对该国进口的供给发生变化,则该国势必要改变其经济结构以适应这种国际变化,即原有的相对平衡和经济秩序受到了冲击。若该国经济结构不能灵活调整以适应国际分工结构的变化,则会产生国际收支的结构性不平衡。

改变结构性不平衡需要重新组织生产,并对生产要素的使用进行重新组合,以适应需求和供给的新结构,否则这种不平衡现象难以克服。而生产的重新组合阻力较大,进展缓慢,因此结构性不平衡具有长期性,扭转起来相当困难。结构性不平衡在发展中国家尤为普遍,因为发展中国家进出口商品具有以下两个特点:

(1) 产品出口需求的收入弹性低,而产品进口需求的收入弹性高,所以出口难以大幅度增加,而进口则能大幅度增加。

(2) 产品出口需求的价格弹性大,而产品进口需求的价格弹性小,于是进口价格上涨快于出口价格上涨,贸易条件恶化。

(四) 收入性不平衡(Income Disequilibrium)

收入性不平衡是指由于各种经济条件的恶化引起国民收入的较大变动而导致的国际收支不平衡。国民收入变动的原因很多,一种是前面所述的经济周期波动所致,另外一种则是由经济增长率的变化而产生的。而收入性不平衡就是指这类原因产生的国际收支的不平衡。一般来说,国民收入大幅度增加,全社会消费水平就会提高,社会总需求也会扩大。在开放型经济下,社会总需求的扩大,通常不一定表现为价格上涨,而表现为增加进口,从而导致国际收支出现逆差;反之,当经济增长率较低时,国民收入减少,国际收支出现顺差。

(五) 临时性不平衡(Temporary Disequilibrium)

临时性不平衡是指短期的由非确定或偶然因素引起的国际收支不平衡。如洪水、地震、骚乱、战争等因素带来的贸易条件的恶化、国际收支的困难,但这种性质的国际收支不平衡程度一般较轻,持续时间也不长。

(六)投机和资本外逃的不平衡(Speculation and Capital Escape Disequilibrium)

在短期资本流动中,不稳定的投机与资本外逃是造成国际收支失衡的另一个重要原因,它们在一定程度上还会激化业已存在的失衡。投机性资本流动是指利用利率差别和预期的汇率变动来牟利的资本流动。它主要取决于两个因素,即各国货币之间的力量对比(也就是汇价的对比),以及各国相对的利率水平。投机可能是稳定的,也可能是不稳定的。稳定性投机是指对汇率变化的预期形成是合理的一种情形,它与市场力量相反,当某种货币的需求下降时,投机者就买进该货币,从而有助于稳定汇率。而不稳定性的投机是指对汇率变化的预期形成是不合理的一种情形,这种投机会使汇率累进恶化,投机造成贬值,贬值又进一步刺激了投机,从而使外汇市场变得更加混乱。资本外逃与投机的动机不同,它不是希望获利,而是害怕损失。当一国面临货币贬值、外汇管制、政治动荡或战争的前景时,在这个国家拥有资产的居民与非居民就要将其资金转移到他们认为稳定的国家,造成该国资本的大量外流。不稳定的投机与资本外逃具有突发性、数量大的特点,在国际资本流动迅速的今天,往往成为一国国际收支失衡的一个重要原因。1997年下半年爆发的东南亚金融风暴和2008年的美国金融危机已深刻地说明了这一点。

第三节 国际收支调节

一、国际收支自动调节机制

所谓国际收支的自动调节,是指由国际收支失衡引起的国内经济变量变动对国际收支的反作用过程。下面选择几个重要的变量加以介绍。需要说明的是:国际收支自动调节只有在纯粹的市场经济中才能产生理论上所描述的那些作用,政府的某些宏观经济政策会干扰自动调节过程,使其作用下降、扭曲或根本不起作用。而且,在不同的货币制度下,自动调节机制也会有所差异。

(一)金本位制度下国际收支自动调节机制

在国际间普遍实行金本位制的条件下,一个国家的国际收支可通过物价的涨落和现金(即黄金)的输出与输入自动恢复平衡。这一自动调节规律称为"物价-铸币流动机制(Price Special-Flow Mechanism)。它是在1752年由英国经济学家大卫·休谟(David Hume)提出来的,所以又称"休谟机制"。"物价-铸币流动机制"自动调节国际收支的具体过程如下:在金本位制度下,一国国际收支出现赤字,就意味着本国黄金的净输出,由于黄金外流,国内黄金存量下降,货币供给就会减少,从而引起国内物价水平下跌。物价水平下跌后,本国商品在国外市场上的竞争能力就会提高,外国商品在本国市场上的竞争能力就会下降,于是出口增加,进口减少,使国际收支赤字减少或消除。同样,国际收支盈余也是不能持久的,因为造成的黄金内流扩大了国内的货币供给,造成物价水平上涨。物价上涨不利于出口,有利于进口,从而使盈余趋于消失。"物价-现金(铸币)流动机制"的这种调节过程可用图 4-1 表示。

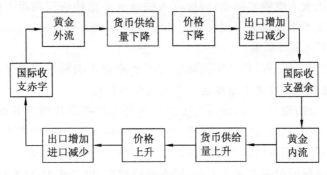

图 4-1　金本位制下的国际收支自动调节机制

(二) 纸币流通条件下的国际收支自动调节机制

在纸币流通条件下,黄金流动虽已不复存在,然而价格、汇率、利率、国民收入等经济变量对于国际收支自动恢复平衡仍发挥着一定作用。

1. 价格的自动调节机制

当一国的国际收支出现顺差时,由于外汇支付手段的增多,容易导致国内信用膨胀,利率下降,投资与消费相应上升,国内需求量扩大,从而对货币形成一种膨胀性压力,使国内物价与出口商品的价格随之上升,从而削弱了出口商品的国际竞争力,导致出口减少进口增加,使原来的国际收支顺差逐渐消除。

2. 汇率的自动调节机制

汇率调节国际收支是通过货币的升值、贬值来消除顺差或逆差,从而恢复国际收支平衡的。

当一国国际收支出现顺差时,外汇供给大于外汇需求,本币汇率上升,进口商品以本币计算的价格下跌,而出口商品以外币计算的价格上涨,因此,出口减少,进口增加,贸易顺差减少,国际收支不平衡得到缓和。

当一国国际收支出现逆差时,外汇需求大于外汇供给,本币汇率下降,出口商品以外币计算的价格下跌,而以本币计算的进口商品的价格上升,于是刺激了出口,抑制了进口,贸易收支逆差逐渐减少,国际收支不平衡得到缓和。

3. 国民收入的自动调节机制

国民收入的自动调节机制是指在一国国际收支不平衡时,该国的国民收入、社会总需求会发生变动,而这些变动反过来又会减弱国际收支的不平衡。

当一国国际收支出现顺差时,会使其外汇收入增加,从而产生信用膨胀、利率下降、总需求上升,国民收入也随之增加,因而导致进口需求上升,贸易顺差减少,国际收支恢复平衡。

当一国国际收支出现逆差时,会使其外汇支出增加,引起国内信用紧缩、利率上升、总需求下降,国民收入也随之减少,国民收入的减少必然使进口需求下降,贸易逆差逐渐缩小,国际收支不平衡也会得到缓和。

4. 利率的自动调节机制

利率的自动调节机制是指一国国际收支不平衡会影响利率的水平,而利率水平的变动反过来又会对国际收支不平衡起到一定的调节作用。

一国国际收支出现顺差时,表明该国银行所持有的外国货币存款或其他外国资产增多,因此产生了银行信用膨胀,使国内金融市场的银根趋于松动,利率水平逐渐下降。而利率水平的下降表明本国金融资产的收益率下降,从而对本国金融资产的需求相对减少,对外国金融资产的需求随之上升,资本外流增加,内流减少,资本账户顺差逐渐减少,甚至出现逆差。另一方面,利率下降使国内投资成本降低,消费机会成本下降,因而国内总需求上升,国外商品的进口需求也随之增加,出口减少,这样,贸易顺差也会减少,整个国际收支趋于平衡。

反之,当一国国际收支出现逆差时,表明该国银行所持有的外国货币或其他外国资产减少,于是就会发生信用紧缩,银根相应地趋紧,利率随市场供求关系的变化而上升,利率上升必然导致本国资本不再外流,同时外国资本也纷纷流入本国以谋求高利。因此,国际收支中的资本项目逆差就可以减少而向顺差方面转化;另外,利率提高会减少社会的总需求,进口减少,出口增加,贸易逆差也逐渐改善,国际收支逆差减少。

二、国际收支调节政策

国际收支的调节政策通常由政府做出,它是指国际收支不平衡的国家通过改变其宏观经济政策和加强国际间的经济合作,主动地对本国的国际收支进行调节,以使其恢复平衡。

(一) 财政政策

当一国出现国际收支逆差时,政府可采取紧缩的财政政策,即削减政府开支,或提高税率,迫使投资和消费减少,物价相对下降,从而有利于出口,压缩进口,改善贸易收支及国际收支。在国际收支出现大量顺差时,政府则可以实行扩张性的财政政策,即扩大政府开支,降低税率,以扩大总需求,增加进口及非贸易支出,从而减少贸易收支和国际收支的顺差。

(二) 货币政策

货币政策也称金融政策,包括变动贴现率、调整法定存款准备金率和公开市场业务等。就调节国际收支而言,主要采用改变再贴现率借以影响市场利率的政策。

中央银行提高再贴现率后,市场利率随之上升,投资和消费受到抑制,物价开始下跌,从而可以扩大出口,减少进口,贸易收支得到改善。反之,情形则相反。

(三) 外汇政策

1. 调整汇率

一国可通过提高或降低本国对外国货币的汇率来消除国际收支的不平衡。如一国发生国际收支逆差时,可使本国货币贬值,以增强本国商品在国际上的竞争力,扩大出口;同时,由于国外商品的本币价格上升,进口减少,国际收支逐步恢复平衡。如一国发生国际收支顺差,则可使本国货币升值,货币升值刺激进口,减少出口,两者共同作用于贸易收支,使贸易顺差减少,从而使国际收支恢复平衡。

2. 外汇管制

外汇管制是国家通过法令规定对各项外汇的收入、支出、存款、兑换、外汇买卖及国际结算进行管制,其目的在于节约国家外汇支出,增加外汇收入,以改善国际收支。

(四) 外贸政策

为改善国际收支,很多国家都实行"奖出限入"的保护性贸易政策,如为出口商提供直接补贴,以鼓励出口。同时,采用高关税、进口配额制、进口许可证等限制进口。

(五) 产业结构调整和发展政策

调整国际收支还应考虑到社会总供给的条件。因此一国可通过调整国内的产业结构及鼓励发展高科技产业政策来改善国内的经济结构和产业结构,提高劳动生产率和产品质量,从而增强出口商品的竞争能力,以适应世界市场需求的变化。

以上政策大致可划分为两个类别:

(1) 支出变动型政策(Expenditure-changing Policy)。这类政策旨在通过改变社会总需求或总支出来改变进出口贸易、劳务及资本的输出入状况,从而达到调节国际收支的目的,财政政策与货币政策基本上属于此类。

(2) 支出转换型政策(Expenditure-switching Policy)。这类政策是指不改变社会总需求和总支出而改变需求和支出方向的政策。如以经济手段实现转换的产业调整政策、汇率政策、关税政策;以法律手段实现转换的外汇管制、外贸管制等政策。汇率政策和关税政策是通过改变进口商品和劳务的相对价格来达到支出转换的目的的,而直接管制则是通过改变进口商品和劳务的可能性来达到支出转换的目的的,从而调节了国际收支。

(六) 外汇缓冲政策——融资或弥补

外汇缓冲政策又叫资金融通政策,是指一国政府把外汇与黄金等国际储备作为缓冲体,通过在外汇市场和黄金市场中有计划地吞吐,或通过国际信贷,来抵消超额外汇需求或供给所形成的缺口,以避免国际收支不平衡。如果国际收支是由临时的、短期的因素导致的,就可以用资金融通政策弥补,但如果是由中长期因素导致的,那么就势必要用其他政策来调节。因为一国的国际储备是有限的,所以外汇缓冲政策调节国际收支不平衡的能力是有限的。一国如果完全依靠外汇缓冲政策来调节长期的或巨额的国际收支逆差,将导致一国外汇储备的枯竭或外债规模的扩大,反而无助于国际收支逆差的消除。但是,在调整期间,有关货币当局可以适当地运用外汇缓冲政策作为辅助手段,缓和调整政策的速度和强度,使国内经济避免遭受调整政策所带来的波动。

专栏 4.1

2012 年我国国际收支状况分析

2012 年我国国际收支顺差大幅下降。2012 年经常项目顺差 1 931 亿美元,较 2011 年增长 42%;资本和金融项目逆差 168 亿美元,为亚洲金融危机以来首次逆差,2011 年为顺差 2 655 亿美元。国际收支总顺差 1 763 亿美元,较 2011 年下降 56%,大大低于 2007—2011 年年均顺差 4 552 亿美元的规模。

一、国际收支状况

1. 货物贸易顺差较快增长。2012 年,我国货物贸易出口 20 569 亿美元,进口 17 353 亿美元,分别较 2011 年增长 8% 和 5%,顺差 3 216 亿美元,增长 32%。

2. 服务贸易逆差进一步扩大。2012 年,服务贸易收入 1 914 亿美元,较 2011 年增长 3%;支出 2 812 亿美元,增长 14%;与 GDP 之比为 2.8%,仍处历史较低水平。

3. 收益项目逆差有所收窄。2012 年,收益项目收入 1 604 亿美元,较 2011 年增长 11%;支出 2 026 亿美元,下降 6%;逆差 421 亿美元,下降 40%。其中,投资收益逆差 574 亿美元,下降 33%,主要是因为外商投资企业外方投资收益较 2011 年有所下降;职工报酬净流入 153 亿美元,较 2011 年增加 2%。

4. 直接投资保持较大顺差。按国际收支统计口径,2012 年直接投资顺差 1 911 亿美元,较 2011 年下降 17%。其中,外国来华直接投资净流入 2 535 亿美元,下降 9%;我国对外直接投资净流出 624 亿美元,增长 29%。

5. 证券投资净流入大幅增长。2012 年,证券投资项下净流入 478 亿美元,较 2011 年增长 143%。其中,我国对外证券投资净流出 64 亿美元,2011 年为净回流 62 亿美元;境外对我国证券投资净流入 542 亿美元,较 2011 年增长 305%,创历史新高。

6. 其他投资大幅净流出。2012 年,其他投资项下净流出 2 600 亿美元,而 2011 年为净流入 87 亿美元。其中,其他投资项下对外资产净增加 2 316 亿美元,较 2011 年增长26%;其他投资项下对外负债减少284亿美元,而2011年为净增加1 923亿美元。

7. 储备资产增幅放缓。2012年,剔除汇率、价格等非交易价值变动影响,我国新增储备资产966亿美元,较2011年下降75%。其中,外汇储备资产增加987亿美元,较2011年少增2 861亿美元,2012年年末我国外汇储备余额达33 116亿美元;我国在国际货币基金组织的储备头寸净减少16亿美元。

二、国际收支分析

从2012年国际收支平衡表来看,我国国际收支状况继续改善,初步形成"经常项目顺差、资本和金融项目逆差"的国际收支平衡新格局,外汇储备增长明显放缓。

1. 国际收支状况继续改善。2012年,国际收支总顺差1 763亿美元,回落至2004年的顺差水平,较2011年下降56%。经常项目顺差与GDP之比为2.3%,仍保持在国际认可的合理范围之内。储备资产增幅明显放缓,与GDP之比为12%,较2011年下降4.1个百分点。

2. 国际收支平衡新格局初步形成。2012年,我国国际收支从1999年以来的持续"双顺差"转为"经常项目顺差、资本和金融项目逆差",显示我国国际收支逐渐趋向自主调节、自我平衡。但这与市场主体根据境内外利差、汇差等市场环境变化调整财务运作,由以往的"资产本币化、负债外币化"转向"资产外币化、负债本币化"的顺周期变化密切相关,国际收支自我平衡的基础还不牢固。

3. 跨境资本流动短期变化明显。2012年第一季度,随着国际市场环境回暖,资本和金融项目由2011年第四季度的逆差292亿美元转为顺差561亿美元。第二、三季度,由于全球经济复苏乏力、欧债危机深化蔓延、市场避险情绪上升等因素,资本和金融项目分别为逆差412亿美元和517亿美元。第四季度,国内外经济出现企稳迹象,加上主要发达国家推出量化宽松货币政策,国际资本回流我国,资本和金融项目重新转为顺差200亿美元。

4. 非直接投资形式的资本流动呈现净流出。我国直接投资净流入格局较为稳定,2000—2012年,直接投资顺差占GDP的比例基本保持在2%到4%的区间范围内。但证券投资和其他投资(统称为非直接投资)项下顺逆差转化较快,在全球投资风险偏好下降时,较易出现资本流向逆转。2000—2012年,非直接投资项目有6年为顺差,7年为逆差。2012年,非直接投资项目逆差达2 122亿美元,相当于GDP的-2.6%,而2011年为顺差284亿美元。这主要反映了境内主体境外资产运用的增加和对外负债的减少。全年,其他投资项下境外资产运用(包括对外贷款、境外存放和拆放、出口延收和进口预付等)净增加2 316亿美元,对外负债(包括贸易融资、境外存入款项等)净减少284亿美元。

资料来源:国家外汇管理总局网站《2012年中国国际收支报告》。

第四节 国际储备

一、国际储备的含义和构成

(一)国际储备的概念

国际储备(International Reserve)指的是一国货币当局持有的可以用来支付国际收支差额及维持汇率稳定的资产的总称。国际储备有广义和狭义之分。广义的国际储备从最终所有权来看可分为自有储备(Owned Reserves)和借入储备(Borrowed Reserves)。自有储备的最终所有权属于本国货币当局,因而可以自由支配,其主要来源是经常项目的顺差。而借入的国际储备属于本国居民,其主要来源于国际信贷,如IMF通过的各种贷款、"借款总安排"、"备用信贷"以及一国商业银行持有的外汇和借债能力等等。狭义的国际储备则专指自有储备。自有储备与借入储备之和又称为国际清偿能力(International Liquidity)。

(二)国际储备的特点

作为国际储备的资产必须具备以下三个条件:

1. 一国货币当局必须能够无条件获得这类资产

(1)它必须是掌握在该国货币当局手中的资产。非官方的金融机构、企业、私人持有的资金和外汇,尽管也是流动资产,但不能算作国际储备资产。这一特点使国际储备有时被称为官方储备。

(2)作为国际储备的资产必须为一国货币当局无条件地获得,即它能随时地、方便地被货币当局得到。

2. 这种资产必须具有流动性

即作为国际储备的资产必须可以在国际间自由调拨、自由流动而不会受到限制。

3. 这种资产必须能被国际间普遍接受,即可以在国际间相互转换和兑换

国际储备是在一国国际储备收支发生逆差时用以弥补逆差以及清偿债务的可运用的国际清偿手段和支付手段。因此,作为国际储备的资产必须是能够在国际间相互转换和兑换,可以被世界各国普遍接受的资产。

(三)国际储备的构成

国际储备由四部分构成,包括黄金储备、外汇储备、在国际货币基金组织的储备头寸,以及由国际货币基金组织分配的特别提款权。根据 IMF《国际金融统计》有关资料,世界国际储备构成变化见表 4-4。

表 4-4　世界国际储备构成变化　　　　　　　单位(%)

	1950年	1970年	1980年	1990年	2000年	2013年
国际储备总额	100.0 484.4	100.0 931.8	100.0 3 548.7	100.0 6 686.9	100.0 15 894.2	100.0 79 115.2
黄金储备	69.1	39.7	9.4	4.9	2.1	2.6
外汇储备	27.5	48.6	82.5	88.5	93.7	95.7
在IMF中储备头寸	3.4	8.3	4.8	3.6	3.0	1.2
SDR	—	3.4	3.3	3.0	1.2	0.5

注：
① "国际储备总额"一栏中，第二行数字为当年国际储备总额(单位：亿SDR)。
② 黄金按每盎司35特别提款权计算。
资料来源：IMF《国际金融统计》有关各期。

1. 黄金储备

19世纪后期至20世纪初期，资本主义国家普遍实行金本位制，黄金是各国国际储备的主要资产。随着货币制度的演变，各国纷纷实行信用货币制度，黄金已不再直接充当交易媒介，外汇作为国际流通手段和支付手段的作用日益增强，在国际储备中所占的比重也日益加强。而且自20世纪70年代以来，黄金供应受自然条件的限制，私人储藏和工业用黄金需求不断增大，黄金在国际储备中已不占主要地位，但长期以来，人们仍将黄金看作是最后支付手段，主要原因是因为黄金具有价值实体，而且其价值相对来说比较稳定，而国际上出现信用危机时，它仍可充当世界货币来支付国际收支差额。因此黄金在国际储备中仍占有一席之地。截至2014年3月，中国黄金储备规模为3 389万盎司(约合1 054吨)，这一数据自2009年4月起一直未发生变化。自1978年以来的中国黄金储备规模变化见图4-2。

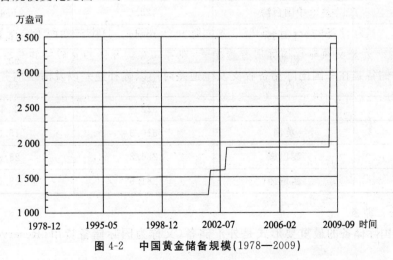

图4-2　中国黄金储备规模(1978—2009)

欧美国家黄金储备占总储备的比例普遍高于亚洲国家,这属于历史遗留问题,主要源于金本位制,也是一个长期存在的现象。世界各国(地区或组织)官方黄金储备规模如表4-5所示。此表系世界黄金协会(WGC)公布的最新官方黄金储备排行榜数据。居前十位的依次是美国、德国、国际货币基金组织(IMF)、意大利、法国、中国、瑞士、俄罗斯、日本和荷兰。

表4-5 2013年4月世界各国(地区或组织)黄金储备一览

排名	国家或地区	官方黄金储备(吨)	黄金储备占外汇储备总额之比(%)
1	美国	8 133.5	75.6
2	德国	3 391.3	72.4
3	IMF	2 814.0	
4	意大利	2 451.8	71.6
5	法国	2 435.4	70.4
6	中国	1 054.1	1.6
7	瑞士	1 040.1	10.2
8	俄罗斯	981.6	9.6
9	日本	765.2	3.1
10	荷兰	612.5	59.2
11	印度	557.7	9.6
12	欧洲央行	502.1	32.7
13	中国台湾	423.6	5.4
14	土耳其	408.9	16.6
15	葡萄牙	382.5	90.1
16	委内瑞拉	365.8	65.5
17	沙特	322.9	2.4
18	英国	310.3	15.3
19	黎巴嫩	286.8	28.3
20	西班牙	281.6	28.5

2. 外汇储备

目前国际储备的最重要形式是外汇储备,又称为国际储备货币(Reserve Currency)。它指的是全世界各国普遍接受可自由兑换的货币,如美元、欧元、英镑、日元等。在20世纪70年代以前,美元在各国外汇储备中占绝大比重,1973年美元占IMF成员国外汇储备的84.6%,而其他币种仅占15.4%。其主要原因是:"二战"后,美国凭借其强大的经济和军事力量,迫使各国接受了美国关于建立国际货币制度的"怀特方案",确立了以美元为中心的国际货币体系。美元等同于黄金,美元成为各国国际储备的主要资产。70年代初,由于西欧和日本经济力量的不断增强和美国经济实力的相对衰落,大量黄金外流,相应地,美国的国际信用日益下降,爆发了美元危机,这样使许多国家的储备资产遭到损失,因此为了避免储备资产过于单一的风险,各国开始调整本国外汇储备的币种结构,减少美元的比重,增加马克、法国法郎、日元等的比重。1981年美元占IMF成员国外汇储备总额的55.6%,其他币种则占有44.4%。但自1992年起,随着美国新经济时代的到来,美元更加坚挺,美元储备的比重又有所上升,2000年年底达68.2%,2001年6月创下73%的最高点。但牙买加国际货币体系实施以来,外汇储备的多元化已是一种必然趋势。1999年欧元问世,随着欧洲经济的发展和欧元地位的不断提高,欧元必将在国际储备中占有重要的地位。表4-6、4-7、4-8列出了IMF成员国、发达国家和发展中国家外汇储备的货币构成情况。

表4-6 IMF成员国外汇储备的货币构成(%)

年份 货币	1999	2000	2001	2002	2003	2004	2005	2006	2007	2008	2009	2014
美元	71.0	71.1	71.5	67.1	65.9	65.9	66.9	65.5	64.1	64.1	62.2	61.4
欧元	17.9	18.3	19.2	23.8	25.2	24.8	24.0	25.1	26.3	26.4	27.3	24.2
日元	6.4	6.1	5.0	4.4	3.9	3.8	3.6	3.1	2.9	3.1	3.0	3.9
英镑	2.9	2.8	2.7	2.8	2.8	3.4	3.6	4.4	4.7	4.0	4.3	3.9
瑞士法郎	0.2	0.3	0.3	0.4	0.2	0.2	0.1	0.2	0.2	0.1	0.1	0.2
其他货币	1.6	1.5	1.3	1.6	2.0	1.9	1.7	1.8	1.8	2.2	3.1	6.4

资料来源:Revised IMF Annual Report Data on Official Foreign Exchange Reserves.

表4-7 发达国家外汇储备的货币构成(%)

年份 货币	1999	2000	2001	2002	2003	2004	2005	2006	2007	2008	2009
美元	69.9	69.8	70.6	66.5	67.2	67.3	69.3	68.2	66.1	67.2	65.4
欧元	18.0	18.4	19.0	23.2	23.0	22.8	21.2	22.1	24.1	23.1	24.8
日元	7.3	7.3	6.1	5.4	5.2	5.0	4.7	4.3	4.0	4.3	4.1
英镑	3.0	2.8	2.7	2.8	2.3	2.7	2.7	3.3	3.5	2.7	2.8

续表

年份 货币	1999	2000	2001	2002	2003	2004	2005	2006	2007	2008	2009
瑞士法郎	0.1	0.3	0.3	0.5	0.3	0.2	0.2	0.2	0.2	0.2	0.2
其他货币	1.7	1.5	1.4	1.6	2.1	2.1	1.9	1.9	2.1	2.5	2.7

资料来源：Revised IMF Annual Report Data on Official Foreign Exchange Reserves.

表 4-8　发展中国家外汇储备的货币构成(%)

年份 货币	1999	2000	2001	2002	2003	2004	2005	2006	2007	2008	2009
美元	74.2	74.8	73.8	68.6	63.1	63.0	62.7	61.5	62.0	60.7	58.5
欧元	17.5	18.1	19.7	25.3	30.3	30.2	29.2	29.5	28.6	30.0	30.1
日元	3.9	2.7	2.4	1.7	1.1	1.3	1.5	1.3	1.8	1.9	1.8
英镑	2.6	2.6	2.8	2.8	3.8	4.9	5.1	6.0	5.9	5.4	5.9
瑞士法郎	0.5	0.2	0.2	0.1	0.1	0.1	0.1	0.1	0.1	0.1	0.0
其他货币	1.4	1.5	1.0	1.5	1.8	1.4	1.5	1.6	1.5	1.9	3.6

资料来源：Revised IMF Annual Report Data on Official Foreign Exchange Reserves.

3. 储备头寸

国际货币基金组织的一项宗旨便是"为成员国融通资金，协助成员国克服国际收支困难"。按 IMF 规定，认缴份额的 25% 须以可兑换货币缴纳，其余 75% 用本国货币缴纳。成员国最基本的贷款为普通提款权，这项贷款累计数的最高额度为会员国所交份额的 125%，贷款分两部分：储备部分贷款和信用部分贷款。储备部分占成员国份额的 25%，这部分贷款是无条件的，也不需支付利息，成员国只需提出申请便可获得，用于解决国际支付困难，因此这部分列入国家的国际储备。另外，国际货币基金组织为满足其他成员国的货币需求，会动用某国用本币缴纳的份额，这动用部分构成了该国对国际货币基金组织的债权，该成员国亦可无条件用来支付国际收支逆差。因此，一国在国际货币基金组织的储备头寸，等于储备部分提款权加上 IMF 动用的该国货币的数额。

4. 特别提款权

特别提款权(Special Drawing Rights，SDR)是国际货币基金组织分配给会员国在原有的一般提款权以外的一种资金使用权利。《国际货币基金组织协定》第 15 条第一节明确规定："当发生需要时，基金组织有权将特别提款权分配给参与特别提款权账户的会员国，以补充其储备资产的不足。"从这一条当中可看出特别提款权的重要作用便是解决国际储备不足问题。它是普通提款权的一种补充,用于会员国间和会员国与基金组织及国家清算银行之间的支付,因而也是国际储备的一种形式。

特别提款权是 IMF 在 1969 年创立的,1970 年开始第一个基本期的分配。特别提款权创立时有黄金保值,一单位 SDR 等于当时的一个美元,两者的含金量相同,都是 0.888 671 克。布雷顿森林体系崩溃以后,SDR 不能再以含金量定值了,从 1974 年 7 月 10 日开始以货币篮子的加权平均值来决定提款权的价值。最初,货币篮子中包括 16 种货币,从 1981 年开始,货币篮子中减少到只有美元、西德马克、英镑、法国法郎和日元五种主要货币,1999 年欧元区使用统一货币后,货币篮子中的货币减少到只有美元、欧元、英镑和日元四种。随着中国国际政治经济地位的大幅提升,国际货币基金组织(IMF)已将人民币纳入其储备货币——特别提款权(SDR)货币篮子,人民币国际化的地位得以大大提高。特别提款权的计算权数变化表见表 4-9。

表 4-9 特别提款权的计算权数变化表　　　　　　　　　　单位:%

	美元	德国马克	欧元	日元	英镑	法国法郎	人民币
1981 年 1 月 1 日	42	19	—	13	13	13	—
1986 年 1 月 1 日	42	19		15	12	12	
1991 年 1 月 1 日	40	21		17	11	11	
1996 年 1 月 1 日	39	21		18	11	11	
2001 年 1 月 1 日	45		29	15	11	—	
2006 年 1 月 1 日	44		34	11	11		
2010 年 1 月 1 日	41.9		37.4	11.3	9.4		
2015 年 11 月 30 日	41.73		30.93	8.33	8.09	—	10.92

资料来源:IMF 网站.

特别提款权的创设是为了解决两个问题,一是从总量上消除国际清偿的不足,二是在成员国之间进行平等合理的分配。实际上特别提款权的分配是极不对称的,发展中国家由于国际收支长期巨额逆差,调节国际收支的手段不足,从国际金融市场筹措资金的途径有限,因此其国际清偿力短缺的严重性远甚于发达国家,特别提款权的分配首先应该照顾发展中国家的需要。然而发达国家都只顾自己的利益,坚持按份额分配的主张,使大量特别提款权集中在发达国家手中。自 1969 年创设 SDR 以来一共只分配过两次,SDR 的作用微乎其微。从分配状况表(表 4-10)就可以看出,在 1970—1972 年第一次分配特别提款权期间,仅美国一国所得到的特别提款权就与所有发展中国家的合计数相等。虽然此后各成员国份额有所调整,但直至1997年其基本格局仍然没有变化。

表4-10 特别提款权分配状况表

国家和地区	1970—1972年第一次分配		1997年8月累计分配额	
	数额	比重(%)	数额	比重(%)
发达国家	69.668	74.8	146	68.1
其中:				
美国	22.94	24.6	49	22.9
英国	10.063	10.8	19.1	8.9
(联邦)德国	5.424	5.8	12.1	5.6
法国	4.85	5.2	10.8	5
日本	3.774	4.1	21.1	9.8
发展中国家	23.48	25.2	63.8	29.8
合计	93.148	100	214.3	100

二、多元国际储备货币体系

(一)国际储备货币的结构演变

现代国际储备体系的一个基本特征是储备货币的多样化,由此构成了多种货币储备体系。国际储备体系的根本问题是用什么作为货币体系的中心。第一次世界大战之前,英国是世界上最为强盛的国家,国际储备体系是黄金-英镑体系;第二次世界大战后的布雷顿森林体系是以美元-黄金为本位的货币体系;1971年和1973年美元两次贬值使各国实行浮动汇率制后,国际储备出现了分散化趋势,即由美元本位过渡到多种货币储备体系。多元货币储备体系具有一些明显的优点:① 摆脱对美元的过分依赖;② 容易调节外汇储备;③ 国际金融市场不受一国操纵,可以促进国际合作与协调。

多元货币储备体系是与浮动汇率制紧密相连的。汇率的变动迫使货币当局在不断地抛售某种储备货币的同时又补进另一种储备货币,以便使其外汇的币种始终处于最优状态。货币当局不断地在不同储备货币之间的转换又加剧了这些货币汇率的波动。

(二)欧元——一种具有潜力的国际储备货币

欧元是由欧盟成员国货币构成的跨主权组合货币。欧元与特别提款权不同,它以各成员国的经济资源和财富作为支撑基础。欧元是具有交换媒介、价值尺度、储藏手段、流通手段职能的货币,其使用范围大于特别提款权,这使欧元具备了成为重要储备资产的条件。

欧洲货币联盟成员国从2002年1月1日开始兑换欧元纸币和硬币,2002年7月1日起,其成员国的货币作废,欧元成为欧洲联盟国家的唯一合法通货,形成欧元货币区。一种货币的国际地位主要取决于其发行国的经济实力。欧洲货币联盟作为一个整体,拥有雄厚的经济、贸易和金融实力。因而,欧元货币区的形成,使欧元成为除美元之外的国际贸易和国际储备所使用的第二大货币。

(三) 多元货币储备体系的缺陷

在单一货币储备体系中,储备货币的供应只是一种渠道,即储备货币发行国的货币当局通过本国国际收支逆差实现本币的对外释放,如同布雷顿森林体系下的美元作为国际储备货币时的状况。在这种情况下,国际储备供应量的控制相对简单,也容易受到其他国家的监督。在多种货币储备体系下,由于储备货币的供应存在多重渠道,就可能引起储备货币供应的数量失控。而对储备货币发行国的国际监督和约束的效能也因对象的过于分散而受到削弱,使国际储备的供应难以适应客观需要。

国际储备供应量的过度增长会导致国际交易的货币价格上升。外汇储备供应量的增长一旦超过国际交易的实际需要,就会推动世界价格水平和国际交易的价格水平上升。如果外汇储备供应量出现短缺,国际贸易就会萎缩。金本位制结束后国际间使用的储备货币是一种国家货币,这里存在着难以克服的缺陷。随着世界经济的发展,世界对国际储备需求量不断增长。为了满足不断增长的国际储备需求,以防止整个世界出现紧缩倾向,储备货币发行国就必须源源不断地输出本国货币。在布雷顿森林体系下,享受这一储备货币地位的美元供应则受到兑换黄金的数量约束。而多种货币储备体系并无1945—1973年间货币兑换黄金的纪律约束,随着各国持有储备货币数量的增加,可以判断其他国家持有的储备货币的数量最终会超过货币发行国所拥有的实际资产的数量。一旦各国同时用这些储备货币去购买储备货币发行国的商品和劳务,就会难以实现储备货币的全部购买力。因此,对储备货币的信心动摇,就可能引发金融危机。

专栏 4.2

国际货币基金组织份额改革

IMF份额分布和治理结构的不合理,导致了对其"合法性和有效性"的较大争议。作为国际金融组织,IMF的投票权、决策权、监管权应该具有广泛的代表性,应适应经济全球化的要求,参照经济、贸易所占世界比重予以调整,提高新兴经济体和发展中国家的代表性、执行力和平等参与度,引导其成为未来全球发展的建设性力量。

2010年11月5日,IMF执行董事会通过了份额改革方案。份额改革完成后。预计中国的份额将从目前的3.72%升至6.39%,投票权也将从目前的3.65%升至6.07%,超越德国、法国和英国,成为位列美国和日本之后IMF第三大份额国,得到在这一国际组织中的更大话语权。在这一改革方案之下,新兴市场和发展中国家在IMF中的地位得到了明显提升,原属于发达国家6%的份额被转移至这些国家。

根据IMF的宗旨,它在国际金融领域的主要职责是:监察货币汇率和各国贸易情况,提供技术和资金协助,确保全球金融制度运作正常。IMF是由185个国家参与的组织,致力于促进全球金融合作、加强金融稳定、推动国际贸易、协助成员国达致高就业率和可持续发展。每个成员国加入IMF都要缴纳一定数额的资金,这部分资金被称为"份额"。只有拥有份额才有表决权、融资权和监督权。IMF采取加权投票表决制。投票权由两部分组成,每个成员国都有250票基本投票权,以及根据各国所缴份额所得到的加权投票权。由于基本票数各国一样,因此在实际决策中起决定作用的是加权投票权。加权投票权与各国所缴份额成正比,而份额又是根据一国的国民收入总值、经济发展程度、战前国际贸易幅度等多种因素确定的。

从投票权份额来看,IMF的决策采取绝大多数原则,一般决策需要50%以上的投票权通过,重大决策需要85%以上。发达国家拥有超过60%的份额,其中约45%集中在七国集团,美国和欧盟均拥有超过15%的投票权,即事实上拥有一票否决权,从而牢牢控制了IMF的决策权。美国作为IMF压倒性的最大出资国享有16.74%的第一投票权,且享有一票否决权。

三、国际储备管理

(一)国际储备的需求与供给

1. 国际储备的需求

国际储备对一国经济产生重要影响,一方面它是一国经济实力的标志,另一方面,它对弥补国际收支逆差、稳定本国货币汇率、保证一国对外借款和偿债能力等都起到重要作用。那么是不是持有储备量越多越好呢?回答是否定的。一般认为持有国际储备固然能带来一定的效益,因为动用国际储备可以配合国内各项经济政策来平衡国际收支和稳定汇率,从而稳定国内经济增长。但同时,持有国际储备也要付出一定的成本,储备过多,往往会导致国内货币供应量增加,物价上升,从而影响一个国家的经济发展。一国持有国际储备数量的多少,应该在考虑效益的同时,顾及成本。因此国际储备的需求应该是适度的。

国际储备的需求是指:一国提供的有价值的商品以交换所需国际储备的意愿。一国之所以需要国际储备,是为了满足调节国际收支逆差、对外经济交往和预防偶发事件(如天灾、战争等)的需要。现代社会各个国家由于种种原因表现出强弱不同的持有国际储备的愿望。为什么各国对国际储备的需求有强弱之分呢?主要有这样三个因素影响着国际储备的需求量。

(1) 政府的政策选择偏好影响着一国国际储备的需求。若一国政府愿意通过经常性调节货币汇率来调整国际收支状况,就不需要较多的储备资产。

一国政府解决其国际收支失衡的能力越强,失衡后政府政策能使其恢复正常的时间越短,所需的国际储备就越少;反之,若一国政府对采用国际储备以外的其他措施持审慎态度,它对国际储备的需求就会增加。

一国政府是否有便捷的渠道借入外部储备,或是否有借入储备或自由资本的灵活选择。若一国政府愿意利用国际资金市场,并有良好的借款渠道,它对储备的需求就会降低;反之则会增加。

(2) 一国经济所具有的国际收支自动调节机制对国际储备需求有重大影响。自动调节机制包括现金节余、价格水平和实际收入等宏观经济变量。如果一国的自动调节机制不能充分运行,政府就只能依赖动用更多的储备。因此,调节机制越是健全或越是能顺利运行,国际收支失衡情况发生的频率越低,所需的国际储备就越少,一国储备的需求意愿就越弱。

(3) 一国持有国际储备资产是有一定的机会成本的,所谓机会成本是指一国每增加持有一单位的储备就意味着减少了这一单位资金用于国内投资的产出或用于消费所获得的满足。减少的投资产出或消费满足就是增加持有这一单位储备的机会成本。各国总希望自己的国际储备量以尽量低的成本持有,因此成本也影响需求意愿。一般来说,机会成本越低,一国对储备量的需求就越大;机会成本越高,储备量的需求就越小。

2. 国际储备的供给

国际储备的供给,是指国际储备的来源。其供应有两种途径:一是内部供应,二是外部供应。从国际上看,国际储备的供应取决于国际储备货币国家的国际收支逆差的规模及持续时间、基金组织分配给成员国的特别提款权数额、国际资金市场提供的资金数额。从国内看,国际储备的供给取决于本国国际收支经常项目顺差的规模及持续时间、该国内的黄金产量及其吸收和使用的方式、该国在基金组织的储备头寸。对于享有国际储备货币地位的发达国家来说,它们还可以通过货币协定等方式以相互提供国际储备货币。

国际储备的供给具体来讲,主要来自于以下七个方面:

(1) 国际收支顺差。一国国际收支出现盈余,则意味着该国国际储备存量的增加,在国际收支平衡中,假设不考虑错误和遗漏这一项,则国际储备变动额=经常项目差额+资本项目差额。

(2) 干预外汇市场所得外汇。当一国货币的汇率升势过猛,给国内经济及对外贸易带来不利影响时,该国货币当局就会进入外汇市场抛售本币收购其他储备货币,所得外币一般列入国际储备。

(3) 黄金存量增加。官方黄金的增加一般通过两条途径：其一，是在国内收购并在中央银行储藏，这将导致国际储备总量的增加。其二，是进入国际黄金市场以外汇储备购入黄金并由中央银行持有，这只会改变国际储备的结构，不会改变国际储备的总量。

(4) 特别提款权的分配。

(5) 在基金组织的储备头寸的增加。

(6) 储备资产收益。包括储备外汇存款利息，作为储备资产的国外债券、国库券、CD 的收益等。

(7) 储备资产的溢价。这包括由于外汇汇率的变动造成的一国外汇储备折成 SDR 或美元的溢价，也包括由于金价的上涨，造成黄金储备总量不变的情况下黄金储备价值的增加。

（二）国际储备的适度标准

一国国际储备应以多少为最优？由于其涉及成本因素和过于烦琐与多变，因而难以就此建立一个可靠的模型以做出精确的计算，为此，国际学术界通常利用罗伯特·特里芬（Robert Triffin）在 1960 年出版的《黄金和美元危机》(*Gold and Dollar Crisis*)中提出的国际储备与进口的比率作为主要指标，其依据在于国际储备的基本功能是保证必要的进口。按照国际通用的经验法则，一国的国际储备只要能满足 2～3 个月的进口支付所需，或一国国际储备额占全年平均进口额的比率为 25％～40％便达到最优，否则是短缺或过剩，而 20％又为最低警戒线。世界银行的《1985 年世界发展报告》在分析发展中国家国际储备管理时也写道："足以抵付三个月进口额的储备水平有时被认为是发展中国家的理想定额。"也有学者认为，一些发展中国家如我国，由于实行较严格的外汇外贸体制，对外经济活动受管理机构的严格控制，因此，国际储备与进口的比率甚至还可以再低一些，即使稍低于 20％也无关宏旨。

从定量分析的角度来讲，确定国际储备适度规模的参照指标有：(1) 一国国际储备额与国民生产总值（GNP）的比率；(2) 一国国际储备额与其外债余额的比率；(3) 一国国际储备额与单位时间平均进口额的比率；(4) 一国国际储备额与国际收支额的比率；(5) 一国持有国际储备的成本与收益的比较；(6) 影响一国国际收支状况的偶发事件的频率。

此外，基金组织还利用下列几个指标来确定储备的适度规模：(1) 一国过去实际储备的趋势；(2) 一国过去储备对进口的比率；(3) 一国过去储备对国际收支总差额趋势的比率。

（三）国际储备的管理

1. 国际储备的数量管理

如前所述，国际储备在清算国际收支差额、维持对外支付能力、干预外汇市场、稳定本币汇率等方面起着极其重要的作用，并且它还是一国政府对外借款的信用保证。因此,一国必须保有一定量的储备资产,并对其进行相应的管理。国际储备管理在许多国家早已有之,随着布雷顿森林体系的崩溃和浮动汇率制的实行,国际储备日趋多元化,外汇储备日益占据主要地位,但西方货币汇率波动频繁,幅度也比较大。在这种情况下,如何保持适度水平的储备资产,如何恰当地安排储备币种结构,避免汇率风险带来的损失就显得十分重要。正是由于上述种种原因,国际储备管理问题对各国货币当局或中央银行就变得更加突出和重要。

国际储备管理主要解决两方面的问题:一是如何确定和保持国际储备的适度水平;二是在储备总额既定的条件下,如何使储备资产的结构保持合理性,即如何使储备资产在安全性、流动性和盈利性三方面得到协调。

因此,国际储备管理也就分为国际储备数量管理和储备货币结构管理。国际储备的数量管理,即对一国储备资产的总量加以控制和管理。一国在基金组织的储备头寸和特别提款权是由 IMF 根据其所占份额予以分配的,所以货币当局对这一部分资产的控制力比较弱,无法主动增减其持有额,而相对来说,对黄金储备和外汇储备的数额的增减则拥有完全主动权。

(1) 黄金储备的数量管理。黄金是国际储备的初步形式,黄金由于其价值稳定、安全性比较高,长期以来被各国作为主要的储备资产持有,并作为防范通货膨胀的重要手段。但随着全球经济进入低通涨时期,黄金稳定货币的作用便显得有些无足轻重,而黄金作为"避风港"的地位也不复存在。黄金价格的持续走低,给各国黄金储备管理带来更大的挑战。各国不得不慎重考虑黄金储备的保有量。但一般认为黄金价格的下跌应该有一定限度,未来很长一段时间内,黄金仍将在国际储备中扮演重要角色。各国央行仍然要对黄金储备数量做出合理安排。

(2) 外汇储备的数量管理。第二次世界大战以后,世界外汇储备一直保持较高的增长势头,特别是到了 70 年代,虽然黄金储备的增长停滞不前,但是外汇储备却以惊人的速度骤增。国际货币基金组织的统计资料显示,2013 年外汇储备占世界国际储备的比重高达 95.7%。其原因主要是因为外汇储备作为国际支付手段,其流动性、收益性要明显高于其他储备资产。

如前所述,外汇储备主要来源于国际收支顺差、干预外汇市场所得、对外借款等等。因此,一国政府要增减其外汇储备,一般可以从以下三个方面入手:

① 国际收支差额。国际收支盈余是外汇储备最主要、最直接的来源,其中经常账户盈余又是比资本账户盈余更为可靠和稳定的途径。经常账户盈余表示一国的对外贸易处于优势地位,通过持续巨额的经常账户盈余可以迅速增加一国的国际储备。资本账户也可以增加外汇储备,但长期资本输入会由于投资收益的汇出或还本付息而造成不稳定,短期资本输入因为流动性大显得更加不稳定。所以,经常账户顺差是增加一国外汇储备的重要途径。

② 外汇市场。政府通过干预外汇市场而收进的外汇可以增加其外汇储备,反之则减少。当一国货币面临升值时,该国政府为避免汇率波动对国内经济造成不利影响,可以利用外汇市场抛售本币购进外国货币,平抑本国货币的涨势。由此收进的外币便可补充一国的外汇储备。另一方面,如果一国货币面临下浮压力,为维持其汇率,该国也可在外汇市场上抛售外汇购进本币,抛售外汇的结果是减少了一国的国际储备。

③ 政府对外借贷。政府或中央银行向国外借款可以补充一国的外汇储备,同样政府向国外贷款可以减少一国的国际储备。目前许多国家都利用央行或政府机构在国际货币市场筹措短期资金弥补国际收支逆差,并补充官方储备的不足。

综上所述,外汇储备的数量管理是指通过加强对国际收支、外汇市场、对外借贷的管理,并根据对外汇储备的需求,来确定外汇储备的最佳持有量。

2. 国际储备的结构管理

国际储备是一国货币当局,或者是中央银行所实际持有的,可直接或通过有保证的同其他资产的兑换成为其他各国普遍接受的流动资产。从其内容看,国际储备的四个组成部分,即黄金、外汇、特别提款权和储备头寸,不仅存在形式上的区别,而且具有性质上的差异,所以,对中央银行来说,广义的国际储备结构管理就在于根据扬长避短的原则不断地调整这四种形式的储备资产的数量组合,使其发挥最大的功能,并实现保值、增值的目标。从全球范围来看,国际储备的四个组成部分所占的比重是很不平衡的。从表4-4可以看出,20世纪70年代以来,各国在国际货币基金组织的储备头寸与特别提款权之和所占的比重不断下降,而外汇储备的占比持续上升。近些年来各国将其他储备资产转化为外汇储备资产,使得它一直处于上升的势头。按市场价格计算的黄金储备也由1970年的39.7%下降至2013年的2.6%,而且这种趋势仍在继续。

储备资产同任何资产一样,其特性均可通过安全性、流动性和收益性得到表现,国际储备结构管理的要旨即在于对各种不同的储备资产进行安全性、流动性和收益性分析、考虑与综合比较,然后做出有利的选择。

(1) 特别提款权与储备头寸的特性分析。按照变现能力划分,储备资产可分为三个档次:① 一级储备资产或流动储备资产。此类资产期限短、流动性强,如活期存款和短期票据等。② 二级储备资产。它的收益率略高,但是流动性弱于一级储备,如中期债券。③ 三级储备资产。这是三个档次中收益率最高而流动性最弱的,通常指的是长期投资工具。

根据这种分类,在IMF的储备头寸,由于会员国可以随时动用,故类似于一级储备。特别提款权,由于它只能用于会员国政府对IMF与会员国政府之间的支付,会员国若需将它用于其他方面的支付,须向IMF提出申请,并由IMF指定参与特别提款权的国家提供申请国所需货币,这个过程需要一定的时间才能完成,因此,特别提款权可视为二级储备。

(2) 黄金储备的特性分析。

① 安全性。就安全性而言,黄金储备无疑要优于外汇储备。任何非黄金储备在成为资产的同时会相应地构成等量的负债。比如持有美元债券相当于持有对美国的债权。持有非黄金储备在本质上只是拥有一纸债权,这种债权是否能够最终实现,有时不得不受制于负债国。而黄金就是一种价值实体,所以可完全不受任何超国家强制力的制约而自由处置。因此,黄金的安全性高。另外,黄金的安全性还表现在将其作为储备资产可以避免因通货膨胀而遭受贬值的风险。

② 流动性。自20世纪70年代以来,黄金日渐蜕化成了一种缺乏流动性的储备资产。在纸币流通条件下,黄金对外支付必须以黄金市场为媒介,使之转换成别人愿意接受的某种货币。由于黄金价格变动频繁,所以对各国中央银行来说,无论是购进还是售出黄金,都存在不可测的风险,因此,各国的黄金储备在实物总量上也没有多大幅度的增长。

③ 收益性。很多国家政府更多地看重国际储备的收益性,黄金储备只有在实际利率为负的条件下,尤其是高通胀时,才会有较高的收益率。当前股市、债市急剧发展,作为长期投资工具,黄金的收益率日益低于股票债券等有价证券。随着全球资本流动不断加快,新的金融衍生工具层出不穷,以及交易方式的日益电脑化,以黄金为结算手段已经大为不便,而其储备成本又是最高的,在这种背景下,越来越多的央行认为黄金作为保值手段和投资对象,已不再具有良好的获益前景,与其让那些金块躺在国库的地下室,不如将其转换为具有活力的储备和投资品种。

(3) 外汇储备的特性分析。

① 流动性。具有储备地位的外汇,如英镑、美元、欧元等是一种交易货币,因而可直接用于各种经济交易和国际支付,并可根据本国的需要进行区域调拨和币种转换。因而外汇储备的使用极其灵活,具有无与伦比的流动性。

② 收益性。外汇储备既可以是外币现金或相当于现钞的支付凭证,如即期票据等,也可表现为以外币为面值的短期金融资产,如银行存款、国库券和商业票据等。短期金融资产的流动性较黄金强,并可获得利息收益。

③ 安全性。近年外汇储备多元化,使得货币贬值的风险分散。而且在必要时也可用于外汇市场干预,以达到稳定汇率的目的。

(4) 外汇储备币种结构管理。在国际储备结构管理中,不仅要确定外汇储备所占的比重,而且还要确定外汇储备中各种货币的比率,最大限度地避免外汇风险,获取盈利。在确定外汇储备结构时,一般应遵循以下原则:

① 储备货币应多元化。不能过分集中于某一种货币,从而使货币贬值的风险分散化。

② 根据本国的对外贸易结构及货币支付要求做出选择。国际储备是国际支付的准备金,因此支付要求是确定储备货币结构的一个重要因素。例如日元支付占据整个对外贸易的 40%,在储备货币中就要尽可能保持与此比率相适应。按支付需要确定储备货币结构,可防范汇率变动情况下,因储备结构不适应而发生兑换储备货币困难的风险。

③ 选择储备货币的结构还应参照外汇市场上各种货币的影响,以及实行干预时所需的储备货币的规模。

在国际储备总量既定的条件下,储备货币的结构管理是储备管理的一个重要方面,在浮动汇率制下,汇率波动频繁,幅度也较大,如何选择储备货币是个非常复杂的问题,选择不当会带来巨大的损失,因此,各国当局都十分重视对储备货币结构的管理。

四、我国国际储备分析

我国国际储备资产中主要是外汇储备,约占总资产的 85%。黄金储备规模 2014 年 3 月达 1 054 吨,自 2009 年 4 月起没有发生变化,2014 年中国黄金储备量列世界第五位;在国际货币基金组织的储备头寸和特别提款权合计为 10 亿多美元,数额比较小。我国外汇储备规模在 1980 年以后有了巨额增长,2006 年起一直雄踞世界榜首,这对宏观经济的稳定和发展发挥很大的作用。

(一) 外汇储备的规模变化

1978 年前,我国外汇储备年平均只有 5 亿美元左右,数量很少。国家实行的是封闭经济条件下的计划经济,不倾向对外举债,也不吸引外资流入,对外贸易往来很少,外汇储备的积累非常有限。当时国家实行"量入为出、以收定支、收支平衡、略有节余"的外汇政策,所以,国家外汇结存只有很小的余额。

改革开放之后,我国积极发展对外经济、贸易、技术的合作和交流,加入国际分工,参与国际竞争。为此,制定外汇储备政策成为国家宏观经济管理的重要内容。

1. 1979—1993 年外汇储备变化

这一时期外汇储备开始增长,由于宏观经济管理的失控,外汇储备出现了大起大落情况。1981 年,外汇储备数量为 27 亿美元。1983 年,由于实行外汇留成制度和贸易外汇内部结算价,刺激了出口,使外汇储备增加较快,达到 89 亿美元。1984 年后,经济出现过热现象,进口猛增,出口增长放慢,经常项目出现较大逆差,外汇储备在 1986 年减少到 21 亿美元。1988 年,经济再次过热,出现高通货膨胀,国内进口需求增加,经常项目出现逆差。由于当时资本流入有所增加,弥补经常项目逆差还有盈余,所以 1988 年和 1989 年的外汇储备规模仍能在低位维持。1989 年和 1990 年,为促进经济回升,国家曾两次下调人民币汇率,推动出口增长,同时资本流入继续平稳增长。到 1991 年外汇储备翻了两番,从 56 亿美元增加到 217 亿美元。

2. 1994年外汇体制改革以后的外汇储备变化

1994年,国家大幅度推进外汇体制改革,使外汇储备迅速增长。1994年1月国家采取了外汇体制改革措施,实行汇率并轨。改革措施减少和消除了不同外汇价格之间的扭曲现象,提高了国内企业出口创汇的积极性。国际收支连年顺差,外汇储备成倍增加。外汇储备从1993年年底的212亿美元激增到1997年年底的1 299亿美元。1998年,虽然受1997年8月开始爆发的亚洲国家货币贬值危机的后续影响,出口增幅下降,但由于国家采取有效措施来控制进口,使外汇储备继续保持上升趋势,外汇储备达到1 449.59亿美元,成为仅次于日本的世界第二大外汇储备国家。2005年7月1日起我国进行了重大的汇率体制改革,实行以市场供求为基础的、盯住一篮子货币的、有弹性的浮动汇率制,中国外汇储备情况也发生了新的变化,虽然2006年起中国外汇储备规模一直高居全球首位,2014年12月末,中国外汇储备余额高达3.84万亿美元,但增长速度逐渐回落,这意味着中国在告别国际收支"双顺差"的路上已经渐行渐远。美国智库彼得森国际经济研究所研究员肯特·特劳特曼分析认为,中国外汇储备近来出现回落主要有三方面原因,一是中国央行停止干预汇市,二是人民币单边升值压力减弱,三是2013年美国退出量化宽松货币政策使美元走强,导致外汇储备中非美元资产以美元计价时出现账面汇兑损失。

(二)储备资产管理体制

1979年以前,国家外汇储备由中国人民银行集中管理,中国银行具体执行国家外汇储备的经营管理工作。1979年以后,中国银行从中国人民银行分设出来,独立履行国家外汇专业银行的职能,协助中央银行对外汇储备实行共同管理。

1994年,国务院正式授权中央银行领导下的国家外汇管理局经营外汇储备。中国银行按照国务院的要求,将经营的外汇储备移交国家外汇管理局,从此外汇储备司(现更名为储备管理司)作为职能司,经营管理国家外汇储备。

目前,外汇储备经营管理初步形成一套完整的体系,主要采取的经营方式包括流动性资产管理、投资性资产管理、货币保值、委托经营和海外机构经营。流动性资产主要投资于货币市场工具和短期政府债券,以保证中央银行干预外汇市场等用汇需要;投资性资产主要投资于相对长期的政府债券、机构债券、国际金融组织债券和高信用等级的公司债券,以取得较高投资收益;货币保值主要通过货币远期和货币期权,降低货币折算亏损对可支配收入的影响;委托经营的主要目的是建立学习、借鉴、比较和交流外汇储备管理的有效途径。此外,国家储备管理司在新加坡、中国香港建立了分公司,在伦敦和纽约建立了交易室,利用区位优势经营外汇储备。

储备管理司按照"安全、流动和增值"的基本原则,进行外汇储备资产的经营和管理。为了对外汇储备进行积极有效的管理,2008年9月27日,经国务院批准,中国外汇投资公司在北京成立,这标志着中国政府将改变多余的外汇储备的资本性质,将其转化为商业性资金,通过公司化的运作来实现外汇资产保值增值的积极管理。

本章复习思考题

一、主要名词概念

国际收支　国际收支平衡表　自主性交易　补偿性交易　国际储备　特别提款权　国际储备结构管理　国际清偿能力　在 IMF 中的储备头寸

二、思考题

1. 国际收支平衡表包括哪些主要内容?
2. 国际收支失衡的含义是什么?
3. 国际收支失衡对一国经济有哪些影响?
4. 怎样区别与理解国际收支中的自主性交易与补偿性交易?
5. 简述国际收支失衡的主要原因及其为消除失衡所采取的主要政策与措施。
6. 简述国际收支的调节机制与调节政策。

三、讨论题

1. 查阅近 10 年中国的国际收支平衡表,发现有什么变化,这些变化说明了什么问题?
2. 近年来,我国的国际储备数量增长迅速,这引起了社会各界对我国应持有的合理储备数量的热烈讨论,请你谈谈对此问题的看法。

第五章 国际资本流动与国际金融危机

导读

第二次世界大战以后，世界经济从森严的国别壁垒和分割状态走向区域性经济联合和一体化，而资本作为促进经济发展的重要生产要素，率先实现了大范围的跨国界流动，推动了世界经济增长，促进了国际贸易、技术转移及国际分工的发展，加速了世界经济全球化的进程。但国际资本流动也会对相关国家产生负面影响，资本过量的、不合理的流入和利用，尤其是短期投机资本的兴风作浪，更被视为是引发金融危机的根本原因。本章主要讨论国际资本流动的概念、类型及影响；当代国际资本流动的特点；世界金融危机和债务危机。

学习重点与难点

1. 中长期国际资本流动效应。
2. 短期国际资本流动效应。
3. 世界历史上重大的金融危机的特征分析。
4. 国际债务危机爆发的原因及其管理手段。

第一节 国际资本流动

一、国际资本流动的概念

国际资本流动是指资本从一个国家或地区移动到另一个国家或地区，它由国际收支的资本账户表现出来。作为一种国际经济活动，它可分为资本流出和资本流入。资本流出是指资本从国内流到国外，它意味着本国在外国的资产增加（外国对本国的负债增加），或者本国对外国的负债减少（外国对本国的资产减少），如购买外国发行的债券、本国企业在国外投资建厂等。资本流入是指资本从国外流入国内，它意味着本国对外国的负债增加（外国在本国的资产增加），或者本国在外国的资产减少（外国对本国的负债减少），如本国政府和企业在外国发行债券、外国企业在本国投资建厂等。

在理解国际资本流动时还须界定国际资本流动与资金流动，国际资本流动与资本输出入在概念上的区别。

国际资本流动与资金流动的区别在于资本流动具有可逆性,即投资或借贷资本的输出伴随着利润、利息的回流以及投资资本或贷款本金的返回,其有关内容通常反映在国际收支平衡表的资本账户中。资金流动则不具有可逆性,它是一次性的资金款项转移,其有关内容则主要反映在国际收支平衡表的经常账户中。

国际资本流动与资本输出入的区别在于:资本流动的内容既包括与投资和借贷活动有关的、以谋取利润为目的的资本转移,也包括外汇、黄金等交易活动方面的资本流动。而资本输出入仅包括与借贷和投资活动有关的、以谋取利润为目的的资本转移。

另外,国际资本流动和国际收支是两个联系密切的概念。资本账户是一国国际收支中的重要账户之一,它包括:① 资本流出和流入的总额、差额。② 资本流动的方向,即流出的去处和流入的来源。③ 资本流动的性质,是官方资本流动还是私人资本流动。④ 资本流动的种类,是长期资本还是短期资本融通。⑤ 流动的方式是投资还是信贷。⑥ 本国对外国投资和外国对本国投资的利润再投资情况。

二、国际资本流动的类型

国际资本流动基于不同的标准可以进行多种分类。按资本投资期限的长短分为长期资本流动和短期资本流动;按资本所有者的性质,可分为官方和私人资本流动;按投资方式又可分为直接投资、间接投资和银行信贷,而且以上各项又是相互交叉的。根据国际惯例,国际资本流动按投资期限分为长期和短期。

(一) 长期资本流动

长期资本流动是指使用期限在一年以上,或未规定使用期限的资本流动,它包括直接投资、证券投资和国际贷款三种类型:

1. 直接投资(Foreign Direct Investment, FDI)

直接投资是指投资者把资金投入另一国的工商企业,或在那里新建生产经营实体的行为。直接投资主要有四种类型:

(1) 创办独资公司。它是指母公司通过向境外子公司提供全部资本建立独资子公司的过程。独资子公司由母公司完全投资,其大多采用有限责任形式,属东道国当地企业。

(2) 收购当地企业。通过"资本参与"与"股权参与",来取得对方或东道国企业的全部或大部分管理权和控制权。

(3) 举办合资经营企业或合作经营企业。合资经营企业是指一个或一个以上的外国投资者与一个国内企业联合起来,组合为一个有法律地位的公司,以从事生产和商品销售。合作经营企业是指外国投资者与东道国出资者根据东道国的法律共同签订合作经营合同,在合同中规定合作各方的权利、义务和责任,而从事生产经营活动的企业。

(4) 国外分公司。它是总公司由于业务发展的需要而在国外设立的附属机构,作为向海外投资的一种形式,它自身在法律上和经济上没有独立性。

直接投资实际并不仅限于国际间的资本流动,还包括企业的管理权限、管理方法、生产技术、市场营销渠道、专利专买权和商标等多种无形要素的转移。按其投资动机不同可分为出口导向型、资源导向型、降低成本型、研究开发型、发挥优势型和回避风险型。

　　各国的经验表明,资本的国际运行从商业流通领域进入到货币信用领域,进而深入到直接生产过程。无论对发达国家还是发展中国家来说,国际资本流动在加速一国经济发展方面都起了重大作用。但是,国际直接投资具有许多自身的特点:① 国际直接投资风险性大,风险种类多,从事这种投资要注重对风险的分析与防范;② 国际直接投资以国内经济发展为基础,没有国内经济的发展和资金的积累也就无法实施直接投资;③ 国际直接投资的环境制约因素很多,并受有关国家法律制度的制约,要遵守国际惯例;④ 国际直接投资对本国的经济、技术优势要求较高,以最终获取经济效益为目的。

　　第二次世界大战后,国际直接投资的发展异常迅速,首先是美国对外扩张,50年代美国取代英国成为世界最大资本输出国,纽约取代伦敦成为国际资本供应中心,此后,西欧和日本也加快了资本输出的步伐,90年代美国、日本和西欧等国都加大直接投资的力度。同时直接投资的流向也发生了变化。战前,发达国家资本输出的主要流向是落后的殖民地附属国。战后,发达国家相互间直接投资则占主导地位。除日本以外,几个主要的发达国家在对外直接投资的流向中,发达国家所占的比重大于发展中国家,此外,发展中国家也向发达国家直接投资。从规模上来看,全球直接投资规模从1995年的300多亿美元,增长至2000年的1.58万亿美元达到高峰,随后有所回落,2014年全球外国直接投资降至1.26万亿美元,比2000年下降了20.26%。但同期中国吸引的外国直接投资大规模增长,达到1 280亿美元,成为全球外国直接投资第一大接收方,从而反映出中国仍是全球范围内对外国直接投资最具吸引力的经济体。

　　2. 间接投资(Foreign Indirect Investment)

　　间接投资又称为证券投资(International Portfolio Investment),指通过在国际债券市场购买中长期债券或者在国际股票市场上购买外国公司股票来实现的投资。国际证券投资者可以是国际金融机构、政府、企业或个人。对于一个国家来说,在国际证券市场上出售债券和股票,意味着资本流入,称为筹资,在证券市场上买进债券和股票,意味着资本流出,称为投资。

　　证券投资对企业并无管理控制权,它只是向投资者提供长期的收益,即使是购买股票的投资也没有达到能够控股的比重(10%以上),只能收取债券或股票的利息、红利或从有价证券的买卖差价中获得利润。

　　近年来,国际债券市场在融通长期资金方面正在发挥越来越重要的作用。国际债券的大幅度增长,有多方面原因:① 由于1982年爆发了国际债务危机,国际银行业贷款活动大大减少,于是资金转向流动性相对大,而风险比较小的债券市场。② 80 年代初许多国家的通货膨胀率下降,使债券的实际收益率保持在较高水平,债市日益活跃。③ 由于投资银行的崛起,使债务债券化,推动了债券市场的发展。中国国内的债券市场规模 2013 年已经达到 4 万亿美元,是仅次于美、日、法之后的世界第四大债券市场,并仍以每年 30% 的速度在增长。

3. 国际贷款

国际贷款是指一年以上的政府贷款、国际金融机构贷款和国际银行贷款,其体现出国际间的借贷关系,从债务人角度看是资本的流入,从债权人角度看是资本的流出。

政府贷款是一个国家政府向另一个国家政府提供经济建设或指定用途的贷款,属于双边性贷款。政府贷款利率低、期限长、具有利率优惠性质。这类贷款需由贷款国对贷款项目或专门用途进行严格审查,并由借款国政府或中央银行担保,以保证投资的安全,防止资金盲目流动。

国际金融机构贷款包括世界性和区域性国际金融机构两种贷款。前者如国际货币基金组织、世界银行及附属机构对会员国所提供的各种贷款,后者如亚洲开发银行、非洲开发银行等区域性银行对本地区会员国的贷款。国际金融机构的贷款不以直接盈利为目的,具有援助性质。贷款利率视其资金来源以及贷款接受国的国民收入水平而定,其贷款利率低、期限长。国际金融机构贷款也是专项贷款,即与特定的建设项目相联系的贷款,其手续非常严格。

国际银行贷款是国际商业银行提供的中长期贷款。其贷款数额大,期限可长可短,但与其他类型的国际贷款相比,利率高,不带有任何援助性质,以盈利为目的。这种贷款可由一家银行单独提供,也可由若干家银行组成辛迪加银团共同提供。

(二) 短期资本流动

短期资本流动是指一年或一年以下的货币资本流动。主要是通过各种信用工具来进行的。信用工具主要指政府短期债券、可转让银行定期存单、银行票据、商业票据以及银行活期存款凭证等。

短期资本流动按其流动目的可分为三种:

1. 资金调拨流动

这包括两方面:① 贸易资金流动;② 银行资金流动。贸易资金流动是指国际间进出口贸易往来的资金融通和资金结算引起短期资本流动。各国出口贸易资金的结算,导致出口国或代收国的资本流入;各国进口贸易资金结算,则导致进口国或代付国的资本流出,具有单项不可逆转性。银行资金流动是指由各国经营外汇的银行和其他金融机构之间的资金调拨而引起的国际间资本转移。主要指各国经营外汇业务的银行,由于外汇业务和牟取利润的需要,经常不断地进行套汇、套利和掉期,外汇头寸的抛补和调拨,短期外汇资金的拆进、拆出,国际间银行同业往来的收付和结算等。

2. 保值性流动

它是指为保证短期资本的安全性和盈利性，采取各种避免或防止损失措施而引起的国际间资本转移。在浮动汇率下，市场不确定因素增多，汇率、利率波动频繁，国内政局动荡，经济恶化，或国内外汇管制进一步加强，关税率进一步提高，使资金运营受到更多的限制，资金为了安全性和收益性，出现大量逃避。

3. 投机性流动

它是指根据对国际金融市场利率、汇率、证券和金融商品价格变动差异的预期，在不采取抛补交易的情况下，进行各种投机活动而引起的国际间资本转移。投机性资本流动取决于两个因素：① 各国间货币力量的对比，也就是汇价的对比。② 各国相对的利率水平，在两国短期利率发生差异的情形下，将资金由利率较低的国家转移到利率较高的国家，以赚取差额利润。投机性资本流动的目的在于获取差价收益。

三、国际资本流动的起因

国际资本流动，无论是直接投资、间接投资还是银行贷款，其动机都是相同的，即为了获取比国内投资更高的利润，或者是为了分散投资风险，也就是说利润和风险是影响国际资本流动的一般原因，具体来说有三方面因素。

（一）资本的供求因素

从国际资本的供给来看，国际资本近年来迅速增长，主要由于下述原因造成：① 一些主要发达国家经济增长速度放慢，国内投资场所日益萎缩，投资收益下降，出现大量过剩资本。② 有些发达国家财政赤字难以消除，增加货币发行量，加剧了国际资本膨胀。③ 浮动汇率制为投机活动提供方便条件，从而使国际游资数量增加。

从国际资本的需求来看，对于发展中国家来说资金是一种非常稀缺的资源，一个国家经济要发展，应具备各种必需的要素，资金的来源主要靠本国储蓄来实现。但如果储蓄率无法维持本国经济发展，这个缺口只能由外资来弥补。一般来说，长期资本的形成主要依靠国内储蓄，短期资本的需求来自于国际资本。发展中国家由于国内收入少储蓄不多，只有利用外资来加速经济增长和技术进步，以促进国内长期资本的形成。

（二）利率因素和汇率因素

国际资本总是从实际收益率较低而风险较大的地方流向实际收益率较高而风险较小的地方。而决定实际收益率的因素很多，最主要的是利率和汇率。利率和汇率是市场经济运行的两大经济杠杆，对国际资本流动的方向和规模有十分重要的影响。

利率的高低在很大程度上决定了金融资产的收益水平，进而作用于国际间的资本流动。汇率的高低与变化通过改变资本的相对价值，对国际资本流动产生影响。在正常情况下，短期资本流动是为了获取较高的利息收入，所以利率与汇率的关系是：一国提高利率，其货币汇率就上升；反之，一国汇率则下调，两者呈正比关系。同时，短期资本大量内流，会促使国内银根松动，从而产生利率下降的压力；短期资本外流，则会抽紧国内银根,从而推动利率上升。另外,短期资金的大量流动,还会通过国际收支而影响到汇率。一国实际利率的提高会减少国内总需求,使经常项目出现顺差而引起汇率上升;反之,一国实际利率的下降会增加国内总需求,导致经常项目逆差而引起汇率下降。

（三）经济政策性因素

一国政府为了吸引或控制国际资金的流入或流出所制定的经济政策对国际资本流动的影响也很大。另外,一国的政府经济发展计划,本国实行的货币、财政和金融政策等也会对国际资本流动产生影响。

（四）国家风险因素

国家风险是指跨越国境,从事信贷、投资和金融交易可能蒙受损失的风险,包括政治风险、社会风险、经济风险和自然风险。在现实经济生活中,由于各方面因素的存在,造成投资者经济损失的风险随时可能出现。为了规避风险,大量资本从高风险国家和地区转向低风险国家和地区。从投资策略上看,降低风险可能造成的损失,不仅要求投资分散于国内不同行业,而且要求投资分散于不同国家。

四、国际资本流动的发展趋势和特点

20世纪90年代以后,世界经济增长开始复苏,全球通货膨胀率和国际金融市场利率均保持较低水平,促进了国际资本流动的稳定增长。总体来看,在90年代初期国际资本流动的增长较为缓慢;1998—2000年增长有所加速;2001年后,由于美国网络经济泡沫的破灭,全球几乎所有地区都发生了严重的经济同步下滑现象,导致国际资本流动突然回落;2004年则又呈现快速增长态势,全球资本流动规模高达39 629亿美元,是1994年国际资本流动规模的4.59倍,平均年增长率为14.82%,远远快于世界贸易6.32%和世界国内生产总值2.75%的增长速度。2007年2月后,由于美国次贷危机引发的国际金融危机席卷世界,国际资本流动规模又有所放缓,全球对外直接投资总额2008年为14 491亿美元,同比下降21%。其中,发达国家为8 401亿美元,下降32.7%,发展中国家为5 177亿美元,小幅增长3.6%。综观20世纪90年代以来国际资本流动的趋势和特点,可以归纳为以下方面。

（一）国际资本流动规模巨大,结构发生改变

进入20世纪90年代以来,国际资本市场最显著的特征是国际资本流动规模巨大,直接投资规模空前,间接投资发展超过同期国际直接投资的增长,非银行金融机构的快速发展以及银行跨界经营等使得国际资本流动更加迅速而多变。根据国际清算银行对全球外汇市场的调查,2014年10月,全球外汇市场日交易总额高达4.5万亿美元,是1998年1.5万亿的3倍,全球外汇市场交易额已是世界进出口总价值的50倍以上。2014年全球企业融资规模也再创新高,包括银行贷款、企业债券和发行股票在内总融资额在历史上首次突破6万亿美元。金融技术日新月异,金融创新工具被大量使用,金融衍生产品种类已经高达1 200多种,并且还在不断繁衍增加。具体表现为以下三个特征：

1. 国际银行贷款在国际资本流动中的比重下降

受20世纪80年代发展中国家债务危机的影响,再加上国际间金融机构的并购和结构调整,1990年后限制了国际银行信贷的发展,使国际银行信贷在国际资本市场中所占的份额由80年代的60%降至2010年以来的30%以下。

2. 国际直接投资迅速增长然后见顶回落

从总量上看,20世纪90年代以来全球直接投资(FDI)规模从1995年的300多亿美元增长至2000年1.58万亿美元的高峰,年增长率基本保持在两位数,并且不断提高,最高达50%以上。但进入21世纪以后的前三年,FDI总额有所下降,直到2004年才有所回升,2006年再次突破1万亿美元,达到1.31万亿美元。2008年以来,美国金融危机影响不断深化,世界经济整体处于衰退状态,使国际投资环境发生了很大变化,全球FDI再次回落,2008年比2007年下降15%,2014年全球外国直接投资降至1.26万亿美元,比2000年下降了20.26%。全球外国直接投资流入量居于前三位的分别是中国、中国香港和俄罗斯。全球对外直接投资快速增长的原因是:一是跨国兼并和收购、并购活动迅速发展;二是世界许多地区较快的经济增长和良好的公司业绩,其利润收益再投资约占全球对外直接投资总流入量的30%;三是主权财富基金作为直接投资者身份的出现,虽然主权财富基金对外直接投资的金额相对较小,但增长速度非常快。从目前的情况看,主权财富基金约75%的对外直接投资投向发达国家,主要集中在服务业。

3. 国际证券投资成为国际资本流动的首选方式

在证券投资方面,国际资本流动更多地采取以股票、债券等债务工具流动。国际债务工具的净发行额由1995年的2 606亿美元增长到1999年的12 252亿美元,全球债务工具发行的累计数额为53 655亿美元。2000年,国际债务工具的净发行额为11 382亿美元,累计数额为62 778亿美元。2000年以来,对外证券投资(FPI)呈快速上升趋势。2007年,美国、欧元区、英国、加拿大、日本和新兴市场国家的外国证券投资流入量为30 913亿美元,流出量为17 369亿美元,净值为13 544亿美元。截至2014年6月底,光美国债券市场存量就高达45万亿美元,是美国股票市场市值24万亿美元的1.8倍。

专栏5.1

国际资本流动证券化的原因

信用深化是国际资本流动证券化的根本原因。货币经济发展到一定阶段,必然出现信用深化。国际资本流动本身就是信用跨越国界、信用关系主客体范围扩展的表现,而证券方式更提供了复杂多样、灵活便利的信用工具和高效率的变现渠道。所以证券化是国际信用深化的内在要求。

利益驱动是国际资本流动证券化的原动力。在金融自由化和牙买加国际金融体系下,金融环境更加动荡,投资风险不断增大。然而,当投资者的资产选择范围从一国国内扩张到全球资本市场时,就可以通过国际证券组合降低风险,提高收益。

金融自由化为国际资本流动证券化创造了制度条件。发达国家的利率自由化、金融市场一体化、金融业务综合化等措施,在很大程度上便利了各国之间金融资产的相互比较,拆除了证券跨国流动的障碍,促成了20世纪90年代发达国家之间大规模的国际证券投资。而发展中国家的金融自由化尽管以金融深化为主要目的,但也创造了金融与国际接轨的宽松环境,使资本流入规模和结构都发生了巨大变化。随着证券投资规模超过国际贷款,年均增长速度超过直接投资,发展中国家同样深深地卷入了国际资本证券化的洪流中。

(二)国际资本流动中官方资本减少,私人资本增加

20世纪90年代以来,官方发展援助的绝对额逐年减少,该金额已由1990年的564亿美元减少到1996年的374亿美元,1997年东南亚金融危机后,援助额一直徘徊在450亿美元左右,其中,赠予及官方非优惠贷款有所增加,优惠贷款有所减少。与私人资本相比,官方资本的一个显著特点就是它的援助性,因此,每当金融危机发生时,官方资本流动量会有较大增长。多边机构的贷款从1997年第三季度的110亿美元骤升至第四季度的540亿美元,贷款剧增主要集中在援助陷入危机中的东亚国家。

私人资本市场的发展曾由于20世纪80年代的全球性债务危机而受到较大影响。但90年代以来国际资本市场中的私人资本开始复苏,并日益占据主导地位,这不仅表现在资本的流量受私人部门控制,而且资本的接受者也是如此。目前,私人资本的流动已占全球资本流动的3/4左右。

(三)全球金融市场一体化程度提高

金融市场一体化首先体现在各地区之间的金融市场相互贯通。金融市场电脑化、网络化把全球主要国际金融中心连成一片,使全球各地市场融为一体,打破了不同地区市场时差的传统限制。而随着通信技术的迅速发展,网上金融交易开始替代传统的集中竞价交易,为金融界提供了全天候的交易场所,因此备受金融界的欢迎。

金融市场一体化还体现在全球不同类市场相互贯通,金融市场既有货币市场和资本市场的区分,又有银行信贷、债券、股票、外汇市场等区别,在20世纪90年代以来的诸多变化中,很重要的一项是所谓的"金融证券化"。金融证券化贯通了间接金融与直接金融,连接了各类金融市场,使储蓄存款机构、信贷银行、金融公司、投资银行、各类基金甚至各种保险公司等业务经营上的关系日益密切,从而使资金不但在某一类市场实现跨国界的流动,而且能在不同类市场之间迅速转移。

金融市场的一体化还体现在市场的相关性提高。随着金融全球化的发展,金融市场一体化加深还表现在利率差距缩小。由于全球金融市场高度融合,使各个国际金融中心的主要资产价格和利率的差距缩小,各个市场的相关度提高,西方国家的长期利率相互联系加强,在主要西方国家的国内市场和欧洲货币市场之间的借款条件趋于接近。

（四）长短期资本互相快速转换,国际资本流动的期限结构日益模糊

国际资本流动,通常被划分为长期资本流动和短期资本流动来考察,而且,人们往往着重考察其规模、方式和流向。就长期资本流动而言,主要包括国际直接投资、间接投资（证券投资）和国际信贷等方式。而短期资本流动则主要包括贸易资本流动、银行资本流动、保值性资本流动和投机性资本流动等项目。长短期资本流动划分通常按一年以上和一年以下为标准。显然,这两类资本流动的动机、目的以及对一国国际收支平衡乃至整个世界金融经济稳定与发展的影响是不尽相同的,对其监管的要求和认知程度也不一样。毋庸讳言,整个国际资本流动中,人们对长期资本流动基本上是肯定、支持、欢迎和鼓励的,而对短期资本流动则往往是关注、警惕甚至设法限制的。但是,随着近来全球金融与贸易管制的放松,金融创新层出不穷,尤其是金融产品创新和资产证券化,使得国际资本流动中长短期资本相互转化既方便迅速又极为频繁,如大额定期存单、货币与利率互换、票据贴现与展期以及各种基金运作等,从而使国际资本流动的期限结构日趋模糊。现实经济生活中,已经很难明确区分长期资本和短期资本流动。同时,大量短期资本经常混杂在国际贸易或长期资本中一起流动,监管难度和成本也越来越高。

（五）"逃往质量"战略主导国际资本流动的基本流向

美国 IT 泡沫和经济逆转,尤其是"9·11"事件,随后的安然、环球电讯等丑闻出现,开始改变人们关于国际资本市场的传统认知和共识,越来越多的投资者已在正视和质疑美国金融资产的"质量"。这在一定程度上动摇了美国作为国际资本流动主要目标国的地位,国际资本弃美外逃已显端倪。相比之下,随着欧元的成功运行和欧元对美元汇率的回升看涨,欧元区内资本、技术和人员的流动更加便利快捷、经济发展稳定性提高,欧元区以及欧盟对国际资本的吸引力逐渐增强,直接投资和债券组合投资总体呈现净流入。东亚各国随着经济的逐步复苏,外资回流的现象也比较明显,尤其是中国政治、经济的稳定与持续高速发展,对外资的吸引力空前增强,而且还有不断攀升的趋势。这充分说明,国际资本流向的地区结构正在不断变化和调整,"逃往质量"战略正在逐步主导国际资本的基本流向。

（六）"百年一遇"的全球金融危机对国际资本流动产生重要影响

2007 年 2 月以后,世界经济遭受到了第二次世界大战以来最严峻的挑战,在美国次贷危机引发的"百年一遇"的全球金融危机的冲击下,全球资本市场出现剧烈动荡,对国际资本流动产生了重大影响。

全球金融危机主要通过以下途径对国际资本流动形成冲击：一是由于流动性短缺和信贷紧缩，发达国家的金融机构和企业从海外大量抽回资金。二是为了应对危机，许多金融机构和企业采取了出售资产、裁员、推迟或取消投资等措施，造成海外投资下降。三是大宗商品价格大幅下跌，减少了中东、拉美等原油和资源出口国的资本流入流出。四是各国进出口贸易大幅度下滑，减少了与国际贸易相关的国际投资活动。五是在危机冲击下，企业可用于投资的资金来源减少。国际清算银行统计，2008年前三个季度，国际银团贷款分别下降23.9%、40.8%和37.6%；全球负债证券净发行额分别下降29.6%、52.6%和79.6%；国际股权融资分别下降36.2%、23.4%和88.3%。六是股市低迷不仅导致企业直接融资减少，还导致使用股票作为杠杆收购手段的跨国公司并购活动减少。据IMF的研究，2008年全球股市市值损失达40%，全球跨国公司并购总额下降27.7%。

受全球金融危机和世界经济衰退的影响，全球跨国兼并和收购、并购活动明显减少，跨国公司利润也有所下降。统计数据显示，2008年，全球对外直接投资总额为14 491亿美元，同比下降21%。其中，发达国家为8 401亿美元，下降32.7%；发展中国家为5 177亿美元，小幅增长3.6%。

第二节 国际金融危机

20世纪以来，世界经济一体化趋势愈来愈明显，资本在各国之间迅速流动，世界贸易额急剧增加，外国直接投资迅速扩展，经济全球化从根本上改变了各国生产方式和生活方式，加速了世界经济的发展与繁荣。但是，世界经济一体化的进程并不是一帆风顺的。1900年以来具有典型代表性的主要金融危机有四次，它们分别是1929—1933年的美国大萧条、1990年日本的金融危机、1997年的亚洲金融危机（泰国、韩国和印度尼西亚等）和美国2007年爆发的次贷危机。

一、货币危机与金融危机的概念界定

广义上讲，金融危机（Financial Crisis）包括了货币危机、股市危机和银行危机。但严格地说，货币危机和金融危机还存在着较大的区别。货币危机一般是指一国货币的汇率变动在短期内超过一定幅度，而金融危机更多的是指市场参与者通过外汇市场的操作导致该国固定汇率制度崩溃和外汇市场持续动荡的事件。所以，金融危机不仅仅表现为汇率波动，还包括股票市场和银行体系等国内金融市场上的价格波动和金融机构的经营困难与破产等。货币危机可以诱发金融危机，而由国内因素引起的一国金融危机也会导致货币危机的发生。货币危机按照发生原因可以分为以下几种类型：

第一种是由政府扩张性政策导致经济基础恶化，从而引发国际投机资金冲击所导

致的货币危机。

第二种是在经济基础比较健康时,主要由心理预期作用而带来国际投机资金冲击所引起的货币危机。

第三种是蔓延型货币危机。在金融市场一体化的今天,一国发生货币危机极易传播到其他国家,这种因其他国家爆发的货币危机传播而发生的货币危机被称为"蔓延型货币危机"(Contagion Currency Crisis)。

货币危机最容易传播到以下三类国家:第一类是与货币危机发生国有较密切的贸易联系的国家。这样,发生货币危机的国家或者对该国商品的进口下降,或者对该国的出口形成巨大压力,从而导致该国贸易收支变化,这会诱发投机攻击。第二类是与货币危机发生国存在较为相近的经济结构、发展模式,尤其是潜在的经济问题(比如汇率高估)的国家。投机资金会比较一致地对这些国家逐一攻击。第三类是过分依赖国外资金流入的国家。影响比较大的货币危机发生后,国际金融市场上的投机资金一般都会调整或收缩其持有的外国资产,至少是存在较大风险的国家的资产。许多国家将不可避免地发生相当部分资金流出的现象,如果这一流出对该国的国际收支有重大影响,则该国也有可能发生货币危机。

二、金融危机的危害

金融危机无论对危机发生国还是对整个世界经济都会造成重大的影响和严重的危害。金融危机的不利影响体现在以下几个方面。

第一,金融危机发生过程中出现的对经济的严重影响。例如,为了抵御金融危机引起的资金外流,政府会采取提高利率的措施,而且其对外汇市场的管制可能会维持很长时间,这将对经济带来严重的消极影响。同时,危机期间大量资金会在国内外频繁流动,从而扰乱该国的金融市场。此外,金融危机期间的不稳定局势会对公众的正常生产经营活动带来很大干扰,一国的经济秩序也往往陷入混乱状态。

第二,金融危机发生后经济条件会发生巨大变化。首先,金融危机容易诱发经济危机乃至政治危机、社会危机;其次,外国资金往往在金融危机发生后大举撤出该国,给经济发展带来沉重打击;再次,金融危机导致以本币衡量的对外债务大量增加;最后,金融危机发生后被迫采取的浮动汇率制度,往往因为政府无力有效管理而波动过大,给正常的生产、贸易带来不利影响。

第三,从金融危机发生后相当长的时期内政府被迫采取的补救性措施的影响看,紧缩性财政金融政策往往是最普遍的。但若金融危机并不是由扩张性的宏观政策因素导致时,这一措施很可能给社会带来巨大的灾难。另外,为获得外国的资金援助,一国政府将被迫实施这些援助所附加的种种条件,例如开放本国商品金融市场等,给本国的经济运行带来较大的风险。

三、四次全球典型金融危机爆发的原因比较

(一) 1929—1933 年大萧条爆发的原因

对于 1929—1933 年大萧条爆发原因的解释具有代表性的观点主要有凯恩斯学派、金德尔伯格、货币主义学派(以弗里德曼和施瓦茨为代表)、前美联储主席伯南克和经济学家泰明的观点。凯恩斯对 1929—1933 年大萧条的解释是总需求不足导致了当时金融危机的爆发,而总需求不足的原因则来自人们心理上的边际消费倾向递减所导致的自发消费不足和人们对未来的悲观预期所导致的投资需求不足。因此,在凯恩斯经济学里,消费需求和投资需求的不足构成了 1929—1933 年大萧条的主要原因。经济学家金德尔伯格(2000)认为大萧条爆发的原因是由于 20 世纪 20 年代美国耐用消费品尤其是住房的生产过剩和民众总需求下降所致,耐用消费品尤其是住房过度供给和总需求不足引起的房产价格下跌迅速传染到股票市场,从而引起了资本市场价格的大规模下降,这也成为大萧条爆发的主要原因。除了凯恩斯和金德尔伯格的观点,货币主义学派、伯南克和泰明对大萧条的解释都与当时金本位制度的国际货币体系相关。

货币主义的代表人物弗里德曼(1963)将大萧条爆发的原因归结为货币供给的外生性变化,即此大萧条爆发的原因是由于美国 20 世纪 30 年代初期货币供给不足而引起了通货紧缩,从而导致了经济衰退。因此,他认为大萧条是货币紧缩的结果,而货币紧缩的根源在于金本位制度的调整。郑联盛(2009)对弗里德曼的这种观点进行了系统阐述,"一战"之后,各国努力重建金本位制,到 1929 年,全球主要市场经济国家大多恢复了金本位制度。在当时的国际经济体系下,美国占有世界经济大量的贸易顺差,因此,黄金大量流入美国,使得美国的货币供给大幅增加,带来了严重的市场投机。1928 年,美联储为了抑制股票市场的投机,转向了紧缩性的货币政策,以冲销黄金流入。美国国内紧缩型的货币政策导致资产和商品价格下降,对债务人构成了还债压力,进而导致债务型通货紧缩。另一方面,其他国家的黄金流入美国,货币供应量相应减少,陷入通缩的境地。这样,由于实行金本位制度国家的内部货币存量大幅下降,全球都陷入了货币紧缩的境地。

伯南克从一个全新的视角对 1929—1933 年的金融危机进行了解释。他认为,总需求不足是此次金融危机爆发的主要原因。关于需求不足的原因,伯南克从货币因素和非货币因素两个方面给出了解释,货币因素是指"一战"后重建的国际金本位制度存在着先天不足,从而导致了全球范围内的国内货币供给萎缩,引起了需求的急剧收缩,而当时世界各国竞相采用以邻为壑的贸易政策更加剧了世界范围内需求的下降;非货币因素是指美国国内银行业恐慌和企业不景气等问题的存在缩减了信贷业务,加剧了金融危机的爆发。

Peter Temin (1993)认为,美联储为了维持金本位制度,以至于产生了根本性的政策失误。1931 年下半年以后德国和英国都放弃了金本位,本币开始贬值。在这种国际

环境下,投资者对美元贬值充满了预期,他们在美国政府对美元进行贬值前突然抛售美元,为了维持美元币值的稳定,美元的利率在1931年最后一个季度里急剧上升,信贷变得更加难以获得,加剧了通缩的程度(郑联盛,2009)。

通过对1929—1933年大萧条爆发原因的解释,我们可以看到大萧条的成因主要是:需求(消费需求和投资需求)的不足和商品供给(尤其是房地产供给)的过剩导致了资产价格下降,成为金融危机的导火索;金本位制度的先天不足导致全球范围内的通货紧缩,而美国国内货币政策的失误则加剧了通货紧缩的困境,从而将金融危机推向大萧条的深渊。

(二)日本金融危机爆发的原因

1990年日本的金融危机使日本进入了萧条时代,至今尚无大的起色。日本之所以爆发如此大规模的金融危机,理论界争议颇多,但归纳起来一致认为有如下几个原因:首先是20世纪80年代初期,日本经济迎来了"二战"后的第二次持续高速增长期,长期高速增长带来的财富积累和乐观情绪导致过度投资。如从1987年到1991年,企业设备投资每年增长10%,5年共增长60%(袁钢明,2007)。企业的过度投资行为,推动了资产价格上涨形成泡沫。其次是"广场协议"后,日元相对美元大幅升值,日本政府为防止日元大幅升值带来的负面影响,采取扩张的货币政策。其在1987到1990年间每年的货币供应量增长率基本上都达到了10%,对日本泡沫经济的形成起到了推波助澜的作用。如到1990年,仅东京都的地价就相当于美国全国的总地价。当政府意识到通货膨胀已经形成时,采取紧缩性的货币政策以抑制房地产价格的快速上涨。然而这一政策却导致了股票价格的暴跌,从而成为金融危机的导火索。最后,日本在20世纪80年代后半期金融自由化的进程加快,各种衍生品种类繁杂。与金融自由化进程相比,金融监管相对滞后,也给日本金融危机的爆发带来了隐患。

(三)亚洲金融危机爆发的原因

对亚洲金融危机的解释,余永定(2007)以泰国为例分析亚洲金融危机的成因。他认为,泰国本国货币相对日元的大幅升值、工资增长迅速和资本流入对非贸易品价格的抬高等原因使泰国的对外出口大幅下滑。面对着泰国大规模的经常项目赤字,国际投资者对泰国丧失了信心,外资大规模撤离,而泰国则采取了缺乏灵活性的汇率政策,大量动用外汇储备,与国际资本相搏,死保泰铢,导致外汇储备耗尽,造成了泰国的金融危机。刘遵义(2007)认为,亚洲国家外汇储备不足是1997年金融危机爆发的主要原因。他将一段时间内(例如6个月)进口所需的外汇、到期的外债数量和外商的证券投资三项之和与外汇储备的比例称为LL比例,如果LL比例较高,则发生金融危机的可能性就非常大。如在1996年和1997年的时候,泰国短期外债还没有加上进口的需求就已经超过外汇储备;而在1997年,韩国的LL比例超过500%,也就是说韩国能够撤离的外资是外汇储备的5倍以上。

Frederic S. Mishkin(1999)认为,东亚国家金融自由化的政策取向使得金融机构在外国资本的支持下产生了大量非理性放贷,非理性放贷行为导致金融机构承担了过多风险。首先是金融机构的管理者缺乏专业知识和能力对所贷出去的款项进行甄别与监测;其次是东亚国家的政府对金融系统缺乏足够的监管行为。在上述背景下,金融机构出现大量的不良贷款,如爆发金融危机的东亚国家不良贷款的占比从金融自由化前的15%上升到爆发金融危机时的35%(Goldstein,1998)。不良贷款的增加使金融机构的资产负债表急剧恶化,这也成为金融危机爆发的导火索。首先是资产负债表的恶化使金融机构为了提高资本充足率而发生惜贷行为,而这时的国外贷款者也谨慎放贷。在这种国内和国外惜贷背景下,大规模银行业危机有可能随时爆发。其次是金融机构资产负债表的恶化催生了货币危机的可能性。原因是:此时的中央银行在面对国际投机者袭击时面临着政策上的困境。当国际投机者发动针对本国货币的袭击时,中央银行为了避免本币贬值,将采取提高利率的货币政策,然而中央银行任何利率上升的政策都会使本国金融机构的资产负债表更加恶化,加剧本国的银行业危机。因此,当面对国外投机机构的冲击时,中央银行一旦采取提高利率的政策来保卫本币,其银行系统就很可能轰然倒塌。而国际投机者也正是利用了东亚国家金融体系的脆弱性成功发动了攻击,导致东亚国家的金融危机。

综合来看,在金融自由化进程中,金融监管的滞后、汇率政策缺乏灵活性、金融体系的脆弱性、资本的自由流动和外汇储备过低是造成亚洲金融危机的主要原因。

(四)美国次贷危机爆发的原因

学术界关于美国次贷危机形成原因的探讨有很多,我们给出有代表性的三种解释。索罗斯认为次级债危机爆发的主要原因包括:以抵押品价值变动为基础的信贷状况循环导致了资产价格泡沫的发生、政府对于资产价格泡沫破灭后不恰当的救助导致了道德风险的滋生以及虚假的"市场原教旨主义"、金融创新产品的复杂程度使得监管机构和评级机构把风险控制和风险管理的重任拱手让于金融机构自身。Ricarda J. Caballero 和 Emmanuel Farhi(2008)将美国金融危机的原因归结为全球经济失衡。他们认为,亚洲国家及石油输出组织国家通过大量顺差积累了大量的美元,但在这些国家内部缺乏较好的投资品,进而大量美元流入美国,推动了美元资产价格上涨形成资产泡沫。美国利率的上升,刺破了资产价格泡沫,爆发了金融危机。张明(2008)认为次贷危机爆发的根源在于,美联储长期宽松的货币政策以及新兴市场国家外汇储备资金的流入营造了美国金融市场的持续低利率环境,导致房价上涨并形成房价将持续上涨的预期,监管缺位下的金融机构将高风险的次级抵押贷款通过证券化包装为低风险高收益的债券产品(MBS、CDO),并在全球范围内对机构投资者公开销售。当利率上升,房价被刺破时,从美国开始的金融危机便开始向世界各国蔓延。

第三节 国际债务危机

20世纪60年代以来,越来越多的发展中国家走上了利用外资发展国民经济的道路,但也带来了债务危机这一巨大隐患。1981年3月波兰政府宣布无力偿付到期外债本息,预示着债务危机的到来。1982年8月墨西哥决定停止偿还一切外债,接着巴西、阿根廷、委内瑞拉、智利、玻利维亚等许多国家纷纷仿效,到1982年年底就有34个国家无法履行偿债义务,从而引起了一场全球性的债务危机。

再从发达国家来看,由于政府失职、过度举债、制度缺陷等原因的累积效应,在21世纪前10年发达的欧元区国家同样爆发了严重的债务危机,即欧债危机。国际债务问题正越来越引起世界各国的关注。

一、国际债务的衡量指标

国际上对债务国偿债能力的衡量指标很多,比较常用的有以下几种:

(1)偿债率。即一国当年外债还本付息额占当年商品和劳务出口收入的比率,这是衡量一国还款能力的主要参数。用如下公式表示:

$$偿债率 = \frac{当年应偿还债务本金 + 当年应付债务利息}{当年商品和劳务出口收入} \times 100\% \qquad (5-1)$$

外债清偿比率,国际惯例以20%为安全线。

(2)负债率。即一国当年外债余额占当年商品和劳务出口收入的比率,这是衡量一国负债能力和风险的主要参考数据。公式如下:

$$负债率 = \frac{当年年末外债余额}{当年商品和劳务出口收入} \times 100\% \qquad (5-2)$$

国际上公认的负债率参考数值为100%,即超过100%为债务负担过重。

(3)根据本国外汇总收入的年增长速度,对外债余额的年增长速度进行控制。

外债余额年增长速度≤外汇总收入年增长速度

(4)根据本国国民生产总值增长速度,对国家外债总余额的增长速度进行控制。

外债饱和后外债余额的增长速度≤国民生产总值增长速度

(5)当外债饱和后,对年度偿还外债本息的增长速度,必须控制在年出口商品、劳务收汇额的年增长速度以内。

年偿还外债本息增长速度≤年出口商品、劳务外汇额增长速度

二、国际债务危机产生的原因及其带来的启示

(一)发展中国家债务危机爆发的原因

发展中国家积欠发达国家的巨额债务是当今世界南北关系中一个重大问题。20

世纪 70 年代以来,尤其是 1982 年 8 月墨西哥宣布延期支付债务之后,不少发展中国家相继发生了债务危机,其后果是通货膨胀和萧条。金融危机导致生产危机,使现实的投资、生产、就业和消费进一步下降,给许多债务国带来灾难,并直接威胁到世界经济及政治形势的稳定。导致发展中国家严重债务的因素是多种多样的,有国内的,也有国外的,并涉及国际经济关系和国际金融关系,而这些问题又常相互交叉、相互影响,使问题更加复杂化。分析债务形成及恶化的原因,应从两方面来进行。

1. 从国际环境看 80 年代导致发展中国家债务危机的主要因素

(1) 西方国家经济增长缓慢和新科技革命直接影响发展中国家的初级产品出口。70 年代末 80 年代初,西方国家出现了战后最严重的经济衰退,为摆脱困境,他们利用各种手段压低初级产品的价格、提高工业制成品的价格,使初级产品和制成品的"剪刀差"扩大。同时西方国家经济处于调整阶段,以知识密集型为特征的高科技产业发展较快,对初级产品的需求进一步缩小,初级产品的价格下降到第二次世界大战以来的最低水平。由于多数发展中国家国民经济的基础产业是初级产品的生产,因此初级产品出口市场的不断萎缩、初级产品在世界贸易中所占比重不断下降、价格疲软等使发展中国家收入减少,经济利益受到损失,无法按期偿还债务。

(2) 70 年代末 80 年代初国际金融市场实际利率上升,使发展中国家债务利息支付困难。由于 70 年代两次石油价格上涨,因此使需进口石油的发展中国家经常账户出现巨额逆差,急需大量资金流入。当时通货膨胀率很高,商业银行的很多贷款使用浮动汇率,由于名义利率的增长速度低于通货膨胀,借债国家不会受到损失。发展中国家为了弥补国内储蓄不足,大量举借外债。80 年代初,发达国家求助于紧缩货币供应来对付通货膨胀,1982 年初通货膨胀开始下降,但名义利率并未因通货膨胀率下降而下降,致使实际长期利率和短期利率上升。利率的高涨使发展中国家的利息支付负担大大加重,他们不得不借新债还旧债,并被迫减少进口,压缩国内投资,造成严重影响经济发展的恶性循环。

(3) 发达国家的保护主义造成发展中国家出口的重要障碍,很大程度上降低了这些国家的偿债能力。70 年代末 80 年代初,由于世界经济增长缓慢和国际市场竞争日趋激烈,国际贸易中的保护主义色彩愈来愈浓,其突出特点是以较为隐蔽的非关税壁垒作为保护措施。发达国家的保护主义带有明显的歧视性,它给发展中国家带来的影响远比发达国家为甚。发达国家对制成品与半成品征收的进口关税要比其进口的供生产使用的原材料关税高得多,对原材料甚至免征关税。发展中国家的初级产品在国际市场上没有竞争力,其制成品和半成品生产与出口的成本又过高,其结果只能使出口创汇能力减弱,偿还债务能力急剧下降。

(4) 80 年代初流入发展中国家的资金日益减少,不利于缓和债务危机。在发展中国家为偿还外债而付出巨额资金的同时,西方发达国家却大幅度削减对发展中国家的贷款,并减少官方发展援助和直接投资,使发展中国家资金更加匮乏。政府和多边机构的援助和贷款虽有不同程度的增加,但数量不大,并常带有苛刻的附加条件。在国际金融市场上,私人对发展中国家主要债务国的自愿贷款已日趋停止。发达国家的资金向发达国家、地区流动。

2. 从国内情况看80年代导致发展中国家债务危机的因素

(1) 债务国的经济战略和利用外债政策不当。一些发展中国家在经济战略上过分追求高投资、高增长,不注重经济的均衡、平稳、协调发展,也不注重产业结构优化。它们需要大量的资金来进口其经济发展所必需的资本品,但它们赚取外汇的能力有限,便采取借外债来增加投资,以促进本国经济增长的战略。这种战略要求以扩大本国出口为条件,但在短期内大规模扩大出口是难以做到的。对于出口单一化的国家,情况就更糟。结果使这些国家背上了沉重的债务包袱。

(2) 发展中国家内向发展与外向发展关系处理不当。第二次世界大战后一个时期,很多发展中国家实施了内向的进口替代发展战略。这种战略在保护民族工业发展、调动国内经济潜力、增强经济的自主能力方面有积极作用,但利用进口替代发展战略的目的是实行工业现代化。工业部门要用大量外汇进口原料和生产设备,而出口主要是初级产品,进口大大超过出口,结果造成贸易失衡、逆差加大,长此以往,必然影响经济增长,从而导致利用借外债来平衡进出口贸易的逆差和平衡国家财政收支,最后陷入债务危机的深渊中。

(3) 债务国国内资本外逃严重。资本外逃是指债务国的资产拥有者预期本国货币将贬值和本国政府即将加征资产税,出于利己的动机,把国内资本向国外转移,以避免经济损失。资本外逃的原因是对本国经济和货币失去信任。对于债务国来说,债务积累愈多,债务危机愈严重,本国外逃资本也增加愈多。大多数发展中国家由于政治和经济体制落后,不仅政治权力集中在少数人手中,资金也集中在少数人手中,这既是构成资金外逃的基础,又是使外汇资金得不到合理利用的根源。

(4) 由于发展中国家对国际金融市场和本国债务情况缺乏正确的信息,对外汇市场行情缺乏了解,对利率、汇率的变动不能做出正确的判断,使有些发展中国家对世界经济前景作出错误的预测,从而采取一些不利的财政政策和货币政策。以墨西哥为例,由于70年代后期石油产量大增,石油价格前景看好,墨西哥政府放弃了自己的紧缩方案,公共开支迅猛增加,大量举借外债。政府把还债希望寄托在石油出口收入的大量增加上。但由于国际油价回落,致使产量虽有较大的增长,而收入却并未增加。因此,还债的希望落空,旧债还不了,只好借新债,使债务负担越来越沉重。

(5) 由于债务国的债务结构不合理,使用不科学,投资项目管理不善,统计监督制度不健全,致使大量举借外债既未使投资率增加,也未提高创汇能力,债务问题依然难以解决。

专栏 5.2

20 世纪 80 年代国际债务危机的特点

1. 债务规模巨大。根据 IMF 的统计，1973—1982 年间，非产油发展中国家的债务总额从 1 031 亿美元增加到 8 420 亿美元，负债率从 115.4% 升高到 120%，偿债率从 15.9% 升高到 19%；每年的还本付息额已经逼近 1 000 亿美元。巨大的外债规模是此次危机的主要特点。

2. 卷入国家多，涉及范围广。1981 年和 1982 年两年，重新安排债务谈判达到 27 次，涉及 16 个国家。1983 年谈判次数上升到 30 次，涉及 29 个国家。频繁与大规模的债务重新安排已经成为此次国际债务危机的重要特点。

3. 危机国国际收支恶化，官方外汇储备剧减。受 80 年代初西方经济严重衰退的影响，发展中国家出口量急剧减少，导致国际收支恶化，从 1980 年顺差 226 亿美元转为 1981 年逆差 563 亿美元和 1982 年逆差 996 亿美元。为弥补巨额国际收支逆差，并偿付到期债务本息，发展中国家动用了大量外汇储备。1981 年和 1982 年两年，25 个主要债务国共使用了 300 亿美元外汇储备，许多国家的外汇储备已经降到了两个月进口额这一最低国际标准之下。

4. 债务地区和国家高度集中。从地区分布看，发展中国家债务大多集中在拉美和非洲，二者之和接近债务总额的 55%。从国家来看，在 100 多个发展中国家和地区中，主要债务国有 25 个国家和地区，占发展中国家外债总额的 80%。其中，巴西和墨西哥是两个最大的重债国，几乎占发展中国家外债总额的 1/4。还有一个特点是，大部分债务集中在中等收入国家，高收入和低收入国家的外债数额并不太多。几乎所有重债国和大多数主要债务国，都是在 20 世纪六七十年代大量引进外资，从而经济发展速度比较快，到了 80 年代就成了中等收入国家。只不过由于未能及时调整经济发展战略，所以还是在债务偿还高峰期发生了危机。

5. 债务结构对债务人不利。长期贷款占到 80%，其中主要是国际商业性银行贷款，很容易出现偿债高峰。而随着债务问题日趋严重，主要债务国又出现了债务期限不断缩短的趋势，但同样是以商业性贷款为主。援助性的、优惠的政府或国际金融组织贷款，不仅数量有限，而且贷款条件苛刻。这对于有着旺盛资金需求的广大发展中国家来说，更是雪上加霜。

(二) 发展中国家债务危机的解决途径及带来的启示

发展中国家的债务问题不是在短期内形成的,因此不能指望一次会议,或某一项协议就能解决问题。这场历时十多年的债务危机实际上是一个互相关联的双重危机,即西方国家金融体系的危机和发展中国家的金融危机,因此,解决债务危机是一个缓慢的过程。

国际债务管理和对策经过三个阶段的演变:

第一阶段(1982—1985年)。这一时期国际社会主要强调债务的重新安排和债务国实行紧缩政策,债权国要求债务国压缩投资和进口,扭转国际收支逆差,偿还外债。在此基础上,债权国商业银行向债务国提供少量应急贷款,但由于当时世界经济处于低谷,债务国的出口难以有所作为,债务问题并未改观。

第二阶段(1985—1989年)。这一阶段解决国际债务问题的对策是实施"贝克计划",其要点是,转变单靠债务国采取紧缩的经济政策,将解决债务危机的重点放在提高债务国的经济增长速度上,要求金融机构和商业银行向债务国提供新贷款。但由于民间商业银行对此缺乏应有的积极性,致使此计划效果不佳。

第三阶段(1989年—至今)。其标志是美国财政部长布雷迪提出的"布雷迪计划",其基本思想是:债权国民间银行继续按新的规定向债务负担重、但正在进行经济结构改革且经济正朝着效率化方向发展的国家提供新的融资,并削减其债务本金和债务利息。国际金融机构和债权国政府对采取债务削减措施的债权银行及债务国进行金融援助。发达国家对本国的银行监管条例、会计原则、税收等进行修正,以清除这些国家民间银行在实施债务削减过程中可能遇到的障碍。"布雷迪计划"表明:① 发达国家承认了债务国不可完全偿清债务的客观事实,第一次提出了减免部分债务的指导思想。② 强调官方在解决债务危机中的作用,要求政府出面设立特别基金,以利债务问题的解决。国际社会对"布雷迪计划"普遍做出了积极的反应。

发展中国家债务危机的出现不是孤立的,它的产生既有内因也有外因。从发展中国家内部来看,教训是深刻的,也给人以启示:

(1) 发展中国家举外债应根据国情选择适度的借债规模。由于大多数发展中国家都处在国内储蓄和外汇供给两缺口状态,为了经济增长,举借外债是必要的,如果外债的增长速度长期超过国民经济的发展速度,则必然严重影响国民经济的稳定。一般来说,外债要根据不同国情占国内生产总值的适当比例,才能促使国民经济稳步增长。为了达此目的:① 必须控制外债的增长速度使它尽可能低于国民经济的增长速度。② 提高外资利用效率,加快经济发展,特别要注重出口创汇产业的优先发展,全面推进国内生产总值的增长。有效利用外债还要受到其他因素的制约,但必须遵守适度举债兼顾增长、稳定和效益的原则。

(2) 发展中国家应根据具体情况合理安排外债结构。发展中国家举借外债主要包括外国援助和商业银行贷款。外国援助具有利率低、偿还期长的特点,但一般都有附带条件,资金的投向和使用都受到监督和限制。商业银行的贷款一般都不附带条件,使用灵活、方便,但期限短、利率高并且浮动,因而风险大。因此发展中国家应该根据本国的具体情况选择适当的引进方式,在优先考虑各种外国援助的基础上,可以根据需要吸收一定数量的商业银行贷款,但一定要慎重。为了减少国际市场汇率变动给债务带来的影响,发展中国家应该使借贷来源多样化,保证贸易格局与债务的货币构成相一致,即用出口收入的各种货币作为借外债的计值货币,以利于偿还债务。

(3) 扶植和发展出口产业,提高偿还能力,稳定协调地发展国民经济。依靠借债发展本国经济,必须考虑国内经济承受能力、科技和管理水平的限制。片面追求高投资、高速度和高消费不一定能得到最好的经济效益。一般来讲,发展中国家劳动成本较低,就业问题比较严重,实现工业化的战略必须扬长避短,任何时候都不能放松对农业的发展,同时严格控制奢侈性消费工业;避免忽视基础产业的发展。发展中国家引进国外资金主要扶植和发展出口产业,不断提高产品质量和档次,降低成本,增强产品的竞争力,扩大出口,增加外汇收入。在提高偿还能力的基础上带动其他经济部门的发展,形成新的发展机制。

(4) 建立集中统一的外债管理机构,加强外债管理。在许多发展中国家,公共部门是最主要的借款者,并且因政府政策所造成的价格偏差使市场机制的调节失灵,因而债务管理应成为发展中国家宏观经济管理的重要组成部分。政府必须设立专门的债务管理机构,建立相应的债务管理系统,有效地管理债务,实现债务决策与宏观经济决策的协调一致。政府要通过宏观经济政策的调控,将债务总额控制在适当水平上,不仅要保持国际收支的基本平衡,而且要保持经常账户基本平衡,保持外债总额与外汇储备的适当比例(通常在3倍以内)。在外债的具体管理中政府对每笔外债的借、用、还三环节要进行微观调控,加强其风险、债务担保等方面的研究,提高外债的使用效益,使利用外债成为推动经济增长的积极因素。

(三) 发达国家债务危机爆发的原因及其带来的启示

1. 欧债危机爆发的原因

欧洲债务危机即欧洲主权的债务危机,是指在2008年美国金融危机发生后,希腊等欧盟国家所发生的债务危机。2009年12月底,全球三大评级公司下调希腊主权评级,希腊的债务危机随即爆发,同时,爱尔兰、葡萄牙、西班牙等国的主权债券收益率也大幅上升,欧洲债务危机开始愈演愈烈。2011年6月,意大利政府债务问题使危机再度升级。这场危机虽不像美国次贷危机那样一开始就来势汹汹,但在其缓慢的进展过程中,随着产生危机国家的增多与问题的不断浮现,加之评级机构不时的评级下调行为,使其成为2010年以来牵动全球经济神经的最重要事件。政府失职、过度举债、制度缺陷等问题的累积效应最终导致了这场危机的爆发。在欧元区17国中,以葡萄牙、爱尔兰、意大利、希腊与西班牙等五个国家（简称"PIIGS 五国"）的债务问题最为严重。欧债危机的主要原因归纳为：

（1）主权债务问题实际是美国金融危机的延续和深化。一般来说，经济繁荣期，私人部门的负债相对较高，而每次危机之后，政府的财政赤字都会出现恶化。美国次贷危机引发全球经济衰退，也点燃了欧洲暗藏于风平浪静海面下的巨大债务风险。各国为抵御经济系统性风险的救市开支巨大，部分国家多年财政纪律松弛、控制赤字不力，使得欧元区各国平均赤字水平超过 6%，各国财政赤字过高和债务严重超标直接引发了本次债务危机。

（2）欧元区财政货币政策二元性导致了主权债务问题的产生。一方面，欧元区财政政策的溢出效应干扰了统一货币政策的运作，分散的财政政策和统一的货币政策使得各国面对危机冲击时，过多依赖财政政策，而且有扩大财政赤字的内在倾向；另一方面，欧元区长期实行的低利率政策，使希腊等国能够获得低廉借贷，促进国内经济增长，掩盖了其劳动生产率低但劳动成本高等结构性问题。经济危机下这些问题日益凸显，希腊和西班牙等国越来越难以履行债务，最终引发大规模违约。

（3）欧元区各国（如 PIIGS 五国）内部经济失衡是引发债务问题的深层原因。如希腊长期财政预算超支，公务员队伍庞大，公共事业开支占 GDP 的 40%，偷税逃税严重，私人部门赤字过大，经济危机造成的政府收入下降使得情况更加严重；葡萄牙的经济增长在 21 世纪的前十年迅速回落，其人均 GDP 只有欧盟平均的 2/3；爱尔兰经济在过去几年陷入衰退，其房地产泡沫破灭严重影响了政府税收和民众消费能力；意大利经济近年来发展缓慢，并为高失业率、高税收所困扰；西班牙的经济在高于欧盟平均值之上增长十多年之后陷入了严重的衰退之中，失业率大幅上升，其财政赤字也远远超出欧盟所允许的上限。

（4）欧盟内外部的结构性矛盾是债务危机爆发的制度性因素。一方面，由于欧元区内部劳动生产率和竞争力差异扩大，德国、荷兰等出口大国与希腊等危机国之间存在巨额经常项目失衡。德国和荷兰基本一直处于经常项目顺差，两国 2010 年经常项目盈余仍高达 GDP 的 5%，而希腊、西班牙等危机最为严重的国家则出现了巨额贸易赤字和经常账户赤字。另一方面，迫于政党和工会组织的压力，希腊等国多年来过度提高工资和养老金等社会福利待遇水平，随着人口老龄化加速，这不仅给政府带来巨大的财政压力，也提高了单位劳动成本，使希腊在与亚洲低成本国家的竞争中不断处于劣势，长时间的积累导致政务债务和对外债务不断攀升。随着经济全球化和贸易一体化进程的加速，面对亚洲市场的竞争，以往传统的劳动密集型制造业优势尽失。欧元区统一的货币政策使得这种欧元区内外的结构性矛盾和不平衡无法通过货币贬值等手段来纠正和调节，政府只能采用财政政策来刺激和维持国内经济，加剧了财政赤字和债务的产生，成为本次危机的导火索。

(5) 国际炒家的投机炒作加速了本次债务危机。多年前,高盛公司帮助希腊政府掩盖真实债务问题而加入欧元区,2002年起,诱使希腊购买其大量 CDS 等金融衍生产品,导致当前债务危机。危机后,大肆做空投机欧元,在金融衍生品的助长下,希腊贷款成本飙升,危机被放大蔓延至整个欧元区。

2. 欧债危机给中国的启示

中国作为一个正在迅速崛起的发展中国家,尤其应该引起高度警惕和反思。中国的国情虽然和欧洲各国有很大差别,但其中也有许多可供借鉴和参照之处。从欧洲的困境中,至少可以得到以下几点启示。

首先,应高度重视政府债务问题,必须未雨绸缪,将风险遏制在萌芽状态。目前,中国的主权债务规模相对来说并不太大,国债余额总量不足 GDP 的 25%,远远低于国际公认的 60% 的安全标准。但值得警惕的是,中国的地方债务问题却要严重得多,根据有关数据,目前我国地方债务的总规模大约为 10.7 万亿人民币,如果加上国债余额,那么中国的债务总额占 GDP 的比重就将翻一番,达到约 50%,接近警戒线水平。因此,中国在控制主权债务规模的同时,现阶段应将主要注意力放到如何化解地方债务风险上。

其次,保持国内货币政策的独立性,坚持将解决本国问题置于制定货币政策的中心环节。从表面上看,中国的货币政策具有完全的独立性,但其实不然,在国际经济形势波动剧烈时期,国内的货币政策往往容易被国外的政策动向所左右。最典型的就是 2008 年年底出台的经济刺激计划中,过多考虑国外经济危机的程度和对本国经济的冲击,致使过于庞大的刺激计划至今后遗症难消。不仅如此,货币政策的独立性还要求尽量减少行政对央行货币政策的干预,尽快实现利率的市场化,使货币政策工具的效应能够得到正常和充分的发挥。

再次,在改革和完善社会保障制度的同时,注意避免走福利国家的老路。目前中国正面临着日益严峻的提前到来的老龄化浪潮,再加上各项劳动法律法规的完备,社会保障的覆盖面和保障水平有了迅速的提高。与此相适应,财政收入中用于社会保障的支出快速增加,据统计,早在 2006 年,我国财政支出中用于社会保障的支出就首次超过 10%,而且呈现逐年增加的态势。从世界范围看,保障水平和标准大多只能涨不能跌,否则容易引发社会动荡。所以社会保障的改革应秉承循序渐进的策略,注重扩大保障的覆盖面,努力消除保障水平和标准的不公平现象。

最后,不断提高自主创新能力,发掘推动经济发展的新的增长点。经济发展是解决包括债务危机在内的各种经济问题的最佳良方。欧洲各国以及美日等国目前的债务危机,究其根源还在于增长乏力甚至停滞不前。中国经济已经保持了 30 多年的高速增长,寻找未来的发展动力和增长点是当前的一项紧迫任务。

本章复习思考题

一、主要名词概念

长期资本流动　短期资本流动　金融危机　货币危机　偿债率　负债率　贝克计划　布雷迪计划

二、思考题

1. 简述国际资本流动的概念及类型。
2. 分析国际资本流动的原因。
3. 试述20世纪90年代以来国际资本流动呈现出的新趋势和新特点。
4. 货币危机与金融危机有何区别？它的危害性是什么？
5. 试析发展中国家债务危机形成的原因，并简述国际社会对债务危机的解决方法。

三、讨论题

1. "百年一遇"的美国金融危机爆发的原因是什么？这对世界经济的影响、教训和启示是什么？
2. 欧债危机爆发的原因是什么？对世界经济和中国带来什么主要影响和启示？

第六章 国际金融市场发展与创新

导读

自第二次世界大战以来,尤其是20世纪80年代以后,世界经济和金融形势发生了很大变化,推动了国际金融市场的迅速发展,同时,又促使其市场内部结构和外部功能发生了一系列变革和延伸。本章将讨论国际金融市场的概念、作用及发展趋势,并对国际金融市场业务,特别是国际金融市场的核心——欧洲货币市场的产生、特征、运作及其发展进行论述,最后着重就国际金融市场的工具创新问题作较为详细的研究。

学习重点与难点

1. 离岸国际金融市场与在岸国际金融市场的特征比较。
2. 欧洲货币市场的形成、发展及其对世界经济的影响。
3. 金融创新的诱因及其衍生工具市场。

第一节 国际金融市场概述

一、国际金融市场的概念

金融是指资金的融通,即资金的借贷和头寸的调剂,金融市场就是资金融通的场所。如果金融市场上资金融通关系发生在本国居民之间,就是国内金融市场;如果金融市场上资金融通关系超越国境涉及其他国家,则为国际金融市场。因而,国际金融市场就是居民与非居民之间,或者非居民与非居民之间进行国际性金融业务活动的场所或网络平台。国际金融市场的概念有广义和狭义之分。广义的国际金融市场是指进行各种国际金融业务活动的场所或网络平台。这些业务包括长、短期资金信贷,证券、外汇与黄金的买卖以及各种衍生工具的交易,这些业务分别形成了货币市场、资本市场、外汇市场和黄金市场。狭义的国际金融市场是指在国际间经营借贷资本的市场,主要指货币市场和资本市场,我们在此主要研究广义的国际金融市场。

实际上,现代国际金融市场已逐步从有形市场发展成为无形市场,它没有某一个固定的场所,而是由各种银行以及各种金融机构构成,业务活动一般都通过各种计算机网络和各种电信工具来进行。

二、国际金融市场的演变及类型

(一) 国际金融市场的演变与发展

国际金融市场从形成到发展大致可划分为三个阶段。

1. 伦敦国际金融市场的形成与衰落

从历史发展来看,第一次世界大战以前,由于英国经济迅速发展而居于世界首位,英国政局稳定,银行业发展比较迅速,再加上从海外殖民地掠夺和积累了巨额利润,形成巨大资金力量,成为提供信贷资金的重要来源,英镑是当时国际储备货币,从而使伦敦发展成为世界上最大的国际金融市场。"一战"之后,英国在工业生产与国际贸易上的头等强国地位被美国取代。1929年爆发世界经济危机后,英国于1931年宣布放弃金本位制,继而实行外汇管制,并组建英镑集团,进而演化成英镑区。英国经济实力的衰落及金融管制措施使英镑作为国际储备和国际结算货币的地位下降,削弱了伦敦作为国际金融中心的作用。

2. 纽约、苏黎世国际金融市场的兴起

第二次世界大战之后,英国经济持续遭到重创,伦敦国际金融市场的作用随之逐步削弱。同时,美国利用"二战"积累的巨额资本,成为世界上最大的资金供应者,控制着整个西方的经济,美元成为各国的储备货币和重要的国际结算货币,美国纽约金融市场迅速崛起,继伦敦之后并超过伦敦,成为世界上最大的国际金融市场。西欧各国经济遭受战争破坏的情况大体与英国相似,只有瑞士免受战争之害,并具有良好的环境,瑞士法郎的自由兑换、自由外汇交易和黄金交易相当活跃,加速了苏黎世金融市场的发展。

3. 欧洲货币市场的形成与发展

进入20世纪60年代以后,美国国际收支出现持续的巨额逆差,大量的美元流向海外,美国政府被迫采取了一系列措施来限制资本外流。于是美国及其他主要西方国家的跨国公司为逃避金融管制,纷纷把美元资金转移到安全地区,从而促成以伦敦为中心的境外美元市场的建立,这个市场被称为"欧洲美元市场"。欧洲美元市场形成之后,规模迅速扩大,布雷顿森林体系崩溃以后主要发达国家的货币纷纷实行自由浮动,并相继越出国界,在伦敦等国际金融中心进行交易,于是欧洲美元市场逐渐变成由多种境外货币组成的"欧洲货币市场"。随着欧洲货币市场的发展,"欧洲"已被抽象为"境外",欧洲货币市场便指离岸金融中心,也就使传统国际金融市场逐步转化为新型国际金融市场。

(二) 国际金融市场的类型

国际金融市场根据演变过程被划分为传统国际金融市场和新型国际金融市场两种类型。见图6-1。

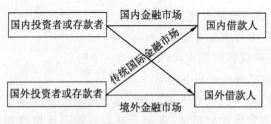

图 6-1　国际金融市场类型

1. 传统的国际金融市场

传统的国际金融市场也称在岸金融市场(On-shore Financial Market)，是从事市场所在国货币的国际借贷，并受市场所在国政府政策与法令管辖的金融市场。这种类型的国际金融市场经历了由地方性金融市场，到全国性金融市场，最后发展成为世界性金融市场的历史发展过程。它是以其强大的工商业、对外贸易与对外信贷等经济实力为基础，由一国的金融中心发展为世界性的金融市场。伦敦、纽约和苏黎世都属于这类国际金融市场。

2. 新型的国际金融市场

新型的国际金融市场又被称为离岸金融市场(Off-shore Financial Market)，是指市场经营的对象不限于市场所在国，市场的参与者不限于市场所在国国内的资金供应者和需求者，借贷活动不受任何国家政府政策与法令的管辖的国际金融市场。这个市场的形成不以所在国强大的经济实力和巨额的资金积累为基础，而只要求市场所在国或地区政治稳定、地理方便、通信发达、条件优越，并实行较为特殊的优惠政策。欧洲货币市场就是典型的新型国际金融市场。

主要从事离岸金融业务的金融中心即为离岸金融中心。根据营运特点，离岸金融中心可以分为名义中心和功能中心两类。名义中心纯粹是记载金融交易的场所，不经营具体的金融业务，只从事转账或注册等事务手续，因此亦称为记账中心、铜牌中心(Brass-plate Centers)。许多跨国金融机构，在免税或无监管的城市设立这种"空壳"分支机构，以将其全球性税务负担和成本降至最低。目前主要的名义中心有开曼、巴哈马、泽西岛、安第列斯群岛、巴林等。功能中心主要指集中诸多外资银行和金融机构，从事具体金融业务的区域或城市，其中又可分为两种：一体化中心和隔离性中心。前者是指内外投融资业务混在一起的一种形式，金融市场对居民和非居民同时开放，伦敦和中国香港属于此类。后者只允许非居民参与离岸金融业务，是一种内外分离的形式，典型代表是新加坡和美国的国际银行设施(International Banking Facilities,IBFs)①,日本于1986年12月1日起,也建立了内外隔离型的离岸金融中心。

三、国际金融市场的作用

在世界经济中,国际金融市场起着重要的作用。国际间商品的流通、资本的借贷、债券的发行、外汇的买卖,甚至保险业务等都离不开国际金融市场。随着国际金融市场的发展,它的活动涉及全球,它的作用也在不断扩大,这主要表现在以下四方面。

(一) 国际金融市场促进了生产和资本的国际化

国际金融市场便利了国际资金的运用、调拨和国际债务的结算,为扩大国际投资和国际贸易创造了条件。同时,由于它促进了借贷资本的国际流通和产业资本的国际移动,因此它在国际范围内把大量闲置资本变成流动资本,并为职能资本提供了国际获利机会,从而加速了生产和资本的国际化。

(二) 国际金融市场发挥了世界资本再分配的职能

国际金融市场使国际融资渠道畅通,从而使一些国家能比较顺利地获得发展经济所急需的资金,支持了世界各国的经济发展。国际金融市场积极发挥世界资本再分配的职能,为各国经济发展提供了资金,特别是发展中国家,其经济发展中大部分资金都是在国际金融市场上筹集的。

(三) 国际金融市场对国际范围的国际收支不平衡起着调节作用

第二次世界大战后,国际金融市场日益成为各国外汇资金的重要来源。不仅跨国公司经常在国际金融市场筹措资金,而且国际收支出现逆差的国家也越来越多地利用国际金融市场的贷款来弥补赤字,这在一定程度上缓和了国际收支的严重失调。另一方面,国际金融市场还可以通过汇率变动来影响国际收支。因为国际收支不平衡会引起外汇供求的变化,从而造成外汇汇率的变动,而外汇汇率的变动又可以调节国际收支,使之恢复均衡。

(四) 国际金融市场对优化国际分工、形成世界经济全球化起着推动作用

世界经济全球化的前提是要求各国之间能够提供各种形式的不同货币的国际结算服务。国际金融市场职能的完善、营运效率的提高和市场规模的日益扩大,不仅能提供高效能的国际结算服务,而且能迅速满足各类资金融通的需求,优化国际分工,并有力

---

① 美国于1981年2月批准在其境内建立国际银行业设施(International Banking Facility,IBFs)。主要内容包括:(1) 允许美国银行和在美国的外国银行吸收外国居民、银行、公司以及美国海外公司的存款;(2) 免除存款准备金要求,不受存款利率上限的约束,同时免除联邦存款保险公司规定的保险总额和保险课税;(3) 允许上述银行对外国居民、企业及美国的海外附属公司提供贷款,但贷款必须用于美国境外。以纽约为代表的IBFs成为依靠政策主动培育境内金融业务与离岸金融业务严格分离的离岸市场类型。由于美国政府除了把在美国境内流通的外国货币视为欧洲货币外,又将在美国境内流通但不受美国金融当局管理的非居民美元存贷款定义为欧洲美元,所以欧洲货币的概念从此突破了特定地理区域限制,表现出鲜明的国际借贷机制的特点。

促进了世界经济全球化的发展。

国际金融市场的发展对世界经济的影响是积极的,但必须看到国际金融市场对世界经济也带来一些负面影响:① 国际金融市场在便利和促进国际资本流动的同时,使汇率波动从而带来了投资风险,并导致投机行为,最终使国际金融形势出现动荡不安的局面。② 国际金融市场在为发展中国家提供资金的同时也埋下了债务危机的隐患。③ 国际金融市场虽有推动资源合理配置的功能,但市场经济在无政府状态下也可能加剧世界范围的贫富差别。④ 国际资本在国际金融市场的快速流动也会影响到一些国家国内金融政策实施的效用,还会加剧世界性的通货膨胀。

四、国际金融市场发展的新趋势

世界经济的发展也带来了国际金融市场的繁荣。20 世纪 60 年代以来,随着金融创新的兴起、新金融工具的出现和新金融技术的推进,国际金融市场逐渐显现出崭新的发展趋势。20 世纪 90 年代以后,伴随着经济全球化的趋势加强,国际金融市场又取得了空前的发展,国际金融市场全球一体化的程度不断加深,对各国经济发展的影响日渐显著。其主要趋势与特征为:

(一)国际金融市场的全球化和一体化进程加快

国际金融市场的全球化是经济全球化的主要现象之一,表现为世界各国金融市场相互联结,金融风险发生机制趋同而且相互传播,金融制度和金融监管相互协调。

目前,国际金融市场的全球化主要表现在以下几个方面:第一,金融机构和金融业务的全球化。国与国之间金融市场的壁垒被打破,金融机构跨国设立分支机构,金融业务也突破国界限制向全球开放,服务对象也逐步国际化。第二,金融市场的一体化。金融市场的电子化、网络化把全球主要国际金融中心连为一体,打破了不同市场时差的限制,使其成为真正意义上的全球统一市场。金融市场的高度融合导致各金融中心的主要资产价格和利率的差距缩小,各个市场的相关度提高。第三,金融监管的国际一体化。随着各国金融监管体制和监管内容的趋同,各国金融监管模式也日益趋同,以市场约束为主体的监管体系正在形成,金融监管的国际合作也在不断加强。

国际金融市场全球化进程的加快得益于金融自由化的发展。金融自由化自 20 世纪 70 年代兴起以来,呈现迅猛发展的态势,目前世界上绝大多数国家都参加到这一进程中来。由于经济基础和相应的金融制度不同,发达国家与发展中国家的金融自由化具有不同的特征。发达国家先后放松或取消对利率、分业经营和资本市场的管制,使本国金融业发展进入了较为宽松的时期。发展中国家则根据发达国家经验,相继开展以金融深化或金融发展为主题的金融体制改革,力争赶上国际金融自由化的潮流,以促进本国经济的快速发展。金融自由化减少了金融产品间、银行间的资金流动障碍,从而推动了金融全球化的发展。

(二) 国际金融市场证券化趋势日益明显

第二次世界大战后,国际银行贷款一直是国际融资的主渠道,并于 1980 年达到顶峰,占国际信贷总额的比重高达 85.1%,但从 1981 年开始,国际银行贷款的地位逐渐下降,到 80 年代中期,国际证券已取代了国际银行贷款的国际融资主渠道地位。所谓证券化,是指筹资者除向银行贷款外,更多的是通过发行各种有价证券、股票及其他商业票据等方式,在证券市场上直接向国际社会筹集资金。证券化主要表现在两个方面:一是金融工具的证券化,即不断通过创新金融工具筹措资金;二是金融体系的证券化,指通过银行和金融机构借款的比重下降,而通过发行可对第三方转让的金融工具的比重相对提高,即所谓资金的"非中介化"现象。

证券化趋势在 20 世纪 80 年代上半叶表现得尤为明显。国际信贷从以国际银团贷款(又称辛迪加贷款)形式为主转变为以资产证券化形式为主,银行不愿再做新的银团贷款,即使做也主要是借新还旧安排,甚至只收不放。据统计,在 1981 年,在国际信贷总计为 1 415 亿美元,其中外国债券与欧洲债券为 450 亿美元,约占 32%,欧洲银行银团贷款为 965 亿美元,占 68%;而到了 1986 年,国际贷款与直接融资的比重从 1981 年的 7∶3 变为 1∶9 左右。进入 90 年代以后,虽然国际贷款比重有所上升,但是除个别年份外,也只占到总融资份额的 30% 左右。

融资证券化趋势的形成原因是多方面的,简言之,国际银团贷款的风险提高,贷款成本相对上升,以及有价证券市场流动性的提高和筹资成本的降低,使各种类型的筹资者都把注意力由传统的国际银行贷款渐渐转向发行长短期债券或商业票据,融资证券化趋势也由此形成。

(三) 金融创新普及,金融衍生工具市场的发展超越现货市场

金融创新发端于 20 世纪 60 年代末,发展于 70 年代,到 80 年代中叶达到高潮。金融创新除了包括金融机构在金融工具和金融业务方面的创新以外,还包括金融品种、金融机构、金融市场等多方面的创新。金融创新造就了 20 世纪 80 年代初兴起的金融衍生工具市场,而这一市场在 90 年代得到了突飞猛进的发展,达到了惊人的规模。目前金融衍生工具市场已经取代现货市场的传统优势地位,互换、远期合同、期货和期权交易额的增幅都极大地超过了现货交易额的增幅。

(四) 金融电子化方兴未艾,网络技术在国际金融市场上得到普遍运用

进入 20 世纪 90 年代以后,电子技术和网络技术有了巨大的进步,以电子计算机为代表的电子产品在世界各国迅速普及,金融市场的效率也得到迅速提高。原来需要几天才能完成的业务,现在只需要几分钟甚至更短的时间就可以完成。金融电子化在很大程度上已经改变了并且仍在改变着传统金融业的形象。

在外汇交易市场上,传统的方法非常麻烦,现在交易者通过路透社终端或美联社终端等先进的交易系统很快就可以达成交易,而环球金融电信网(SWIFT)则为全世界的

客户提供自动结算服务。以电子资金转账为基础的自动存取款机（ATM）、销售终端（POS）、家庭银行、企业银行、电话银行等金融服务系统的最新发展，把银行业推进到电子化开放式银行的新阶段。

20 世纪末以信息高速公路为核心的网络技术的出现和发展，为金融市场的发展提供了技术支持和保障。全球金融产品交易已形成网络化的趋势，金融电子商务在相当大程度上取代了传统的金融产品交易方式。自 1995 年 10 月美国建立了世界上第一家网络银行——SFNB（Securty First Network Bank，安全第一网络银行）以后，网络风潮波及世界各国金融界，金融业的经营模式正在逐步改变。金融电子化、网络化的影响是十分深远的，它不仅为金融全球一体化提供了技术基础，而且对传统的货币制度、金融服务方式、监管模式甚至全球金融业的组织结构都会产生难以估测的影响。

（五）机构投资者在金融市场中的作用日益重要

20 世纪 80 年代以后，机构投资者（养老金基金、保险基金、互惠基金以及对冲基金等）在跨国资本流动中，尤其是跨国证券交易中的重要性日益增加，这也是近年国际金融市场发展的重要特征之一。

机构投资者的主要职能是为个人投资者管理资产。机构投资者拥有个人投资者无法比拟的优势，如资产多样化、中介费用低、风险分散等。个人投资者只有参加集体投资组织才能实现上述意愿，这便是越来越多的个人投资者愿意让这类中介机构来管理其金融资产的重要原因，并由此促成了机构投资者的迅速发展。此外，相对于银行，机构投资者受到的管制与约束一般较为宽松。它们不接受中央银行的再融资，从而对中央银行依赖性较小。还有，金融自由化的发展促使许多工业化国家取消资本控制，放松对机构投资者投资外国资产的份额限制，从而刺激了机构投资者持有更多外国资产的意愿。

第二节 国际金融市场业务

一、国际货币市场

国际货币市场（Money Market），又称短期资金市场，是指以短期金融工具为媒介进行的期限在一年以内的融资活动的交易市场。由于在该市场上交易的金融工具具有偿还期短、流动性强和风险小的特点，与货币非常相似，因此该市场被叫作货币市场。货币市场主要由商业银行、票据承兑公司、贴现公司、证券交易商和证券经纪商等组成。市场交易的信用工具主要有商业票据、国库券、银行承兑汇票和可转让的定期存单等短期证券。货币市场按照使用的信用工具和借贷形式的不同，可以分为短期信贷市场、短期证券市场和贴现市场。

（一）短期信贷市场

短期信贷市场主要包括对外国工商企业的信贷和银行同业间拆放市场。前者主要是解决企业流通资金的需要,后者主要解决银行平衡一定时间的资金头寸,调节其资金余缺的需要。其中,银行同业间拆放市场处于重要地位。拆放市场最短期限为日拆,一般还有1周、1个月、3个月、6个月等期限,最长期限不超过1年。拆放利率以伦敦银行同业拆放利率为准。

短期信贷市场能将大量社会上暂时闲散的短期资金集聚起来。这些资金是各国工商企业、公司或机构在资本循环和周转中游离出来暂时不用的流动资金。银行以存款形式将其吸收进来,再贷给资金需求者以提供融资。

（二）短期证券市场

短期证券市场是指经营1年以内的短期证券交易的市场。这些短期证券包括国库券、可转让定期存单、银行承兑汇票、商业承兑汇票等。这些短期信用工具一般流动性大,安全性好。但有一个条件,只有符合金融当局有关法令的证券才能上市。

1. 国库券

这是指西方各国财政部发行的短期债券。西方各国政府通常通过发行国库券筹集短期资金,解决季节性财政需要。由于国库券由国家担保,其信用程度较高,流动性强,因而成为最重要的短期信用工具。国库券期限主要有3个月和6个月两种,它按票面金额以折扣方式发行,在市场以投标方式进行交易,到期按票面金额偿还。

2. 可转让定期存单

这是指在商业银行按一定期限和一定利率取得一定收益的存款单据,它的特点是面额大、可转让,未到期清偿的存单可在二级市场上出售,兼有活期与定期存款的优点。在国际货币市场上标准定额为100万美元以上;期限最短为1个月,最长达1年。

3. 银行承兑汇票

承兑是指在汇票到期前,付款人在票据上签署并写明承兑字样及承兑日期,承认票据到期日见票付款。银行承兑汇票是指:在交易中银行因购货人请求,同意在销货人签发的汇票上签章办理承兑手续,承认到期付款的一种汇票。银行承兑汇票除可在承兑银行贴现外,还可以在二级市场上买卖,买卖时按面值打一定折扣,买价与面值的差额为持票人利润。

4. 商业承兑汇票

这是指在交易中,由销货人签发,要求购货人在一定时期内支付一定款项给持票人或受款人的一种汇票,它是由商号或个人承兑的。商业票据是非银行金融机构或企业为筹集资金发行的短期金融工具,信誉很高的大公司可以直接向一般公众发售商业票据,直接进入流通。但大多数商业票据的发行还是要经过大商业银行或证券投资商等中介机构。

(三) 贴现市场

贴现是指把未到期的信用票据向贴现公司、银行换取现金，贴现公司或银行按照贴现利率，扣除从贴现日至到期日的利息，然后按票面余额的现金付给持票人。贴现交易的主要信用票据有政府国库券、短期债券、银行承兑汇票和商业承兑汇票。持票人向贴现公司或银行办理贴现业务后，贴现公司和银行还可以向中央银行进行再贴现，中央银行利用这种票据再贴现业务来调节信用或控制资金市场。贴现业务是短期资金市场融通资金的一种重要方式。

二、国际资本市场

国际资本市场(Capital Market)是指国际间资金的借贷期限在1年以上的交易市场，又称中长期资本市场，它是为政府和企业筹集所需的中长期资金的市场，资本市场经营业务的主要方式是银行中长期贷款和证券交易。

(一) 银行中长期借贷市场

它是国际银行提供中长期信贷资金的场所。一般资金期限为1～5年的称为中期，5年以上的称为长期。这个市场的资金需求者主要是各国政府及其工商企业。贷款方式是通过两国银行签订双边信贷协定。对金额较大的贷款由几家银行组成银团贷款。资金利率由多方面因素决定，一般包括资金供求量、货币政策、通货膨胀率和经济形势等。在这个市场上资金周转期长，风险大，所以银行在考虑贷款时除了审核申请贷款的用途外，还要着重分析其偿还债务的能力。

(二) 国际债券市场

债券是依照法定程序发行，约定在一定期限内还本付息的有价证券。债券的期限在1年以上的，是中长期的融资工具，其中1～5年期限的为中期债券，5年以上期限的是长期债券。债券的发行者(即中长期资金的需求者)有中央政府、地方政府、银行和非银行金融机构、工商企业和国际金融机构等。债券的购买者或资金的供给方为人寿保险公司、基金、信托公司、各种投资公司和其他储蓄机构。此外，有些国家政府机构和个人，也可以选择债券方式进行长期投资，获取收益。债券的发行市场又称为初级市场。大多数国家债券的发行都没有固定场所，而是通过证券投资机构或大商业银行和信托公司等金融机构进行的。债券在不同投资者之间进行转手交易的市场被称为二级市场。一般情况下，债券的转售交易也要通过证券投资机构或商业银行等中介机构。经营证券交易的投资机构可以随时向想要出售债券的资金需求者及想要购买债券的投资者提供有关债券的买卖行情，以供其选择。

当代国际债券市场主要分为外国债券和欧洲债券两大部分。

(1) 外国债券指外国借款人到某一国家的债券市场上发行的债券，债券面值货币是市场所在国货币。债券的承销由市场所在国组织的辛迪加经手，债券的经营受到所在地政府有关法律的管辖。某些外国债券及其市场，在国际金融市场上有特定的名称，例如在美国发行的外国债券称为扬基债券(Yankee Bonds),该市场就称为扬基债券市场(Yankee Bond Market);在英国发行的外国债券称猛狗债券(Bulldog Bonds),该市场被称为猛狗债券市场(Bulldog Bond Market);在日本发行的外国债券称为武士债券(Samurai Bonds),相应的市场则被称为武士债券市场(Samurai Bond Market)。我国将国际多边金融机构在华发行地人民币债券命名为"熊猫债券"(Panda Bonds)。

(2) 欧洲债券与传统的外国债券不同,属于境外债券,不在面值货币国的债券市场上发行。例如,面值为美元的债券,是在美国之外的其他几个国家中同时发行。通常欧洲债券是由一些国家的银行和金融机构建立的国际承销辛迪加出售,并由有关国家向投资人提供担保,因此欧洲债券对借贷双方都具有国际性。

近30年来,国际债券市场创新发展非常迅速,除了传统形式的债券以外,又出现了很多新型的债券工具。

(1) 可转换债券。这是公司债券的一种,可以在指定日期,以约定的价格转换成债券发行公司的普通股票或其他可转让流通的金融工具。

(2) 浮动利率票据。在票据的有效期限内,利息率随市场利率波动而变化,通常是三个月或半年,按伦敦同业拆放利率或其他基准利率进行调整。由于利率适时调整,所以使投资者免受利率波动带来的损失,在利率动荡的时期特别有吸引力。

(3) 选择债券。指债券的持有人有权按自己的意愿,在指定的时期内,以事先约定的汇率将债券的面值货币转换成其他货币,但是仍按照原货币的利率收取利息。这种债券大大降低了债券持有人的风险。

(4) 零息债券。这种债券没有票面利率,到期一次还本,出售时以折价方式,类似国库券的发行。由于是长期债券,出售时还打了很大的折扣,到期有很大的增值,因此,对投资者有较大的吸引力。

(5) 附有金融资产认购权的债券。这种债券的利率稍低,筹资者可以降低筹资成本,而投资者可以持有认购权,保留将来继续投资的权力。认购权也可与债券分离,单独出售,其价格依市场利率水平或股票价格行情而定。

(三) 国际股票市场

股票是股份公司发给股东以证明其进行投资并拥有股份资本所有权的有价证券。股票作为公司股份的书面凭证,用以衡量股东在公司中拥有的权益和责任的大小。在流通方面,股票的特殊性就在于它是一种没有期限,且不可以返还发行公司,要变现只能转让的投资。这种特性也使其交易转让的周转率提高,流通性加强。股票市场也包括发行市场和交易市场。股票市场的核心是股票交易所,它是一个固定的、有组织地进行股票交易的场所。

目前世界上主要的股市都是高度国际化的,这一方面体现在世界上主要的西方股票交易所已不仅是国内公司的股票交易所,它们都有大量的外国公司的股票上市交易,外国公司上市的数量有的甚至接近或超过本国公司的数量。另一方面体现在世界各主要股票交易所之间有现代化的通信联系,任一股市的行情可以迅速传递到其他股市。股票交易所已成为国际金融市场的重要组成部分,它对投资者和筹资者都具有国际性。

三、国际外汇市场

(一) 外汇市场的概念

外汇市场(Foreign Exchange Market)是指经营外汇买卖的交易场所。这个市场的职能是经营货币商品,即不同国家的货币,例如卖出日元、买入美元等。外汇市场是国际货币体系的重要组成部分,由于它的存在,资金在国际间的调拨划转才得以进行,国际间的债权债务才得以清偿,国际资本才得以流动,而跨国界的资金借贷融通也得以实现。

(二) 外汇市场的种类

1. 按照外汇交易的参加者划分

(1) 狭义的外汇市场。它主要指银行同业之间(Interbank)的外汇买卖行为及其场所,又称外汇的批发市场。银行同业的外汇交易源于弥补银行与客户交易产生的买卖差额的需要,旨在避免汇率变动风险,调整银行自身外汇资金头寸的余缺。通常,银行同业之间的交易规模很大,故有"批发"之称。

(2) 广义的外汇市场。指所有货币的买卖行为及其场所。它不仅包括外汇批发市场,也包括外汇的零售市场。零售业务主要包括:① 银行与个人及公司客户之间进行的外汇买卖;② 中央银行由于政策性考虑干预外汇市场而引起的外汇交易。

2. 按照有无固定场所划分

(1) 抽象的外汇市场。指外汇交易没有具体的交易场所,也没有一定的开盘、收盘营业时间,而是由进行外汇交易的银行和经纪人,通过一个由电话、电报、电传和计算机终端等组成的通信网络联系来达成外汇交易。如美国、英国、瑞士等国的外汇市场就没有具体的交易场所,也不挂标明一切货币汇率的行情牌,市场参与者之间都是通过某种电信工具来询价、报价并安排成交的。当然,这个交易网络还包括银行为满足客户零星交易的需要而设置的交易柜台。

(2) 具体的外汇市场。它是指从事交易的当事人能在固定的交易场所和规定的营业时间里进行外汇买卖。如法国的巴黎、德国的法兰克福、比利时的布鲁塞尔、荷兰的阿姆斯特丹等地就有这种具体的外汇市场。

形成上述外汇市场形式上区别的主要原因是,英美等国与欧洲大陆国家长期以来在商业传统和习惯做法上存在着不同。然而,由于伦敦和纽约是世界上最大的两个外汇市场的所在地,所以,人们一般都将典型的外汇市场理解为抽象的外汇市场。

3. 按照外汇受管制的宽严程度划分

(1) 自由市场。它是指政府、机构和个人可以买卖任何币种、任何数量外汇的市场,汇率随行就市。这种市场主要出现在无外汇管制的发达国家,如美国、英国、瑞士、法国等。这些国家的政府介入外汇市场的主要目的在于稳定汇率水平。一些发展中国家也存在公开的外汇市场,但其汇率水平则由政府直接给定,并且外汇交易的范围和规模受到严格控制。

(2) 平行市场,又称替代市场。它是受管制的官方市场的一种替代。政府默许这种市场存在的主要理由有两个方面。一是缓解公开市场上外汇供求的矛盾,二是以平行市场上的汇率水平作为政府汇率管理的参考。由于平行市场上的汇率水平能相对地反映外汇的实际供求状况,政府以此为参考,可以对官方汇率进行微调。

(3) 外汇黑市。一般说来,大多数发展中国家普遍不允许自由外汇市场的存在,并且外汇管制较严格。由于政府限制或法律上禁止外汇交易,故外汇的非法市场获得迅速发展,以满足交易者的需求。这些非法市场就是黑市。

(三) 外汇市场的组织结构

1. 按照外汇交易的对象划分

(1) 客户市场。参加交易的客户主要是各类非金融机构和个人。他们出于贸易、外币存款、投资和投机的需要,同外汇银行进行外汇买卖。

(2) 银行同业市场。参与者主要是外汇银行、各类财务公司、投资公司和证券公司。由于银行同业间买卖金额大,所以,同业间的买卖差价往往要比银行与客户间的买卖差价小。

(3) 中央银行与外汇银行之间的交易市场。为了防止大规模的短期资金流动冲击本国外汇市场,造成本币汇率的暴涨暴跌,中央银行经常通过外汇银行干预外汇市场。此外,中央银行在管理外汇储备时,也常常通过外汇银行进行外汇买卖,调整储备货币的结构。

2. 按照外汇市场的参与者所起的作用划分

(1) 一般参加者。

① 外汇指定银行,即中央银行指定或授权经营外汇业务的银行,又称外汇银行。它包括专营和兼营外汇业务的本国商业银行和其他银行、外国银行设在本国的分支行以及其他办理外汇业务的金融机构。外汇银行是外汇市场的主要参加者,它在外汇市场上主要从事两方面的经营活动:一是代客买卖,起到中介作用,它们一般有较多经营进出口业务的贸易公司客户;二是以自己的账户直接进行外汇交易。在一般情况下,商业银行由其下设的国际业务部直接经营外汇业务。

② 非金融机构与个人。非金融机构主要是指各种进出口贸易公司、政府机构、跨国公司等。第二次世界大战前,进出口贸易公司是外汇市场的主要供求者,但"二战"后,尤其是近二三十年来,跨国公司及投机者已经成为外汇市场的主要参与者,买卖外汇的规模异常庞大,在外汇市场上发挥着重大作用。此外,还有个人(主要包括旅游者、

汇出或收入侨汇者)和出国留学者等。

③ 外汇经纪人(Foreign Exchange Broker)。他们是在银行间或银行与客户间进行联系,接洽外汇买卖的商人。他们熟悉外汇供求情况和市场行情,因而可以在买主和卖主之间积极活动,促成交易,从中获取利润。外汇经纪人可分为两类:一是一般经纪人,即以自有资金参与外汇交易并承担外汇买卖的损益,这时经纪人就是自营商(Dealer);二是跑街经纪人,即代客户进行外汇买卖,只收取佣金,不承担任何风险。

④ 证券公司。主要是指专门从事外币有价证券买卖,赚取外币利息、红利或股息的公司。这类公司参与外汇市场的主要目的是为其外币有价证券的买卖服务。国际上一些知名的大证券公司如美国的美林证券公司、日本的野村证券公司等都是巨型跨国公司,它们对外汇市场的渗透越来越深,范围也越来越广。

⑤ 中央银行。西方国家的中央银行都负有监管外汇市场的职能,当外汇市场上货币汇率剧烈波动时,它们通过买入或卖出外汇来干预市场,以稳定货币汇率。此外,中央银行有时作为政府的银行参与外汇市场,为政府机构和重要的国有企业进行外汇交易,此时,其作用与外汇指定银行没有差异。

(2) 造市者(Market Maker)。造市者又称领导者,由那些不断地、大规模地从事某种货币或某种类型的外汇交易业务,以致使该种货币或该种业务得以形成市场的外汇交易者组成。它们主要是一些拥有雄厚资本、在世界各地银行有往来账户、拥有大量技术娴熟的外汇交易人员、具备良好的信誉和很高的知名度、配有先进设备的大的外汇银行。其买卖报价最具竞争性和影响力。作为造市者的外汇银行数目不多,目前全世界约有200家。它们是世界外汇市场的核心,世界外汇市场汇率的变动通过它们对本行报价的调整来实现。它们的报价是其他规模较小的银行从事外汇交易的基础。

(四)外汇市场的交易结构

在银行同业外汇市场上,外汇交易一般采用直接交易和间接交易两种形式。

1. 直接交易

它适用于国际外汇市场,指一国银行与外国银行通过电话、电传等进行直接交易。这种交易以互惠原则为基础,交易双方随时准备组织市场,即一家银行确信交易对方将会为其提供市场,与其进行它所希望的外汇交易。在此基础上,该银行也保证向对方提供市场,随时准备按对方提出的要求进行交易。由此可见,直接交易的最大优点在于可以确保银行找到一个市场完成交易。其缺点主要表现为三个方面:一是由于要随时为对方提供市场,因而使银行在某种程度上失去了对外汇头寸的控制;二是银行外汇很难确保互惠原则能贯彻始终;三是由于参加外汇交易的银行很多,一家银行在选择交易伙伴时会面临信誉的评估问题,所以要承担一定的信用风险。

2. 间接交易

它适用于国内市场,指银行间的交易往往通过外汇经纪人进行。经纪人作为买卖双方的中介,其主要收益是银行支付的佣金,由买卖双方各付一半。由于经纪人提供的服务与银行相似,且银行还可以进行直接交易,所以经纪人在市场上的竞争非常激烈,经纪人的佣金基本上一样,竞争主要反映在服务质量上。

通过经纪人达成交易的优点是:第一,可以使交易双方取得较好的成交价格。这是因为,双方银行可以保持匿名状态,相互不发生直接接触,任何一方不可能事先知道经纪人正代表谁进行交易,这有利于达成较为公平的交易。此外,各外汇银行都将自己的汇率报给经纪人,通过经纪人得到的汇率自然是当时市场上最好的汇率,同时还省去了外汇银行分别向其他各银行询价比较的时间。第二,可以避免银行在直接交易时面临的信用风险。上述优点弥补了直接交易的不足。但是,通过经纪人的交易必须支付佣金,提高了成本,而且不能保证银行所希望的交易必然成功。就总体情况看,间接交易在外汇银行之间的外汇交易中居主导地位。伦敦、纽约市场经纪人的力量都很大,几乎是一个经纪人导向的市场。近年来直接交易有所增加,尤其是在国际性的外汇交易中,但所占比例仍然较少。

(五)国际外汇市场的特征

外汇市场是国际金融市场的一个重要组成部分,它与其他金融市场存在着种种密切关系。例如,国际货币市场的借贷业务、国际资本市场上的投资活动以及黄金市场上的各种交易都离不开外汇买卖。此外,国际商品和劳务市场上的贸易与非贸易结算都离不开外汇收支。然而,尽管如此,外汇市场也有其本身的特征。

1. 全球的外汇市场在时间和空间上联成一个国际外汇大市场

20世纪70年代以来,现代化通信设备和电子计算机大量应用于国际银行业,亚太地区外汇市场发展迅速,各国外汇市场之间已形成一个迅捷、发达的通信网络,任何一个金融中心的外汇报价只需触按一个电脑终端或拨通一个电话(传真)号码即可得到。这样,任何一个外汇市场上有关货币的交易状况及汇率变动的信息,会很快地传到世界各地。另外,由于英国已放弃传统的格林威治时间而改行欧洲标准时间,英国与欧洲大陆国家之间原来存在的1小时时差消失了,整个西欧外汇市场统一了营业时间,而且还与非洲、美洲及亚洲的外汇市场的营业相互衔接并有部分重叠。具体说来,欧洲外汇市场的营业从上午9时开始,至欧洲时间下午2时,纽约外汇市场开始营业。纽约外汇市场在纽约时间下午3点关闭时,正值旧金山时间中午12点。在旧金山的外汇市场闭市后,交易又可能转到东京,之后依次是新加坡、中国香港、欧洲。这些外汇市场按照时差顺序活动,如此周而复始,使得外汇交易一天24小时能在世界各地不间断地进行。因此,从全球意义上说,外汇市场从不关闭。

2. 各地外汇市场的汇率差异日益缩小

借助于发达的通信网络,人们可以随时随地获得有关货币汇率的信息。例如,纽约外汇市场上的交易虽已告结束,但总部设在纽约的跨国公司和银行在海外的子公司和分支机构,可能正在其他时区里的外汇市场上积极活动。有的银行甚至还允许外汇交易商在家里做交易,这样,即使在深夜,也只要一个电话就能立刻了解其他金融中心的重要事态发展,并及时采取相应措施。此外,当今外汇市场的国际性,使外汇的供给与需求是在全世界范围内而不是在一国范围内取得平衡的。例如,一家进口美国货的英国公司,在伦敦外汇市场上对美元的需求会迅速传送到纽约外汇市场形成英镑的供给。这便使各主要金融市场的外汇行情在任何时点上总是趋向一致而不会有显著差异。有时即使出现差异,套汇活动也会使汇差很快消失。由于外汇市场的国际性,以及外汇交易量大得惊人,所以汇率不易被垄断而具有高度的竞争性。

3. 汇率涨落不定,波动剧烈

20世纪70年代初,布雷顿森林体系瓦解,西方国家普遍实行浮动汇率制度。此后,外汇市场的动荡不稳便成为一种经常现象。特别是进入80年代以后,由于各国经济发展不平衡日益加剧以及国际资本流动进一步趋向自由化,各国货币汇率的波动更加频繁。例如,1980年4月初,1美元约能兑257日元;1989年4月初,1美元仅能兑130日元;而到1995年5月,1美元只能兑90日元左右。1997年亚洲金融危机时期,美元兑日元汇率曾接近150日元关口,而2009年7月,美元只能兑92日元左右。期间美元与日元的汇率还多次出现上下幅度较大的波动。汇率如此大起大落,导致西方外汇市场剧烈动荡,给各国的对外经济贸易活动带来极大的汇率风险。

4. 各种金融创新不断涌现

早在以美元为中心的固定汇率制度时期,外汇市场上就已经出现远期交易。70年代初,西方各国实行浮动汇率制度以后,汇率波动频繁,外汇风险增大,各企业和金融机构都迫切需要更多的金融工具和交易方式,以避免汇率风险。于是各种金融创新工具不断应运而生,如货币互换及其与利率互换相结合的混合互换、货币期货和期权交易等,当然其中的货币期货和期权交易也可用于投机。几十年来,外汇的交易形式发展非常迅速,从而使外汇市场的交易更具活力。

5. 西方国家中央银行对外汇市场干预频繁

在布雷顿森林体系下,各国中央银行有义务使本国货币汇率维持在法定的幅度之内,超过规定限度须加以干预。实行浮动汇率后,虽然从理论上说,各国的中央银行不再承担干预外汇市场的义务,货币汇率开始由市场供求关系来决定,但实际上,各国政府对汇率并未放任不管。尤其是20世纪80年代以来,西方货币汇率的剧烈波动给各国的经济都带来了损害,所以干预更加频繁。干预的手段主要是通过中央银行买入或卖出外汇来控制汇率。不仅本国的中央银行时常介入,而且有时是几个国家的中央银行联合起来进行干预。例如,1985年9月,西方国家在七国财长会议(即纽约PLAZA会议)上一致达成协议,决定引进国际协调机制,联合干预外汇市场。当然,中央银行对其他市场也进行干预,但比起它对外汇市场的干预,无论是在规模上还是在频率上都要小得多。

四、国际黄金市场

(一) 国际黄金市场的参与者

黄金市场(Gold Market)是各国集中进行黄金买卖的交易场所,是国际金融市场的重要组成部分。汤森路透 GFMS 2015 报告指出,黄金市场是全球杠杆最大的市场之一,交易量是年黄金产量的数倍。2014 年全球的黄金交易量是全球历史所有矿产量 18.35 万吨的 3 倍。

目前世界上共有 40 多个黄金市场,这些市场虽然分布在全球各地,但由于时差的因素,使得几个主要的黄金市场的营业时间相互衔接,现代化的电信设备和计算机网络已将世界黄金市场连为一体。

国际黄金市场的参与者主要包括:开采或销售黄金的企业和集团公司;以黄金用于工业的企业;国际金商和国际商业银行;各国中央银行;国际金融机构以及为了保值或投机目的而参与黄金买卖的企业和私人。

(二) 影响国际黄金市场价格的主要因素

1. 黄金的供求关系

国际黄金市场上黄金供给主要有三个渠道:一是来自各国金矿开采;二是国际金融机构、各国中央银行或私人出售黄金;三是一些国家在黄金市场出售金币或发行黄金证券。而黄金需求也来自三个方面:一是作为各国的国际储备资产;二是作为工业用途,主要用在高科技工业、首饰业、医疗机械业等;三是作为私人储藏,其目的或是为了保值,或是为了投机。供给大于需求时,黄金价格下降;反之,价格上升。

2. 世界性的通货膨胀

当西方主要工业国的通货膨胀不断加剧时,货币购买力迅速下降。对货币贬值的恐惧心理促使人们抛售货币抢购黄金,使金价上涨;当通货膨胀势头缓和时,购金活动就会减少,金价趋向平稳。

3. 汇率和利率

当西方国家主要货币汇率下跌,银行利率降低时,这意味着这些货币的贬值和收益的减少,人们出于保值心理而抛售货币抢购黄金,促使金价上升。反之,当汇率稳定,利率上升时,由于存款收益将会增加,使人们投资趋向于银行存款而不是购买黄金,使金价下跌。

4. 国际政治局势

国际上一旦发生重大的政治事件,便会引起政治动荡,从而掀起抢购黄金的风潮,给黄金价格带来极大的冲击。

(三) 当代国际黄金市场发展的特点

金本位时期,西方各国的黄金市场都是自由交易、自由输出输入。金本位体系崩溃以后,各国纷纷实行外汇管制,黄金交易受到很大限制。第二次世界大战后,除了少数国家仍保持自由交易的黄金市场以外,大多数国家对黄金的买卖和输出入都采取了不同程度的限制措施,所以限制性黄金市场较为普遍。20 世纪 70 年代以来,黄金市场的发展具有如下特点。

1. 黄金市场规模进一步扩大,伦敦以外的一些黄金市场的重要性上升

一些国家或地区相继开放黄金市场或放松对黄金输出入的管制,并建立了很多新的黄金市场。在黄金市场数量增加的同时,也促使黄金交易量迅速扩大,2008 年伦敦日均黄金交易量已达 2 080 万盎司,苏黎世、芝加哥、中国香港和新加坡等日均交易量都超过 1 000 万盎司以上。伦敦金银市场协会(LBMA)2015 年的分析报告数据显示:2014 年,全球黄金总的交易量为 58.9 万吨,总价值达 220 万亿美元,是黄金年矿产量的 188 倍。伦敦的交易量占全球总交易量的 70% 左右,而不再是以前的 90%。值得一提的是,中国的黄金市场近年来有了迅速的发展。

上海黄金交易所发布数据显示,2014 年,我国黄金现货交易量达到 1.84 万吨,已连续八年蝉联世界最大的黄金现货交易市场。

2. 各黄金市场金价波动剧烈,投机活动频繁

自从布雷顿森林体系崩溃以来,黄金价格一直动荡不安,历史上,每一次危机爆发时,黄金价格走势都是突发性地增长。1973 年第一次美元危机,1985 年第二次美元危机以及 2003 年的美元赤字,都导致了黄金价格的大幅上涨。在 70 年代中期,黄金价格在每盎司 150 美元的水平,1980 年 9 月,两伊战争的爆发推动金价扶摇直上,猛涨到每盎司 870 美元的创纪录水平,到 1982 年金价又回落到每盎司 310 美元的水平。80 年代中期到 90 年代中期,金价一直在 300 美元到 400 美元间波动。1998 年起,西欧一些国家中央银行大量抛售黄金,使黄金价格狂跌,到 1999 年最低跌破每盎司 250 美元。2007 年以来,随着全球流动性复苏和通胀预期加大,黄金作为抵御通胀的首选资产再次受到追捧。2008 年 3 月,国际金价曾高达每盎司 1 000 美元左右,与此相联系,黄金投机的"买空卖空"活动盛行,加剧了金价的波动。

3. 黄金期货市场迅速发展

1974 年美国解除黄金禁令开办黄金期货以来,纽约、芝加哥两大期货市场发展迅猛。新加坡、澳大利亚也开辟了期货市场;连一贯以黄金现货交易著称的伦敦市场也于 1981 年开办了期货市场。因此,世界黄金市场的结构和布局也发生了重大变化。另一方面,黄金期货交易原来主要是为了使买卖双方免受金价波动的影响,而近年来黄金期货却给投机者可乘之机。

第三节 欧洲货币市场

一、欧洲货币市场的概念

欧洲货币市场(Euro-currency Market)起源于 20 世纪 50 年代末的英国伦敦,其货币是欧洲美元,因而也叫欧洲美元市场。后来这个市场逐渐扩大,其主要借贷货币不仅有欧洲美元,还有其他国家的货币如英镑、法郎、德国马克、日元等,这些货币和美元一起形成范围广泛的欧洲货币市场,也就是离岸金融市场。

欧洲美元是存放于美国境外的外国银行及美国银行海外分行的美元存款。因而,凡是在美国境外的美元存款,不论银行属于哪一个国家,均将此存款视为欧洲美元,此种美元之所以冠上"欧洲"二字,是因为该市场最初诞生于欧洲的缘故。由此看出,"欧洲"并不是地理上的欧洲,而是泛指"境外"的意思。欧洲货币市场是典型的离岸金融市场,是当前国际金融市场的核心,它由欧洲银行、欧洲货币、借贷者和经营规则构成。

二、欧洲货币市场的资金供给与需求

欧洲货币市场的资金供给主要包括:① 美国及其他国家的商业银行。以美国为主的国际商业银行在国外分支机构所拥有的金融资产,是欧洲货币市场资金的主要来源。② 各国政府与中央银行将持有的外汇储备和外汇资金中的相当一部分投放到欧洲货币市场去获取利息。③ 各国跨国公司和大工商企业将闲置资金投放到欧洲货币市场牟利。④ 国际金融机构将外汇资金存入欧洲货币市场。⑤ 石油输出国将大量石油美元投放到欧洲货币市场。⑥ 欧洲货币存款在各银行间不断转存,创造出多倍的派生存款。

欧洲货币市场的资金需求包括:① 各国跨国公司和工商企业在欧洲货币市场上筹措中长期资金,以便从事全球性业务和大型投资。② 国际商业银行、政府机构和全球及区域性金融机构利用欧洲货币市场调拨各自的流动资金。③ 发展中国家在欧洲货币市场筹集资金,以发展本国经济。④ 发达国家为弥补本国出现的国际收支逆差到欧洲货币市场借债。

三、欧洲货币市场的特点

欧洲货币市场是世界性的分布面广的真正意义上的新型国际金融市场。其主要特点是:

1. 利率统一

以伦敦国际银行同业拆放利率(London InterBank Offered Rate,LIBOR)作为基础,存款利率高,贷款利率低,存放款差额小,一般为 0.25%~0.5%,有时甚至低于 0.125%。对于银行来说,由于其贷款数量非常大,利润仍然相当可观;对于客户来说,

由于融资成本低,所以便于筹集资金。

2. 自由化

具体表现为:① 货币选择自由,借贷业务中使用的货币包括了所有发达国家的自由兑换货币,币种较多,资金实力雄厚,金融中心遍布欧亚美各大洲,市场规模巨大,交易具有批发性。② 不受市场所在国金融政策、法律、法规的约束,几乎是一个无限制、最自由的理想市场。由于是从事非居民的境外货币借贷,所受管制极少。③ 信用贷款。欧洲货币市场上的信贷业务,无须提供抵押。④ 非居民可以自由地办理各种金融业务。在欧洲货币市场的任何非居民,只要合乎法律规定,都可以自由地参与市场交易。⑤ 存款免交存款准备金。在欧洲货币市场上的银行,因为其从事的是非居民之间的金融交易,金融法令无法控制,因而吸收的存款无须缴纳存款准备金。

3. 完全国际化

全球范围内经营,规模巨大,没有一个金融市场能够与它相比拟。

4. 技术先进,选择自由,调拨方便

境外货币市场银行机构林立,业务经验丰富,融资类型多样,电信联系发达,加之使用币种广泛而且不受限制,资金调拨非常方便,极易在最短的时间内将资金调拨到世界各地。

5. 国际金融的脆弱性和风险性明显加大

金融创新使金融业务操作便利、速度快捷、交割灵活、成交额巨大,从而对投机产生巨大的诱惑力。这使本来以避险为主要目的的金融衍生工具在国际金融市场上运行的结果,变成了以投机性交易为主的金融工具。尽管衍生工具是风险管理的手段,但由于它具有以小搏大的高杠杆效率,并集中了分散在社会经济中的各种风险于固定的场所加以释放和转移,因而衍生工具本身又蕴藏着巨大的潜在风险。所以衍生工具一旦过度使用,就会带来巨大的风险,甚至成为金融灾难的策源地。

四、欧洲货币市场的主要业务

欧洲货币市场的主要业务经营活动,根据业务性质不同和期限长短,可具体分为三种:欧洲短期信贷、欧洲中长期信贷和欧洲债券。

(一)欧洲短期信贷

欧洲短期信贷是期限在一年或一年以内的欧洲货币存放业务。它的短期信贷业务主要是银行同业间的资金拆借,通过银行的存放款来调剂资金的供求,所以它基本上是银行间的信贷市场。

短期信贷市场存款分为三种:

(1)通知存款,即隔夜至7天存款,客户可随时发出通知提取。

(2)可转让定期存单,是欧洲银行发行的境外货币存款凭证,持有者需要现款时可以在市场上转售。

(3) 定期存款。通常以1个月、3个月短期存款最多。

这个市场贷款条件灵活,选择性强,凡借款期限、币种、金额和交割地点都可由借贷双方协商确定。存贷利差小,存款利率一般略高于国内市场,贷款利率一般略低于国内市场,一般以伦敦银行同业拆放利率为基础,存贷利差一般为0.25%~0.5%。短期信贷通常发生于交往有素的银行与企业或银行之间,彼此了解,信贷条件相沿成习,双方均明悉各种条件的内涵与法律责任,不需要签订书面贷款协议;一般通过电信联系,双方即可确定贷款金额与主要贷款条件。贷款起点一般为25万美元或50万美元,一般为100万美元。

(二) 欧洲中长期信贷

欧洲中长期信贷市场是欧洲货币市场的一个组成部分,虽然它和欧洲短期信贷市场同时产生,但20世纪70年代以前发展缓慢。1973年以后,欧洲美元存款增加,石油进口国由于石油涨价出现了巨额国际收支赤字,对中长期资金需求增加。同时中长期信贷方式灵活,贷款风险减小,对贷款人和借款人都很有吸引力。贷款的基本形式是双边贷款或多边贷款。

欧洲中长期信贷的显著特点是:① 贷款金额大,银团贷款的每笔贷款金额一般在1亿~5亿美元,有时甚至高达数十亿美元。② 贷款期限长,贷款期限为5~10年,也有超过10年的。③ 以国际银团贷款方式为主,又称银行辛迪加贷款(Syndicate Loan)。一般由数家银行联合起来组成银团提供贷款。④ 多采用浮动利率计息。由于中长期贷款的期限较长,利率在贷款期间内的变化趋势难以正确预测,而贷款人和借款人都不愿意承担利率变化的风险,因此,银行中长期贷款通常采用浮动利率,而不是固定利率。借贷双方在确定利率时,一般都以3个月或6个月的伦敦银行同业拆放利率作为基础,再加上一定的加息率计收利息。并且根据市场利率的变化,每3个月或半年调整一次。⑤ 需签订贷款协议。由于中长期信贷的期限长、金额大,风险较大,因此办理贷款需要签订贷款合同。有的合同还需经借款国的官方机构或政府方面予以担保。

专栏 6.1

国际银团贷款

1970年代以来,欧洲货币市场中长期贷款的主要形式是银团贷款,又称银行辛迪加贷款(Syndicate Loan)。

国际银团贷款是由一家或几家银行牵头,联合几家甚至几十家国际银行组成一个银团共同向某客户或某工程项目进行贷款的融资方式。银团贷款有两种形式。

1. 直接银团贷款,即参加银团的各成员银行直接向借款人提供贷款,贷款的具体工作由各贷款银行在贷款协议中指定的代理银行统一管理。

2. 间接银团贷款,即由牵头银行向借款人贷款,然后由该银行将参加贷款权分别转售给其他银行,它们按各自承担的参加款项的金额,向借款人提供贷款,贷款工作由牵头银行负责管理。牵头银行一般由银团中资金雄厚、经验丰富、提供贷款份额较多的成员银行担任。通常作为牵头银行的都是信誉良好、声望较高的银行,它在银团中处于非常重要的地位。

采用辛迪加贷款除了要按期支付利息外,还要支付各种费用。费用的高低也依据贷款金额、贷款期限、市场资金供求状况以及借款人资信等而有所不同。主要费用包括三部分:管理费、代理费、承担费。管理费是借款人支付给银团的牵头银行,对牵头银行进行的管理活动所支付的费用,费率一般为贷款总额的 0.25%～1%。代理费是借款人付给代理行的报酬。承担费是贷款人向借款人收取的一种由于借款人没有按期使用贷款的补偿性费用,费率通常为 0.125%～0.25%。

(三) 欧洲债券市场

欧洲债券是国际债券的一种,是借款人在债券票面货币发行国以外的国家或在该国的离岸国际金融市场发行的债券。据文献记载,菲利浦公司 1949 年和 1951 年在荷兰发行的两笔美元债券可以看作是最早的欧洲债券发行,到 1963 年才正式形成欧洲债券市场,目前它已成为国际债券市场的主要部分。欧洲债券市场的中心是卢森堡。

欧洲债券通常由国际银行联合办理发行并同时在许多国家出售。欧洲债券的发行除经借款人所在国批准外,不受其他国家法律约束。它的发行采用"出盘"的形式,即不经过申请批准的非正式发行形式,以避免国家对发行的限制。发行时,首先由经办银行牵头;经办银行由 4～5 个银行组成。经办银行再组织一个世界范围的发行辛迪加,由主要银行和证券商参加,这种辛迪加又叫承保辛迪加。组织好承保辛迪加后,辛迪加向借款人提供一个实盘,债券即可发行,而借款人就可获得资金。承保辛迪加还组织一个由银行、经纪人和证券商集团组成的认购集团进行销售。认购集团首先购买大部分债券,然后再转入二级市场出售。在进入二级市场前,欧洲债券的发行不公开进行,主要是通过个别提供的方式,一般是在公开发行后才公开宣传。

目前,国际债券市场上的债券有 60% 是在欧洲债券市场上发行,它对筹资者和投资者都很具有吸引力。

(1) 欧洲债券发行不经官方批准,也不受某一国金融法令限制,债券发行自由灵活,筹款能力强。

(2) 这个市场发行成本低,并且债券以不记名形式发行,可以保存在投资者所在国外,得以逃避国内所得税。

(3) 货币选择性强。筹资者可以根据本国外汇储备构成、各国货币汇率及利率变动趋势,选择任何一种或几种货币发行债券,投资者也可选择购买任何一种债券并进行货币调换或利率调换。

(4) 流动性强,风险小。欧洲债券市场的借款人主要是资信状况很好的各国政府、跨国公司和国际组织。这个市场又有一个活跃的二级市场,债券持有人可以自由转让债券取得现金,比较安全。

五、欧洲货币市场的监管

随着欧洲货币市场的产生和发展,它在国际金融市场中的重要性越来越突出,对世界经济的影响也越来越显著。

欧洲货币市场打破了各国金融市场之间的隔绝,使国际金融市场联系更加紧密,促进了生产、市场、资本的国际化,促进了国际贸易和投资活动的发展,为各国尤其是发展中国家提供了资金,促进了这些国家的经济发展,也帮助一些国家解决了国际收支逆差问题。然而,欧洲货币市场的迅猛发展也带来了很多不利影响:首先,增加了国际贷款的风险,使国际金融市场更加动荡。欧洲货币市场上的借贷业务的主要方式是银行"借短放长",即欧洲货币存款绝大部分是一年以下的短期资金,而对外放款绝大部分是以中长期为主,这就增加了金融市场的脆弱性。另外,欧洲货币市场上长期巨额的信贷牵涉众多的辛迪加成员银行,而银行之间的锁链式的借贷关系又牵涉世界各主要的国际金融中心,一旦出现金融风险,就有可能引起连锁反应,很可能引发金融灾难。其次,导致外汇投机增加,加剧外汇市场的动荡。由于欧洲货币市场短期资金都用于外汇投机交易,大量资金利用套汇套利等手段在几种主要货币之间频繁移动,往往使汇率发生剧烈波动,甚至造成大规模的国际金融动荡。最后,加大了储备货币国家的国内货币政策的执行难度。比如,某主要货币为了控制国内通货膨胀而采取紧缩政策,提高利率、紧缩信贷,但是该国的银行和工商企业可以到欧洲货币市场上借到利率较低的欧洲货币,从而抵消或削弱了政府紧缩政策的效果。

由于欧洲货币市场本身存在着上述消极影响,所以自 20 世纪 70 年代以来,各主要西方国家之间一直在进行协调,试图对欧洲货币市场进行监管。在一系列的监管措施中最重要的举措是 1975 年国际清算银行(BIS)主持成立了"银行管制和监督常设委员会",即"巴塞尔委员会",旨在研究如何协调对国际银行业进行监管。

委员会经过多年努力,于 1988 年 7 月通过了《巴塞尔协议》,该协议确定了银行资本的构成、资本与资产比率的计算方法和标准比率等内容,试图通过对国际商业银行实行统一的风险管理,尤其是对表外业务的风险管理,来稳定和健全国际银行业。协议的公布和实施使各国央行对商业银行的监管更为具体、明确和严格,奠定了国际性监管合作的基础。

20 世纪 90 年代以来,针对国际银行业经营环境的重大变化,1997 年 9 月,巴塞尔委员会又正式发布了《银行业有效监管核心原则》(简称《核心原则》),将风险管理领域扩展到银行业的各个方面,以建立更为有效的风险控制机制。《核心原则》提出了新的国际形势下对银行业进行监管的新概念,强调对银行业实施全球统一的监管。尽管这个文件主要解决监管原则问题,并未提出具有操作性的监管办法和完整的计量模型,但为此后《巴塞尔协议》的完善提供了一个具有实质意义的监管框架。1999年开始,为了适应银行业务的不断发展,巴塞尔委员会开始对1988年的协议进行修改,以增强协议规则的风险敏感性。经过多次征求意见和修改,2004年委员会公布了《资本计量和资本标准的国际协议:修订框架》,即巴塞尔新协议。新协议对资本充足率的计算和要求,对信用风险的衡量办法、监管和市场纪律等要求有较大的提升和改革,体现了风险防范问题的重要性,也从一个侧面预示了银行业风险管理和金融监管的发展趋势。

虽然主要发达国家在银行业及市场控制方面达成了若干协议,但是由于各国金融发展状况的巨大差异,目前看来真正对欧洲货币市场实施全面监管是难以实现的。加之各国对是否实行管制的态度也不尽相同,可以说,在管制欧洲货币市场的问题上,各西方主要国家除了达成一些原则性的协议之外,尚未取得实质上的进展。但是可以肯定,未来各国的合作将会继续下去,对欧洲货币市场的控制也会逐渐增强。

专栏6.2

欧洲货币市场的延伸——亚洲货币市场

亚洲货币市场是存储和流通在亚洲地区的境外货币的市场。它实际上是欧洲货币市场的一个重要分支。亚洲货币市场以亚洲美元的经营为主。20世纪60年代,亚洲的许多国家和地区从第二次世界大战的破坏中恢复过来,开始了经济的迅速发展,从而产生了对美元及其他发达国家货币的大量需求,亚洲国家急于建立一个本地区的国际金融市场,把流散在亚洲各地的美元和其他货币集聚起来,以解决亚洲国家在经济发展和对外贸易中产生的需求。

最早发展起来的是新加坡亚洲美元市场。1968年10月,新加坡政府接受了美洲银行的建议,允许美洲银行新加坡分行内部设立一个"亚洲货币单位"(Asian Unit),以欧洲货币市场的方式吸收非居民存款,向非居民提供外汇交易和资金信贷业务。新加坡政府规定亚洲美元货币单位不能参加国内交易,需要另立单独的账户。以后,新加坡政府采取一系列放松管制的措施,实行利率自由化,鼓励竞争。1978年6月起,新加坡政府取消了外汇管制,促进资金进一步充分自由流动。

新加坡离岸金融中心经过20多年的发展,已确定了自己在亚太地区乃至世界上的重要地位。然而80年代以来金融自由化和金融市场融资证券化的趋势对新加坡的发展提出了挑战,尤其是日本东京和中国香港离岸金融中心的发展,更是对它构成一定的直接威胁。

中国香港是亚洲货币市场的又一个组成部分。作为离岸金融中心,中国香港和伦敦一样是随着经济的不断发展,采取传统的自由放任政策自然形成与发展起来的。中国香港没有中央银行,政府实行"积极的不干预"政策,使中国香港的金融业务保持最大限度的经营自由。居民和非居民从事境内、境外业务均不受限制,从而逐渐形成了内外一体的混合型离岸金融中心。中国香港很早就存在免税的境外货币借贷市场,但由于担心离岸市场冲击中国香港金融业和政府财政收入,因而实行外汇管制。新加坡亚洲美元市场的形成使中国香港失去了成为亚太地区最大离岸金融中心的良机,但中国香港政府同样采取了一系列措施以提高其作为离岸金融中心的地位。如1973年取消了外汇管制,1974年开放了黄金市场,1978年取消了自1965年以来禁止外国银行进入的规定,1980年增设黄金期货市场,1982年筹设金融期货市场等。作为离岸金融中心,中国香港主要从事非居民间的外币借贷,调节地区间的资金流向,并使银行之间互通有无。中国香港金融机构的对外负债主要来自西欧与中东,而对外债权则主要用于亚太地区。中国香港依然是世界主要的离岸金融中心之一,世界上最大的100家商业银行中,74家已在中国香港设立了据点。1980—1986年,中国香港是世界第四、亚太第一大银团贷款中心。

日本东京作为境外货币市场起步较晚,随着日本在20世纪六七十年代的经济腾飞,经济实力大大增强,日本银行的国际业务量不断增加,1983年日本大藏省和日本银行开始考虑在东京开办"国际银行便利"业务。但是由于日本金融界意见的分歧,设立离岸金融中心的计划暂被搁置。然而,自1984年起,日本政府逐步放松了金融管制。1985年取消对日本公司债券持有者征收的20%的利息预扣税。到1986年12月1日,东京离岸金融中心正式成立。东京离岸金融中心建立的时间虽不长,但发展极为迅速,目前已成为世界主要的离岸金融中心之一。在东京经营离岸金融业务的银行需获得大藏省批准,离岸金融业务需另立账户来处理,从而与国内金融业务完全分离。拥有离岸账户的银行能够以任何一种货币对所有的非居民客户提供存款业务。此账户免征利息预扣税,没有准备金和存款保证金的要求,总之,日本政府放松管制的措施对鼓励中小银行与离岸金融业务、推行日元国际化,都起了很大的作用。

亚洲货币市场的主要功能是集聚银行同业存款、中央银行外汇储备、基金组织、各种政府机构、跨国公司以及私人暂时不用的闲置资金,将之转化为短期或长期贷款,来解决亚太地区发展经济的基金。当亚洲国家或地区遇到国际收支失衡或面临本国(地区)无力承担的大规模建设时,都会向亚洲货币市场借款。亚洲货币市场的产生与发展为亚太地区的经济活动提供了融通资金的便利场所。

第四节 国际金融衍生工具市场

金融衍生工具(Financial Derivatives)又称金融衍生品(Financial Derivative Products),指由基础金融资产或实体资产(包括外汇、债券、股票和实体商品等)及其价格或者价格指数派生的金融合约,联合国经济合作与发展组织(OECD)认定金融衍生产品是一份双边合约或支付交换协议,其价值是在基础性资产及其基础性资产利率或指数上衍生的。

金融衍生工具是以货币、外汇、股票、债券等传统金融产品为基础标的物衍生出来的,旨在为交易者提供转移风险、增加收益的作为交易对象的工具。如以货币资产为基础衍生的远期货币、货币期权、货币掉期、货币期货和货币互换等,以股票为标的资产衍生的股指期货、股指期权等,以利率为基础衍生的利率互换、利率期货和利率远期协议等金融衍生工具。

一、金融期货交易市场

(一)金融期货交易的基本概念

期货交易是与现货交易相对的一种交易方式,其实质就是交易双方对一个统一标准合同(期货合约)进行买卖。期货合同的买方同意按照期货合约的规定在将来的某一时间以一定的价格购买一定数量的某种商品,而合约的卖方则同意在将来的某一时间以约定的价格提供这种商品。将这种商品期货交易的方法运用于货币、证券及股票指数等金融商品的期货交易,即为金融期货交易。

(二)货币期货交易

货币期货交易(Currency Futures Trading)是金融期货交易中出现最早,也是最主要的金融期货交易形式。货币期货交易也称外汇期货交易(Foreign Currency Futures Trading),是一种交易双方在有关交易所内通过公开叫价的拍卖方式,买卖在未来某一日期以既定汇率交割一定数量外汇期货合约的外汇交易。

20世纪70年代初期,著名的美国芝加哥商品交易所(Chicago Mercantile Exchange,CME)在弗里德曼的鼓吹下,鉴于汇率的巨幅波动,认为可将行之多年的商品期货交易技巧应用于金融业。于是在1972年5月16日,该交易所另设了一个专门交易金融期货的部门,称为国际货币市场(International Monetary Market,IMM),开办货币期货契约,创立了世界上第一个能够转移汇率风险的集中交易市场,使期货交易的对象从农产品、初级原料及金属等实物扩展到金融商品。1975年10月24日,芝加哥交易所(Chicago Board of Trade Exchange,CBOT)首次出现使用金融工具的期货交易。英国在1982年9月成立伦敦国际金融期货交易所(London International Financial

Futures Exchange,LIFFE),正式开始进行金融及货币期货交易。目前,澳大利亚、加拿大、荷兰、新加坡等都有金融期货交易所。

1. 货币期货交易的基本特征

(1) 货币期货交易是在固定的交易场所中进行,而且只有交易所会员才有资格进行期货交易的操作。

期货交易属于场内交易,目前世界上著名的金融期货交易所有:芝加哥国际货币市场(IMM)、伦敦国际金融期货交易所(LIFFE)、新加坡货币期货市场(SIMEX)等。

在期货交易中,并不是每一个进行期货交易的人都能在交易所内直接进行期货合约的买卖,只有会员才能进入交易所进行交易。如果你不是交易所的会员,你必须委托会员的经纪公司(Member Firms),才能出售和购买期货合约。因此,期货交易双方并不直接接触,也无需了解对方的身份、资信等,所有成交交易专门有一个清算中心负责结账。同时,与远期外汇市场相比,货币期货市场是一个灵活而有效率的市场。从事远期外汇交易虽无资格限制,但实际上远期外汇市场参与者大多数为专业化的证券交易商或与银行有良好往来关系的大厂商,没有从银行取得信用额度的个人投资者与中小企业极难有机会参与;而期货市场上,任何投资人只要依规定缴纳保证金,均可通过经纪商来进行期货交易。

(2) 标准化的期货合约。期货交易是通过买卖期货合约进行的,期货合约是一份高度标准化的书面合同。其高度标准化主要体现在:

一是数量标准化。每份货币期货契约的交易量都为固定的标准数量,通常以各货币的一定金额作为交易的订约单位,交易是以这个单位或其整数倍数进行的,有尾数的金额不得交易。历史上,主要西方货币期货合同的标准买卖单位为12.5万马克、6.25万英镑、10万加元、25万法国法郎、1 250万日元等等,随着欧元区的出现,马克、法郎等货币期货合约已经成为历史。

二是交易日期的标准化。外汇市场上的远期交易规定固定的交割期限,而货币期货交易一般规定固定的交割日期。如芝加哥国际货币市场把每年的1月、3月、4月、6月、7月、9月、10月、12月作为交割月份,2月、5月、8月和11月只有当月交割的现货交易。伦敦国际金融期货交易所则为3月、6月、9月和12月四个月份。芝加哥国际货币市场把各交割月份的第三个星期三作为交割日,而伦敦国际金融期货交易所则把交割月份的第二个星期三作为交割日。

(3) 期货交易的价格。期货交易的价格是通过公开叫喊方式确定的。交易市场上的价格通过相互竞争而确定下来,同时场上的价格又随时公开报道,进行交易的人可以根据场上价格的变化随时调整他们的要价、出价。为了避免货币期货参与者在单一交易日内承担过高的风险,并防止期货市场发生联手操纵的不法行为,通常期货交易所对各类期货价格的波动不仅有上限的控制,而且还有下限的规定。

(4) 保证金制度。外汇期货合约买卖在成交时,只是确定了交易双方在未来一定时期按合约规定的条件进行外汇交割的责任,而没有进行实际的货币收付。当汇率发生变动时,每个外汇期货合约的市场价值都在不断地发生变化,合约一旦到期,受损的一方有可能不履行或无法履行责任。交易所或交易所清算机构是交易的中介和清算中心,若受损的一方违约,责任即落在交易所身上,损失将转移给交易所。为此,为了防止交易双方的违约行为,凡是从事外汇期货交易的双方都必须向经纪人交纳保证金,保证金最后存入交易所的清算机构,用以作为交易者履行合约的保证。保证金有一个初始水平和维持水平。初始保证金(Initial Margin)是交易者进入外汇期货市场时,从事某种外汇期货交易最初交存的保证金;维持保证金(Maintenance Margin)是保证金账户余额的最低水平,即如果因期货价格变化使交易一方亏损而致使保证金余额不足维持最低水平,交易所则立即要求交易者补足保证金。相反,交易中盈利的另一方可将盈利取走。如芝加哥国际货币市场每个英镑合约交易的初始保证金为 2 800 美元,维持保证金水平为 2 000 美元。

(5) 期货交易具有一套独特的结算系统和独特的结算方式。每个交易所都有一个清算所负责期货契约的交易与登记工作,清算所可以是独立组织,也可以是交易所的附属公司。清算所是一个赢利性机构,交易所的会员要想成为清算会员必须单独申请,每笔期货契约交易的登记与清算需要另外付费。非清算会员的交易所会员必须与清算会员有账户关系,通过清算会员清算,并缴纳一定的佣金,有时清算中心的规模甚至大于交易所规模。

期货交易的结算方式是每天结算,这种方法称为"逐日盯市"(Make-to-the-Market),即每个交易日市场收盘后,清算所将会对每个持有期货合约者确定其当日的盈亏,这些盈亏都反映在保证金账户上。由于期货合约实行逐日盯市的每日结算制度,而期货交易的初始保证金一般都高于期货价格每日涨跌的最大可能性,因而保证金制度大大保证了期货交易所更为安全、正常地运行。

2. 货币期货市场的功能

从货币期货交易的目的来看,它具有两大功能。

(1) 套期保值(Hedging)。套期保值又称对冲,指交易者目前或未来持有现货头寸,并暴露于汇率变动的风险中,通过在期货市场做一笔与现货头寸等量而买卖方向相反的交易,以补偿或对冲因汇率波动而可能带来的损失。

套期保值是期货最重要的操作之一。交易者通过套期保值可以达到两个目的:一是锁定资金成本;二是保护资金的收益。与之相适应,套期保值也有两种类型:买入对冲(Long Hedge 或 Buying Hedge)与卖出对冲(Short Hedge 或 Selling Hedge)。

① 买入对冲是指交易者预期未来将在现货市场购入某金融资产,乃先于期货市场买入与该类资产相同或相关的金融期货合约,到时在现货市场买入该类资产的同时,再

用原先买入的期货合约在期货市场结清了结。

② 卖出对冲是买入对冲的相反模式,它是指交易者预期未来将在现货市场售出某类金融资产,而先在期货市场售出与该类资产相同或相关的金融期货契约,到时在现货市场售出该类资产时,再用原先已售出的期货契约在期货市场结清了结。

下面分别举例说明买入对冲与卖出对冲的操作原理。

例 6.1 买入对冲

某美国进口商按合同将于 3 个月后支付 125 000 英镑的货款。若签约当日英镑的即期汇率为 £1＝US＄1.567 8,而 3 个月英镑远期汇率则高达 £1＝US＄1.60,所以进口商预计 3 个月后英镑即期汇率将升值,为规避升值的汇兑损失,乃进行买入套期保值。具体操作如表 6-1。

表 6-1 套期保值买入对冲操作

	现货市场	期货市场
今日	当日即期汇率 £1＝US＄1.567 8,预计 3 个月后英镑即期汇率为:£1＝US＄1.60	买入 3 个月后交割的英镑期货 125 000 英镑,价位 £1＝US＄1.60,即预计 3 个月后英镑即期汇率价格将在此上下盘旋
3 个月后	当时即期英镑汇率升值至 £1＝US＄1.645,美国进口商到即期市场买入 125 000 英镑,以备支付	当日英镑期货成交汇率随即期汇率同步升值至 £1＝US＄1.650,变卖后可赢利 6 250 美元

美国进口商成本＝1.645×＄125 000－＄6 250＝＄199 375

单位成本＝＄199 375/£125 000＝＄1.595/£1

显然,通过买入对冲,锁定了进口成本,使其控制在＄1.6 水平以下。

例 6.2 卖出对冲

一家日本公司,6 个月后有 5 000 万英镑收入,目前汇率 £1＝JPY150,为防止 6 个月后英镑贬值,该公司决定采用卖出套期保值以避免风险。操作过程如表 6-2。

表 6-2 套期保值卖出对冲操作

	现货市场	期货市场
今日	今天 £1＝JPY150,6 个月后将收入 5 000 万英镑,按目前汇率水平预计收入 75 亿日元	今日以 £1＝JPY152 卖出期货合约 5 000 万英镑,价值 76 亿日元
6 个月后	6 个月后 £1＝JPY140,实际收入 70 亿日元,亏损 5 亿日元	6 个月后 £1＝JPY140,买进 5 000 万英镑期货合约,价位 70 亿日元,赢利 6 亿日元

通过以上操作,这家日本公司 6 个月后在现货市场出售 5 000 万英镑,得到 70 亿日元,期货市场获利 6 亿日元,两者合计为 76 亿日元,超过了该公司在签约时该笔

5 000万英镑折合75亿日元的金额,该公司通过卖出对冲锁定了未来货款收入的实际价值。

(2) 投机(Speculation)。所谓投机是指投机者在本身目前或未来并无现货头寸的情况下进行期货交易,其参与期货交易的目的是想从期货价格变动中获取利润。

外汇期货具有较强的投机功能,这是因为:

① 每个外汇期货合约的交易金额相对较小,可以满足各种层次投机者的需要。

② 由于外汇期货合约是标准化合约,有很高的流动性,能够满足投机者根据市场变化迅速调整外汇期货头寸的要求。

③ 外汇期货交易是保证金交易制度,交易者在进行外汇期货交易时,无须持有与期货合约价值相等的外汇或本币,只需存入一笔很小的保证金,所以外汇期货具有很强的杠杆作用,即以小量的资本便可进行超额交易。

例如,在国际货币市场上,每个瑞士法郎期货合约的初始保证金为\$2 025,投机者只需有\$2 025,便可买入或卖出价值为125 000的瑞士法郎期货合约。如果投机者以\$0.663 7/CHF的价位买入一份九月期瑞士法郎期货合约,假设八月份时,九月期瑞士法郎期货价格上升了2%,即为\$0.667 0/CHF,投机者此时卖出该份合约,则可获利CHF125 000×(\$0.677 0/CHF−\$0.663 7/CHF)=\$1 662.5,投资回报率高达82.1%(1 662.5/2 025=82.1%),远远大于价格上升2%的幅度。当然,如果期货价格下跌2%,则投机者同样亏损\$1 662.5,亏损率同样为82.1%。可见外汇期货具有极强的投机功能。

(三) 其他金融资产的期货交易

1. 利率期货

市场利率的波动会引起债券价格的起伏,这会给债券的持有人带来投资风险,利率期货合同可以防范利率波动的风险。利率期货合同有以国库券、CD或欧洲美元定期存款利率为基础的短期利率期货合同,还有以政府长期债券为基础的长期利率期货合同。短期利率期货和长期利率期货合同的计价方法有所不同,具体的方法比较复杂。但是总的来说,都是采用特定的方法把利率的波动幅度分成等分计价。比如在LIFFE交易时,短期利率期货合同报价的最小利率波动幅度是0.01%,相应的美元利率合同的最小价格变动是25美元,英镑利率合同的最小价格变动是12.50英镑;而长期利率期货合同报价的最小利率波动是1/32%,相应的最小价格变动美元利率合同是31.25美元,英镑利率合同是15.625英镑。

2. 股票指数期货

股票价格的剧烈波动,会使许多不愿冒风险的投资者却步,股票指数期货合同的出现就使拥有大量股票的人得以套期保值,分散或抵补投资风险。同时,股票投机者也可以利用股票指数期货交易,在股票价格波动中获利。世界上第一个股票指数期货合约是堪萨斯交易所于1982年2月推出的价值线综合平均指数期货。目前股票期货交易在世界上已很普遍，其中交易量最大的是美国芝加哥商品交易所，次之是英国伦敦的各个期货市场。在不同的市场上，股票指数期货的报价方式不尽相同，但一般都是直接利用股票指数来表示期货合同价格的变动，每一个百分点值为若干货币单位。例如芝加哥商品交易所的股价指数期货交易中，指数每变动一个百分点的价格是500美元，就是说期货合同的价格等于期货购买或出售时股票指数的500倍。股票指数合同一般都是按季度清算交割的，即3月、6月、9月和12月循环，到期时买卖双方以现金清算，不是现实股票的买卖。

3. 黄金期货

金融期货的交易方式来源于传统的商品期货的交易方式，黄金等贵金属的期货方式就更与商品期货相同了。黄金期货合约的标准规模是100盎司，在世界许多期货市场都有交易，其中规模最大的市场包括纽约商品交易所（COMEX）、芝加哥的IMM、芝加哥贸易委员会（CBT）、地中海商品交易所（MCE）、LIFFE、新加坡国际货币交易所（SIMEX），以及香港股票交易所等等。

二、其他金融创新

(一) 金融期权交易

1. 期权的概念和分类

期权（Option）也称选择权，是指以合约形式确认在买方支付一定费用的基础上拥有在规定时日或期限内按执行价格（即合约规定的价格）购买（出售）标准数量原形资产的权利。期权合约（Option Contract）是一种有法律效力的标准化契约。其主要内容有：标的资产名称（即原形资产）、交易单位、报价、执行价格、交割和失效日等。期权合约的基本当事人有期权持有人（Option Holder，即买方）和期权签发人（Option Writer，即卖方）。如果期权合约项下的原形资产属于金融资产，则称这类期权为金融期权。期权交易正是通过买卖不同类型的期权合约进行的。虽然选择权交易早已有之，但金融期权的真正发展却在20世纪的70年代末和80年代初。其产生与发展的重要原因在于金融工具价格波动日益激烈以及国际贸易和国际投资的发展。

根据不同的标准，金融期权可作如下分类：

(1) 根据买方要求执行合约的时间不同，可分为欧式期权和美式期权。

欧式期权（European Style Option）是指期权合约的持有人只有在合约到期日才能决定并宣布是否执行合约。

美式期权（American Style Option）是指期权合约的持有人有权在合约有效期内的任何一个营业日决定是否执行合约。由于美式期权合约赋予持有人更大的灵活性，故持有人在购入美式期权时所付的期权费高于欧式期权。

应当注意，欧式期权与美式期权的差别仅在于买方宣布是否执行合约的日期不同，与交易所在地域无关。

(2) 根据交易方式不同,可分为场内期权和场外期权。

场内期权是指在交易所场内通过竞价成交的期权。场内期权合约都是严格标准化的。交易所的期权清算公司在买卖双方之间执行清算功能,保证并代理当事人办理有关金额的收付。

场外期权主要是指在交易所以外的期权市场上进行交易的期权。其特点是主要交易条件由买卖双方共同商定。每份合约的交易金额一般比场内期权大得多。

一般而言,场内期权的流动性强,灵活性较差;而场外期权则灵活性大,但流动性不强。因此,有关交易商常利用两种期权的不同特点,在两个市场上同时进行交易来达到保值、获利的目的,从而使两个市场密切联系、互相补充、互相促进。比如商业银行或其他非银行金融机构通过场外交易购入某种货币期权,同时可从交易所再购入交易方向相反的该货币期权,以对冲场外期权,从而达到保值目的。

(3) 按合约赋予持有人的权利不同,可分为买进期权和卖出期权。

买进期权或买权也称看涨期权(Call Option 或 Call),是指期权的购买者(即持有人)拥有执行或放弃在规定时日或期限内从期权的出售者手中按执行价格买进规定数量的权利。当交易人预测某种金融资产的价格趋于上涨时,便可购入该资产的买权,所以这种期权称为看涨期权。

卖出期权或卖权也称看跌期权(Put Option 或 Put),是指期权的购买者拥有执行或放弃在规定时日或期限内向期权的出售者按执行价格卖出规定数量金融资产的权利。当交易人预测某种金融资产的价格趋于下降时,就会买进此卖权,故称看跌期权。

(4) 按期权合约下的原形资产不同,可分为货币期权、利率期权、股票指数期权等。

如果期权合约下的原形资产是货币,则称为货币期权(Currency Option)。目前国际市场上期权交易的主要货币有英镑、欧元、日元、加拿大元等。货币期权一般用美元标价。

如果期权合约下原形资产是短期国库券或中长期政府债券等融资工具以及某种欧洲货币的市场利率,则称为利率期权。这不仅因为这类金融工具的价格是以利率表示的,而且期权下实际交易的对象正是合约规定的利率与同期市场利率间可能存在的差额。

如果期权合约下的原形资产为股票交易所的价格指数(变相资产),则称为股票指数期权。

此外,还有以金融期货合约为原形资产的期货期权(Option on Futures)、以互换协议为变相资产的互换(协议)期权(Swap Option 或 Swaption)等名目繁多的特殊期权。

2. 期权交易的特点

(1) 期权合约下直接交易的对象是抽象的商品——执行或放弃合约的权利。换言之,期权交易实质上是上述选择权利的买卖。买方支付(卖方收取)的期权费是这种选择权的价格,并非原形资产的价格。权利一旦由卖方转至买方,无论买方是否执行其期权,期权费便不再退回。此外,对于买方来讲,可以通过支付期权费使原形资产未来价格变化的风险得到套期保值,就如同为原形资产的未来价值买了保险。从这个意义上说,期权费又称为保险费。

(2) 期权合约赋予交易双方的权利和义务不对等。对买方而言,期权合约赋予他的只有权利,没有义务,即他可以在市场有利时行使执行合约的权利,市场不利时也可行使放弃合约的权利,任凭合约过期作废,而不受卖方的追究,两种权利任选其一。对卖方来讲,期权合约赋予他的只有义务,没有权利(收取期权费除外),即他有义务因买方要求履行按合约的执行价格和规定的数量出售或买进某种金融资产。

(3) 期权合约使交易双方承担的亏损及获取的收益不对称。由于期权买方可在执行价格对其不利时有放弃执行合约的权利,所以他所承担的最大亏损仅限于所支付的期权费;如果执行价格对其有利时,他获得收益的大小则不受期权费所限,有可能大大超过所付的期权费。在此意义上说,期权买方的亏损是有限的,而盈利则是无限的。由于卖方只有义务,没有权利,所以当市场对其有利时,他的最大收益仅限于由于买方放弃执行合约而收到的全部期权费。但市场对其不利时,他所承担的亏损则不像盈利那样有限制,有可能大大超过收取的期权费。在此意义上说,期权卖方的收益是有限的,而亏损则是无限的。

3. 期权价格的决定

期权价格的表现形式就是期权费,即买方买入一份期权合约所支付的、卖方以出售一份合约而收入的货币量。一定数量的期权费对期权的买方意味着最大亏损额,对卖方意味着对其面临风险的最大补偿。因此,期权价格的高低在期权交易的决策过程中举足轻重,有必要对其构成及影响因素进行分析。

(1) 期权价格的构成。期权价格等于其内在价值与时间价值之和。期权的内在价值是指合约执行价格与同期原形资产市场价格的差额。期权的最低价值为零。具有内在价值的期权称为实值期权(In-the-Money Option)。当看涨期权的同期原形资产市场价格高于执行价格或看跌期权的市场价格低于执行价格时,这两种期权都是实值期权。不具有内在价值的期权也分两种:① 市场价格等于执行价格的期权,无论是买权还是卖权,统称为平价期权(At-the-Money Option);② 虚值期权(Out-of-the-Money Option),即同期原形资产市场价格低于执行价格的看涨期权或市场价格高于执行价格的看跌期权。

在期权市场上,实值期权的期权价格要高于平价和虚值期权。因为实值期权的持有人盈利的机会大或卖方承担的风险损失大,因此要求较高的转让价格。

期权的时间价值是指期权价格减去内在价值的余额。期权合约越接近到期日,其时间价值越小,时间价值在到期日为零。因为期权合约在未到期之前,存在着市场价格变动给买方带来盈利、给卖方带来损失的机会,所以,买方愿意为此付出一定的费用,而卖方则要求对内在价值以外的部分费用进行补偿。换言之,只要合约未到期,就存在着内在价值可能提高的机会,就存在着时间价值。一般而言,期权价格随合约期限的缩短而下降。

(2) 影响期权价格的基本因素。

① 原形资产的市场价格。内在价值决定于执行价格与同期原形资产的市场价格之差。而执行价格一经确定,便不再变化。因此,直接影响期权内在价值的唯一变量就是目前市场价格。随着市场价格的变化,内在价值会变大或变小,从而引起期权价格的相应变化。

② 执行价格。在市场价格既定的情况下,期权有实值期权、平价期权与虚值期权之分。选择不同的执行价格会导致期权的内在价值不同。例如看涨期权下,确定的执行价格越低,其日后执行该期权而获利的可能性也就越大,该期权价格也就因其有较大的内在价值而较高。看跌期权恰好相反,期权价格随执行价格的高低而升降。

③ 期限。期权合约失效前的时间长短直接影响期权价格的另一构成要素——时间价值。离失效日时间越长,期权买方掌握执行期权而获利机会越多,卖方的风险因此而越大。所以期限越长,期权价格越高。

④ 原形资产的价格波动幅度。价格波动幅度代表原形资产市场的不稳定状况。通常是根据过去相应时间的资料,用某种计量方法测定出的平均值和标准差来表示。价格波动幅度虽然只说明市场已经发生过的变化,但它对交易商预测未来市场变化有很大的暗示和参考作用。原形资产的价格越是变化无常,价格波动幅度越大,期权卖方日后亏损的可能性就越大,故要求期权价格也就越高,反之则越小。

⑤ 市场利率。利率变化对不同金融资产期权的影响程度是不相同的。对于利率期权,市场利率就是当时使用资金的市场价格,它的变动直接影响利率期权的内在价值,从而影响利率期权的价格。对于货币期权,利率的相对变化引起资金的跨国流动,使即期外汇市场的汇率发生变化,从而影响到货币期权价格。此外,无论是利率期权交易还是货币期权交易总要发生一定的成本,如场内期权交易,买卖双方都要支付一定数量的履约保证金。若不是交易所会员,则还需要向经纪人支付佣金。场外期权交易中,买方要在成交时支付期权费等。利率的变化会对这些资金的占用成本产生直接影响,进而影响到期权价格的形成。

(二) 互换交易

1. 互换交易的基本概念

互换交易是降低长期资金筹措成本和资产、债务管理中防范利率和汇率风险的最有效的金融工具之一。它也是 20 世纪 70 年代,特别是 80 年代以来国际金融创新中最重要的工具之一。一般情况下,它是交易双方(有时是两个以上的交易者参加同一笔互换交易)按市场行情预约,在一定时期内互相交换货币或利率的金融交易。

互换交易始于20世纪70年代的英国,其最初形式是平行贷款(Parallel Loan)或称背对背贷款(Back to Back Loan)。例如,在平行贷款的做法中,处于两个不同国家的双方互相向对方在本国的子公司提供一笔价值相等、期限相同、以放款人所在国货币标价的贷款,其目的是为了绕过当时英国政府所实行的外汇管制。比如有两家公司(美国公司与英国公司)各自面临一个困境:美国公司在英国的子公司获取英镑资金较困难,而英国公司在美国的子公司获取美元资金成本较高,为此有些银行或证券经纪人就安排了平行贷款,即英国公司贷英镑给这家美国公司在英国的子公司,相应地该美国公司也贷款给英国在美国的子公司,以此贷款来投资美国。其操作流程如图6-2。

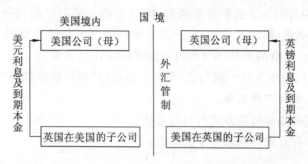

图6-2 平行贷款操作流程

1979年英国取消外汇管制后,平行贷款便作为一个金融创新或在国际金融市场上作为长期有效的保值工具而继续流行,并演变为后来的货币互换交易。

利率互换晚于货币互换,在1981年才刚刚出现,这是一种5～7年期的以6个月LIBOR为基准的浮动利率对固定利率的互换。1983年年初,利率互换开始作为一种标准的"国际性"交易,并在美国市场进一步得到了发展。

2. 货币互换(Currency Swap)

(1) 货币互换的含义与作用。货币互换是指两个独立的借款人各以固定利率筹资,借取一笔到期日相同、计息方法相同但币种不同的贷款资金,然后双方直接或通过中介机构签订货币互换协议,按期用对方借进的货币偿还本金和利息。使用的汇率一般以即期汇率为基础,但也有远期合同形式。

货币互换的主要作用是使企业既能借到自己所需要的货币,又能避免还款付息时货币兑换造成的汇率风险。同时,货币互换可使不同的货币市场得到最佳的利用。因为国际金融市场中非美元的发行市场比较小,其市场有可能因借款人不断发行非美元负债而饱和,以致不能在这些市场进一步发行非美元货币,以获取所期望的非美元资金。而货币互换可使它们通过另一借款人间接进入这些市场。

(2) 货币互换的基本程序。

先是本金的初期互换。其主要目的是确定交易双方各自本金的金额,以便将来计算应支付的利息和再换回本金。

然后是利息互换。本金余额确定以后,交易双方按协议所规定的各自固定利率,进行除本金以外的互换交易的利息支付。

最后是本金的再次互换。即在合约到期日,双方换回交易开始时互换的本金。

例6.3 货币互换

有一家美国公司(甲)需要筹集一笔日元资金,但该公司筹集美元的能力比筹集日元的能力强,因此采用先发行欧洲美元债券,然后向某家银行调换获得日元资金的办法。假设甲公司发行欧洲美元债券的条件是:期限5年,金额1亿美元,息票利率为年率9.5%。那家银行则为了抵补外汇风险,同时安排一笔与甲公司所处情况正好相反的B公司的互换交易,即以那笔从A公司互换而来的美元债券交换B公司的日元债券。假定此时货币互换的汇价为 USD1=JPY100,日元利率为7.5%,互换开始日为1996年1月10日,每年支付一次利息,为期5年,具体操作流程如图6-3～6-5。

第一步,期初相互交换本金。

第二步,期间每年年初各方进行利息互换。

第三步,期末各方进行利息和本金互换。

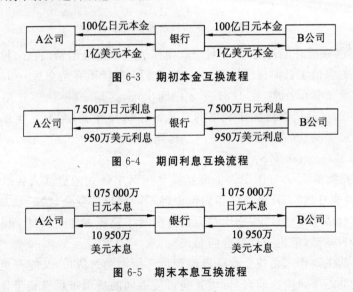

图6-3　期初本金互换流程

图6-4　期间利息互换流程

图6-5　期末本息互换流程

为了方便计算,上例计算没有考虑银行手续费。

3. 利率互换(Interest Rate Swaps)

利率互换指两笔同币种债务以不同利率方式互相调换,一般期初和到期日都没有实际本金交换。在利率互换中,本金被作为计算利息的基础,而真正交换的只是双方不同特征的利息。由于利率互换双方能够互相利用各自在金融市场上的优势获得利益,故这一方式从 20 世纪 80 年代起被广泛应用。

例 6.4 利率互换

甲乙两公司在欧洲美元市场上固定利率和浮动利率的借款成本对照如表 6-3。

表 6-3 借款成本对照

	甲公司	乙公司	相对优势
资信等级	AAA	BBB	
直接筹集固定利率资金成本	12%	13%	1%
直接筹集浮动利率资金成本	LIBOR 利率	LIBOR+0.25%	0.25%

从表 6-3 中可以看出：甲公司无论在固定利率资金市场上还是在浮动利率资金市场上的资信均高于乙公司，从而具有绝对优势，但相比之下，甲公司在固定利率资金市场占有较大的相对成本优势，而乙公司在浮动利率资金市场相对劣势较小，双方就可按照著名的"比较利益"原则，分别在各自具有比较优势的市场上筹集资金，而后进行利率互换交易，这样就可以使双方都能以更低的成本获得各自所需的资金。

具体操作过程如下：甲公司在欧洲美元市场上借固定利率为 12% 的借款，乙公司在浮动利率市场筹资成本为 LIBOR+0.25%，然后通过一个中间人（Intermediary）进行互换交易，显而易见，甲公司为了获得那笔浮动利率资金，愿意支付成本在 LIBOR 以下的任何代价；乙公司为了获得那笔固定利率资金愿意支付 13% 以下的任何代价。这里假定中间人要收取 0.25% 的中介费用，双方最后商定的结果假设为：甲公司向中间人支付的利率为（LIBOR−0.25%），中间人对其支付 12% 的固定利率；乙公司向中间人支付 12.5% 的固定利率，同时由中间人对其支付 LIBOR 水平的浮动利息。这个过程可由图 6-6 表示。

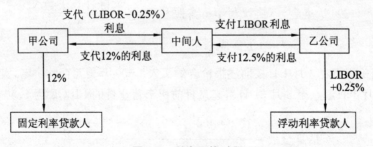

图 6-6 利率互换过程

由图 6-6 可以看出：经过互换交易后，甲方得到那笔浮动利率资金的实际成本为

(LIBOR－0.25%),节约了0.25%的浮动利率借款成本;乙公司得到那笔固定利率资金的实际成本为12.75%[12.5%＋(LIBOR＋0.25%－LIBOR)],也节约了0.25%,另外0.25%为中间人所得,中间人同时承担了对甲、乙公司的风险。

(三) 远期利率协定

1. 远期利率协定概述

所谓远期利率协定,是指交易双方先商定将来一定时间的协议利率,并规定参照利率,在协议起息日,根据商定的期限和名义本金,由一方向另一方支付协议利率与参照利率间的利息差价现值。

如一银行某日欧洲美元远期利率协定的报价为"3×6,5.00～5.125",其中"3×6"表示期限从签约日起3个月后为起息日,6个月为到期日,即实际计息期限为3个月。根据国际惯例,远期利率协定的结算在起息日办理,而非到期日,所以起息日也就是结算日。在这天,必须把结算金额折为现值收付结算。"5.00～5.125"表示协定利率(年利率),前者为报价行买价,意指报价行向交易对方买入一个3×6的远期利率协定,在结算日向对方支付美元合约利率5%,而相应收取结算日参照利率。后者为卖价,意指报价行出售一个3×6的远期利率协定,在结算日可收取5.125%的美元合约利率,并相应支付当时的参照利率给对方。此处存放款金额仅是名义上的存放款,双方只商定总额,不必交换,而利息的收支也只是按参照利率与协定利率之间的差额结算。

参照利率通常是结算日前两个营业日的伦敦银行同业拆放利率(LIBOR)。其计算方法如下。

(1) (买进协议时)结算金额:

$$= \frac{本金 \times (参照利率 - 协议利率) \times \frac{实际计息天数}{360}}{1 + 参照利率 \times \frac{实际计息天数}{360}} \qquad (6-1)$$

(2) (卖出协议时)结算金额:

$$= \frac{本金 \times (协议利率 - 参照利率) \times \frac{实际计息天数}{360}}{1 + 参照利率 \times \frac{实际计息天数}{360}} \qquad (6-2)$$

假定报价银行在3月1日按前述报价合约买入1 000万美元存款协定,实际计息天数为92天(6月1日起息至8月31日),起息日前两个营业日的LIBOR为5.50%,则:

$$结算金额 = \frac{10\,000\,000 \times (5.50\% - 5\%) \times \frac{92}{360}}{1 + 5.5\% \times \frac{92}{360}}$$

$$= 12\,600.12(美元)$$

即报价银行在结算日可以从协议的另一方收取 12 600.12 美元的利差。反之,若 LIBOR 为 4.5%,代入式(6-1),结果为 -12 632.51 美元。即报价行在结算日需向协议的另一方支付 12 632.51 美元。

假定报价行在上述日期签约卖出 1 000 万美元的存款协定,其他条件不变,通过式(6-2),计算的结果分别为 -9 450.50 美元和 15 790.63 美元,即报价行在 LIBOR 为 5.50% 时,应向协议的另一方支付 9 450.50 美元,即发生亏损;在 LIBOR 为 4.5% 时,应从协议的另一方收取 15 790.63 美元,即盈利。

如果该银行充当中介人,按所报买卖价同时签订两个交易总额和期限相等但方向相反的远期利率协议,则无论参照利率的高低,它只赚取这两个协议的结算差价,如图 6-7。

图 6-7 报价行同时签订买卖远期利率协定

从以上例子我们可以看出,其他条件一定时,参照利率的变化对交易双方的影响是不一样的。具体地讲,如果结算时的参照利率高于协议利率,远期利率协议的买方就可获利,而卖方亏损,反之则卖方获利,买方亏损。参照利率变化对交易当事人的盈亏影响可归纳为如表 6-4。

表 6-4 参照利率变化对远期利率协议当事人盈亏影响

参照利率状况交易当事人地位	参照利率高于协议利率	参照利率低于协议利率
买方	收取结算金额	支付结算金额
卖方	支付结算金额	收取结算金额
中介人	收取结算差额	收取结算差额

2. 内含远期利率

远期利率协定可用来锁定未来利率,对与未来不同期限结构、不同方向的债权债务,不仅提供了一个新的保值途径,而且能预知交易的实际得失。这是因为交易当事人在签约之前,首先要确定使其收支相抵的内含远期利率(Implied Forward Rate)。

银行在拆放款业务中,经常会碰到拆进和拆出的期限和利率各不相同的情况。在期限上有两种情况:① 借入较短期限的资金而贷出较长期限的资金,即所谓借短贷长;② 反之,借长贷短。在利率上也有两种可能,即可能借入较长期限的利率低于较短期限的贷出利率或借入较长期限利率高于较短期限贷出利率。在这种情况下,银行需要将剩余期限里的资金以适当的利率再贷放出去,并希望至少使贷出的资金与借款的期限和利率相匹配,以免发生损失。在借入和贷出资金的利率与期限不匹配的条件下,为使其相匹配并能使银行盈亏平衡时的远期对远期的利率称为内含远期利率。

例如,某银行借入一笔 2 个月后起息,期限为 92 天的资金,利率为 10%,同时贷出一笔 2 个月后起息、期限为 183 天的资金,利率为 10.5%。此时,银行希望预先知道剩余 91 天的借款利率应为多少才能保证银行不盈不亏。或者,银行借长放短,借入 2 个月后起息、期限为 183 天的资金,利率为 10%,贷出期限为 92 天的资金,利率为 10.5%。在此情况下,银行希望知道余下的 91 天中放款利率应为多少就能收支相抵,不至亏损。由此可见,内含远期利率是远期利率协议交易中协议利率的定价基础。

设本金为 P,较短期限的利率为 i_n,计息天数为 n,较远期限的利率为 i_N,N 为计息天数,内含远期利率为 $i_{(N-n)}$,根据复利原理有:

$$p\left[1+i_N\left(\frac{N}{360}\right)\right]=p\left[1+i_n\left(\frac{n}{360}\right)\right]\left[1+i_{(N-n)}\left(\frac{N-n}{360}\right)\right] \quad (6-3)$$

因此,求得内含远期利率的公式为:

$$i_{(N-n)}=\left[\frac{1+i_N\left(\frac{N}{360}\right)}{1+i_n\left(\frac{n}{360}\right)}-1\right]\times\frac{360}{N-n} \quad (6-4)$$

如果 $i_{N(贷)}=10.50\%$,$i_{n(借)}=10\%$,$N=183$,那么余下的 91 天的融资成本,即内含远期利率为:

$$i_{(N-n)(借)}=\left[\frac{1+0.1050\times\frac{183}{360}}{1+0.1000\times\frac{92}{360}}-1\right]\times\frac{360}{183-92}$$

$$=0.1073=10.73\%$$

从 92 天起到第 183 天的 91 天中,银行再次借入短期资金时,要是借款利率为 10.73%,那么全部交易的成本和收益就能相抵。如这 91 天的预期借款利率低于这个内含远期利率 10.73%,则银行就会有利润。

若上例中 $i_{N(借)}=10\%$,$i_{n(贷)}=10.5\%$,$N=183$,$n=92$,则余下 91 天的贷款内含远期利率应为多少呢?

$$i_{(N-n)(贷)}=\left[\frac{1+0.1000\times\frac{183}{360}}{1+0.1050\times\frac{92}{360}}-1\right]\times\frac{360}{183-92}$$

$$=0.09250=9.25\%$$

从第 92 天起到第 183 天的 91 天中,银行将收回的 92 天贷款进行再次放款时,使全部交易的成本和收益相抵的内含远期利率应为 9.25%,若再次放款的利率高于 9.25%,则该银行就会有盈利。

由以上分析可以看出,银行在借短贷长的情况下,用内含远期利率来确保整个交易不亏损时所能接受的最高借款利率;在借长贷短的交易中,银行可借助内含远期利率来确保整个交易不亏损时所能提供的最低贷款利率。内含远期利率实际上为资金头寸不同的有关当事人提供了一个衡量预定未来借款或放款利率的标准。尽管未来的市场利率可能会高于或低于有关当事人的远期利率,但由于有关当事人有了正确的衡量标准,使其可能在市场上预见得到有利于自己的远期利率。通过签订远期利率协议,预知交易的成本或收益,从而防范未来利率变动带来的损失。

3. 远期利率协议保值

银行在资金借贷业务中,不可避免地会出现借短贷长或借长贷短的情况。为了使其借贷头寸在期限、金额和利率上相匹配,需要按计划在未来某个时间内再借入资金或贷出资金。毫无疑问,在利率频繁波动的情况下,这种计划中的未来资金借贷必然会暴露在利率变动之下,如果将来发生不利的利率变动,有这种未来借贷资金头寸的银行就要发生损失。为此,有关银行(其他非银行机构也是如此)就需要对这部分未来借贷头寸采取保值措施,远期利率协议便是此类保值工具之一。

(1) 远期借款利率保值。假如甲银行现有一笔为期 9 个月的 1 000 万美元贷款,贷款利率为 10%,计划 3 个月后因资金缺乏需借进为期 6 个月的美元资金 1 000 万。该银行通过对短期市场利率的预测,认为 3 个月后的利率很有可能回升。为了避免利率上升增加借款成本的风险,甲银行遂与乙银行做了一笔 3×9 远期利率协议交易,即甲银行向乙银行购买了一个 10%(成交日市场报价)的远期利率(即协议利率)。根据双方协议,在签约 3 个月后的某日进入远期利率协议合同期,此时(即起息日前的两个营业日),市场利率(即协议中的参照利率)升至 10.5%,超过协议利率 0.5 个百分点。这样,甲、乙两家银行在结算时,甲银行即可根据协议,从乙银行获得 0.5% 的利差补偿 24 187.15 美元。其结算补偿金额计算如下:

$$结算金额 = \frac{10\,000\,000 \times 0.50\% \times \frac{183}{360}}{1 + 10.5\% \times \frac{183}{360}} = 24\,128.23(美元)$$

通过远期利率协议,甲银行将其远期借款利率固定在 10% 上,尽管 3 个月后的借款利率上升到 10.5%,但由于甲银行从乙银行得到利差补偿,所以甲银行实际支付借款成本仍为 10%(10.5% 的市场借款利率－0.5% 的利差补偿收入),避免了利率上升而多付利息的风险。

假如市场利率没有上升,反而下降了 0.5 个百分点,则甲银行需要向乙银行支付 0.5 个百分点差额。此时,甲银行的实际借款成本仍然是 10%(9.5% 的市场利率＋0.5% 的利差补偿支出)。

(2) 远期放款利率保值。假如 ABC 银行两个月要收回一笔 2 000 万英镑的短期贷款,计划将收回的贷款投放到3个月期的欧洲英镑大额定期存单上。由于该银行担心两个月后欧洲英镑短期利率会下跌,便通过远期利率协议市场,售出一个2×5的远期利率8.125%。这样,无论两个月后短期英镑利率如何变动,该银行这笔资金的短期投资利率总是固定在8.125%的水平上。

如两个月期英镑利率下降至8%,市场利率与协议利率相差0.125个百分点,ABC银行可以从交易对方获得0.125%的利差,使得该银行的实际投资利率为8.125%(8%+0.125%)。反之,两个月后,短期英镑利率没有下降,反而上升至8.25%,那么,ABC银行就向远期利率协议的对方支付0.125%的利差。尽管该银行可从其短期英镑投资中取得8.25%的利息收入,但由于支付了0.125%的利差,所以该银行的实际投资利率仍旧是8.125%(8.25%−0.125%)。

本章复习思考题

一、主要名词概念

国际金融市场　外国债券　欧洲债券　欧洲货币市场　金融期货交易　金融期权交易　互换交易　远期利率协定

二、思考题

1. 简述国际金融市场作用与发展趋势。
2. 试比较传统(在岸)国际金融市场与新型(离岸)国际金融市场的特征与区别。
3. 简述欧洲货币市场的作用、影响及其特点。
4. 欧洲货币市场是如何形成与发展的?
5. 何为金融期货交易?其基本特征与功能是什么?
6. 金融期权交易的特点是什么?哪些因素影响期权交易的价格决定?
7. 互换业务包括哪几种?它的主要功能是什么?
8. 什么是远期利率协议?如何用远期利率协议进行保值?

三、讨论题

1. 当前国际金融领域金融创新的诱因及其对国际金融市场发展的影响是什么?
2. 怎样理解金融创新、金融危机和金融监管之间的关系?

国际金融理论

第七章 汇率理论研究

导读

汇率决定理论是货币经济理论的国际延伸,它主要研究汇率是如何决定和变动的。几百年来,西方经济学家在汇率理论研究方面不断取得突破和进展,形成了许多富于特色的学说和流派。1922年瑞典经济学家卡塞尔提出了购买力平价理论,阿夫塔利昂提出汇兑心理说,凯恩斯提出了利率平价理论、国际收支理论。后来,经济学家们又提出了弹性价格货币分析法、黏性价格货币分析法和资产组合理论以及适度货币区理论等。本章首先将讨论汇率理论所要研究和解决的主要问题,然后依据汇率理论的历史沿革和发展,详细研究各种汇率理论的核心思想和主体内容。

学习重点与难点

1. 购买力平价理论的核心内容和评价。
2. 汇兑心理理论的核心内容和评价。
3. 利率平价理论的核心内容和评价。
4. 现代远期汇率理论的核心内容和评价。
5. 适度货币区理论的核心内容和评价。
6. 资产市场说理论的核心内容和评价。
7. 当代汇率理论研究的创新与突破。

第一节 汇率理论所要研究和解决的主要问题

每一门学科都有它所研究的特定对象,要求回答现实生活中所提出的种种问题,给决策者指出解决这些问题的科学依据和方法,并制定相应的应对方略,去指导人们的社会实践活动。同样,汇率理论也有它自己独特的研究内涵和范畴。

一、汇率理论的内涵是全方位地研究货币关系

外汇是一种社会经济现象,所涉及的是社会经济问题。更确切地说,外汇是国家之间的货币现象,它所涉及的是国家之间的货币经济关系问题。中国的改革开放是个社会现象,是经济范畴的问题,它的每一步变革都深刻地影响着中国的外汇管理体制。因此,作为中国对外经济关系出发点和归宿点的外汇,不仅体现人民币与外币之间的货币关系,同时也充分体现着我国与其他国家之间的各种经济关系。所以,与外汇息息相关的汇率问题的研究,还必须研究我国与经济伙伴国之间的各种经济关系,包括:有形贸易、无形贸易、彼此之间的各种单方面转移、相互间形成的各种投融资关系和国际资本市场的发展等。同时,还要研究各自国内经济问题,以及各自与第三国的经济关系问题。此外,国家之间的政治关系也会影响外汇的交易活动和汇率波动,对此也要予以充分关心。因此,我们可以认为,汇率理论是以国家之间的货币关系为中心所进行的全方位的研究。一个有造诣的外汇问题专家,首先应该是一位金融学家和经济学家,尤其应是一位国际经济学家,同时又是一位国际政治学家。

二、汇率理论以量化不同货币之间的关系来研究兑换比率的诸多问题

在大千世界,一切事物除了形形色色的质的规定性外,还存在多种多样的量的确定性。汇率理论除了研究不同货币之间兑换的质的规定性,即兑换的可能性之外,更重要的是研究不同货币之间兑换的量的确定性。如果说在我国开放的经济环境中,知道人民币兑换美元是必要的,也是可能的,那么要是不知道多少人民币兑换一定单位美元才是合理的,那也是无济于事的。不同货币之间兑换的量的关系就是兑换比率问题,即汇率问题。不同货币之间相互兑换的必要性和可能性,是由它的发行国之间的政治经济交往所决定的,问题简单明了,而兑换比率问题则复杂得多。因此,历来人们都把对汇率问题的研究作为外汇理论的中心议题,可以说外汇理论问题实际就是汇率理论问题。

三、汇率理论所要解决的主要问题

汇率理论所要解决的主要问题有:汇率的决定、汇率的变动以及汇率变动对经济的影响,这是各国制定汇率政策和汇率制度的依据。只有把这些问题研究透了,才能结合本国的实际情况提出切实可行的汇率政策,建立符合国情的汇率制度,促进本国经济的发展,维持正常的对外经济交易。

对汇率决定问题的研究是指探讨两种货币兑换的客观依据。按2009年我国公布的名义汇率水平,1美元可以兑换6.85元人民币左右,可是以基辛格为首的20多位高级专家曾经在研究当时中国经济之后得出结论,人民币与美元在国内的实际购买力是相同的,即1美元等于1人民币元;我国也委托过一家知名的国际经济研究所对此相同问题进行了研究,他们得出的结论是1美元等于1.25人民币元。那么为什么专家学者和研究部门得出的结论与我们生活中所使用的汇率相距甚远呢?这就是据以分析的基础不同。专家学者研究所依据的是购买力平价理论(后面会详细论述),它是以各国国内全部的商品和劳务进行折算对比的,而在我国的现实生活中则是以对外经济交易的相关商品和劳务来进行折算的。因为我国尚未进入完全的开放型经济,我国的经济体系还未与国际价格体系完全接轨,有些商品与劳务价格在国内奇低,而在国外则奇高,如有些食品、教育和医疗费用等。而有些商品和劳务在国内奇高,在国外则奇低,如各种高档电器、汽车和电信等。而且有些商品和劳务是国内独有的,有些则是国外独有的。它们在价格上没有可比性。如果要执行上述理论汇率,则中国只能进口(因为这样赢利会相当可观),不能出口(因为这样会出现相当大的亏损),这样的经济交易就没有什么意义了。

汇率一经确定,须保持在一定时间内相对稳定,以利于国际经济交易的正常发展。但是又不可能永远保持不变,即使在金本位或布雷顿森林体系货币制度下也时有对法定平价的微调。因此,汇率变动是经常发生的,它是各国经济发展不平衡、经济状况消长不同、国际收支状况差异以及各国利率差异等综合作用的结果,所以迄今为止,人们总是把引起汇率变动的原因作为研究汇率理论的中心任务。

第二节 早期的汇率理论

一、重商主义的汇率思想

17世纪世界各国广泛流通金币,两种货币之间的兑换比率决定于含金量的对比,所以英国的重商主义者马林斯便提出汇兑平衡率是由铸币平价决定的观点。一旦铸币平价发生变化,就会相应地引起汇率的变动。这就揭示了币值变化对汇率变动的影响。同时又阐明了汇率变动与货币流动之间的因果关系,认为汇率不变,就不会引起金或银在各国之间的流动,如果外币汇率下跌乃至低于平衡率,就会引起黄金、白银输入,如果外币汇率上涨乃至高于平衡率,就会引起黄金、白银输出。这就是早期的黄金输送点思想。

汇率为什么会偏离平衡率呢?马林斯认为这是由非法的汇兑交易引起的。马林斯从商业利益出发,把基于国际贸易的汇兑称为是合法的,而源于国际贸易的汇兑是非法的,正是这种非法汇兑的增加才引起汇率偏离平衡率。这实际上是极力反对当时已存在的套汇、套利行为。然而客观地看,由于汇率、利率的差异才引起人们的套汇、套利活动,套汇、套利的结果又使汇率趋于平衡,而不是相反。

重商主义者米塞尔顿认为,不管是商品还是货币都有它们各自的长处,它们的价格是由其长处决定的,即汇率是由货币的长处决定的。这里所讲的货币长处就是硬币铸造平价,铸造平价高汇率就高,铸造平价低汇率就低。同时他在分析外汇问题时也囿于流通领域,认为汇兑的数量决定于对外贸易的数量,货币的流动取决于国际商品的流动,货币流动和汇率波动取决于商品贸易是否平衡。

托马斯·孟在进出口贸易与汇率的关系方面也提出了独特的见解。他认为一个国家的货币过多或过少,会使商品卖得更昂贵或更便宜,同时货币过多或过少也会影响汇率的波动。货币过多就会在汇兑上贬值,货币过少就会在汇兑上升值。他又进一步把汇率变动与国际贸易联系起来进行分析,认为如果贸易顺差,所收到的外币数量增多,汇率下跌;贸易逆差则所收到的外币数量减少,外币汇率上涨。

应该说,汇率的决定和变动是非常复杂的经济过程,由于历史的局限性,重商主义者尽管揭示了铸币平价、黄金输送点思想和进出口贸易状况与汇率变动的关系,但未能从货币所代表的价值这个根本问题上分析汇率的决定及其变化,而且他们的分析也仅限于流通领域,无视非流通领域特别是生产领域和资本流动对汇率的影响,所以其理论最终要被历史所抛弃。

二、大卫·休谟的物价-金币流动机制与货币数量论

古典学派的外汇理论产生于18世纪中期,其创始人大卫·休谟作为英国工业资本的代言人极力抨击重商主义的贸易保护政策,在其著作《政治论丛》中从生产领域到流通领域阐述了自由贸易理论,创立了物价-金币流动机制理论。他认为汇率变动可以通过价格机制的作用而自动调节国际收支差额,并以此批评重商主义的贸易差额论。他认为:"贸易逆差会使汇率不利于英国,而这又成为出口的刺激,同时也不利于外国货物进口。出口增加,进口减少,有助于贸易收支的改善。此外,一国贸易逆差使得该国货币汇率下跌,当汇率跌至铸币的输出点以下时,就会引起国际黄金流动,这会引起其国内货币数量的减少,物价和收入下跌,出口增加,进口减少,从而纠正贸易逆差。如果一国贸易顺差,汇率变动对贸易收支的调节过程则与上述相反。"

休谟的价格-现金流动机制是建立在货币数量论的基础上的。早在休谟之前,法国学者让·博丹已于1569年提出了货币数量论的问题,把商品价格水平的高低与货币数量的多少联系起来,以此解释16世纪欧洲各国商品价格的变动。后来巴尔木和洛克等经济学家又进一步发展了这一理论。休谟在前人论述的基础上更加完整地建立了货币数量论。首先,他把货币视为单纯的价值符号,只是一种交换工具。其次,货币既然是交换工具,那么它的数量多少就必然与商品价格的高低有直接联系。商品增加,其价格就便宜;货币增加,商品价格就昂贵。反之,商品减少,其价格就上涨;货币减少,商品价格就下跌。再次,休谟所指的货币既包括金属铸币,也包括银行券和政府发行的有价证券。与其货币是交换工具的观点一致,他把货币的概念只局限于流通中的货币,不包括处于贮藏状态中的货币。同时又把商品只限于进入流通领域的产品。举例说,进入流通领域的粮食(即农民的剩余部分)才作为商品,而农民留作种子及其家庭食用部分不算作商品。这就得出了进入流通领域的货币数量和进入流通领域的物品数量的变动直接影响价格的变动的结论。最后,休谟还首次提出了价格对货币的时滞效应,认为货币数量的变动不会立即引起价格的变动,而是要经过一定时间的传递才使价格上涨或下跌。

货币数量论被西方经济学家广泛应用,特别是卡塞尔以此为依据创立了著名的购买力平价理论。

应该指出的是,在休谟生活的年代,流通的金币、银币、黄金、白银是货币的价值实体,它们本身都是人类的劳动产品,与其他商品一样都有其内在的价值。银行券以金银为基础,是金银的代表,具有无限的法偿性。而休谟却把货币仅仅看作是单纯的价值符号,认为只有一定量的商品与一定量的货币在流通中进行比较,才具有价值,这是致命的错误。后人引用这个理论所产生的谬误也都是根植于此。

三、李嘉图的购买力平价学说

李嘉图的购买力平价思想是在金块论战中形成的。1793年爆发了英法战争,英格兰银行收紧银根,而英国政府则为了应付战争增加了向英格兰银行的透支。1797年年初社会上谣传法国军队已在英国登陆,人心惶惶,加上一部分农村银行破产,酿成全国性挤兑黄金的风潮。政府便于同年2月下了停止银行券兑换黄金的禁令。这就引起英镑贬值,汇率下跌。至1800年秋,英国的黄金市价比金币的法定平价高10%,英格兰银行当时受到了多方面的指责。波也特说:"近二三年内,几乎所有的东西都涨了价,究其原因,是由于英格兰银行拥有发行纸币的权力。具有应人们需要兑换银行券义务的英格兰银行,在实际上只发行纸币,而不履行兑换的义务。"而桑顿于1802年在《对大不列颠纸币信用的性质和后果的研究》中阐述了两种截然相反的理论,从而揭开了金块论战的序幕:汇率下跌,金价上涨,的确是纸币发行过多的证明;国际收支状况会直接影响汇率的变动,而汇率变动又会引起金价的变动。

在金块论战中,金块主义者以李嘉图为代表,以黄金市价高于金币官价的事实,认为衡量通货是否贬值的尺度,始终是黄金,汇率也是由通货的含金量决定的。纸币买不到法定的金量,就有力地证明纸币发行过多,从而导致贬值。反金块主义者以博赞克特为代表,以汇率取决于一国的国际收支状况的理论,认为英镑汇率下跌是由于英国国际收支逆差引起的,站在官方的立场极力维护高通货膨胀政策,否认纸币发行过多造成贬值的事实。

在金块论战中,李嘉图提出金块兑换制方案:

(1) 规定任何人手里的小额纸币,如果不到20英镑的数额,就不能到银行去兑换;

(2) 即使在能积蓄20英镑的情况下,也只能换到黄金,而不是换到金币;

(3) 这种黄金固然可以到造币厂去换成金币,但要拖延到几个星期或几个月以后,于此兑换黄金的人就会承受这一时期的利息损失。

李嘉图批判反金块主义的理论武器是休谟的货币数量论。同时他又进一步把金币的数量扩大到纸币的数量来进行论证:建立一家发行纸币的银行与发现一个金矿一样,都会使币值下跌,物价上涨。他是这样论述的:任何一个国家不是发现了一个金矿,而是设立了像英格兰银行这样的银行,有权发行纸币作为流通媒介,在通过对商人放款及对政府垫款发行了大量货币之后,通货数量就大为增加,币值就会低落下去,货物价格就会相应上升。根据这个分析思路,李嘉图提出了购买力平价思想。

李嘉图的购买力平价思想是：两种货币之间的汇兑比率取决于它们对同一商品的购买力，这种购买力又取决于这两个国家之间的相对价格水平，而这种相对价格水平最终取决于两国的货币流通量。某国货币流通量过多，其汇价低于它的黄金平价，就说明该国货币的购买力低于其他国家，从而该国的价格水平高于其他国家，则这种货币就会对外贬值，反之就会对外升值。从另一个角度来考察，假如其他国家的货币减少一半，必然会使英国商品的相对价格水平提高一半，从而使英国货币对该国货币的汇率下降一半；反之，英国货币对该国货币的汇率就会上升一半。

由于历史条件的限制，李嘉图的这种购买力平价思想未能发展成为系统的完整的购买力平价理论。李嘉图生活于通行金本位时期，本人又是金本位的积极拥护者，不可能着眼于研究不兑换纸币流通条件下的汇率问题。后来在金本位制度崩溃后，才由卡塞尔将其发展成为系统的完整的购买力平价汇率理论。

尽管如此，李嘉图对外汇理论的发展还是做出了很大的贡献：① 论证了金属货币的内在价值是由劳动决定的；② 正确地指出了英格兰银行滥发纸币，导致币值下跌；③ 对购买力平价问题提出了新见解。

但是由于历史的局限性，他的理论还有不少错误：首先，他的理论是建立在货币数量论的基础上的，货币数量论的所有谬误都在该理论上得到体现，这也导致了该理论的继承者卡塞尔的错误；其次，该理论无视金币流通与纸币流通的区别，认为发现一座金矿与建立一家发钞银行一样，都会使货币贬值。

第三节 金本位向不兑换纸币过渡时期的汇率理论

一、国际借贷学说

在金本位盛行时期，汇率基本上是稳定的。但是不同货币之间的兑换，由于受不同货币供求关系的影响，所以像商品买卖一样其价格也必然会有所波动，只是由于受到黄金输送点的制约，其波动的幅度是有限的。那么引起汇率变动的原因是什么呢？葛逊(G. L. Goschen)于1861年在其《外汇理论》一书中提出了国际借贷说(Theory of International Indebtedness)，他认为汇率变动主要取决于外汇的需求与供应。外汇的供求又与国家的国际借贷有关，因为一个国家的国际借贷必然形成外汇的收付，最终形成对外汇的供应与需求。同时，葛逊还进一步把一个国家的国际借贷区分为固定借贷(即尚未进入收付期的借贷)和流动借贷(即已进入收付期的借贷)。并不是全部国际借贷都对汇率变动带来影响，只有进入收付期的流动借贷才是影响汇率变动的因素。据此他设想三种情况：

(1) 一国的流动国际债权与流动国际债务相同，外汇供求平衡，汇率不变；

(2) 流动国际债权大于流动国际债务,从而外汇供应大于外汇需求,汇率下跌;

(3) 一国流动国际债务大于流动国际债权,从而外汇需求大于外汇供应,汇率上涨。

由于葛逊所说的流动国际借贷是已进入清偿期的债权债务,这与当时的国际收支是一个国家对外经济交易所形成的货币收付的对比的含义是一致的,所以又被称为国际收支说。

这一理论以国际借贷关系来说明汇率的决定和变动,把国际收支变化和汇率变动的关系紧密结合起来,这是该理论的贡献之处。葛逊认为,正如商品价格取决于商品供求关系一样,汇率也取决于外汇的供求关系。国际借贷说反映了当时由于各国普遍实行金本位,币值稳定,但有时外汇供求失衡也会引起汇率小幅度波动的具体情况,有一定现实意义。

但需要指出的是:

(1) 国际借贷说只适用于具有比较发达的外汇市场的国家,如果外汇市场不发达,外汇供求关系的真实情况就会被掩盖。

(2) 外汇市场如果受到国家的干预,外汇供求决定汇率理论的作用就会大打折扣。

(3) 该理论的适用性,还要受到两国经济发展阶段必须大体相同的限制。

(4) 该理论对于影响外汇供求的其他重要因素没有作出分析。

二、购买力平价理论

(一) 理论的形成和核心内容

1914 年第一次世界大战爆发,各国为了应付战争大量发行纸币,国际收支严重逆差,金本位制度无法维持,货币与黄金脱钩,普遍发生程度不同的通货膨胀,引起汇率剧烈变动。在这种情况下,盛行了 40 多年的国际借贷学说遭到人们的非议,这就需要有新的理论来解释汇率变动的新情况。正是在这种历史条件下,瑞典学者卡塞尔(G. Cassel)在李嘉图购买力平价思想的基础上创立了系统完整的购买力平价理论(Theory of Purchasing Power of Parity,简称"PPP 理论")。

卡塞尔于 1904 年出任斯德哥尔摩大学教授,1920 年后曾多次应国际联盟金融委员会的邀请,出席世界货币问题讨论会,多次代表瑞典出席国际商业会议,这就引起他对外汇和汇率问题的浓厚兴趣,并依靠十分有利的工作条件对此做了大量的研究工作,发表了《外汇之现状》《1914 年以后的货币与外汇》等代表性论文,同时又出版了《世界货币问题》等专著。在这些论文和专著中他系统完整地提出了购买力平价理论。该理论是汇率决定理论中最有影响的理论之一。理论的基本思想是:一国居民之所以需要外国货币,是因为这种货币在其发行国具有对商品的购买力,一种货币价格的高低自然取决于它对商品购买力的强弱,因此决定汇率最基本的依据应是两国货币购买力之比。而购买力变化是由物价变动引起的,因此汇率的变动在根本上是由两国物价水平的相对变动引起的。购买力平价有两种形式:绝对购买力平价和相对购买力平价。前者解释的是某一时点上汇率决定的基础,后者则解释了某一时期内汇率变动的原因。该理论的核心思想和内容如下。

1. 以"一价定律"为前提

购买力平价理论暗含如下假定:市场完全竞争,商品是同质的;商品价格具有完全弹性,市场要素的变化均能及时反映到商品价格的变化上;不考虑运输、保险及关税等交易成本。

在这些假定前提下,可贸易商品在区域间可以自由移动,其价格差异可以通过商品套购来消除。于是"一价定律(Law of One Price)"成立,即以同一种货币表示的不同国家的某种可贸易商品的价格是一致的。用公式可表示为:

$$P = eP^*$$

式中:e 为直接标价法下的汇率;P 为本国价格;P^* 为外国价格。

2. 绝对购买力平价

绝对购买力平价的前提是:一价定律成立,同时,各种可贸易商品在各国物价指数的编制中占有相等的权重。在此基础上,绝对购买力平价理论认为,两国货币之间的汇率是由两国货币在其国内所具有的购买力决定的,又由于货币的购买力主要体现在价格水平上,所以若以 P 表示本国的一般物价水平,以 P^* 表示外国的物价水平,e 表示直接标价法下的汇率,则有:

$$e = \frac{P}{P^*} \tag{7-1}$$

该式其实是一价定律公式的变形,也是绝对购买力平价的一般形式。其含义是,两国货币之间的汇率取决于两国可贸易商品的价格水平之比,即取决于不同货币对可贸易商品的购买力之比。

3. 相对购买力平价

相对购买力平价又称弱购买力平价,它是在放松绝对购买力平价的有关假定后得到的。该理论认为一价定律并不能始终成立,而且各国对一般物价水平的计算方法各异,所以各国的一般物价水平以同一种货币计算时并不相等,而且存在一定的偏差。相对购买力平价的表达式为:

$$\frac{e_1}{e_0} = \frac{1+\pi}{1+\pi^*} \tag{7-2}$$

其中,$\pi = \frac{p_1 - p_0}{p_0}$,$\pi^* = \frac{p_1^* - p_0^*}{p_0^*}$。把公式 7-2 两边同时减去 1,得到:

$$\frac{e_1 - e_0}{e_0} = \frac{\pi - \pi^*}{1+\pi^*} \tag{7-3}$$

令 $\rho = \dfrac{\pi - \pi^*}{1 + \pi^*}$，因为 $\rho \times \pi^*$ 是非常非常小的数值，所以可以近似得到：

$$\dfrac{e_1 - e_0}{e_0} = \pi - \pi^* \tag{7-4}$$

式中：e_0 和 e_1 分别表示基期 t_0 时刻和 t_1 时刻的汇率水平；π 和 π^* 分别表示本国和外国从基期 t_0 时刻到 t_1 时刻这一时段的通货膨胀率。该式的经济学含义为：两国货币的汇率变动取决于两国物价水平的变动，即汇率变化等于同期本国与外国的通货膨胀率之差。若本国物价上涨幅度超过外国物价上涨幅度，则本国汇率贬值，表现为 e 值增大；反之，则意味着本国货币升值，表现为 e 值减小。

可见，绝对购买力平价所反映的是两国价格水平与汇率水平之间的关系，相对购买力平价所反映的则是价格水平变动与汇率水平变动之间的关系。比较而言，相对购买力平价对真实汇率变化的解释力更强，也更符合实际，原因是其假定与客观现实更为接近。

4. 对购买力平价理论有效性的分析与实证检验

购买力平价理论自提出之后，众多学者对其有效性进行了实证检验。传统的检验主要是对购买力平价采用简单的 OLS 回归检验，侧重检验一价定律是否成立和对名义汇率与实际汇率的比较研究。20世纪80年代以来，侧重于对实际汇率的回归检验和对实际汇率的时间序列特征的检验。

客观上，有很多因素可能影响购买力实证检验的结果。比如，现实中的运输成本和贸易壁垒大量存在，与购买力平价的假定前提不符；非贸易品和服务在所有国家都存在，其价格由国内因素决定而不受国际商品套购机制影响；各国在公布其价格指数的时候通常给不同的商品和服务以不同的权重，在两国之间难以进行相同商品组合的价格比较；短期内大多数商品价格具有黏性，价格变化存在时滞等。众多检验结果表明，购买力平价理论在短期内是失效的。长期来看，因为检验方法和数据选择的不同，检验结果的差异很大。总的看来，缺乏有力的证据表明购买力平价成立，但在通货膨胀高涨时期，特别是在恶性通货膨胀情况下，汇率和价格变化较明显地趋于一致，购买力平价理论的有效性较为显著。

(二) 对购买力评价理论的评价

该学说把一国货币的对内价值和对外价值直接联系起来，较合理地体现了汇率的决定基础。购买力平价理论有着以下优点：首先，购买力平价理论从货币的基本功能（具有购买力）角度分析货币交换的问题，符合逻辑，而且易于理解；其次，购买力平价理论的表达式最为简单，对汇率决定这样的复杂问题给出了最为简洁的描述，这一特点使得它对一国当局的汇率政策产生了特别的影响，被广泛运用于对汇率水平的分析；再次，购买力平价理论还开辟了从货币数量的角度对汇率进行分析的先河，而从货币数量角度对汇率进行分析始终是汇率理论的主流，购买力平价理论作为其中的代表，被普遍视为汇率的长期均衡标准,并被应用于其他汇率理论的分析之中。

但是该理论也存在一些致命的缺陷:

(1) 它是建立在货币数量论的基础上的,因此遭到人们的非议。

根据费雪的货币数量论公式:

$$MV=PT \tag{7-5}$$

式中,M 为货币流通量;V 为货币流通速度;P 为社会商品价格;T 为社会商品数量。

卡塞尔假定 V 和 T 不变,则 P 受 M 制约。货币数量增多,则商品价格提高,该币对外汇价下跌;反之,货币数量减少,则商品价格下降,该币对外汇价上涨。在现实生活中,货币数量的变动确实会引起商品价格的变动,这是由于流通中的货币量超过或少于它代表的金量(价值量),单位货币所代表的价值量减少,引起商品价格上升,汇率下跌,而单位货币所代表的价值量增加,则引起商品价格下跌,汇率上涨。但卡塞尔在论述过程中忽视了劳动价值对商品价格的决定性影响,陷入了实用主义的泥潭。

(2) 以通汇两国全部商品的价格来进行直接对比也没有现实意义。因为有些商品只是供应国内消费,其价格没有可比性。在价格对比上有现实意义的只能是与国家之间形成交换关系的商品和劳务,这些商品、劳务价格变化才真正影响汇率的变动。在金本位或金银复本位的国际货币制度下,商品价格总是通过黄金或白银比价来确定,但并未直接形成本国全部商品与外国全部商品的价格对比;同样在流通不兑换纸币的条件下也并不形成本国全部商品与外国全部商品的价格对比,只有相关的进出口商品和劳务才直接形成价格对比,以此计算的两国货币的兑换平价才有现实意义。

(3) 卡塞尔总是把理论上的基础汇率与现实中的市场汇率混为一谈,因而很难以购买力平价来解释现实生活中的特殊情况。

(4) 由于受时代的局限性,购买力平价说过于侧重国际贸易关系而忽略了国际资本流动对汇率决定的影响。

专栏 7.1

巨无霸价格与"一价定律"

"一价定律"是绝对购买力平价理论的前提。如果一价定律成立,那么某一特定商品,在世界各地的美元价格都应相同。1986 年,美国《经济学家》杂志以在世界各地都有销售的麦当劳快餐店的"巨无霸"汉堡包为例,对其在世界各地的价格进行了广泛调查,以验证"一价定律"和绝对购买力平价理论。调查结果令人吃惊:巨无霸在不同国家

（地区）的价格换算成美元相差巨大（见表7-1）。此后每年《经济学家》杂志都要进行此项调查，而巨无霸价格也就成为对购买力平价理论的生动检验。表中第二列给出了19个国家（地区）巨无霸的当地货币价格，第三列给出了不同国家（地区）货币对美元的实际汇率，第四列测度了美元的购买力平价，这是由巨无霸的当地货币价格除以美国本土的价格得来的，最后一列给出了购买力平价预测的汇率比实际汇率高出的百分比。如果某种货币的汇率使得国内商品比类似的国外商品售价要高，则该货币的购买力平价汇率相对于实际汇率定价过高，反之则为定价过低。

表7-1 各国"巨无霸"汉堡包价格及该国汇率

国家	当地本币价格	实际美元汇率	换算为美元价格	按购买力平价计算的美元汇率	美元价值过高或过低(%)
美国	4.56	1.00	4.56	1.00	0.00
阿根廷	21.00	5.41	3.88	4.61	−14.85
澳大利亚	5.035	1.09	4.62	1.10	1.39
巴西	12.00	2.27	5.28	2.63	15.98
英国	2.69	0.67	4.02	0.59	−11.78
加拿大	5.53	1.05	5.26	1.21	15.44
中国	16.00	6.13	2.61	3.51	−42.76
欧元区	3.623 87	0.78	4.66	0.80	2.25
中国香港	17.00	7.76	2.19	3.73	−51.90
挪威	46.00	6.13	7.51	10.10	64.73
印度尼西亚	27 939.00	9 965.00	2.80	6 131.46	−38.47
日本	320.00	100.11	3.20	70.23	−29.85
马来西亚	7.30	3.18	2.30	1.60	−49.63
俄罗斯	87.00	32.94	2.64	19.09	−42.04
韩国	3 900.00	1 135.70	3.43	855.89	−24.64
瑞典	41.61	6.76	6.16	9.13	35.12
瑞士	6.50	0.97	6.72	1.43	47.46
中国台湾	79.00	30.03	2.63	17.34	−42.26
泰国	89.00	31.28	2.85	19.53	−37.55

注：① 美元对英镑、欧元的汇率采用直接标价法。② 表中数据时间为2013年7月。
资料来源：www.economist.com。

三、汇兑心理学说

（一）汇兑心理学说的提出

汇兑心理说（Psychological Theory of Exchange）是从主观心理方面说明汇率变动缘由的一种理论。法国经济学家杜尔（E. L. Dulles）在其所著的《1914—1918 的法国法郎》一书中，首先提出汇兑心理思想，认为：在经济混乱的情况下（如 20 世纪 20 年代初期那样），汇率并不遵从任何规则，而是决定于不可计量的心理性的信任因素。这一思想在第一次世界大战期间和战后初期，在德国已有所发展，其形式是根据银行券恢复黄金可兑换性的前景的变动来解释汇率的变动。

1927 年，法国巴黎大学教授阿尔弗雷德·阿夫达里昂（Alfred Aftalion）在《货币、物价与汇兑，理论上的新发展》一书中将这一思想加以扩展，使汇兑心理学说发展成一个较完善的理论体系，因此汇率史上一直认为汇兑心理说是阿夫达里昂提出的。

（二）汇兑心理说的基本观点

汇兑心理说以主观的边际价值论为立论基础，说明汇率涨落原因。该理论认为：人们对外国货币的需求并不是因为外国货币可以在国外市场对一般商品具有购买力，而是需要对某种特定商品进行支付，以满足其对某种物质的需求欲望，这种欲望是使外国货币具有价值的基础。因此，外国货币的价值取决于外汇供需双方对外币所做的主观评价，即外币在各人的主观评价中其边际效用的大小。这种主观评价取决于质和量两个方面的因素，前者包括外币的购买力、政治稳定性、资本外逃和投机状况等，后者则包括国际借贷与国际资本移动的数量。该理论认为，汇率理论史上的国际借贷说是以量的因素，购买力平价是以质的因素来说明汇率现象，而汇兑心理说则是两者的综合。此外，阿夫达里昂还认为 1924—1926 年间法国国际收支顺差，而法郎汇价却下跌的反常现象的出现，除了人们对纸币的黄金兑换性前景的预期之外，主要是由于预算赤字的增加及对这种增加的预期心理导致了投机性的外汇交易和资本外逃，从而引起法郎下跌，并在此后使物价上涨。在阿夫达里昂看来，同样程度的国际收支逆差，对汇率却有不同的影响，这完全取决于市场对未来前景的看法。

（三）对汇兑心理学说的评价

汇兑心理学说以人们的主观评价作为汇率决定和变动的基础，这从根本上说是缺乏根据的，特别是它认为汇率不遵从任何特定的规则，而完全受变幻莫测的不可计量的心理因素支配，从而忽略了人们在这方面的心理因素只是人们对物质因素的变动及其后果的预期的反映，这就拒绝了心理因素的客观基础。但是，该理论把主观评价的变化同客观事实的变动结合起来考察汇率，以客观事实为基础来说明汇兑的心理却是无可非议的。投资者根据各自的心理预期来决定资本转移的数量和方向，这对外汇市场一直有很大影响。因此，该理论所揭示的心理因素对日常汇率变动的影响，具有一定的合理性，它把预期因素导入汇率分析之中，开拓了一个有意义的研究领域，这是该理论的最大贡献。

四、利率平价理论

利率平价论(Theory of Interest-rate Parity,IRP)也称远期汇率理论,最早由英国经济学家凯恩斯提出,该理论是第一个有关远期汇率决定的理论。

(一)理论的产生背景和核心思想

随着生产与资本国际化的不断发展,国际间资本移动的规模日益扩大,并日益成为货币汇率(尤其是短期汇率)决定的一个重要因素,而传统的汇率理论都不能解释这一现象,如国际借贷说认为汇率决定于外汇供求关系,购买力平价说认为汇率是两国相对物价的比率。因此,凯恩斯开始从资本流动角度,而不是从传统商品角度来研究汇率。他在1923年出版了《论货币改革》一书,系统地总结了远期汇率与利率的关系,即利率平价理论。

利率平价理论假定资本完全自由流动,而且资本流动不存在任何交易成本。在此基础上,两国之间相同期限的利率只要存在差距,投资者即可运用套利行为赚取价差。两国货币间的汇率将因此种套利行为而产生波动,直到套利空间消失为止。利率平价理论认为,两国间的利差会影响两国货币间的远期汇率与即期汇率的差,远期汇率的贴水或升水应与两国间的利差相等。

(二)利率平价理论的主要内容

利率平价理论包括抛补的利率平价(Covered Interest-rate Parity,CIP)和非抛补的利率平价(Uncovered Interest-rate Parity,UIP)。

1. 抛补的利率平价

抛补的利率平价是指在金融市场发达完善的情况下,投资者利用两国利率之差在即期外汇市场和远期外汇市场同时进行反向操作来套取利差的做法。投资者不仅要考虑利率的收益,还要考虑由于汇率变动所产生的收益变动。其公式推导如下:

假定世界上只有两个国家:本国与外国,资本在两国间完全自由流动。本国的一个投资者现持有一笔闲置资金,决定其资金投向的唯一因素是在哪一个国家投资可以获得更高的收益率。设本国市场上一年期存款利率为 i,外国金融市场上的同期利率为 i^*,即期汇率为 e(直接标价法),远期汇率为 f。如果投资于本国金融市场,则每单位本国货币到期时的本利之和为:

$$1 \times (1+i) = 1+i \tag{7-6}$$

如果投资于外国金融市场,则首先将本国货币在外汇市场上兑换成外国货币,然后用这笔外国货币在外国金融市场上进行投资,最后再将投资期满后的外国货币的本利之和在外汇市场上兑换成本国货币。

首先,每1单位本币可在金融市场上即期兑换 $1/e$ 单位的外币,将这 $1/e$ 单位的外币投资于外国金融市场,期满后的本利和应为:

$$\frac{1}{e}+\frac{1}{e}\times i^* = \frac{1}{e}(1+i^*) \tag{7-7}$$

由于到期时的即期汇率是不确定的,因此这笔投资的最终收益也难以确定,或者说这笔投资有很大的汇率风险。为规避风险,投资者可以按照外汇市场上的远期汇率,即期卖出一年后交割的远期外汇。这样,该笔投资就不再存在任何汇率风险,一年后的收益换成本币为:

$$\frac{f}{e}(1+i^*) \tag{7-8}$$

投资者面临着投资于本国还是外国金融市场的选择,这需要将在两国投资的收益进行比较。如果在外国投资的收益高,则市场上众多的投资者都会将资金投入外国金融市场,这会导致即期外汇市场上对外国货币的需求上升,从而使本币即期贬值(e 增大)、远期升值(f 减小),投资外国金融市场的收益率下降。只有当投资于两国的收益率相同时,市场才处于均衡状态,即

$$1+i=\frac{f}{e}(1+i^*) \tag{7-9}$$

经整理后可得:

$$\frac{f}{e}=\frac{1+i}{1+i^*} \tag{7-10}$$

再进一步整理,可得:

$$\frac{f-e}{e}=\frac{i-i^*}{1+i^*} \tag{7-11}$$

因为两国利率的值都是很小的值,与 1 相比时可以忽略不计,所以 $1+i^*$ 近似于 1,则得到抛补套利利率平价的最终表达式:

$$\frac{f-e}{e}\approx i-i^* \tag{7-12}$$

公式 7-12 的经济含义是汇率的远期升贴水率等于两国货币利率之差。若本国利率高于外国利率,则本币远期贬值;若本国利率低于外国利率,则本币远期升值。也就是说,汇率的变动会抵消两国间的利率差异,使金融市场处于平衡状态。

抛补的利率平价具有很高的实践价值。事实上,抛补的利率平价公式被作为指导公式广泛用于外汇交易中,许多大银行基本上就是根据各国间的利率差异来确定远期汇率的升贴水值。除了外汇市场出现剧烈波动以外,一般来讲,抛补的利率平价基本上能较好地成立。当然,由于外汇交易成本以及风险等因素的存在,抛补的利率平价与实际汇率之间也存在着一定的偏差。

2. 非抛补的利率平价

在上面的分析中,我们假设投资者是通过远期交易来规避风险的。实际上,投资者

还有另外一种选择：根据自己对汇率未来变动的预测，不进行相应的远期交易，而是在承担一定汇率风险的情况下进行投资。此时，投资者通过对未来汇率的预测来计算投资活动的收益。

假设投资者预期一年后的即期汇率为 E_{ef}，那么在外国金融市场投资的本息和换算成本币为 $E_{ef}/e \times (1+i^*)$，如果与在本国金融市场投资的收益存在差异，那么投资者会通过套利行为使两者一致。这样，当市场出现均衡状态时，就有：

$$1+i=\frac{E_{ef}}{e}(1+i^*) \tag{7-13}$$

经整理可得：

$$\frac{E_{ef}-e}{e}=i-i^* \tag{7-14}$$

公式 7-14 为非抛补的利率平价的一般形式，其经济意义为：预期的汇率远期变动等于两国货币利率之差。

在非抛补的利率平价成立时，如果本国的利率高于外国的利率，意味着市场预期本币在远期将会贬值；反之，预期本币远期升值。若本国政府提高利率，当市场预期未来的即期汇率不变时，本币的即期汇率将升值。

当 E_{ef} 与 f 存在差异时，投机者认为有利可图，就会通过在远期外汇市场的交易使二者相等，此时抛补的利率平价和非抛补的利率平价同时成立。

在进行非抛补套利时，投资者要承担汇率风险。如果投资者为风险厌恶者，他对其承担的汇率风险会要求有额外的收益补偿，即风险溢价（Risk Premium），而风险溢价的存在容易导致非抛补的利率平价不成立。实证研究的结果显示，在现实中抛补的利率平价接近成立，非抛补的利率平价却经常不成立。同时，由于预期的汇率变动是一个心理变量，难以得到可行的数据进行分析，而且实际意义也不大，利用非抛补的利率平价的一般形式进行实证检验并不多见。

（三）对利率平价论的评价

在国际金融史上，凯恩斯提出的利率平价论第一次系统地分析了远期汇率的决定，明确提出了远期汇率主要决定于利差，从理论上说明了远期汇率取决于两国货币的相对收益，这一点在现代条件下仍具有一定的理论价值和实际使用价值，经济学家一直在引用该理论分析研究远期汇率的波动和决定。另外，凯恩斯把汇率经济从实物部门转向货币部门的研究，突破了传统的汇率研究范畴，同时，该理论对于外汇市场的实际操纵、远期汇率趋势的预测以及制定和调整汇率政策等，都具有重要意义。

利率平价说在理论上具有解释力，但从实践的角度看，有以下几个缺陷：

(1) 利率平价说是以国际间资本流动不受任何限制为前提的，即要求存在一个一体化的国际货币市场。这一条件过于严格，这无疑影响其理论和模型的应用性。

(2) 该学说的另一前提是各国间的证券可以完全替代。实际上,以各国货币标价的资产的风险程度不同,预期收益率也不同,因此,不同资产之间不能完全替代,这就使得利率平价条件难以成立。

(3) 该理论完全忽略了投机者对市场的影响力以及政府对外汇市场的干预,因此,按该理论预测的远期汇率同即期汇率的差价往往与实际不符。

第四节 第二次世界大战后的汇率理论

第二次世界大战后产生了现代汇率理论,这些理论都结合当代国际经济关系去分析和研究国际货币金融关系的某种现象及其本质,对各国制定相应的货币金融政策起着极为重要的作用。

一、最适度货币区理论

(一) 最适度货币区理论产生的背景

第二次世界大战后,国际货币关系出现了新的格局,建立了布雷顿森林体系,在这一货币体系下,各国汇率日益趋于固定。各国都不愿进行贬值,并且往往只有当其他各种可以用来改变国际收支状况的措施都进行了尝试并遭受失败之后,才进行贬值。相反,顺差国却受不到将其货币进行升值的压力。这种状况,在很长一段时间内制约了战后汇率研究的发展,因为汇率基本固定,因而关于汇率的决定和变动方面的研究在当时缺乏客观基础。当时西方经济学家较多地开始对汇率制度应该采取何种形式进行了探讨,激起了人们对固定汇率制度和浮动汇率制度的利弊的分析。创立于20世纪60年代的最适度货币区(Optimum Currency Area,OCA)理论就是这两种汇率制争论的产物。第一个提出"最适度货币区"概念的是当时国际货币基金组织特别研究处的美国经济学家罗伯特·蒙代尔(Robert A. Mundell,1961),以后,麦金农(R. I. Mokinnon,1963)、凯南(P. B. Kenen,1969)等人分别从不同角度对该理论进行了修正和补充。

(二) 最适度货币区理论的主要内容

(1) 在固定汇率制下,当出现支付不平衡时,两国不可能同时消除通货膨胀与失业。蒙代尔认为:需求转移是引起支付不平衡的主要原因。当人们对B经济实体商品的要求转移到了A经济实体的商品上时,会引起两者之间的不平衡,同时引起B的失业和A的通货膨胀。如果A、B之间实行固定汇率,那么或者让A允许其价格上升,或者让B减少就业和工资收入来调节收支平衡,但不能同时消除两者的通货膨胀和失业。

(2) 弹性汇率只能解决两个不同货币区之间的需求转移问题,而不能解决同一货币区内不同地区的需求转移问题。蒙代尔假定,世界只有北美大陆的加拿大和美国这两个国家组成。它们都有各自的货币,并且相互间的汇率可以变动。当对加拿大商品的需求转移到了美国的商品上时,通过加拿大元贬值或美元升值,两国间的贸易条件会发生变化,从而使相互间的国际收支恢复平衡。可是,每个国家通常由不同的区域组成,这些区域可能伸展到其他国家的相邻地区。假定加拿大和美国都由东部区域和西部区域组成,东部专门生产汽车,西部专门生产木材制品。因此,当对汽车的需求转移到了木材制品上时,会引起两国各自西部区域的物价上涨。这时,对两国中的每一国来说,如果用汇率下跌和货币扩张措施来缓和其东部区域的失业就会加剧其西部区域的通货膨胀;而如果用汇率上升和紧缩政策来避免西部区域的通货膨胀,则会恶化其东部区域的失业。这是一种"两难困境"。可见,弹性汇率不能纠正区域性的支付不平衡。

(3)蒙代尔认为,为使弹性汇率更好地发挥作用,就必须放弃各国的国家货币而采用区域性的货币。在上例中就应该将"世界"的货币重新组织,以"东部元"和"西部元"来分别代替美元和加元。这样,在两者间仍实行弹性汇率情况下,当发生上述的需求转移时,就既可避免东部区域的失业,又可避免西部区域的通货膨胀。因为这时一方面西部元相对东部元升值,可以阻止对西部区域商品需求的增加,从而使两个区域之间的对外收支恢复平衡。另一方面,东部区域通过采取扩张措施便可减少失业,西部区域通过采取紧缩措施便可抑制通货膨胀,从而可在这两个区域内同时达到物价稳定和充分就业。

(4)蒙代尔进一步提出,这里的"区域"是根据要素的流动性来划分的。当要素在某几个地区能够自由流动,而和其他地区之间不能流动时,具有要素流动性的这几个地区,就构成一个"区域",而每一个这样的区域都应该组成一个货币区,这样形成的货币区即构成所谓的"最适度货币区"。弹性汇率是不同"最适度货币区"之间的平衡机制,而要素流动则是货币区内的平衡机制。

蒙代尔(1961)的"最适度货币区理论"提出后,在国际学术界引起了较多争论。麦金农(1963)认为,最适度货币区应根据经济开放程度来划分;凯南(1969)提出以生产多样化程度作为最适度货币区的标准;哈伯勒(Harberler)和弗莱明(Fleming)则认为具有相同通货膨胀的国家可以组成适度货币区;英格拉姆(1969)提出应以国际金融高度一体化为前提;爱德华·托马斯·维莱特(1970)则提出要以政策一体化作为确定最优货币区的标准;等等。可以看出,这些经济学家的分析和主张实际上是从不同的侧面修正、补充和进一步阐述了蒙代尔最初提出的"最适度货币区"概念。

概括以上大师们的理论思想,可以这样认为:最适度货币区,实际是指由一些彼此间商品、劳动力和资本流动比较自由,经济发展水平和通货膨胀率比较接近,经济政策较为一致的地区所组成的独立的货币区。在这样的货币区,各成员国采用固定汇率制,而对外则采用弹性汇率制,从而可达到区内各国的内部平衡和对外收支的平衡。

（三）对最适度货币区理论的评价

最适度货币区理论的出现是战后区域性货币一体化逐渐发展在西方理论界的反映。该理论首次将人们的注意力集中到区域性经济结构与汇率制度的关系上，这不仅对以后的西欧货币一体化发生了有力的影响，而且对汇率变动的作用的讨论也有很大意义。在当时的条件下，它使人们比较深入地认识了汇率制度与内外经济平衡的关系，这对汇率理论的进一步发展是十分重要的。

不过，这一理论本身也存在着一些缺陷。第一，最适度货币区理论把世界经济的稳定作为理论前提，这不符合实际情况。事实上，各国经济结构的变动、通货膨胀率的差异、经济周期的影响以及其他一些社会经济因素都起着重要作用。第二，任何国家都不会单纯从经济方面考虑货币区的建立。因为货币区内部的国际调节实际上已超出货币金融范畴，涉及生产、分配乃至整个国民经济的方方面面，而且区域内部的调节势必要通过共同的机构来执行。因此，它的活动必然要牵涉到成员国的主权，而主权的出让却是许多国家所不能接受的。第三，关于资源有效分配的分析是以假定其他条件不变为前提的。但是，在现实经济生活中，由于货币区内各国的经济发展水平不尽相同，政策主张也不一致，因此货币区的"最适度性"并不是绝对的，它取决于各成员国的基本经济情况。如一国经济发展水平较低，通货膨胀率相对较高，在货币区内，该国经济的紧缩性倾向加强，经济增长反而会受到影响。第四，最适度货币区理论只是一种静态分析，它所考察的对象只是组成货币区的国家或国家集团，但是外部世界的贸易金融情况的变化往往会对这种货币区造成扰动。例如，国际货币体系中某些关键货币的汇率变动，不可避免地要引起货币区内汇率体系的不稳定；世界市场主要贸易商品价格的波动会造成货币区内有关国家经济情况的恶化和国际收支的严重失衡；国际金融市场上的利率变化，会引起资金从货币区的流出或流入；等等。这些都是必须考虑的，而恰恰又被最适度货币区理论所忽视。

因此，最适度货币区理论的主要意义在于探讨了汇率制度与区域性经济结构及其内外平衡的关系，而它的具体分析是不太成功的。

二、凯恩斯主义的新国际收支说

第二次世界大战后，布雷顿森林货币制度为国际经济的发展创造了一个较为安定的环境，汇率平价在没有发生国际收支根本性不平衡时是固定不变的。这样，20世纪60年代的凯恩斯主义追随者，如美国经济学家罗伯特·蒙代尔开始结合国际收支的均衡来分析汇率的决定因素，提出了以凯恩斯的收入-支出理论为基础的汇率决定理论——新国际收支说。

（一）新国际收支说的基本内容

新国际收支说又称外汇供求流量说，它认为汇率主要决定于外汇资金流量市场上的供给和需求。从需求来看，外汇的需求增加而供给不变时，汇率上升；外汇需求减少而供给不变时,汇率下跌。从供给方面来说,外汇供给增加而需求保持不变时,汇率下跌;反之则汇率上升。外汇供求相等时,汇率达到平衡。由于外汇供给和需求来源于国际商品和劳务的交易,外汇供给与需求的均衡,不过是国际收支均衡的另一种表现,因此国际收支均衡条件理应就是均衡汇率最直接的决定因素。

在新国际收支说看来,经常项目是影响汇率行为的主要因素。经常项目同汇率之间存在着两种联系。一是"收入效应",它反映一国实际收入变动对其货币汇率的影响。它认为,当一国收入增加时,该国会趋向于增加进口,在出口及单方面转移流入不增加的情况下,这会使其经常项目地位恶化,人们对外汇需求上升,该国货币汇率下跌;反之,一国收入下降时则会导致该国货币汇率升值。二是"相对价格效应",它反映汇率变动对贸易收支的影响。该理论认为,当一国货币贬值时,国内物价上涨,这将减少该国的实际收入和实际财富,这样,一方面该国进口需求减少,另一方面又会使其居民减少对本国商品的需求,而使一部分商品释放出来用于出口,从而改善贸易收支。

在资本项目方面,该理论认为,在人们所持有的各种资产中,国外资产和国内资产之间是不完全替代的。当国内利率上升而国外利率不变时,就会发生资本的净流入,外汇供给增加,促使本国货币汇率上升;反之,国内利率下降将导致其货币汇率也下跌。

在政策选择上,该理论认为,为了促使其货币汇率上升,就必须采取压低物价、提高利率、降低实际经济增长率的方法。

(二)新国际收支说的合理性及其不足

新国际收支说比较重视一国国际贸易状况对其货币汇率的影响,这在一定程度上是合理的。因为对外贸易状况确实在各国货币汇率的变动中起着重要的作用,但是,它将外汇供求的变动作为汇率决定的根本因素则是错误的。其次,该理论关于"国民收入增加→经常项目逆差"的说法过于绝对,不一定符合实际。例如20世纪60年代以后,日本的经济增长率较高,国民收入增加很快,但其经常项目却持续出现顺差。另外,这一理论认为如果一国利率高于外国并且两国间利差稳定,外国人就会不断持有和积累该国的金融资产,这在很大程度上也不符合各国的实际。目前,世界各国为了维护自身的利益,经常对资本的流出和流入采取种种限制措施,并且,投资者出于避免风险的考虑,事实上也不会不断地、大量地持有某一国家的金融资产。

(三)新国际收支说的发展——现代凯恩斯主义汇率理论

1981年,美国经济学家阿尔盖(Victor Argy)提出了一种新凯恩斯主义汇率行为模式,以改进传统的凯恩斯主义汇率理论。

这一理论的主要贡献在于对影响汇率变动的因素作了具体深入的分析。阿尔盖从一系列经济变量间的关系式中导出一国均衡汇率的表达式:

$$R = f(M, F, W, Y, P, i, Re) \qquad (7\text{-}15)$$

这里,R 代表汇率;M 表示国内货币政策;F 表示财政政策;W 表示货币工资率;

Y 表示外国的实际收入；P 为外国物价；i 为外国利率；Re 代表预期未来汇率。利用该方程,现代凯恩斯主义汇率理论认为,影响一国汇率变动的主要力量有三种：① 最主要的基本因素是货币供应量(M)、政府支出(G)、其他国家的国民收入(Y)、利率(i)和价格(P)；② 汇率预期(Re)的形成方式,它可以是适应性预期(Adaptive Expectation),也可以是外推性预期(Extrapolative Expectation),还可以是理性预期(Rational Expectation)；③ 汇率为适应这些因素而进行的动态调整。

具体地,阿尔盖还分析了外国国民收入变动对货币汇率影响的一个动态过程。他认为：随着外国国民收入的增长,本国输出扩大,经常项目得以改善,从而导致本币汇率上升,并且初期的升值幅度将大于长期调整完成后再进行汇率升值时所需的幅度。但是,本币汇率的升值将引起经常项目的恶化,因此,这时需要进行贬值,以使经常项目恢复平衡。由于第二阶段的汇率贬值引起了经常项目的改善,接下来又将需要汇率进行升值以恢复平衡。所以,这一过程中,汇率的升值、贬值可能交替发生,即出现汇率的"周期性"升降。然而,如果人们的预期是以理性为基础的,那么汇率的周期性波动就可能被消除,因为在理性预期下,投机者在外国国民收入增长、汇率趋于止升时就会预期到汇率尔后将会贬值,从而就会购买外币,减弱此时升值的幅度。类似地,在经常项目调节的各个阶段,投机者都将会确保当前的即期汇率同远期汇率相一致。

以上可以看出,现代凯恩斯主义理论导入了汇率预期因素,并从动态角度分析了汇率的变动及其调节作用,这比起传统的凯恩斯主义汇率理论前进了一大步。但其理论分析,基本上是使传统的分析精细化、复杂化,而没有越出原有理论的框架,这样,也就没能摆脱原有模式的缺陷。

三、现代远期汇率决定理论

上节我们已经对凯恩斯的传统利率平价理论作了论述,正如前评述中所指出的那样,凯恩斯的传统利率平价理论并不能完全解释远期汇率的波动,市场远期汇率往往与利率平价差距很大,其最主要的原因是传统利率平价理论完全忽略了投机者对市场的影响力。20 世纪 70 年代产生的现代远期汇率理论(Modern Theory of Forward Exchange)则弥补了这些缺点,考虑了投机者、套利者行为对远期汇率产生的重要影响,认为远期汇率之所以会偏离利率平价,同市场上广泛存在的投机活动、套利活动有关。而投机者、套利者之所以要参与远期市场,又同他们的汇率预期有关。现代远期汇率理论的代表主要有弗兰克尔、约翰·比尔森和斯托克曼等人。

依照现代远期汇率理论,均衡远期汇率决定于利率投资者(套利者)、贸易商及投机者三者的远期汇率供给曲线与需求曲线的相交处。

首先,让我们分析一下前两类人的外汇供给曲线。现代远期汇率理论认为,如果贸易商可以自由选择即期外汇市场与远期外汇市场以预防汇率变动的风险,那么他们的行为与资金持有者从事利率投资行为相似,两类交易者决定的均衡远期汇率是一致的。

例如,某美国进口商预计 3 个月后可收到外汇 1 万英镑,当时即期汇率是 1 英镑＝1.6 美元,但他预期 3 个月内英镑将贬值到每英镑不足 1.5 美元。如果利用远期外汇市场防范英镑贬值的风险,则可签约按 1 英镑＝1.55 美元的远期汇率出售英镑,3 个月到期时他可稳得 15 500 美元。该出口商还可选择即期外汇市场以防范英镑贬值的风险,即他可在伦敦借款 1 万英镑,约定 3 个月后偿还借款,然后立即兑换成 16 000 美元,投资于纽约短期债券以赚取利息。假定伦敦 3 个月的利率为 2%,纽约 3 个月的债券利率为 1.5%,那么他在 3 个月后实际得到的美元本利和(扣除按当时汇率计算的英镑借款利率)为:$10\,000 \times 1.6 \times (1+1.5\%-2\%) = 15\,920$(美元),大于他利用远期外汇市场的收益。但在均衡情况下,他利用远期外汇市场预售的结果必定同他在即期外汇市场操作所得结果相同。因此,利率投资者与贸易商有同样的供求曲线。如图 7-1 所示,$AT-A'T'$ 为他们的远期外汇供求曲线,横轴代表远期外汇供给、需求数量,纵轴代表即期汇率(R_s)、远期汇率(R_f)和预期的未来即期汇率 $E(R_s)$。

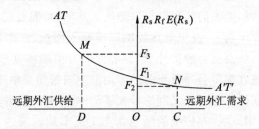

图 7-1　利率投资者与贸易商外汇供求曲线

F_1 为利率平价点,当远期汇率等于 F_1 时,不会有套利者进行套利活动,贸易商也不会做调期交易。如果远期汇率低于 F_1,如为 F_2 时,他们愿意买进远期英镑为 OC;若远期汇率高于 F_1,如为 F_3 时,他们愿意出售远期英镑 OD。

市场上第三类人是投机者,他们买卖外汇的唯一动机是从汇率的变化中赚取投机利润。投机者若在外汇市场买进即期外汇(比如英镑),他是预期英镑将升值;反之,卖出英镑是预测英镑将贬值。然而现货市场投机总免不了资金的利息成本,因此投机者更偏爱利用远期外汇市场"买空卖空",而根本不必支付利息费用。投机者的远期外汇供求曲线可用图 7-2 中的 SS' 曲线来表示:

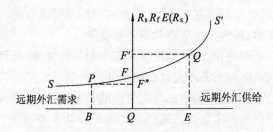

图 7-2　投机者远期外汇供求曲线

在图 7-2 中，F 点代表投机者心目中未来即期汇率等于远期汇率时的情形，投机者退出市场，因为他们预期无利可图。当 $E(R_s)<R_f$，如 $R_f=F'$ 时，他们就会卖出远期英镑 OE；反之，假如 $E(R_s)>R_f$，如 $R_f=F''$ 时，他们就会买进远期英镑 OB。

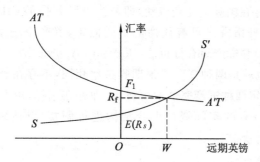

图 7-3　投机者、贸易者、套利者共同决定的均衡汇率

最后把 $AT\text{-}A'T'$ 曲线与 SS' 放在一起就可以得出由投机者、套利者、贸易商（交易者）的共同行为所决定的均衡远期汇率 R_f，如图 7-3，当远期汇率等于 R_f 时，投机者愿意出售的远期英镑规模恰好等于贸易商与套利者愿购买的规模。均衡汇率 R_f 小于利率平价汇率 F_1，是因为投机活动使远期汇率偏离利率平价，当 $F_1=E(R_s)$ 时，没有投机或套利，远期均衡汇率等于利率平价，于是利率平价论成立。

四、汇率决定的资产市场说

20 世纪 70 年代后期，国际资本流动日益加快，这对汇率变动产生了重大影响。外汇市场上绝大部分的交易已经与国际资本流动相关。资产市场说就是在这一背景下产生的，该学说特别重视金融资产市场均衡对汇率的影响，认为应将汇率看成是一种资产的价格，即一国货币资产用另一国货币进行标价的价格，而这一价格是在资本市场上确定的。当两国资产市场的供求不平衡时，则汇率将会发生变动，这种变动会消除资产市场上的超额供给或超额需求，有助于市场恢复平衡。

20 世纪 70 年代末以来，资产市场学说已经成为汇率理论的主流。与传统理论相比，该学说在分析方法上有两方面不同。首先，它认为决定汇率的是存量因素而不是流量因素。它从资产市场的视角出发，强调货币的资产属性，认为汇率的变动是为了实现两国资产市场的存量均衡，所以资产市场说一般又被称为汇率决定的存量模型。其次，它强调在当期汇率的决定过程中，市场预期发挥了十分重要的作用。这是因为在资产市场上，对未来经济条件的预期会非常迅速地反映在即期价格之中，对资产价值评价发生改变在相当程度上是由于预期发生了改变。

资产市场说的基本假定包括：① 外汇市场是有效的，即汇率自身的变化已经反映了所有影响汇率变化的信息。② 本国是一个高度开放的小国，即本国对世界商品市场、外汇市场和证券市场的影响为零，是各种价格的接受者。③ 一国资产市场由本国货币市场、本国债券市场和外国债券市场(债券市场代表了包括股票在内的非货币资产)组成。本国居民不持有外国货币,外国居民不持有本国资产,因此本国居民只持有3种资产,即本国货币、本国发行的金融资产(主要是本国债券)和外国发行的金融资产(主要是外国债券)。④ 资金在国际间完全流动,即抛补的利率平价(CIP)始终成立。

依据本币资产与外币资产可替代性的不同假定,资产市场说可分为货币分析法(Monetary Approach)和资产组合分析法(Portfolio Approach)。货币分析法假定国内外资产完全可替代,也就是两种资产的预期收益率相同,不存在资产组合的调整问题。资产组合分析法则假定两种资产完全不可替代,即存在选择,资产所有者可以根据"风险—收益"分析法对持有的实际资产组合结构进行调整,以达到所需要的资产组合结构。

(一) 货币分析法

依据价格弹性的不同,货币分析法又可分为弹性价格分析法和黏性价格分析法。弹性价格分析法(Flexible Price Monetary Approach)假定价格是完全灵活可变的;黏性价格分析法又称汇率决定的超调模型(Overshooting Model),它假定在短时期内价格水平具有黏性,不会因货币市场的失衡而立即调整。相比而言,弹性价格分析法对于分析长期汇率的变动趋势更有意义,而黏性价格分析法则更多地用于解释短期汇率的决定。

1. 弹性价格货币分析法——货币主义模型

弹性价格分析法的代表人物有弗兰克尔(J. Fenkel)、穆萨(M. Mussa)、比尔森(J. Bilson)等。该模型的基本思想是:汇率是两国货币的相对价格,而不是两国商品的相对价格,汇率的决定过程也就是一个国家的货币供给和需求实现均衡的过程。

货币主义模型作了一系列的前提假定:① 存在着自由的资本市场和充分的资本流动性,即本国资产与外国资产存在着充分的替代性,货币需求稳定;② 存在着有效的市场,资产持有者对未来汇率的预期可以强烈地影响汇率;③ 存在着充分的国际资金和商品套购套卖活动,购买力平价成立,各国的名义利率将等于实际利率加上预期通货膨胀率,并且实际利率在各国将是相同的;④ 市场参加者都属于汇率合理性预期者,并且远期汇率是未来即期汇率的无偏估计。

在这些假定的基础上,货币主义学派推导出汇率决定方程式,具体推导过程如下:
由假定③可知:

$$P = E \times P^* \qquad (7\text{-}16)$$

式中,P表示国内物价水平;P^*表示国外物价水平;E表示汇率(在直接标价法下)。这一等式即是著名的"一价定律"等式,表示购买力平价成立。根据货币市场均衡条件,本国的物价水平P应满足:

$$M_{dr} = M_s / P \qquad (7\text{-}17)$$

国外物价水平 P^* 应满足：

$$M_{dr}^* = M_s^* / P^* \tag{7-18}$$

这里，M_{dr}，M_{dr}^* 分别表示本国、外国实际货币存量需求；M_s，M_s^* 分别表示本国和外国的货币供应量。将公式(7-17)、(7-18)式代入公式(7-16)即得：

$$E = (M_s / M_{dr}) / (M_s^* / M_{dr}^*) \tag{7-19}$$

公式(7-19)表示：汇率等于本国的货币供应存量与实际货币需求之比除以外国的货币供应存量与实际货币需求之比。

同时，根据货币主义的货币需求函数，对实际货币余额的需求取决于实际收入 Y、名义利率 i，以及经常持有的货币量系数（货币需求总量占名义国民生产总值的比例）K。即：

$$M_{dr} = K \cdot \frac{Y}{i} \tag{7-20}$$

同理，外国的实际货币余额需求函数也为：

$$M_{dr}^* = K^* \cdot \frac{Y^*}{i^*} \tag{7-21}$$

将公式(7-20)、(7-21)代入公式(7-19)，可得：

$$E = \frac{K^*}{K} \times \frac{M_s}{M_s^*} \times \frac{Y^*}{Y} \times \frac{i}{i^*} \tag{7-22}$$

根据假定③，名义利率等于实际利率 i_r 加上预期通货膨胀率 $E(P)$，则公式(7-22)可改写为：

$$E = \frac{K^*}{K} \times \frac{M_s}{M_s^*} \times \frac{Y^*}{Y} \times \frac{i_r + E(P)}{i_r^* + E(P^*)} \tag{7-23}$$

这就是弹性理论货币分析法的货币主义汇率决定方程式。它显示，一国汇率变动系由四项因素决定：本国货币供应存量与外国货币供应存量之比、本国实际收入相对于外国实际收入的变动以及本国预期通货膨胀率相对于外国预期通货膨胀率之比，以及经常持有的本外币系数变化之比。

从货币主义模型汇率决定方程式我们可看出弹性价格货币分析汇率理论具有以下特征：

(1) 汇率与其说是两国贸易产品之间的相对价格，不如说是两国货币之间的相对价格。一国货币供应量增加，该货币的价值就降低，其货币汇率也下跌。

(2) 当一国实际国民收入增加时，其货币汇率就会上升。因为实际收入的增加会引起超额的货币需求，在名义货币供应量不变的情况下，就会引起国内价格下跌，而国内价格的下跌通过购买力平价的作用，则会使其汇率上升。

(3) 当一国名义利率上升时，其货币汇率则会下跌。因为名义汇率的上升，表明该国有较多的预期通货膨胀率，这会使其国内对货币的需求降低，抬高物价，从而迫使其汇率下跌。

（4）外国经济变量的变动对本国货币汇率则有相反的影响。就是说，当外国的货币供应量增加，或实际收入下降，或利率下跌时，本国货币汇率则会上升。

（5）货币主义汇率理论认为，在短期内，一国的预期通货膨胀率是引起汇率变动的重要因素，因为预期这一因素比起货币供应存量和实际收入等因素更容易变化。但是，刺激这些预期形成的则是各国因不同的货币政策所引起的（货币/实际收入）比率的不同。因此，汇率稳定的必要条件是各国货币政策的协调一致。

货币主义模型汇率理论以其独特新颖的分析给人以深刻的印象，它提出的一些观点以及它的理论论证同传统的汇率理论相比有许多突破和合理之处。首先，货币主义汇率理论把汇率研究的注意力从经常项目转向了资本项目，这是汇率研究方法上的一大革新。传统的汇率研究者是运用长期的或流量的方法进行探讨，这使得他们对于20世纪70年代以后的浮动汇率制无能为力。而货币主义者应用的是短期的和存量的分析方法，可适当地弥补其不足，因此该理论对20世纪70年代中期以后的汇率研究产生了持续的影响。在之后的一些汇率分析中，都程度不同地运用或吸收了其某些分析方法或观点。其次，它突出了货币因素在汇率决定过程中的作用，这是传统汇率理论所长期忽视的。事实上，汇率作为货币的一种特殊价格，同价格本身的价值及影响这种价值的诸多因素存在着密切的、直接的关系，忽视乃至回避货币因素，就不可能科学地解释汇率的实际行为。再次，它正确地指出了，一国的货币供应状况以及其货币政策同该国的汇率走势有着直接的联系。它还正确地指出，在一国存在着持续的通货膨胀的情况下，对未来通货膨胀的预期是影响当前汇率的重要因素，这基本上符合20世纪70年代以来实行了浮动汇率制的世界各国的客观实际。最后，货币主义汇率理论正确地看到了在长期内，不同国家生产的同种商品在世界市场上将具有相同的价格，它与马克思主义的劳动价值论的基本观点是基本一致的。

但是，货币主义模型汇率理论也存在一些根本的缺陷。第一，它把"一价定律"简单地归因于国际套买活动，而没有看到这是价值规律在国际间起作用的结果。第二，它忽视了由于经济社会中的结构性变动而引起的对汇率行为的扰动，它在探讨汇率行为时只偏重于一国国民收入或货币市场总均衡状况，而对各部分的结构及其变动对汇率的影响探讨甚少，这使得货币主义汇率理论难以周全地把握和解释汇率的实际变动。第三，它的一些基本假定也难以成立。它假定两国货币之间总是保持着购买力平价，这过于绝对，目前国际学术界普遍认为，在短期内汇率会出现同购买力平价的背离。它还假定，一旦一国的货币供求失衡，其国内价格就将迅速发生变动，从而对汇率产生影响，这点也过于主观。事实上，在货币供求关系失衡与物价发生变动之间一般存在一定时滞，在此期间，由于其他因素的介入，价格的变动可能被扭曲，从而对汇率的影响也就不那么确定，甚至可能与"货币论"相背。另外它又假定，本国货币和外国资产是完全替代的,这一点也与实际经济不符,因为不同国家的证券从很多方面来说,性质各不相同,风险程度也不一致,因此它们之间并不是完全替代的。

2. 黏性价格货币分析法——超调模型

汇率的黏性价格货币分析法简称为超调模型,最初由美国经济学家多恩布什(Dornbucsh)于1976年提出。它同样强调货币市场均衡对汇率变动的作用,但它指出,在短期内,商品市场上的价格具有黏性,购买力平价在短期内不能成立。但证券市场反应极其灵敏,利息率将立即调整,使货币市场恢复均衡。由于价格在短期内的黏性,经济均衡的恢复完全依赖于利率的变化,导致利率必然超调,即调整幅度要超过长期均衡水平。在资本自由流动的情况下,利率的变动引起国际间的套利活动,由此带来汇率的变动。与利率的超调相适应,汇率的变动幅度也超过长期的均衡值,表现出超调的特征。经济中存在着由短期向长期平衡的过渡过程。短期平衡时价格来不及发生变动,在一段时期之后,价格开始调整,长期均衡时价格得到充分调整。

超调模型的假定前提有:① 商品市场的价格调整具有黏性,即总供给曲线在短期内是水平的,在调整阶段逐渐陡峭,在长期内是垂直的。如图7-4(a)所示,此时价格水平完全不发生变动,总供给曲线是水平的。因此,总需求的上升会引起产出的提高,而不会引起价格的上涨。随后的一个时期内的情况如图7-4(b)所示,此时价格开始缓慢调整,总供给曲线由左下方向右上方倾斜,总需求的上升在提高产出的同时也会引起价格的上升。在长期内的情况如图7-4(c)所示,此时价格可以对产出水平的变动进行充分调整,总供给曲线是垂直的,总需求的上升只能引起价格水平的上涨,产出不发生变动。② 货币需求稳定。③ 购买力平价在短期内不成立,在长期内成立。④ 资本完全自由流动,金融市场调整迅速,由于预期的作用,非抛补的购买力平价成立。

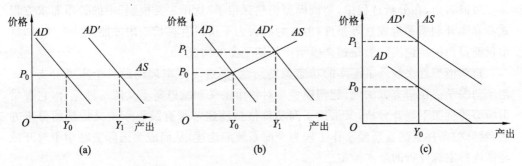

图7-4 总供给曲线的不同形状

超调模型的具体分析如图7-5。如果由于货币供应量增加使得货币市场失衡,而短期内价格水平不发生变动,于是实际货币供应量增加。为使货币需求量相应增加以达到货币市场的均衡,利率必然下降。在资本完全流动和替代的假设下,利率下降将导致资金外流,于是本币贬值,外币升值,但是汇率不会永远处于这种状态。因为此时的商品市场未达到均衡,利率下降会引起国内总需求增加,同时本币的贬值又使世界需求转向本国商品。二者均将带来价格的上升。在价格上升的过程中,实际货币供应量相应下降,带来利率的回升,资本内流,外汇汇率下浮,本币汇率上浮,直到达到货币主义模型的长期均衡。

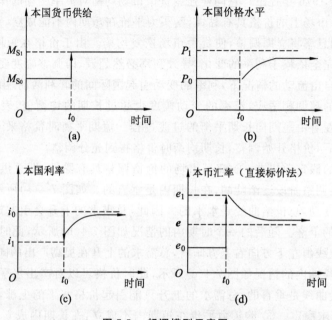

图 7-5　超调模型示意图

可以看出,在分析过程中,超调模型仍然保留了"货币主义模型"中的货币需求方程式和非抛补利率平价成立等条件,但认为购买力平价只有在长期内才能成立。所以,货币模型得出的结论实际上是超调模型中长期平衡的情况。

超调模型首次涉及了汇率的功态调整问题,创造了汇率理论的一个重要分支——汇率动态学。在研究方法上,超调模型是对货币主义和凯恩斯主义的一种综合,它在货币模型的框架下展开分析,又采用了商品价格粘性这一带有凯恩斯主义传统的分析方法,对开放条件下的宏观经济作了较为全面系统的论述,从而成为国际金融学中对开放经济进行宏观分析的基本模型之一。

超调模型是建立在货币主义模型分析基础之上的,应而也具有与货币主义模型相同的一些缺陷。该模型将汇率变动完全归因于货币市场的失衡,无疑具有很大的片面性。

(二) 资产组合模型

汇率的资产组合分析形成于 20 世纪 70 年代,这一理论的代表人物是美国普林斯顿大学教授布朗森(W. Branson),他的"小国模型"最早、最系统、最全面地在这方面进行了探讨。该理论的一个主要特征在于假定本币资产与外币资产是不完全替代物,需要对本币资产和外币资产的供求平衡分别在两个独立的市场上进行考察。

资产组合模型依然沿用利率平价理论的框架,认为汇率是由外汇市场的均衡决定的,而均衡取决于投资者对外汇的供给和需求。但在分析外汇需求的时候,布朗森不再简单假定外汇需求只取决于外汇收益率,而是借鉴了宏观经济学中托宾的"资产组合选择理论(Theory of Portofolio Selection)",认为外汇需求是投资者在既定的财富水平下综合考虑本国货币、本国证券和外汇资产的收益与成本的结果。

根据资产组合选择理论,理性的投资者会将其拥有的财富按照风险与收益的比较,配置于可供选择的各种资产上。在国际资本完全流动的前提下,一国居民所持有的金融资产不仅包括本国货币和本国证券,即本国资产,还包括外国货币和外国证券,即外国资产。一国私人部门(包括个人居民、企业和银行)的财富可以用以下方式来表示:

$$W = M + B_p + eF_p \tag{7-24}$$

式(7-24)中,W 是私人部门持有的财富净额;M 是私人部门持有的本国货币;B_p 是私人部门持有的本国证券;e 是以本币表示外币价格的汇率;F_p 是私人部门持有的外国资产。

私人部门会将以上净财富在本国资产和外国资产之间进行分配,分配的比例需视各类资产的预期收益率而定。本国货币的预期收益率是零,本国证券的预收益率是国内利率(i),外国资产的预期收益率是外国利率(i^*)与预期的外汇汇率上升率(π^e)之和。各类资产选择的多少与其预期收益率成正比,与其他资产的预期收益率成反比。因此,各类资产的数量是各类资产预期收益率的函数:

$$M = \alpha(i, i^*, \pi^e)W \tag{7-25}$$

$$B_p = \beta(i, i^*, \pi^e)W \tag{7-26}$$

$$eF_p = \gamma(i, i^*, \pi^e)W \tag{7-27}$$

式中 α、β、γ 分别代表私人部门愿意以本国货币、本国证券和国外资产形式持有的财富比例,$\alpha + \beta + \gamma = 1$。

当某种资产的供给存量发生变化,或者预期收益率发生变化,或者私人部门实际持有的组合比例不吻合、资产组合发生不平衡时,人们就会对各种资产的持有比例进行调整,以使资产组合符合意愿,恢复资产市场平衡。在这一调整过程中,产生本国资产与外国资产的替换,从而引起外汇供求的变化,带来汇率的变化。而汇率的变化,反过来又会影响国外资产的持有比例,对资产平衡又起到促进作用。

分析的结论是:① 当外国资产市场失衡引起外国利率上升时,外国资产的预期收益率提高,γ 会增大,而 α、β 将会下降。这样,在原来的资产组合中,国内资产会出现超额供给,本国利率下降,本币汇率下降,直到达到资产市场的再次平衡。反之,当外国利率下降时,则会引起外汇汇率下降。② 当一国国际收支经常项目出现盈余时,私人部门持有的净外国资产增加,使得实际持有外国资产的比例大于意愿比例。人们会将多余的外国资产转换为本国资产,从而外汇汇率下跌。反之,当一国经常项目出现赤字时,外汇汇率将会上浮。③ 当一国政府赤字增加而增发政府债券时,本国证券供应量相应增加。这一变化将使人们的资产组合失去平衡,人们对外国资产的需求增加,引起外汇汇率的上浮。但是,另一方面,由于本国债券供给的增加,降低了债券的价格,提高了利率水平,提高了人们对本国债券收益的预期,又诱使人们将资产需求转向本国,由此又会引起外汇汇率的下浮。所以最终的影响将取决于这两方面影响的强弱比较。④ 当中央银行通过收购政府债券来增加货币供应量时,私人部门会发现本国货币供过于求,人们意愿以多余的货币去购买本国证券,使利率下降,从而引起人们对国外资产的需求,导致外汇汇率上升。⑤ 当各种因素引起私人部门预期汇率上升或下降时,他们将相应地增加或减少国外资产。在资产的重新组合过程中,人们会用本国资产去购买外国资产,或用外国资产购买本国资产,从而导致外汇汇率的上升或下降。综上所述,资产组合模型中关于各因素对汇率的影响可以用以下方程表示:

$$e = e(i^*, M, B, F, \pi^e) \tag{7-28}$$

与前面的各种汇率分析方法相比,资产组合分析既区分了本国资产与外国资产的不完全替代性,又在存量分析中纳入了经常账户这一流量因素,从而较好地将各因素综合到汇率模型中去,是一个更为一般的汇率决定模型。但是这一模型也存在明显不足:模型过分复杂,影响了其实际运用,而且模型中的变量在实证分析的过程中很难获取统计资料,使其现实的应用性受到影响。

第五节 汇率理论的进一步发展

20 世纪 80 年代以前,汇率决定理论主要从宏观基本因素来解释汇率的决定和波动,如物价水平、利率、相对货币供应量、经济增长、内外资产的替代性和均衡价格的调整速度等。在对这些因素进行分析的过程中,形成了以商品、资本流动为主的流量模型和以资产交换为主的存量模型,前者如早期的购买力平价说、利率平价说、国际收支说;后者如 20 世纪 70 年代中期兴起的资产市场分析法,包括弹性价格的货币模型、粘性价格货币模型和资产组合平衡模型等。然而,从实证研究的结果看,这些理论都难以有效解释浮动汇率制度下的汇率决定与变动,即使是理论上十分精致复杂的资产市场汇率模型,对短期内汇率变化的预测能力也非常低。面对这一困惑,20 世纪 80 年代以来很多学者不断寻求对传统理论的突破,将汇率决定理论的发展推向了一个新的阶段。

一、有效市场假说和理性预期理论

1. 有效市场假说

有效市场假说(Efficient Market Hypothesis,EMH)最早由美国学者法玛(E. Fama)提出,最初是用于商品市场和资本市场的研究,后来格威克和费格(1979)、莱维奇和汉恩(1979)等人将其引入外汇市场分析。

有效市场是指能够充分、即时地反映所有相关信息的市场,市场上的均衡价格是在能够反映所有信息条件下形成的价格,市场通过反映所有信息,调节价格变动。有效市场假说的一个最主要推论就是,任何战胜市场的企图都是徒劳的,因为资产的价格已经充分反映了所有可能的信息,包括所有公开的公共信息和未公开的私人信息,在资产价格对信息的迅速反应下,不可能存在任何高出正常收益的机会。对一个有效的外汇市场来说,即期汇率和远期汇率能够反映所有相关的市场信息,套汇者不可能赚得超额利润。

有效市场假说是以发育完全的资本市场为前提的,如果市场价格没有包含可公开得到的全部信息,就必然存在着尚未被利用的盈利机会,从而导致大规模的套利过程发生,最终消除市场上的盈利机会,投资者得到正常收益。因此,在有效市场上,不存在资金流动障碍,交易成本可以忽略,投机需求的利率弹性为无穷大(即使很小的盈利机会也会引起大规模的资金运动,从而使资产价格进行调整),投机者根据市场信息进行调整可以瞬时完成。

2. 理性预期理论

在利用有效市场理论对外汇市场进行分析的过程中,会涉及对未来某一时刻的即期汇率的预期,而不同的投资者对汇率的未来走势有不同的看法,由于每个人的知识水平不同,获取信息量的多少也存在差异,对各种信息给汇率造成冲击程度的认识也都不一样,因此投资者对未来汇率的预期不可能一致,甚至会千差万别。

所谓理性预期,是指市场上的主观预期在事实上与以可得到的全部信息为条件的期望值是相同的。也就是说,不管投资者采用什么方法来对未来汇率进行预测,如果投资者的主观预期与以一组包含所有可公开得到的信息为条件的某变量的数学期望值相同,那么这种预期就成为理性预期。完全理性预期的前提是要有充分信息。在市场有效、无偏性和理性预期的假设条件下,即期汇率是按照随机游走的方式运动的。随机游走是指在一个价格序列中,随后的价格变动是对前面的价格的一个随机偏离,现在的价格与过去的价格无关。

二、新闻模型和理性投机泡沫模型

"有效市场假说"问世之后,对外汇市场有效性的实证检验也纷纷涌现。然而,无论是对即期外汇市场有效性的检验,还是对远期外汇市场有效性的检验,总体来说,基本上都拒绝了外汇市场的有效性,这为汇率决定理论的进一步发展提供了一个切入点。

一些学者就外汇市场有效性检验失败给予解释,其中比较有代表性的是汇率决定的新闻模型和理性投机泡沫模型。

1. 新闻模型

新闻模型是在资产市场宏观结构模型的基础上结合理性预期假说建立起来的,最早由穆萨于 1979 年提出。该理论将非预期的并且能够引起人们对汇率的预期值进行修改的新的信息统称为"新闻",进而分析"新闻"对汇率运动的影响,从而说明浮动汇率制下汇率频繁变动或不稳定的原因。

新闻模型将汇率某段时期的变化分解为两部分:预期到的变化和未预期到的变化。预期到的变化来自于对基本因素在该期将会发生变化的预期,并且该预期是准确的;未预期到的变化来自于意料之外的基本因素变化,即"新闻"。由于基本因素的变化很难预见,因此它的大部分变化都属于"新闻"性质,汇率行为主要由新闻部分决定。由于新闻有多变、难预期的特性,汇率因此而多变。基于这一结论,由于即期汇率和远期汇率之间的时段经常会有"新闻"出现,从而导致当前报出的远期汇率很难解释将来即期汇率的变动,这就可以解释外汇市场有效性检验失败的原因。而"新闻"因素不断进入外汇市场则可以在一定程度上解释汇率的频繁波动。另外,"新闻"的不可预见性意味着"新闻"的出现是一个随机游走过程,则未预测到的即期汇率的变化也将是一个随机游走的过程,这又可以对即期汇率变动近似随机游走这一现象给予解释。新闻模型能够在一定程度上解释基本经济变量无法解释的汇率变动。但严格地说,新闻模型只是一种方法,而不是一个具体的模型。在汇率的新闻模型中,选取哪些因素作为"新闻",完全取决于研究者的偏好、实际经济情况和有关数据等。

2. 理性投机泡沫模型

新闻模型根据未预料到的基本经济变量的变化来解释汇率的变动性,然而,外汇市场上有时会在基本经济变量没有很大变化的情况下出现暴涨和暴跌,这种现象既无法用汇率超调理论也无法用新闻模型来解释,于是一些学者在理性预期的假设下对这种汇率现象进行了分析,产生了汇率变动的理性投机泡沫模型。理性投机泡沫模型中表达出的基本思想是当期初的汇率相对于由基本因素所决定的水平有一个偏离时,则产生泡沫的源头。在理性预期下,市场参与者预期汇率将进一步偏离均衡水平,投资者之所以继续购买被高估的货币,是指望能够获得预期货币进一步升值带来的收益,并且能够赶在汇率最终回到由基本经济变量所决定的均衡值之前将货币卖出。在市场投机的推动下,泡沫随着汇率的快速上升而膨胀,投机者会在每一期结束前判断泡沫破灭的概率,汇率上升越高,泡沫破灭的概率越大。为了补偿增加的泡沫破灭风险,汇率必须以更快的速度上升,这又进一步推动了泡沫的膨胀。因此,理性投机泡沫理论的结论是:一个初期的偏离在理性预期的条件下会导致汇率理性泡沫的生成并进一步加速其膨胀。

三、当前汇率决定理论的发展方向

20 世纪 80 年代以来,大量实证研究的结果表明,已有的汇率决定模型几乎无法有效地解释现实世界的汇率波动。于是人们开始重新审视汇率决定宏观结构模型的假设前提、分析视角以及分析工具,试图从不同的方面进行突破和发展,新一轮汇率决定理论的研究浪潮由此出现。传统的汇率决定理论中被作为假设前提或被认为是不重要的细节而忽略的方面逐渐进入了研究的视野,形成了汇率决定研究中的一些新的发展方向。

1. 具有微观基础的汇率宏观经济分析

一些研究者指出,传统汇率决定理论的分析一直建立在宏观经济关系的框架下,忽视了微观基础的作用。他们认为,汇率更大程度上可以看作是人们根据自己的消费方式选择内外资产的结果,经济主体的行为及其影响因素等微观基础在宏观经济变量发生变化过程中起着重要的作用。要深入了解汇率变化的机制,还应该进一步融入微观层面因素的分析,在此基础上再来分析现有汇率理论涉及的宏观经济指标如何改变市场参与者的各项决策,进而影响汇率的变动。基于这种观点,形成了具有微观基础的汇率宏观经济分析方法。最有代表性的理论应该是由奥伯斯特菲尔德(Obstfeld)和罗格夫(Rogof)于 1995 年提出的动态一般均衡模型(Exchange Rate Dynamics Redux)。

该模型运用理性预期及最优化为分析方法,以市场不完全(名义黏性及市场垄断)为基础,考察名义扰动(货币与财政政策)与真实冲击(技术进步)对本国及伙伴国产出、消费、收支和福利的影响。模型中含有居民、厂商、政府三类微观主体及产品市场、劳动力市场、国内货币市场及国际金融市场四个市场。模型变量主要有价格、利率、产出、收入、消费、汇率、债券持有量等微观、宏观变量,通过描述这些变量之间的内在关系建立起一系列方程,将微观行为与宏观总量、国内经济与国际均衡连接成统一体。

开放经济新宏观经济学的基本模型及后续研究表明,市场分割、不完全竞争、工资-价格的黏性调整机制和手续费等因素都会带来出人意料的大额交易成本,这些都可能是造成原有理论经验分析结果不佳的原因。尽管如此,汇率仍然应该是货币价值的反映,它的调整不管需要多久,最终还是应该会回到购买力平价的水准上。

在开放经济新宏观经济学的模型中,汇率决定的背景和机理变得更加复杂。经过改进的模型对短期汇率的预测有一定准确性,对长期名义汇率的走势也有一定解释力。但总体而言,该模型对汇率运动的解释力依然不能令人满意。

2. 汇率决定的微观市场结构分析

汇率的微观市场结构分析是在 20 世纪 90 年代后兴起的一种思潮。一些学者认为,汇率波动的直接原因主要不在于宏观层面,而是取决于外汇市场的微观运行机制。基于此,他们从外汇市场参与者的行为特征、交易的形成机制和市场层次划分等微观市场结构角度来研究和解释汇率,形成了汇率决定的微观市场结构分析方法。

微观市场结构理论认为,要解开汇率的决定和过度波动等谜团,必须深入到市场交易过程中。在传统的汇率理论中,市场的具体交易过程从未被深入考察,如同一个黑箱,这正是传统的汇率理论不能正确解释现实的主要原因。微观市场结构理论要做的就是打开这个黑箱。与传统汇率理论不同,微观市场结构分析假定外汇市场的信息、交易者和制度都具有异质性,而异质性的存在导致了汇率在变动时产生许多新特点。这一研究方向中比较有代表性的研究包括订单流分析、噪音交易者模型等。

外汇市场微观结构分析在解释汇率变动的机理方面取得了相当的成就,对现实的汇率运动和很多宏观结构汇率理论无法解释的汇率现象都能够提供较好的解释,并且在经验分析上也取得了令人满意的结果。但是,汇率决定的微观结构分析也存在着很多局限性,对市场交易机制这个黑箱内部的许多问题都还缺乏合理分析。

3. 汇率的宏观均衡分析

20世纪80年代以来,经济学家们通过对各国汇率变化的深入研究发现,各种现代汇率决定理论对名义汇率变动的解释和预测能力并不强。这启示人们,汇率理论的研究重心也许应当从名义汇率转向实际汇率。同时,从宏观管理的层面看,由于汇率经常处于与经济基本面不符的不合理水平,政策制定者迫切需要有一种理论能够判断现实中的汇率水平是否合理,为宏观调控提供依据。

在这样的背景下,以国际货币基金组织的经济学家为主体的一批学者,提出了汇率的宏观均衡分析方法,其主要思路就是重新从特定的宏观经济运行状况去分析汇率决定问题,这一转变代表着流量分析方法的复兴。这类方法的基本思想可以追溯到20世纪60年代的内外均衡分析,然而较为完整的均衡汇率理论体系的形成,则是在美国学者威廉姆森(Williamson)于1983年提出的"基本均衡汇率(Fundamental Equilibrium Exchange Rate,FEER)"之后。

宏观均衡分析方法所定义的均衡汇率是指与经济基本面状况相符的汇率,即与宏观经济均衡相一致的实际有效汇率。宏观经济均衡指的是内外均衡的同时实现。其中,内部均衡指充分就业与低通货膨胀率,外部均衡指可持续性的经常账户余额,反映了潜在的或合意的净资本流动。

按照基本均衡汇率理论,均衡汇率并非取决于那些决定短期均衡的变量,而是取决于那些决定中长期均衡的变量,这在理论上有其内在合理性。在实践上,由于其具有鲜明的政策导向性,宏观的均衡分析法对于国际机构和各国政府的决策发挥了重大影响。

然而,均衡汇率理论的弊端也很明显:实践中难以合理鉴别出哪些因素为基本经济要素,难以过滤掉短期的周期性因素和暂时性因素;在分析方法上又退回到局部均衡分析,未能同时考虑货币市场与资产市场的均衡。

除上述几个发展方向外,近年来学术界对汇率决定的研究也体现在新方法的使用上。例如,混沌模型将自然科学中的混沌现象引入汇率理论的研究中来,试图通过混沌理论模拟汇率走势;博弈论也被广泛应用到汇率理论研究中,用来研究在汇率决定过程中,不同的市场参与者之间(如相同或不同的投资者之间、主导者与跟随者之间、风险中性者之间、风险偏好者与风险厌恶者之间)、政府与政府之间、政府与居民之间的相互反应和相互影响的关系。

从以上分析我们不难发现,汇率决定理论的研究正在取得不断进展与突破,但其发展却并没有达到极致。随着国际经济的不断发展,新的分析方法和新的分析工具不断涌现,汇率理论必然要继续向前发展,人们对汇率的认识将更加深入。

本章复习思考题

一、主要名词概念

物价-金币流动机制　国际借贷说　绝对购买力平价　相对购买力平价　汇兑心理说　新国际收支说　利率平价　最适度货币区　货币分析法　汇率超调　有效市场假说

二、思考题

1. 试利用货币主义理论模型说明汇率决定的资产市场分析的主要特点。
2. 简述现代远期汇率理论的特点,并说明它与传统利率平价理论在研究方法上的区别。
3. 试述资产组合汇率理论的核心思想,这一分析方法与其他理论有何区别?
4. 试理性投机泡沫模型的汇率现象分析思想。
5. 简述有效市场假说与新闻理论的基本观点。

三、讨论题

1. 试用本章介绍的汇率理论对近年来人民币汇率变动情况做出分析。
2. 请在查阅文献的基础上,概括当代汇率理论发展的新特点和新趋势。
3. 结合中美国情和实际,谈谈购买力平价理论和利率平价理论是否对美元和人民币的比价具有解释力。

第八章 国际金融问题中其他重要理论

导读

汇率决定理论是国际金融理论研究的核心和出发点,它回答了国家之间的货币关系和国际经济活动中货币交换、流通及其对各国经济社会影响的作用机理。以此为基础,国际金融研究中还涉及国际收支、国际资本流动、国际金融危机和"三元悖论"等其他重要理论问题,它们从不同的视角对国际金融现象作出了重要的理论分析和解释,这些理论在国际经济研究中同样具有重要的地位。本章将对这些理论作详细的阐述。

学习重点与难点

1. 国际收支理论。
2. 国际资本流动理论。
3. 国际金融危机理论。
4. 三元悖论问题。

第一节 国际收支理论

国际收支理论,是国际经济学的重要组成部分。它随着经济形势的变化与思潮的更替而发生演变。最早的国际收支理论可追溯到 18 世纪大卫·休谟的物价-现金(铸币)流动机制学说。到了现代,特别是 20 世纪 30 年代金本位制崩溃,各国国际收支陷入极度混乱的局面以后,经济学家对国际收支进行了新的理论探索。英国经济学家琼·罗宾逊和 A. 勒纳进一步发展了马歇尔的供求弹性局部均衡分析方法,系统地提出了国际收支的"弹性论"。第二次世界大战后,凯恩斯主义统治了西方经济学界,于是就有了马克卢普和梅茨勒的将凯恩斯乘数原理应用于国际收支分析的新方法,提出了"对外贸易乘数论"。与此同时,亚历山大采用凯恩斯的宏观经济模式,提出了国际收支"吸收论"。随着货币学派的兴起,20 世纪 60 年代出现了将货币主义封闭经济条件下的原理推广到开放经济条件下的"货币论"。这些理论大大地丰富了国际收支的理论分析,也为货币当局调整国际收支的行为提供了重要的理论依据。

一、弹性论(The Elasticity Approach)

20世纪30年代的经济危机使国际金本位制度全面崩溃,各国纷纷实行竞争性货币贬值,因而汇率变动十分频繁。以英国剑桥大学经济学家琼·罗宾逊(Joan V. Robinson)为代表的西方经济学家在马歇尔微观经济学和局部均衡分析方法的基础上发展形成了国际收支的弹性理论,它着重考虑了货币贬值取得成功的条件及其对贸易收支和贸易条件的影响。

(一)弹性分析学说的前提假设

弹性分析学说把汇率水平的调整作为调节国际收支不平衡的基本手段,在分析汇率变动对国际收支的调节之前作了三个前提假定。

(1)假定其他一切条件(利率、商品价格、国民收入等)不变,只考虑汇率变动对进出口商品的影响。可见此理论运用的是局部均衡分析方法。

(2)假定贸易商品的供给几乎有完全的弹性。这里的供给弹性有四个:① 出口商品的供给弹性;② 与出口商品相竞争的外国商品的供给弹性;③ 进口商品的供给弹性;④ 与进口商品相竞争的国内商品的供给弹性。这一假定说明:既然贸易商品的供给具有完全弹性,那么贸易收支的变化完全取决于贸易商品的需求变化。

(3)假定没有资本流动,国际收支等同于贸易收支,即国际收支等于出口商品值减进口商品值,而且最初的国际收支是平衡的。

(二)弹性分析学说的主要内容

1. 货币贬值改善贸易收支的条件

弹性分析说从汇率变动对进出口商品的价格效应出发,分析了汇率变动对国际收支不平衡调节的实质,并得出了汇率贬值改善贸易收支的充分条件。该学说认为:考察汇率变动对国际收支的影响,就是考察汇率对出口总值和进口总值的影响。出口总值等于出口单价乘以出口数量,进口总值等于进口价格乘以进口数量。而一国货币贬值的价格效应是:以外币表示的本国出口产品价格下跌,以本币表示的外国进口商品价格上涨,因此,贬值可以鼓励出口,限制进口。这里的"鼓励出口"是指使出口商品数量(用q来表示)增加,而出口商品数量的增加是否会带来外汇收入(用x表示)的增加,则取决于出口商品数量增加所带来的外汇收入增长幅度是否大于由于出口产品外币表示的价格(用p表示)下跌而带来的外汇收入减少程度。即贬值后外汇收入x是否增加取决于$\left(-\dfrac{p\mathrm{d}q}{q\mathrm{d}p}\right)$是否大于1。当出口需求价格弹性大于1时,则外汇收入增加;当出口需求价格弹性等于1时,则外汇收入不变;当出口需求价格弹性小于1时,则外汇收入减少。

至于贬值能否对一国的贸易收支有所改善,不仅取决于出口需求的价格弹性大小,还取决于出口需求的价格弹性与进口需求的价格弹性之和的大小,因为本币贬值还会使进口数量减少,而单位进口品的外汇支出增加。对出口需求的价格弹性与进口需求的价格弹性之和问题的研究,即为著名的马歇尔-勒纳条件(Mashall-Lerner Condition)。

现在我们假定用 B 表示以外币表示的国际收支,X 表示以本币表示的出口额,M 表示以外币表示的进口额,P 则表示单位本币的外币价格,即间接标价法下的本币汇率,这样就有:

$$B = PX - M \tag{8-1}$$

显然如果 $\frac{dB}{dP} < 0$,货币贬值将会改善国际收支。现对结论证明如下:

对(8-1)式进行微分,得:

$$\frac{dB}{dP} = X + \frac{PdX}{dP} - \frac{dM}{dP}$$
$$= X\left[1 + \frac{PdX}{XdP} - \frac{PdM}{MdP} \times \frac{M}{PX}\right] \tag{8-2}$$

其中 $\left(-\frac{PdX}{XdP}\right)$ 为出口需求的价格弹性(用 E_X 表示),$\left(\frac{PdM}{MdP}\right)$ 为进口需求的价格弹性(用 E_M 表示),只要最初贸易平衡,即满足 $M = PX$,则(8-2)式可表达为:

$$\frac{dB}{dP} = X(1 - E_X - E_M) \tag{8-3}$$

当 $E_X + E_M > 1$,则 $\frac{dB}{dP} < 0$,货币贬值能改善贸易收支。

当 $E_X + E_M = 1$,则 $\frac{dB}{dP} = 0$,货币贬值对贸易收支没有影响。

当 $E_X + E_M < 1$,则 $\frac{dB}{dP} > 0$,货币贬值将恶化贸易收支。

这里"$E_X + E_M > 1$"就是汇率贬值改善贸易收支的马歇尔-勒纳条件。

2. 货币贬值对贬值国贸易条件的影响

弹性分析说研究的另一主题是汇率变动对贸易条件的影响。这里的贸易条件就是指一国出口商品物价指数(P_x)与其进口商品物价指数(P_m)之比,即:$T = \frac{P_x}{P_m}$。比值下降,表示贸易条件恶化,同样数量的出口所能买到的进口商品减少;比值上升,表示贸易条件改善。该学说认为,贬值的贸易条件与供给需求弹性同样有着密切的关系。它可以分为四种情况来考察:

(1) 在供给弹性趋于无限大时,以本币衡量进口价格上涨,出口价格不变,或以外币衡量进口价格不变,出口价格下降,贸易条件将会恶化。

(2) 在供给弹性无限小时(等于零时),进口价格不变,出口价格上升,贸易条件可以改善。

(3) 当需求弹性趋于无限大时,出口价格上升,进口价格不变,贸易条件可以改善。

(4) 当需求弹性无限小时,出口价格不变,进口价格上升,贸易条件将会恶化。

显然,贬值对贸易条件的影响是不确定的,其效果要看供给需求弹性的大小。

一般而言,贬值究竟使贸易条件改善还是恶化取决于进出口商品供给弹性的乘积($S_X \times S_M$)与进出口商品需求弹性的乘积($E_X \times E_M$)的大小关系。因为:

$$\frac{\mathrm{d}T}{\mathrm{d}p} = \frac{p_x}{pp_m} \cdot \frac{E_X E_M - S_X S_M}{(S_X - E_X)(S_M - E_M)} \tag{8-4}$$

当 $S_X \times S_M < E_X \times E_M$ 时,贬值能改善一国贸易条件。

当 $S_X \times S_M > E_X \times E_M$ 时,贬值会恶化一国贸易条件。

当 $S_X \times S_M = E_X \times E_M$ 时,贬值后贸易条件不变。

(三) 对弹性分析说的评价

弹性分析说反映了世界市场的一些实际情况,尤其是纠正了货币贬值一定能改善贸易收支的片面看法,指出只有在一定的进出口供求弹性条件下,货币贬值才能改善贸易收支,这些结论一直到现在仍具有现实意义。但弹性分析说也存在一些局限:

(1) 它是建立在局部分析的基础上的,忽略了汇率调节所引起的收入效应和支出效应。实际上货币贬值的结果使出口开始增加,以此为起点,国民收入、进口等也会随之增加。

(2) 本国进口减少意味着外国国民收入和进口(本国的出口)也趋向减少,因此弹性理论对贬值效应的分析是不全面的。

(3) 弹性理论只是一种比较静态的分析,在现实世界中,贬值对经常账户收支赤字的调节是一种动态过程。由于在国际贸易中对价格变动做出的需求变动的反应存在"滞后",经常账户收支在贬值初期反而恶化,只有经过一段时期后,经常账户收支才能有所改善,而贬值导致经常账户收支出现更大改善的"正常结果",则需要更长的时间。这种贬值引起经常账户收支变化,应该是先恶化而后再改善。在平面直角坐标系上很像是字母"J",故称为是J曲线效应,如图8-1。

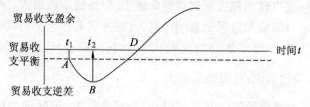

图 8-1　J 曲线效应

(4) 弹性理论没有考虑国际资本流动的影响,在资本流动巨大的今天,其局限性是显而易见的。

二、乘数论(The Multiplier Approach)

在20世纪30年代至40年代,随着凯恩斯主义的兴起,运用凯恩斯经济学原理研究国际收支问题成为十分自然的事情。以哈罗德(R. F. Harold)、劳埃德·梅茨勒(Laoyd Metzler)、费里茨·马克鲁普(Fritz Machlup)等为代表的经济学家相对成功地运用凯恩斯的乘数理论对汇率变动的影响进行分析,揭示了国际收支的收入调节机制,以此形成国际收支的乘数理论。

(一) 外贸乘数学说的主要内容

凯恩斯的"乘数理论"原是反映国内投资和储蓄自身变化与国民收入变化之间的关系,即由于国内投资的增加给国民收入总量带来的增长要比投资变动本身大得多,而国内储蓄的增加会以同样的倍数减少国民收入总量。外贸乘数学说就是凯恩斯主义者将乘数理论推广到开放经济情况下,把国际收支与国民收入联系起来进行研究。

(1) 一国的出口具有和国内投资同样的效应,可以增加国民收入总量;一国的进口具有和国内储蓄同样的效应,会减少国民收入总量。当一国商品、劳务出口时,从国外获得的货币收入会使产业部门(企业主和工人)收入增加,这些部门总收入增加又会引起他们对消费品需求(包括对进口和国内消费品的需求)的增加,从而引起从事国内消费品生产部门的收入和就业的扩大,并使进口增加,如此推算下去,国民收入增量将为出口增量的若干倍。

(2) 由出口增量(Δx)所诱发的国民收入增量(Δy)的倍数大小,主要依赖于两个因素:① "边际进口倾向$\frac{\Delta m}{\Delta y}$",即在出口增量诱发的国民收入增量中用于增购进口品所占的比例;② "边际储蓄倾向$\frac{\Delta s}{\Delta y}$",即国民收入增量中转入储蓄部分的比例。外贸乘数(dy/dx)的计算公式为:

$$\frac{dy}{dx} = \frac{1}{\frac{\Delta m}{\Delta y} + \frac{\Delta s}{\Delta y}} \tag{8-5}$$

这就是说边际进口倾向和边际储蓄倾向越小,则外贸乘数越大,国民收入增加幅度越大;反之,边际进口倾向和边际储蓄倾向越大,则外贸乘数越小,国民收入增加的幅度也越小。由于扩大出口而增加的国民收入中总有一部分用于购买本国产品,因此,$\left(\frac{\Delta m}{\Delta y} + \frac{\Delta x}{\Delta y}\right) < 1$,换句话说:外贸乘数必大于1。

(3) 当出口增加导致国际收支顺差时,若外贸乘数大,边际进口倾向小,则该国会在长期内保持顺差;若外贸乘数小,边际进口倾向大,则顺差很快因进口的增加而抵消。当出口萎缩导致国际收支逆差时,若边际进口倾向小,外贸乘数小,则进口缩减程度大,有利于调节逆差。因此,当一国国际收支顺差时,国内政策应促使边际进口倾向变大,从而有利于缓和持续性的顺差;当一国国际收支出现逆差时,国内政策应促使边际进口倾向变小,从而使国际收支逆差得到缓和。

(二) 外贸乘数说的评价

外贸乘数说把国际收支与国民收入联系起来,把外贸对国民收入的扩大或紧缩的倍数作用同一国内部经济有机结合起来,提出了独特的国际收支不平衡调节政策,这对于以后国际收支调节理论的研究和政府政策都具有一定的意义。但这一理论是建立在凯恩斯乘数原理基础上的,模型中没有考虑货币量和价格因素的作用,它假定的是汇率稳定、价格不变、出口具有弹性等,这样就容易得出:逆差的调节是减少国内开支消费,顺差调节是扩大国内消费。若上述假定不能实现,则调节效率就较差。另外,乘数理论同样没有考虑资本流动,因此它关于收入对国际收支的影响分析并不全面。收入上升虽然刺激进口增长,但收入上升往往意味着经济繁荣,由此可能会吸引外国资金流入,带来资本账户的改善,抵消其对经常账户收支的不利影响。因此这一理论同样具有局限性。

三、吸收论(The Absorption Approach)

吸收论的代表人物是美国经济学家西德尼·亚历山大(Sidney Stuard Alexander),他在凯恩斯宏观经济学的基础上于1952年提出此理论。该理论从凯恩斯的国民收入方程式入手,着重考察总收入与总支出对国际收支的影响,并以此为基础,提出了国际收支调节的相应政策主张。

(一) 吸收分析法的主要内容

1. 基本理论

按照凯恩斯的理论,国民收入与国民支出的关系可以表达如下:

$$国民收入(Y) = 国民支出(E) \tag{8-6}$$

在封闭经济的条件下:

$$国民支出(E) = 消费(C) + 投资(I) + 政府支出(G)$$
$$= 国民收入(Y) \tag{8-7}$$

在开放经济条件下,把对外贸易也考虑进去,则:

$$国民收入(Y) = 消费(C) + 投资(I) + 政府支出(G)$$
$$+ [出口(X) - 进口(M)] \tag{8-8}$$

移动恒等式两边,得:

$$X - M = Y - (C + I + G) \tag{8-9}$$

式(8-9)中,$(X-M)$为贸易收支差额,用B来表示,以此作为国际收支差额的代表。$(C+I+G)$为国内总支出,即国民收入中被国内吸收的部分,用A表示。由此,国际收支差额实际上就可由国民收入(Y)与国内吸收(A)之间的差额来表示:

$$B=Y-A \qquad (8-10)$$

当国民收入大于总吸收时,国际收支为顺差;当国民收入小于总吸收时,国际收支为逆差;当国民收入等于总吸收时,国际收支为平衡。

2. 政策主张

根据上述基本理论,吸收论所主张的国际收支调节政策,其实质就是改变总收入与总吸收(支出)的政策,即支出转换政策与支出变更政策。当国际收支逆差时,表明一国的总需求超过总供给,即总吸收超过总收入。这时,就应当运用紧缩性的财政货币政策来减少对贸易商品(进口)的过度需求,以纠正国际收支的逆差。但紧缩性的财政货币政策在减少进口需求的同时,也会减少对贸易商品的需求和降低总收入,因此,还必须运用支出转换政策来消除紧缩性财政政策的不利影响,使进口需求减少的同时,收入能得到增加。这样,使贸易商品的供求相等,非贸易商品的供求也相等;需求减少的同时,收入增加。就整个国民经济而言,总吸收等于总收入,从而达到内部平衡和外部平衡。

吸收论特别重视从宏观经济的整体角度来考察贬值对国际收支的影响。关于贬值效果的分析也是吸收论最主要的内容。它认为,贬值要起到改善国际收支的作用,必须有闲置资源的存在。只有当存在闲置资源时,贬值后,闲置资源流入出口品生产部门,出口才能扩大。出口扩大会引起国民收入和国内吸收同时增加,只有当边际吸收倾向小于1,即吸收的增长小于收入的增长,贬值才能最终改善国际收支。比如,出口扩大时,出口部门的投资和消费会增长,收入也会增长。通过"乘数"的作用,又引起整个社会投资、消费和收入成倍增长。这里讲的边际吸收倾向,是指每增加的单位收入中,用于吸收的百分比。只有当这个百分比小于1时,整个社会增加的总收入才会大于总吸收,国际收支才能改善。

(二)吸收分析说评价

对吸收分析学说的评价可归纳为以下几点:

(1)吸收论是从总收入与总吸收的相对关系中来考察国际收支失衡的原因,并提出国际收支的调节政策,而不是从相对价格关系出发来研究问题,这是它与弹性论的重大差别所在。就理论基础和分析方法而言,吸收论是建立在凯恩斯的宏观经济学之上的,采用的是一般均衡分析方法;而弹性论则是建立在马歇尔等人所建的微观经济学基础之上的,采用的是局部均衡的分析方法。

(2)就货币贬值效应来讲,吸收论是从贬值对国民收入和国内吸收的相对影响方面来考察贬值对国际收支的影响的,而弹性论则是从价格与需求的相对关系方面来考察贬值对国际收支的影响的。

(3)吸收论含有强烈的政策搭配取向。当国际收支逆差时,在采用货币贬值的同时,若国内存在闲置资源(衰退和非充分就业)时,应采用扩张性财政货币政策来增加收入(生产和出口);若国内各项资源已达到充分就业状态,经济处于膨胀时,应采用紧缩型财政政策和货币政策来减少吸收(需求),从而使内部经济和外部经济同时达到平衡。

(4)吸收论的主要缺陷是假定贬值是出口增加的唯一原因,并以贸易收支代替国际收支,因此,从宏观角度看,它具有不够全面和自相矛盾的地方。不过吸收论在国际收支调节理论的发展过程中,具有承前启后的作用。一方面,它指出弹性论的缺点,但吸纳了弹性论的某些合理内容;另一方面,它指出了国际收支失衡的宏观原因并注意到国际收支失衡的货币方面因素。因此,吸收论成为20世纪70年代出现的国际收支调节的货币分析法的先驱。

专栏8.1

货币贬值的收入效应与吸收效应

1. 闲置资源效应

这是贬值的收入效应中最为重要的一个,因为如果来自国外的需求因本币贬值而增加,本国能否保证出口商品的充分供应就成为出口增长的最大制约。本币贬值→出口增加、进口减少→启用闲置资源→通过外贸乘数的作用,国民收入成倍增长→国际收支改善。

2. 贸易条件效应

本币贬值→贸易条件恶化→实际国民收入下降→吸收减少、出口增加→国际收支改善。

3. 资源配置效应

本币贬值→出口增加、进口减少→出口生产部门和进口替代部门的利润上升→国内资源重新配置→国民收入提高→国际收支改善。

4. 现金余额效应

这是货币贬值最重要的吸收效应,因为它既作用于商品市场,又同时作用于货币资本市场。

本币贬值→国内物价总水平上涨→居民手中现金余额减少→消费减少→商品与劳务进口下降→国际收支改善。

本币贬值→国内物价总水平上涨→居民手中现金余额减少→货币市场供求改变,利率上升→投资减少,居民出售外币资产→资本流入→资本账户改善。

5. 收入再分配效应

本币贬值→国内物价总水平上涨→国民收入向利润收入者及政府部门转移→吸收倾向下降→吸收总量减少→国际收支改善。

6. 货币幻觉效应

本币贬值→由进口品开始国内物价轮番上涨→出现货币幻觉→消费与投资下降→吸收总量减少→国际收支改善。

四、货币论(The Monetary Approach)

货币论的创造者主要是美国芝加哥大学和英国伦敦经济学院的哈里·约翰逊(Herry Johnson)和他的学生雅各布-费兰柯(Jacob-Frenkel)。货币论的出现同 20 世纪 60 年代在美国兴起的货币主义学说有关系,它是建立在货币主义学说基础之上的。它从货币的角度而不是从商品的角度来考察国际收支失衡的原因并提出其相应的政策主张。

(一)货币论的假定前提

(1) 货币需求是收入、价格等变量的稳定函数,在长期内货币需求是稳定的,它是实际收入的线性函数,即:

$$\frac{M_d}{P} = kY \tag{8-11}$$

这里,P 表示价格水平;k 表示货币收入流通速度的倒数,它是一个常数;Y 表示实际收入;M_d 表示名义货币需求量;$\frac{M_d}{P}$ 则表示实际货币余额需求。

(2) 贸易商品的价格是由世界市场决定的,从长期来看,一国价格水平与利率水平应该与世界市场水平相接近。

(3) 从长期看,货币需求是稳定的,所以货币供给不影响实物产量。

(4) 购买力平价理论在长期内始终成立。

(5) 各国货币当局对国际资本流动不采取"中和政策"(Sterilizing Policy)。所谓"中和政策"意指使国际资本流动不影响一国的货币供应量。各国货币当局不采取这一政策是他们无力采取或不愿意采取这一政策。

(6) 从长期来看,一国处于充分就业的均衡状态。

(二)货币论的主要内容

(1) 货币分析法建立了一个国际收支不平衡的基本方程式,并以此来分析国际收支不平衡的原因。

根据假定,一国对实际货币余额的存量需求是实际收入的稳定线性齐次函数,即 $\frac{M_d}{P} = kY$。对于一国的货币供应而言,货币论认为,名义货币供应量(M_s)是货币乘数(m)和货币基数(B)的乘积,即:

$$M_s = m \times B \tag{8-12}$$

其中:货币乘数(m)是一个常数,指银行体系通过辗转存贷创造货币,使货币供应基数多倍扩大的系数。而货币基数(B)由两个部分组成:① 国内部分(D),指国内提供的货币供应基数,即中央银行的国内信贷或支持货币供给的国内资产;② 国际部分(R),它是来自国外的货币供应基数,它通过国际收支盈余获得,以国际储备作为代表。这部分价值以本国货币来计算,可得:

$$M_s = m(D+R) \tag{8-12}$$

若将货币乘数 m 忽略,则得:

$$M_s = D+R \tag{8-13}$$

另外,货币论认为:在货币市场中始终存在存量均衡的趋势,即对货币需求的存量(M_d)总是趋于同货币供应的存量(M_s)相等,即:

$$M_d = M_s = m(D+R) \tag{8-14}$$

或

$$M_d = M_s = D+R \tag{8-15}$$

由(6-22)式又可得到:

$$R = M_d - D \tag{8-16}$$

上述(8-16)式是货币方程式。这个方程式告诉我们:

① 国际收支是一种货币现象。

② 国际收支逆差,实际上就是一国国内的名义货币供应量(D)超过了名义货币需求量。由于货币供应不影响实物产量,在价格不变的情况下,多余的货币就要寻找出路。对个人和企业来讲,就会增加货币支出,以重新调整它们的实际货币余额;对整个国家来讲,实际货币余额的调整便表现为货币外流,即国际收支逆差。反之,当一国国内的名义货币供应量小于名义货币需求量时,在价格不变情况下,货币供应的缺口就要寻找来源。对个人和企业来讲,就要减少货币支出,以使实际货币余额维持在所希望的水平;对整个国家来说,减少支出维持实际货币余额的过程,便表现为货币内流,国际收支盈余。

③ 国际收支问题,实际上反映的是实际货币余额(货币存量)对名义货币供应量的调整过程。当国内名义货币供应量与实际经济变量(国民收入、产量等)所决定的实际货币余额需求相一致时,国际收支便处于平衡状态。

(2)货币分析法考察了货币汇率贬值对国际收支的影响。货币分析法认为,在充分就业的情形下,贬值将引起国内商品的价格上涨,导致货币需求扩大,或实际现金余额减少,因而会压缩支出,从而对经济具有紧缩作用。此时若国内的名义货币供应量不增加,则贬值国只有通过国际收支盈余来补充短缺的现金余额,从而达到改善国际收支的目的。否则,若贬值国的国内货币供应量也增加,则 ΔR 不一定会大于 0,从而不一定能改善国际收支逆差状况。

(3)货币分析法提出了自己的政策主张。

① 所有的国际收支不平衡,在本质上都是货币的不平衡,因此,国际收支的不平

衡,都可以由国内货币政策来解决。

② 国内货币政策主要是指货币供应政策,因为政府可能操纵的是货币供应量的规模,而货币需求受政府的影响很小,是实际收入的稳定函数。一般来说,膨胀性货币政策(使 D 增加)可以减少国际收支顺差,而紧缩性的货币政策(使 D 减少)可以减少国际收支逆差。

③ 为平衡国际收支而采取的贬值、进口限额、关税、外汇管制等贸易和金融干预措施,只有当它们的作用是提高货币需求,尤其是提高国内价格水平时,才能改善国际收支,不过,这种作用是暂时的。

(三) 对货币论的评价。

1. 货币分析理论的意义

(1) 自从凯恩斯主义统治西方经济学界以后,货币因素就为人们所淡忘。国际收支货币分析理论的兴起,使被遗忘的货币因素在国际收支调整中得到应有的重视。

(2) 它将国内货币供应总量的变化与国际收支的状态看作是一个十分完整的统一体,它们相互制约又相互渗透。

(3) 它较弹性分析理论与吸收理论的进步之处是:考虑到了资本在国际间移动对国际收支的影响。

(4) 从实践上看,这些理论的某些观点已被 IMF 所接受。如 IMF 往往要求会员国严格控制信贷,就是基于货币供应决定国际收支这一基本认识。

2. 货币分析理论的不足

(1) 该理论研究的是长期货币供求平衡在国际收支上的平衡效果,即长期的国际收支调节问题,却忽视了短期国际收支不平衡所带来的影响。

(2) 影响国际收支变化的因素,并非像货币分析理论所认为的那样,完全由货币这个单纯的因素所引起。国际收支是各国宏观经济的综合反映,影响它变化的因素是众多的(收入水平、支出水平、贸易条件和其他因素),所以单一因素决不能解释国际收支的变动。

第二节　国际资本流动理论

长期以来,国际资本流动问题愈来愈受到重视,西方学者采用宏观结构分析法和微观行为分析法,从各个不同角度对国际资本流动现象进行了理论剖析。

一、完全竞争资本流动理论

完全竞争理论又被称为国际资本流动的一般模型,其分析的是国际资本流动对资本输出国、资本输入国和整个世界生产与国民收入分配的影响。这一理论 1960 年由麦克杜格尔首先提出,后由肯普对他的分析做了进一步完善,形成了国际资本流动的一般模型。

如图 8-2 所示,假定世界由 A 国和 B 国组成,横轴代表资本量,一开始 A 国持有的资本量为 O_AQ,B 国持有的资本量为 QO_B,纵轴代表资本边际生产力。$CMPK_A$ 和 $EMPK_B$ 分别表示 A、B 两国的资本边际生产力线。在经济隔绝的情形下,世界总产量为这两条线下的面积,即 O_ACDQ 加 $QFEO_B$。在经济交往前,A 国的收益率为 O_AR_A,B 国的收益率为 O_BR_B,A 国为了获取较高的资本收益,向 B 国输出资本,直到两国的资本收益率相等为止。在均衡状态下,A 国的产量减少 $Q'GDQ$,B 国的产量增加 $Q'GFQ$,而世界总产量净增 GFD。B 国将增加产量中的 $Q'GKQ$ 支付给 A 国的资本持有人,B 国与资本流动前相比净得 GFK,A 国则净得 GKD。

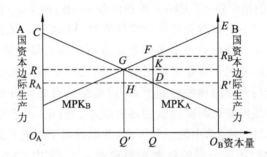

图 8-2 国际资本流动的一般模型

其理论认为:国际资本流动是由于各国利率和预期利率之间存在差异。在各国市场处于完全竞争的条件下,资本可以自由地从资本充足国流向资本短缺国。国际间资本流动使各国资本边际产出率趋于一致,从而提高全世界的总产量。很明显,此理论没有把证券投资和直接投资区别开来,另外,其假设条件为完全自由竞争,这与现实情形不符合。

二、不完全竞争资本流动理论

第二次世界大战后,国际直接投资随着跨国公司的迅速发展而急剧增长,在整个国际投资中占据了主导地位,于是一些新的理论也应运而生。在国际直接投资理论中,有关不完全竞争资本流动理论的流派很多,其中以下几个理论的影响最大。

(一)垄断优势理论

1960 年,美国经济学家海默(S. H. Hymer)在其博士论文《一国企业的国际经营活动:对外直接投资研究》中首次提出了以垄断优势来解释国际直接投资行为,后经其导师金德尔伯格(C. Kindle Berger)以及约翰逊(H. Johnson)等学者补充,发展成为研究国际直接投资最早的、最有影响的独立理论。

海默认为,完全竞争是一种理想状态,在现实中并不常见,较多存在的市场条件是不完全竞争。在完全竞争的市场条件下，企业不具有支配市场的力量，它们生产同类产品，有获得所有生产要素的平等权利。因此，企业没必要对外直接投资，因为这并不给投资的企业增加什么优势。反之，由于一国或国际市场的不完全性，才有可能使国际企业在国内获得垄断优势，并通过对外直接投资在国外生产。因此，海默认为，要解释对外直接投资，必须放弃传统的国际资本移动理论中的完全竞争假设，从不完全竞争的角度来进行研究。他通过对美国企业对外直接投资行为的研究，提出了垄断优势理论。他认为垄断优势有三种。一种是来自产品的不完全优势，这是由产品差别、商标、销售技术、对价格的操纵等内容构成的；另一种是来自生产要素市场不完全的优势，这是由专利、技术诀窍、融资能力、管理技能等构成的；还有一种是企业所拥有的内部规模经济与外部规模经济。当一个企业具有某种垄断优势时就可以从事对外直接投资活动。

1969年，金德尔伯格出版了《美国公司在国外》一书，他指出，仅仅强调国外利润高或国外劳动力成本低并不足以解释对外直接投资发生的原因。关键是解释在东道国的生产为什么不由当地企业进行而是由美国企业进行国际直接投资的原因。一般说来，当地企业比远在国外的外国企业要更加了解市场行情，了解当地的与经营有关的法律制度，尽占天时、地利与人和的种种有利因素，因而会具有更加有利的竞争条件，相反，外国投资者则要承担在国外远距离经营的各种成本。但是，由于外国投资者拥有各种垄断优势，由此而抵消国外经营中的不利因素，并取得高于当地企业的利润。

1970年，约翰逊在《国际公司的效率和福利意义》一文中，在论证来自生产要素市场不完全的优势时指出，"知识（包括技术、诀窍、管理和组织技能、销售技术等一切无形资产）的转移是直接投资过程的关键"，即对外直接投资的垄断优势主要来自跨国企业对知识产权的占有、使用与垄断。约翰逊认为，知识资产的特点是，它的生产成本很高，供给弹性大，它可以在若干地点同时使用。在直接投资中，子公司可以用很低的成本利用总公司的知识资产。相反，当地企业为获取同类知识资产却要付出全部成本。当向外部转让的条件不具备或不十分有利的情况下，通过对外直接投资可把知识保持在企业内部以获取更大的外部效益。

1971年R.E·凯夫斯（caves）在《国际公司：对外投资的产业经济学》一文中着重论证了来自产品市场不完全的优势，他指出，跨国公司的垄断优势主要体现在它的产品异质化能力上。根据市场中不同消费需求，产品的异质化不但表现在利用技术优势使其产品发生实物形态的差异；也可利用商标、品牌等，使本公司产品与其他公司的产品有所差异，并通过广告手段形成商标识别，以及给予产品的不同销售条件和附加利益来充分地满足不同层次、不同地区的消费者需求，从而获得对产品价格和市场占有率的一定控制，以便获得超额利润。

此外，B.M.沃尔夫等人对垄断优势中的规模经济进行了更为深刻的阐述，它们认为规模经济不能仅仅强调有利于生产集中而形成大企业支配市场的力量源泉，更应该强调的是非生产活动的规模经济性。非生产活动的规模经济性主要包括集中化的研究与开发，建立大规模的销售网络，以及进行集中的市场购销、资金筹集和统一管理等。当企业在其发展过程中发现某些技术资源未被充分利用时，就会在国内以至国际市场进行多样化扩展，以及充分利用现有技术优势，最终形成当地竞争者所没有的规模经济优势。

综合海默、金德尔伯格以及后来的约翰逊等专家学者的研究成果，垄断优势理论的核心可表述为"跨国直接投资的形成是以不完全竞争为基本假设前提，以市场不完全为基本条件，以垄断优势为中心"。而在所有的优势中，该理论十分强调技术优势。所谓技术，它包括技术、知识、信息、诀窍、无形资产等。

(1) 新工艺技术优势。这一优势可通过专利等手段，防止这种新工艺技术为同行所利用，以保持这种优势的长期地位。

(2) 产品开发(含产品异质化)优势。产品开发技术是跨国企业优势中最有实质性的组成部分，跨国企业的许多开发、研究均以此为目标，其重要性是不言而喻的。产品异质化能力在技术标准化的地方尤为重要。这时只要对产品物质形态作少量变化，采用广告内容、销售条件等方法，既免受同行仿造，又保持了相对优势。

(3) 规模经济优势。传统的理论强调规模经济有利于生产集中，从而形成大企业支配市场，并以此获得规模经济效益(规模递增所引起的单位成本递减或收益递增)。如前所述，如沃尔夫等人所认为的那样，规模优势主要来自于非生产活动的规模经济性。它包括集中化的研究与开发，大规模的销售网络，以及进行集中的市场购销、资金筹措和统一的管理等。

(4) 组织管理优势。这种优势是指跨国投资企业有受过训练与教育的、经验丰富的经理人员和经过实践考验的、能有效运行的组织结构和机制。这往往是跨国公司具有的、国内企业无可比拟的优势之一。

关于垄断优势论，后来的许多西方学者在海默的理论框架下，进一步加以阐述和补充，并且，垄断优势论者几乎一致地认为，技术因素在引起跨国企业对外直接投资中具有最重要的作用。但是，该理论无法解释为什么拥有独占技术优势的企业一定要对外直接投资，而不是通过出口或技术许可证的转让来获取利益。此外，该理论虽然对西方发达国家的企业对外直接投资及发达国家之间的双向投资现象作了很好的理论阐述，但它无法解释自20世纪60年代后期日益增多的发展中国家企业向发达国家的直接投资。因为很显然发展中国家的企业一般不具有技术上超过发达国家企业的垄断优势。另外，垄断优势理论也不能解释物质生产部门跨国投资的地理布局。

(二) 内部化理论

内部化理论也称市场内部化理论。该理论是由英国里丁大学学者巴克莱(P. Bucklcy)和卡森(M. Casson)于1976年合著的《跨国公司的未来》一书中提出的，1981

年经加拿大学者拉·格曼(A. Rugman)等西方学者对跨国公司内部贸易日益增长现象进行深入研究后有了发展。该理论解释了国际直接投资动机及决定因素。巴克莱等人认为,现代跨国公司是市场内部化过程的产物。所谓市场内部化是指由于市场不完全,跨国公司为了其自身利益,以克服外部市场的某些失效(Market Failure),以及由于某些产品的特殊性质或垄断势力的存在,导致企业市场交易成本增加,而通过国际直接投资,将本来应在外部市场交易的业务转变为在公司所属企业之间进行,并形成一个内部市场。也就是说,跨国公司通过国际直接投资和一体化经营,采用行政管理方式将外部市场内部化。最早提出内部化思想的是美国学者科斯,在其1937年发表的论文《企业的性质》中就指出市场的运行是有成本的,当市场失效等市场不完全时,会导致企业的交易成本增加;企业可以通过行政组织形式,即组织内部交易来节约市场运行成本。通过公开市场进行交易的成本包括发现相对价格的成本、确定契约双方责权的成本、交易和支付风险的成本以及缴付税款等等。因此,只要企业能在内部组织交易并花费比公开市场交易更低的成本,企业就会自己来从事某些交易并使之内部化。

1. 市场内部化的动因分析

与垄断优势不同的是,内部化理论并不是强调企业特有的知识产权优势本身,而是借鉴科斯的观点,强调企业通过内部组织体系以较低成本在内部转移知识产权优势的能力,并认为这才是企业发生对外直接投资的真正动因。因为只有直接投资,在国外建立自己能够控制的子企业,才能以较低的成本将知识产权优势转移到国外,并且使这些知识产权优势不被外人染指,使得企业在技术创新阶段所花费的代价得以充分回报。

如果说海默等人首先用不完全竞争来代替传统理论中的完全竞争假设而创立了垄断优势理论的话,后来的英国学者巴克莱和卡森仍然以市场不完全作为关键性假设,并对这个概念做出新的解释,以建立新的理论体系。他们认为,市场的不完全性不仅仅表现在最终产品上,更重要的是表现在中间产品方面。所谓中间产品,不仅包括半加工的原材料和零部件,更重要的是各种技术、专利、管理技能及市场信息等。为了谋求企业整体的利润最大化,于是将中间产品置于共同的所有权控制下,在企业内部转让,以内部市场来代替外部市场组织交易,可以降低交易成本。当内部化超越国界时就会产生对外直接投资活动,即产生跨国公司。巴克莱和卡森指出,中间产品的市场不完全主要表现在以下几个方面:

① 在寡占的情况下,买卖双方比较集中,很难进行议价交易;
② 不存在期货市场时,买卖双方难以签订期限长短不同的期货合同;
③ 不存在可供中间产品按不同地区、不同消费者实行差别定价的市场;
④ 中间产品的价格缺乏可比性,交易双方难以定价成交;
⑤ 新产品从研究开发到实际用于产销,所需时间较长,而新技术的应用又有赖于差别定价,因此厂商对新技术的转让适于采用内部转移定价的方法。

2. 市场内部化的实现条件

理论上说,只要内部化成本小于市场交易成本,内部化即可实现。根据内部化论者的研究,市场内部化过程取决于四组因素之间的相互关系。这四组因素是产业特定因素、区域因素、国别因素及企业因素。产业特定因素包括产品的特性、产品外部市场的竞争结构和规模经济等。区域因素是指有关区域内的地理和社会特点,如地理距离、文化社会差异等。国别因素包括有关国家的政治环境、经济制度等。而企业因素是指不同企业组织内部交易能力和内部化后所增加的管理成本等状况。内部化理论把分析的重点放在产业特定因素和企业因素上。巴克莱认为,当一个产业的产品需要多阶段生产过程,而中间产品的供需通过外部市场来进行时,供需双方关系既不稳定,也难以协调,因此通过内部市场来稳定和调节中间产品的供需就显得尤其重要,而企业组织管理能力也是一个极为重要的因素。因为市场交易内部化不可避免地要产生成本,比如,由于组织规模扩大而增加管理费用、降低工作效率等,因此,只有具备先进的管理技术和组织能力的企业,才能使交易内部化的成本低于外部市场交易的成本,内部化才有利可图。

3. 市场内部化后的可能收益

市场内部化可以使跨国公司获得多方面的利益,例如,通过内部市场,可以使公司内部资源转移的交易成本最小化;可以把相互依赖的生产经营活动置于统一的控制之下,以保证建立稳定的长期供需关系;可以避免买方的不稳定性,消除市场不完全的不利影响;尤其是可以利用转移价格获得最大的经济效益。

通过直接投资形成市场内部化后的内部转移价格,是跨国公司体系内母公司与子公司、子公司与子公司之间进行内部交易时使用的一种价格。它包括两种类型:一是有形产品的转移价格,如公司内部相互提供的设备、原材料和零部件等价格;二是无形产品的转移价格,如技术使用费、贷款利息、商标使用费、佣金、管理费等。实行转移价格后,可以部分地逃避东道国的税收,避开外汇风险和政治风险,并能对东道国在外汇、价格和资金的管制方面,获得竞争优势,减少可能的各种麻烦。这是因为转移价格一般不受市场供求关系的影响,因为它不是买卖双方在市场上按独立竞争的原则确定的,而是根据跨国公司的全球战略目标和谋求利润最大化原则,由公司少数上层人士确定的。

4. 市场内部化的成本

内部化过程将一个完整的外部市场分割成若干独立的内部市场,在带来收益的同时必然会造成额外成本。很显然,当成本高于收益时,准确地说,当内部化成本高于市场交易费用时,内部化将不可取。例如,美国电话电报公司(AT&T)一分为三,就是他们认为内部化成本已经高于内部化收益而采取的行动。据报道,美国电话电报公司的这一行动赢得了美国经济界和股东的广泛好评,宣布消息后其当天的股价指数上升了10%。根据巴克莱和卡森的研究,市场内部化的成本主要包括:

(1) 管理成本。内部化后,企业必须形成企业内部提高效率的机制,还必须在监督管理方面投入人力、物力。

(2) 国际风险成本。即在东道国可能发生的损失。内部化后,势必形成对外国市场的垄断和对当地企业的控制,这些都可能引起东道国政府的干预,以至采取敌视政策、规定股权份额甚至国有化等。

(3) 控制成本。生产地点分散,语言、社会经济环境的差异,会大大增加信息传播与沟通的费用。为了防止企业内部联络中商业秘密的泄露,往往要求内部化后的每个企业都必须建立各自独立的信息系统,从而增加了内部企业之间沟通与控制的费用。

(4) 规模经济损失成本。内部化后,内部市场将对企业的经济规模起着一定的抑制作用,企业会被迫在较低的规模水平上经营,从而失去一部分规模经济的效益。

内部化理论是西方学者跨国公司理论研究的一个重要转折:海默等人从寡占市场结构来研究发达国家企业海外投资的动机与决定因素;而内部化理论则转向研究各国企业之间的产品交换形式、企业国际分工与生产的组织形式,并论述由于外部市场机制的不完全性,导致企业内部分工与生产组织形式的变革。例如,通过企业水平或垂直一体化经营,将多阶段分工生产置于统一的管理体制之下;通过企业内部产品(包括技术、信息)和资金调拨,以避免过高市场交易成本的影响。与其他理论相比,内部化理论属于一般理论,能解释大部分对外直接投资的动因。同时,内部化理论不同程度地包含了其他理论。

(三) 国际产品寿命周期理论

1966年,美国哈佛大学教授维农(R. Vernon)创立的国际产品周期理论不仅是一种以新技术创新为特征的国际贸易理论,同时也是一种对投资的动因和基础的研究成就,因此我们可以从投资角度对它进行研究。维农认为,只有把企业拥有的独特优势和企业在特定东道国所获得的区位优势结合起来,才会发生直接投资,并给投资者带来利益。

维农认为产品周期是产品市场运动的普遍现象。当企业在市场上推出新产品时,产品的生命周期就开始了,其先后经历创新、成熟、标准三个阶段。企业的对外直接投资是企业在产品周期运动中由于生产条件和竞争条件的变化而做出的决策。

(1) 产品的创新阶段。少数在技术上领先的国家首先推出新产品,产品的生产集中在国内。企业可以利用其在生产方面所拥有的垄断地位,通过出口贸易,而不是通过对外直接投资,打入国际市场。逐渐地,生产走向规模化。这时,稳定的原料和零部件的供应来源问题、市场问题开始突出起来,从而迫使生产企业开始向国外直接投资,以直接占领国外市场,排除潜在竞争者。这一阶段的对外直接投资往往是投向市场需求结构同母国大致相近的发达国家,目的是抵制这些发达国家的仿制品和替代品,因而这是一种防御性的投资。

(2) 产品的成熟阶段。这时,产品的生产已经标准化。在国际竞争中,其相对优势已不是技术,而是低成本。但随着新产品出口的扩大,一方面进口国会设置更多的贸易障碍,使出口产品的边际成本逐步超过在国外生产的平均成本;另一方面,原来被创新国企业垄断的技术已逐渐被国外竞争者所掌握,后者结合其本身具有的其他优势,能够大规模地生产出成本低廉的仿制品。这种情况下,把进口生产基地转移到国外,既发挥企业本身的技术优势,又利用东道国某些生产要素成本低廉的优势,从而使其产品在国际竞争中处于优势。所以,产品周期论者认为,产品成熟阶段是企业大规模对外直接投资的阶段。

(3) 产品的标准化阶段。产品生产已经实行标准化批量生产,创新国需要通过价格的竞争来维护其产品的国外市场。这时,便宜的劳动成本和某些资源条件日益成为决定产品竞争优势的重要因素,厂商进一步寻找生产成本低廉的生产区域,因此劳动力成本低廉和资源丰富的发展中国家成为跨国公司选择的首要区位,直接投资转向发展中国家,在发展中国家生产的产品运往国内供应市场或是在东道国销售或是销往第三国。产品寿命周期对国际资本流动的影响见图 8-3。

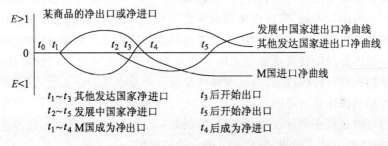

图 8-3　产品寿命周期对国际资本流动的影响

美国学者约翰逊则进一步分析和考察了导致国际直接投资的各种区位因素,认为它们是构成对外直接投资的充分条件,这些因素主要包括:

(1) 劳动成本。劳动力的国际市场具有不完全性。由于大多数国家实行移民管制,形成了实际工资成本的差异。在此情况下特别是在产品生产的标准化阶段,企业就趋向于把生产活动转移到劳动力资源丰富、劳动成本较低的国家。例如,那些纵向一体化的企业把某些产品的装配活动转移到发展中国家,就属于这类对外直接投资。当然,跨国企业实行世界范围内的生产制造和装配政策,旨在使产品的生产总成本最小化。

(2) 市场需求。某些国家的市场规模大且增长迅速,也会吸引一些企业在当地投资办厂,以形成和利用其生产和购销的规模经济。此外,在当地投资办厂有利于投资者改善自己的市场竞争地位。例如,可及时获取信息、降低运输成本等,因此,有利的东道国市场条件也是吸引企业对外直接投资的重要原因。

(3) 贸易壁垒。企业为了避开关税与非关税壁垒,而采取对外直接投资。一些国家为了发展本国工业,或者为了改善国际收支状况,有意识地利用关税、贸易配额等壁垒来限制进口。这无疑是导致外国企业对东道国进行直接投资的重要原因。

(4) 政府政策。不同国家政府在一定时期内,为了自己的经济利益和政治目标,对外国投资者实行各种优惠措施和激励政策,创造有利的投资环境,这也是吸引外国企业跨国直接投资的又一重要因素。

国际产品周期理论和其他区位因素论者从动态的区位条件来分析对外直接投资,说明了直接投资主要集中于少数几个国家的跨国公司手中,特别是美国大公司手中的现象,同时该理论也为投资企业进行区位市场选择和国际分工的阶梯分布提供了一个分析框架。此外,该理论是否能用来解释发展中国家的对外投资行为?威尔(L. T. Well)等经济学家发展了维农的产品周期理论。他们认为,根据产品周期模式,发展中国家的厂商首先为其国内市场进行创新活动,其技术优势是小规模的劳动密集型技术,并逐步积累以低成本生产中低档、非异质产品的经验,这种特有的生产技术和产品同样适合于其他发展中国家现有的市场和需求条件。待产品进入成熟阶段以后,发展中国家为应付出口市场的激烈竞争,保持市场份额,不得不绕过贸易壁垒,在东道国就地生产来取代原来的出口产品,所以该理论对于发展中国家制造业部门的下游方向的投资具有一定的解释作用。然而,不少西方学者也对该理论提出了质疑,认为该理论同垄断优势理论一样还是没能解释清楚发达国家与发展中国家之间的双向投资现象。此外,该理论对于初次进行跨国投资,而且主要涉及最终产品市场的企业较适用,对于已经建立国际生产和销售体系的跨国公司的投资,它并不能做出有力的说明。因为这些全球性跨国公司可以直接在国外发展新产品,特别是 20 世纪 70 年代以后,许多产品在创新开发阶段,就已经突破了国界,更显示了理论的局限性。

(四) 国际生产综合理论

国际生产综合理论又称国际生产折中理论。在上述国外直接投资理论中,主要是从跨国公司本身所拥有的优势特征和外部市场机制的不完善角度,论述了这些跨国公司海外直接投资的合理性。因此有些是从国家要素拥有特征出发考虑问题,另一些是从企业要素拥有特征出发考虑问题。虽然解释了跨国公司不同的国外直接投资的动机和原因,但不能说明为什么有些跨国公司在进行国外直接投资的同时又没有完全放弃出口贸易和许可贸易的形式,也就是说,跨国公司对不同国家采取不同的进入战略,是由什么因素支配的并没有得到很好的解释。20 世纪 70 年代末英国经济学家邓宁(J. H. Dunning)把国家要素拥有的特征与企业要素拥有的特征结合起来进行分析,提出了国际生产综合理论。

邓宁试图建立一个全面的理论,用以评价在对外直接投资的发展方面影响重大的一系列因素。邓宁抽象出三个最基本的决定跨国公司的行为和外国直接投资的要素:

一是所有权优势(Ownership),二是区位优势(Location),三是内部化优势(Internalization),这就是所谓的 OLI 模式。该理论的核心在于强调跨国企业从事国际生产,同时受其所有权优势、区位优势和内部化优势的影响。

所有权优势,又称竞争优势或垄断优势,是指保证跨国企业在东道国与当地企业竞争所必须具备的一些优势。包括两部分内容:对有价值资产的拥有和有效的行政管理能力。有价值资产主要包括对原材料的垄断及商标权、某种技术专利权;有效的行政管理能力主要是指信息管理、营销决策能力等,有效的行政管理能力越强,企业对外直接投资的能力越强。邓宁认为,结构性市场不完全(竞争壁垒和高交易成本等)和交易性市场不完全(获得信息困难、生产成本高等)对跨国企业所有权优势的影响,因企业本身的组织特点、产品特性、市场特性和竞争过程的不同而不同,但两者又相互关联。

区位优势,指跨国企业在选择子公司的地点、国别时,必须充分考虑东道国的生产要素优势。其包括要素投入和市场的地理分布状况;生产要素成本质量;运输与通信成本;基础设施;政府干预的范围和程度;金融环境与金融状况;与本国市场类型的差异;消费者行为的差异;等等。邓宁认为,企业从事国际生产时必然要受到上述因素影响,因此只有把跨国企业自身的优势(所有权优势以及下面的内部化优势)与东道国的区位优势结合起来,一家企业才能发挥东道国的比较优势,从而确保有效的对外直接投资。当区位优势明显时,形成比较成本优势,对跨国公司对外直接投资的吸引力就越大。区位优势不但决定了企业从事国际生产的倾向,而且决定了它对外直接投资的部门结构和国际生产类型。由此可见,区位优势的概念吸取了传统国际贸易理论关于国家比较优势的思想,而所有权优势则承袭了海默-金德尔伯格学说的传统思想。

内部化优势,指由于某些产品或技术通过外部市场转移时会提高交易成本,所以跨国企业倾向于到国外投资,并在母子公司或各子公司之间进行中间产品的转移。邓宁认为,交易成本越高,跨国企业越可能采取对外直接投资的方式,并通过内部化来发挥该企业所拥有的所有权优势。

邓宁这个理论的要点是,一个企业是否对外直接投资,取决于以上三个因素。企业优势是跨国公司从事海外经济活动的先决条件,若企业对其技术优势等实行内部化有利可得,同时海外的区位优势又富有吸引力时,企业将选择对外直接投资方式。若国外区位优势的吸引力欠佳,企业将选择出口方式来扩展海外市场;当企业不需要对它的优势实行内部化,同时又没有区位优势,那么企业可选择许可证贸易方式来扩大海外市场。

(五)小岛清对外直接投资论

日本的小岛清(K. Kojima)教授于 1977 年发表的《对外直接投资》一书对国际直接投资的分析,不是从一个商品或一个企业、一个行业方面进行单体分析,而是利用国际分工的比较成本优势理论进行宏观考察,详细分析了日本与美国对外直接投资的区别,指出了两个不同的模式。美国对外直接投资与国际贸易是"贸易替代型"的,日本是"贸易创造型"的。

小岛清研究了美国的国际直接投资情况后指出,美国的对外直接投资主要分布在制造业,这种投资是建立在"贸易替代型"结构的基础上,对外投资的企业是美国具有比较优势的部门。根据国际分工的原则,美国应将这类产业部门的生产基地设在国内,但由于这些企业竞相到国外投资设厂,并大量生产,结果是丧失了通过出口而增加的巨额贸易顺差,引起国际收支不平衡,贸易条件恶化。而日本的对外直接投资与美国不同,资源开发型投资占有相当大的比重,而在制造业方面的投资则属"贸易创造型",即对外直接投资不仅没有取代国内产品的出口,反而开辟了新的市场,并带动与此产品相关联的其他产品的出口,从而将对外直接投资与对外贸易两者有机地结合起来。日本的对外直接投资之所以能取得成功,主要是由于对外直接投资的企业能充分利用国际分工原则,发挥自身的优势。当然,日本的企业也把生产基地迁移到国外,但只把日本国内生产已丧失比较优势的部门进行迁移,以建立新的出口基地。因此,日本的对外投资实际上是补充日本比较优势的一种有效的手段。

小岛清在比较优势理论的基础上,总结出所谓的"日本式对外直接投资理论",又称为国际分工互补投资理论。这一理论的核心是,对外直接投资应该从投资国已经处于或即将陷于比较劣势的产业部门,即边际产业部门依次进行;而这些产业又是东道国具有明显或潜在比较优势的部门,但如果没有外来的资金、技术和管理经验,东道国这些优势又不能被利用。因此,投资国对外直接投资就可以充分利用东道国的比较优势。他认为,日本的传统工业部门之所以能够比较容易地在境外找到有利的投资场所,是因为它向具有比较优势的国家和地区进行直接投资的结果。

根据小岛清理论,其所导向的对外投资类型主要为:

(1) 自然资源导向型。这种投资是针对国内已失去比较优势,或国内不能生产的产品的进口,而向自然资源丰裕的国家进行直接投资。其结果是促进制造品与初级产品生产国之间的垂直专业化分工。这是顺贸易导向型的对外直接投资。

(2) 劳动力导向型。这种投资是由于发达国家劳动力成本提高,因此将劳动密集型产业,特别是已经标准化的、传统劳动力密集产业,转移到劳动力成本较低国家的一种投资方式。其目的在于建立向本国或第三国出口的生产基地,而不是主要为了占领东道国市场。结果是加速国际间的产业调整和资源配置,增加了投资国与东道国之间的贸易。这也是顺贸易导向型的。

(3) 市场导向型。这种投资往往是由于东道国的贸易壁垒引起的,投资国为了绕过东道国的这种壁垒,对东道国进行国际直接投资,在东道国生产销售,从而实现了将向东道国出口最终产品改为向东道国出口中间产品和机器设备的转换。由于这种方式一般符合东道国的进口替代政策,从而避免了东道国的贸易壁垒,增加了投资国对东道国的出口。

(4) 交叉投资型。小岛清认为,发达国家之间应停止对东道国不具备比较优势的行业进行直接投资,而应当采用在产业内部相互直接投资,即对东道国具有比较优势的生产进行直接投资。例如,日本对美国的大型轿车生产进行投资,而美国对日本的小型轿车生产进行投资。这样可以发挥各自的比较优势。

小岛清理论导向投资的特点与其他国际直接投资理论相比,比较优势论有以下几个特点:

第一,对外投资企业与东道国的技术差距相对较小。这样不但保持了投资国的技术优势,而且容易在海外尤其是在发展中国家找到立足点并占领当地市场。例如,日本对外直接投资以对自然资源开发和已经标准化的劳动密集型产业为主体,且多采用合资方式。美国的对外投资大多是跨国公司为维护其垄断地位,争夺东道国的市场,而转移的多为高级技术,采用的多为独资方式。

第二,较适合于中小企业的对外直接投资。中小企业转移到东道国的技术更适合当地的生产要素结构,为东道国创造更多机会,而且中小企业能够小批量生产,经营灵活,适应性强。

第三,该理论强调无论是投资国还是东道国都不必拥有垄断市场,比较优势论否认垄断优势国家在对外直接投资方面有决定作用。这种从国际分工角度来解释日本式对外直接投资行为的理论与其他国际直接投资理论相比有其独到之处,这对传统的国际直接投资理论无疑是一次冲击。

三、国际证券投资理论

国际证券投资理论研究的是在各种相互关联的、确定的和不确定的结果条件下,理性的投资者该怎样做出最佳投资选择,以降低投资风险实现投资收益最大化的目标。

(一) 古典国际证券投资理论

此理论认为国际证券投资的起因是各国之间存在的利率差异。在国际资本能够自由流动的条件下,如果两国的利率存在差别,两国能够带来同等收益的有价证券的价值也会产生差别,即高利率国家有价证券的价格低,低利率国家有价证券价格高,这样低利率国家就会向高利率国家投资购买有价证券,直至两国市场利率相等。

其理论解释了国际证券投资的动因——"套利",但其存在一些不足:① 在套利过程中并未涉及汇率问题。② 只说明资本从低利率国家向高利率国家的流动,而未说明国际上存在的双向资本流动。③ 以国际资本自由流动为前提,而现实生活中各国政府对本国资本流动多少会有限制。

(二) 证券组合理论

最早较为系统阐述这一理论的是美国经济学家马柯威茨,他于1952年发表的题为《证券组合的选择》的论文为这一理论的形成和发展奠定了基础,并以此获得第22届诺贝尔经济学奖。

此理论的前提是:① 投资者都倾向于得到较高的收益率,同时又是风险的反对者。② 市场是充分有效的,所有市场参与者同时得到充分投资信息。③ 投资者的决策都是依据投资的预期收益率和预期收益率的标准差而做出的。④ 投资风险和收益的计算是针对一个给定时间段来说的。⑤ 一个具有风险性的证券可以任何数量加入或退出一个证券组合。

假设有 n 种证券,各 $\overline{R_i}$ 单项证券的投资收益率为 R_i,$i=1,2,3\cdots\cdots,n$,R_i 的均值和标准差分别为 $\overline{R_i}$ 和 δ_i,则 $\overline{R_i}$ 是第 i 种证券的预期收益率的度量指标,$\overline{R_i}$ 越大越好,δ_i 是第 i 种证券的投资风险指标,δ_i 越小越好。再设 x_i 为投资者投资于第 i 种证券的投资额占总额的比例系数,$i=1,2,3,\cdots\cdots,n$,则 n 种证券组合投资的收益率 R_P 为:

$$R_P = \sum_{i=1}^{n} x_i R_i \tag{8-17}$$

因 R_i 为随机变量,故 R_P 必然也是随机变量,若 R_P 的数学期望值为 $\overline{R_i}$,则 n 种组合的期望收益率 $\overline{R_P}$ 为:

$$\overline{R_P} = \sum_{i=1}^{n} x_i \overline{R_i} \tag{8-18}$$

由以上可看出,n 种证券组合投资的期望收益率等于各证券期望收益率的加权平均值,其权重为相应证券的投资比例系数。

在证券组合中还要考虑风险因素,除考虑个别证券风险外,还须考虑它们之间的相关性,设 R_i 和 R_j 的协方差为 δ_{ij},$i,j=1,2,3,\cdots\cdots,n$,$\delta_{ij}=E[R_i-E(R_i)][R_j-E(R_j)]$,$n$ 种证券组合投资的风险指标 δ_P 为:

$$\delta_P = \left(\sum_{i=1}^{n} \sum_{j=1}^{n} x_i x_j \sigma_{ij} \right)^{\frac{1}{2}} \tag{8-19}$$

证券组合理论认为证券投资的全部风险或总风险是系统风险和非系统风险之和,当投资组合中证券达到一定数目后,非系统风险可以基本消除,而只剩下系统风险。图 8-4 说明了投资组合中风险与证券数目的关系。

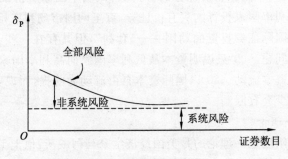

图 8-4 风险与证券数目关系

图 8-4 中,横轴表示组合证券数目,纵轴表示投资的风险(收益的标准差),曲线显示了不同证券组合数目与总风险的关系。当投资组合中证券数目增加时,风险降低了,但这里所降低的是非系统风险,不论证券数目如何增加,总风险也不会降到虚线之下,这一部分是系统风险或市场风险。只有当投资者彻底撤出市场,才可免除系统风险。

此理论认为投资者可凭借所有的证券获得投资收益,但因证券发行者不能保证投资收益的稳定性,投资者必须承担投资风险。由于各种证券混合的证券组合可以提高投资收益的稳定性,降低投资风险(因为组合中不同证券的收益可以相互抵补,起着分散风险的作用),投资者可能选择不同国家的证券作为投资对象,从而引起资本在各国之间的双向流动。

第三节 货币危机理论

货币危机是国际金融危机的典型表现。从 20 世纪 70 年代末起,货币危机理论开始形成比较独立和完整的理论体系。按照时间划分,其发展可分为三个阶段:第一个阶段,以克鲁格曼(P. Krugman)模型为主,被称为"第一代货币危机理论";第二个阶段从 80 年代中期开始,以奥波斯特费尔德(Obstfeld)的"预期自我实现型货币危机(Expectations Self-Fulfilling Currency Crisis)"为代表,被称为"第二代货币危机理论";第三个阶段从 1997 年亚洲金融危机开始,虽然自那时起涌现出数以千计的文献和众多的观点,但至今还没有一种被公认为"第三代货币危机理论"的代表,出于方便起见,我们将这些论点统称为"货币危机新论"。

一、第一代货币危机理论——克鲁格曼危机理论

克鲁格曼于 1979 年提出了关于货币危机的第一个比较成熟的理论流派。该理论建立在赛朗特和汉德森模型的基础之上(Salant and Henderson,1978),具有浓厚的货币主义色彩。克鲁格曼认为,在一国货币需求稳定的情况下,国内信贷扩张会带来外汇储备的流失和经济基本面的恶化,导致原有的固定汇率在投机冲击下产生危机。但是,克鲁格曼在分析中采取了非线性形式,难以确定固定汇率制的崩溃时间。对此,弗拉德(R. Fload)和戈博(R. Garber)在 1986 年建立了线性模型加以完成。因此,该模型后来被合称为"克鲁格曼-弗拉德-戈博模型"(下简称"克鲁格曼模型")。

(一)理论框架

克鲁格曼理论认为,政府过度扩张的财政货币政策会导致经济基础恶化,它是引发对固定汇率的投机攻击并最终引爆危机的基本原因。我们借助国际收支的货币分析法来分析这种货币危机发生的过程,并假设货币分析法的前提假定在此也成立。

首先,假定一国的货币需求非常稳定,而货币供给则由国内信贷及外汇储备两部分

构成。在其他条件不变时,该国居民将会通过向外国居民购买或出售商品、劳务、金融资产等国际收支活动引起外汇储备变化,从而使货币供给与货币需求达到平衡。在该国货币供求平衡时,如果政府持续扩张国内信贷来融通财政赤字,就会带来货币供给的增长。由于居民会通过国际收支自动使货币供给与稳定的货币需求保持平衡,根据货币分析法可知,国内信贷扩张必然伴随着外汇储备的减少,因为扩张信贷会刺激进口的迅速增加,从而使外汇储备迅速减少。

但是,一国的外汇储备总是有限的。在其他条件不变时,国内信贷的持续扩张必然最终导致该国外汇储备持续下降,直至为零。而外汇储备是政府维持固定汇率制的主要工具,当政府不持有任何外汇储备时,势必只能听任外汇市场的汇率自由浮动。

所以,一国持续扩张的货币政策导致该国外汇储备下降从而放弃固定汇率制时,由汇率自由浮动确立的汇率水平会较原有的固定汇率水平有大幅度的贬值。图8-5显示了前面所述的内容。

如图8-5所示,由于居民自发对货币供给存量的调整,经济中的货币供给存量始终保持不变,这在图上体现为一条水平线m_t,这表示在货币需求不变时货币市场处于均衡的情况。D_0、R_0分别表示期初的储备与国内信贷存量。代表国内信贷的曲线是一条向上倾斜的直线,表示该国国内信贷随着时间的推移而持续增加。图中代表外汇储备的曲线是一条向下倾斜的曲线,因为在货币供给存量不变的情况下,外汇储备必然随着国内信贷的增长而下

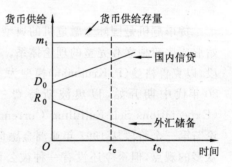

图8-5 扩张性货币政策引起的货币危机发生过程

降。在图上的t_0点,外汇储备下降为零,此时政府无力维持原有的固定汇率,汇率大幅度贬值后自由浮动。综合起来,货币危机爆发的过程就是:外汇储备随国内信贷的增长而持续流失,这一流失速度与信贷扩张速度间保持一定比例。如果一国对国际储备水平设定最低限$\bar{R}$,则当$R_t<\bar{R}$时,政府将宣告放弃平价,汇率大幅贬值后自由浮动。

以上分析没有考虑到投机者的心理预期因素。但是,如果投机者对经济基本面因素有比较正确的预期(即具有完全预期),必然会对未来汇率的大幅贬值提前做出反应。例如,当投机者根据基本面的真实情况预期到固定汇率制崩溃时,往往会提前以当前的固定汇率购入外汇。如果市场上的投机者在某一时刻一致抛售本币、抢购外汇,就形成了对该国固定汇率制的投机冲击。这一投机冲击一般发生在原有的外汇储备下降为零的时刻之前(图8-5所示的t_e点),并将造成本国外汇储备加速耗尽,使政府被迫放弃固定汇率制。因此,在储备下降到最低限之前,投机者就会发动攻击,以防止因固定汇率的崩溃而可能给他们带来的损失。

为了说明投机攻击的时间选择问题,我们引进一个新的概念——影子浮动汇率(Shadow Floating Exchange Rate)。"影子浮动汇率"是指在没有政府干预下,外汇市场自由浮动时确定的汇率水平。信贷扩张会使影子汇率水平不断降低,当影子浮动汇率降至与固定汇率相等的那一点时,投机者就会发动攻击;但名义汇率水平本身在此时尚未发生变化,政府就会动用储备来保卫固定汇率。随着投机攻击的进一步加强和羊群效应的扩大,政府储备会迅速耗尽,于是固定汇率制崩溃,汇率大幅度贬值。因此,投机者的完全预期加速了固定汇率制的崩溃。

以上分析可用图 8-6 加以说明。在图 8-6 中,纵轴表示汇率水平(直接标价法),$\bar{s}$ 表示固定的汇率水平,AC 线表示影子浮动汇率的变动。在国内信贷不断扩张的情况下,储备不断流失,影子汇率持续贬值。如果不考虑投机因素,当储备降至最低限 $\bar{R}$ 时,固定汇率制崩溃,汇率由图 8-6 中的 B 点跳跃至 C 点。在投机者完全预期的情况下,当影子汇率与固定汇率相等时(图中为 A 点),投机者就会发动攻击,此时储备突然降低至 $\bar{R}$,固定汇率制提前崩溃。从分析中可以看出,期初储备存量越高,信贷扩张速度越低,货币危机的发生也就越晚。

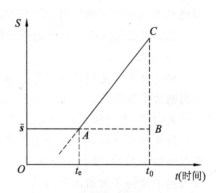

图 8-6　投机者预期条件下的货币危机发生时间

从以上的分析可以看出,克鲁格曼模型对货币危机的分析具有如下特点:

第一,在货币危机的成因上,认为货币危机的发生是由于政府宏观政策与固定汇率的维持这两种政策目标之间发生冲突引起的。这一分析将国际收支问题视为货币供求的自动调整过程,国内信贷扩张是储备流失最重要的原因,因此是政府扩张政策将经济推向货币危机之中的。

第二,在危机的发生机制上,强调投机攻击导致储备下降至最低限量是货币危机发生的一般过程。在这一过程中,中央银行基本上处于被动的地位,预期只是使货币危机发生的时间提前,储备存量则是决定放弃平价与否的中心变量。

第三,在政策含义上,模型最主要的结论是:紧缩性财政货币政策是防止货币危机发生的关键。鉴于货币危机的原因在于经济基础,投机性攻击只是外在条件,因此诸如从国外借款、限制资本流动等措施只能暂时性地稳定汇率,如果没有基本经济政策的调整,固定汇率制最终仍将崩溃。

(二) 对第一代货币危机理论的改进和修正

克鲁格曼模型问世之后,理论界对其进行了大量的修正和扩充。因为模型的结论是在最简化的前提条件下得出的,遗漏了许多重要的可能性,而这些可能性在现实的经济生活中恰恰可能是引起或影响货币危机的重要因素。在模型的基础上,经济学家主要围绕着以下几个问题进行了扩展:① 究竟有哪些具体因素可能导致危机的发生?② 什么因素决定了危机的具体爆发时间?这些研究不仅结合或引发出经济学的前沿课题(例如信息和预期研究),也为第二代货币危机理论的产生奠定了基础。

在相当长的时期内,国际上发生的货币危机大多属于这一类型。从战后来看,比较有影响的有20世纪70年代以来墨西哥的三次货币危机,1982年的智利货币危机等。但是,进入20世纪90年代以来,投机性资金流动对宏观经济的冲击越来越大,往往在经济基本面还比较健康时,就会引发货币危机。于是,第二代货币危机模型应运而生。

二、第二代货币危机理论——预期"自我实现"和多重均衡模型

(一)理论框架

第一代货币危机理论提出了这样的假定:只有在基本面出现问题时,投机者才会对一国的货币发起攻击。奥波斯特费尔德的第二代货币危机理论则提出了崭新的思路。它认为,投机者之所以对货币发起攻击,并不是由于经济基础的恶化,而是由贬值预期的自我实现所导致的。从理论上讲,当投机攻击爆发后,政府可以通过提高利率以抵消市场的贬值预期,吸引外资获得储备来维持平价。但是,如果提高利率维持平价的成本大大高于维持平价所能获得的收益,政府就会被迫放弃固定汇率制。反之,投机者是否继续攻击也视攻击对投机者带来的成本收益而定。所以,固定汇率制是否能够维持是成本-收益比较分析的结果。

首先,我们来考察投机者的行为。投机冲击的出现有可能与经济基本面因素无关,而是在国际短期资金流动独特的内在运动规律下,主要由心理预期因素导致的。因此,一国可能在没有实施扩张性政策、外汇储备充足的情况下,突然面临投机冲击而发生货币危机。投机者对一国货币的冲击步骤往往是首先在该国国内货币市场上借入本币,再在外汇市场对本币进行抛售。如果这一攻击能取得成功,投机者会在本币贬值后再用外汇购回本币,归还本币借款。这样,投机者攻击的成本是由本币市场上的利率所确定的利息,预期收益则是持有外汇资产期间外国货币市场上的利率所确定的利息收益以及预期本币贬值幅度所确定的收入。投机者的策略实际上也是比较投机活动的成本和收益。只要预期投机攻击成功后该国货币贬值幅度超过该国提高利率后两国利率之间的差幅,投机者就会进行投机攻击。如果投机者预期该国货币的贬值幅度足够大,那么在利率提高到该国政府可以承受的上限后,投机者仍可以接受这一利息成本,继续进行投机攻击,以迫使政府最终放弃固定汇率。但是,投机者最终能否取得成功,取决于投机者掌握的投机资金数量、羊群效应是否发生、政府态度的坚决性,以及政府之间的国际协调和合作是否及时有效。

理论上,政府提高利率可以提高投机者进行投机攻击的成本。在外国利率不变时,投机者对本币未来贬值幅度的预期越高,对提高本国利率的承受力,也就是可以接受的

本国利率上升幅度就越高。从理论上讲,政府总可以将利率提高到一定水平来维持固定汇率制度。问题在于,提高利率不是没有成本的,当政府被迫放弃固定汇率制时,一定是因为提高利率来维系固定汇率制的成本大大高于收益。在这里,政府的成本和收益冲突就集中表现在维持经济的合理开放性与实现经济的稳定与发展之间的矛盾。

政府提高利率以维持平价的成本可能是:第一,如果政府债务存量很高,高利率会加大预算赤字;第二,高利率不利于金融稳定。高利率意味着经济紧缩,带来衰退与高失业率。尤其是现代经济中股票市场、房地产市场状况与利率存在着密切联系,如果因为利率过高而导致股市暴跌、房地产价格低迷,将使整个经济陷入萧条乃至于危机的境地。

政府维持平价的收益一般包括:第一,消除汇率自由浮动给国际贸易与投资带来的不利影响,为一国经济创造一个较为稳定的外部环境;第二,发挥固定汇率的"名义锚"(Nominal Anchor)作用,遏制通货膨胀;第三,政府可以在对汇率的维持中获得政策一致性的名声,这在政府政策对象是具有理性预期的公众时是极为重要的,使政府以后的经济政策容易收到成效。

政府面临投机冲击时,是否提高利率以维持固定汇率,这实际上是一个对成本和收益的权衡过程。当维持固定汇率的收益超过其成本时,政府就应将其维持下去,反之,则应放弃。也就是说,政府只能将利率提高到一定限度,如果为维持固定汇率制度而将利率提高到超过这一限度,则政府宁肯选择放弃对投机攻击的抵御,听任汇率自由浮动。

第二代模型中所描述的货币危机具有如下特征:

第一,货币危机发生的隐含条件是宏观经济中多重均衡(Multiple Equilibrium)的存在。经济中共存在两重均衡,分别对应着公众对固定汇率制能否维持的不同预期,每种预期都是自我实现的。其中,"好的均衡"(Good Equilibrium)是公众的贬值预期为零,从而使汇率保持稳定。另外一种均衡则是贬值预期,当这种预期达到一定程度时,政府将不断提高利率以维护平价直至最终放弃,这种均衡的结果就是货币危机。由"好的均衡"向货币危机的跳跃往往是一些与经济基础完全无关的事件——"黑子现象"(Sunspot Phenomenon)所导致的。这些所谓的黑子事件经常与国际短期资金流动独特的运动规律密切相关,当它导致贬值预期心理时,就会引发投机并使这一预期得到实现。因此,这种货币危机又被称为"预期自我实现型货币危机"(Expectations Self-Fulfilling Currency Crisis)。

第二,政府为抵御投机冲击而持续提高利率直至最终放弃固定汇率制是货币危机发生的一般过程。预期因素决定了货币危机是否会发生、发生到什么程度,而利率水平则是决定固定汇率制度放弃与否的中心变量。具体而言,在公众预期货币将贬值时,货币危机的发生机制体现为一种恶性循环(Vicious Circle):政府通过提高利率来维持平价→增加政府采用固定汇率制的成本→加强市场的贬值预期→促使利率进一步上升。

但是,货币危机是否发生取决于政府与投机者之间的动态博弈过程,在信息不对称的条件下,市场对政府放弃平价的成本只能推测出大致区间,在此区间内不断进行投机攻击。如果在政府捍卫平价期间有足以改变投机者预期的好消息来临,货币危机将被阻止,否则政府将被迫进行贬值。但是,如果基本面因素(包括经济增长率、就业水平和通货膨胀率等)在这个过程中发生实质性的恶化,危机的爆发则不可避免。因此,虽然投机的发生可能与基本面因素无关,但是应对危机的过程往往会导致基本面发生变化。

第三,防范货币危机的主要政策措施是提高政府政策的可信度。可信度越高,货币危机发生的可能性也就越小。

(二) 对第二代危机理论的评论和修正

第二代货币危机模型提出了"预期"的作用,极大地拓展了金融危机理论的解释力。但是,它遗漏了两个重要的方面:

首先,没有解释攻击实际上是怎样开始的。在许多情况下(例如欧洲货币九月危机[1]和墨西哥比索危机),一国货币在危机发生之前很长一段时间内都满足受攻击的条件,公众也对固定汇率制的崩溃产生了很强的预期。在此期间,投机者任何一次集中的投机攻击都会提高政府的维持成本,最终迫使其放弃固定汇率制。但是,为什么投机攻击恰好是在那一点发生,而不是提前一点或推后一点呢?上述理论将其归因于危机理论模型之外的因素,但是不具有说服力。

其次,没有解释预期由什么因素决定,也没有提出建设性的政策意见。奥波斯特费尔德认为,由于预期是自我实现的,所以只要影响预期就能防止危机。但他同时又说明,预期是由模型之外的因素决定的,因此如何影响预期就不属于模型应该讨论的问题。

在奥氏理论问世后,有许多学者围绕这两个方向对其进行了修正。

例如,斯蒂芬·莫里斯(Stephen Morris)在奥氏理论的基础上提出了单一均衡的路径,并做出了政策建议。该理论认为,人们的预期是根据市场上可以获得的信息形成的。但是,由于真正意义上的自由竞争市场不存在,人们得到的信息也是不对称的,由此导致了人们的高阶不确定性。例如,尽管每个人都可能知道经济基本面状况是良好的,但并不是每个人都知道其他人知道这一点,也不是每个人都知道其他人知道每个人都知道这一点……(这种状况的不断循环就形成了所谓的"高阶不确定性")。同时,不同的信息接收者对得到的同一信息都有自己的解释方式,于是又产生了"噪音信息"。所谓噪音信息,就是那些不是被所有的、不同的投机者用同一种方式来解释的新闻事件。于是,当市场上存在这样一个噪音信号时,人们的高阶不确定性产生效用,对基本

---

[1] 1992 年的英镑 9 月危机是由于人们预期英国政府将把国内经济增长和就业目标置于汇率稳定之上而引起的。

面因素的常识(即大家都知道、大家都知道别人知道、大家都知道别人知道大家都知道……的关于基本面良好的信息)就不再成立,引起了危机的单一预期。但是,这种预期虽然也是自我实现的,但它是否能导致危机爆发则取决于投机者的人数(或是投机者所持有的财富总和,当投机者的财富总量有所上升的时候,投机者的人数就可以有所下降,因为投机力度的大小取决于卖空的绝对货币数量而非投机者的人数比例)、投机攻击的交易成本等指标与政府行为之间的力量抗衡。只要前者达到了一个关键性的水平,一般而言就能够造成危机的爆发。

因此,为了防止危机的爆发,政府可以在以下两个方面做出努力:

首先,重视信息的透明度,消除高阶不确定性和噪音信息,促进常识的建立,扭转预期。例如,定期公开货币政策、财政政策和其他各种政策的目标。例如,1994年墨西哥比索危机中,美国克林顿政府承诺对墨西哥实施400亿美元的援救贷款,该援助的有效性就来源于它的公开性,而不是实际的资金数量。

其次,提高交易成本。这种方式并不是一味万灵药,因为当投机攻击能为投机客带来的收益相对来说比较小的时候,在较小程度上提高交易成本就会较大地削弱投机行为;但是当投机者的预期收益很高时,提高交易成本的作用就比较有限了。同时,提高交易成本一般都采用对交易征税或是提高利率等方法,在长期内会带来副作用。

三、货币危机新论——货币危机与银行危机

前两代货币危机模型都可以较好地解释历史上的一些案例,但是却不能很好地解释亚洲金融危机的特性和原因。人们逐渐认识到,随着各国金融市场的日益自由化,银行危机和货币危机越来越紧密地联系在一起,经由民间金融中介机构流入的资本和政府对金融中介担保带来的道德风险是导致货币危机发生的重要根源之一。

有关银行危机和货币危机双生的理论被称为第三代货币危机模型,这一理论认为由于发展中国家的金融体系不健全,货币当局的监管能力弱,结果容易导致道德风险和逆向选择问题,使金融系统中呆坏账比例高,敞口外债多,从而累积了大量的金融风险。这种金融体系的脆弱性在经济增长前景良好以及汇率刚性保护下不易暴露,而一旦泡沫破灭,发生偿付困难时,所有的风险都会在瞬间释放出来,国际资本会恐慌性流出,导致汇率面临大幅调整的压力。汇率贬值的预期又会招致投机攻击,从而进一步加大汇率贬值的压力。但大幅贬值将导致更大的资本外流和清偿困难,使银行危机更加严重,而银行危机的加重,则引起进一步的资本外流,加深货币危机,结果使银行危机与货币危机相互加剧。

第三代货币危机理论目前尚不完善,亚洲金融危机爆发后,理论界对此进行了大量的研究。但是,至今无一种能对其做出全面的解释。这里我们仅挑选一些主流观点进行介绍,并将它们统称为"货币危机新论"。

(一) 道德风险论

所谓道德风险,是指因当事人的权利和义务不相匹配而可能导致他人的资产或权益受到损失。在金融危机中,"道德风险"表现为政府对存款者所做的担保(无论是明显的还是隐含的)使金融机构进行风险很高的投资行为,造成了巨额的呆坏账,引起公众的信心危机和金融机构的偿付力危机,最终导致金融危机。麦金农和克鲁格曼(Mckinnon and Krugman)是这种观点的重要代表。

1. 道德风险引起危机爆发的机制

道德风险论最初出现于对 20 世纪 80 年代初美国存贷款危机的研究文献中。当时人们就已经认识到:如果政府仅仅对存款进行保险,而对金融机构缺乏有效的监管,金融机构就会产生道德风险。

在亚洲,道德风险表现得更为复杂。在亚洲国家,人们之所以认为金融机构受到了政府的担保,并不是因为后者明确宣布了这一政策,或是建立了存款保险公司之类的机构,而是由于新闻媒体不断地暗示这一点,或是政府与金融机构之间长久以来就存在错综复杂的资金、业务和人事关系(例如,印尼政府和金融机构高层管理人士的"裙带关系",以及韩国政府要求金融机构向国内大企业集团发放的指令性贷款)。人们由这些暗示得出了这样的结论:一旦发生危机,政府一定会施以援手。当然,这结论仅仅是人们的"印象"而已。由于这种所谓的"担保"缺乏确凿的根据,我们就将其称为"隐含担保"。隐含担保的存在比道德风险的危害更为严重。

根据该理论,危机的发展包括以下几个阶段:

第一阶段,金融机构在隐含担保的条件下进行投资决策。假定市场上有两种成本相同(例为 90 万美元)的项目可供金融机构选择:第一个项目的回报率是确定的,假设为 107 万美元;第二种项目具有风险性,其回报率呈现概率分布,即如果成功,项目就能产生 120 万美元的收益,但如果失败,则只能收回 80 万美元。假定成功和失败的概率都为 50%,预期收益就为 100 万美元($120 \times 50\% + 80 \times 50\%$)。很明显,风险中性的投资者会根据预期收益的大小偏好第一种投资项目。对于金融机构而言,它在成功的时候将得到超额收益(即在最优的情况下得到的 120 万美元的回报),但如果失败,损失的并不是其自有资金,而是将资金存放在金融机构的存款者,因此,它将选择风险性较高的投资项目。

第二阶段,尽管金融机构进行了扭曲的投资决策,但由于隐含担保的存在,人们仍然放心地将资金贷放给这些机构,进一步激发了金融机构的过度借贷。这使各种资产价格迅速上涨,引起了整个经济的"投资"热潮,"金融泡沫"由此产生。

资本市场开放加剧了过度投资。因为,如果资本市场不开放,金融机构的资金只能依赖于有限的国内储蓄,因此,金融机构无法满足的资金饥渴只能引起利率上扬,而融资成本的提高在一定程度上能够消除投资欲望。相反,开放资本市场意味着能从国际资本市场上得到资金,使投资(或者投机)需求不断膨胀,并将风险扩散到国际市场。如果在资本市场开放的同时还维持着固定汇率制,居高不下的利率会使外资不可遏制地向国内涌入。

第三阶段,在泡沫经济持续了一段时间之后,金融机构对资产价格上涨而形成的"良好"财务状况开始关注和警觉。这种警觉渐渐演变为普遍的金融恐慌,高风险的投资项目出现漏洞,泡沫开始破裂。在此过程中,首当其冲的就是一直扶摇直上的资产价格。资产价格的下降使中介机构的财务状况迅速恶化,出现偿付危机。此时,虽然金融机构的经营状况已岌岌可危,但是人们期待已久的政府援助并没有出现,破灭了的希望很快引起金融市场的动荡,资产价格进一步下降。金融机构的偿付力问题很快蔓延开来,金融体系崩溃,金融危机爆发。

由此,道德风险论的结论是:政府的隐含担保导致的道德风险是引发危机的真正原因,货币价值的波动只不过是危机的一个表现而已。但是,如果政治或经济制度向有利的方向发展时(或人们这样预期时),道德风险的危害性就会被削弱。例如,若改革派政府有望在下一任执政,金融机构的投资决策就会从风险偏好向风险中性收敛。所以,防范危机的关键在于尽可能减少政府与金融机构之间的"裙带关系"和过于密切的往来,同时加强对金融体系和资本市场的监管。

2. 对道德风险论的评价

道德风险论对亚洲金融危机具有一定的解释力。近 10 年来,亚洲各国政府对金融机构的"隐含担保"造成了过度投资和巨额外债,当其中几家的财务状况出现问题时就引发了大规模的金融恐慌。例如,当泰国第一金融公司出现财务问题时,泰政府先是在口头上对其宣布担保,但此后不久又撤销了先前所做的声明,导致了该公司的破产和投机者对泰国的觊觎。可以说,"隐含担保"引起的"道德风险"是危机的根源之一。

但是,道德风险论遗漏了许多重要的方面,从而削弱了它的解释力。

道德风险论的结论建立在三个重要的前提上:① 在存在政府隐含担保时,金融机构必定会过度投资;② 风险性投资行为一定会挤出金融机构和其他经济部门的全部"正当"投资行为;③ 外资必然会优先考虑具有政府隐含担保的企业或金融机构。但在危机发生之前,亚洲国家所有类型的投资行为(包括外国投资者的直接投资)都有所上升,还有半数以上的国际银行贷款和几乎所有的证券或直接投资(相当于外资总额的3/5)都进入了没有国家担保的非银行企业。

(二) 基本因素论

基本因素论是最经典、最古老的金融危机理论之一。亚洲金融危机爆发后,理论界对传统的基本因素论进行了修正,添加了一些新的因素,增加了它的解释力。多米尼克·萨尔瓦多(Dominick Salvatore)和考赛提(Corsetti)等学者就是这一学说的重要代表。

1. 基本因素论的基本论点

第一，一国的基本面因素是决定危机是否会爆发的最关键因素，也是导致危机蔓延和恶化的根本原因。

第二，基本因素的恶化包括外部不平衡（经常项目逆差、实际汇率升值）和内部不平衡（例如金融体系的不健康运行，政府为了援助不良贷款而产生的巨额隐含财政成本和相对较低的外汇储备）。它可以用一个由多重宏观和金融指标组成的指标体系进行量化，并可根据指标体系的数值变化预警危机的爆发。

传统的危机预警指标一般包括以下几项：一是经常项目赤字。经常项目赤字维持在GDP的5％或以上常被视为长期不可维持的一个标志，并且可说是危机即将来临的预警信号。二是债务指标：① 外债总额/GDP；② 短期债务/GDP；③（经常项目赤字—外国直接投资）/GDP，即（CA—FDI）/GDP；④ 短期债务/国际储备；⑤ 到期债务/国际储备；⑥ 到期债务/出口收入；⑦ 一国国际储备能够支付进口的月数。

亚洲金融危机后，人们特别将金融部门的问题也列入基本面因素中，认为金融脆弱性是引起危机的最重要的因素之一。金融脆弱性（Financial Fragility）是一个含义很广的概念，涵盖了金融体系的全部经营风险，最典型的表现就是在贷款总额迅速增加的情况下，贷款质量也同时恶化，而且在经济形势恶化时，其中很大的一部分将转变成不良贷款。

第三，基本面因素不能准确地预测出一国何时爆发金融危机，但能标明危机的趋势。

第四，在许多条件下，投机攻击、政治危机或政治问题是促发金融危机的催化剂。

2. 基本因素论对亚洲金融危机的解释力

如果以新"基本因素论"来衡量，那么在亚洲金融危机之前，各国的各项指标都表明风险正在不断增长。这些指标明显地体现了高估的汇率水平、不断扩大的经常项目赤字和恶化的金融体系。

第一，从1990年开始，各国的实际汇率水平剧增，亚洲各国的货币出现了持续升值。其原因在于，美国经济的高速发展使美元对各主要货币保持了强劲的升势，与美元保持固定汇率的亚洲各国货币随之水涨船高，币值不断被高估。

第二，亚洲各国自20世纪80年代初起出现经常项目赤字，且数额不断扩大。

两个原因导致了这个现象。首先，各国货币的实际汇率上升；其次，各国出口产品以半导体等初级加工品为主，随着其主要出口国日本的经济停滞，加上来自其他发展中国家的竞争，市场份额不断减少，创汇能力大大降低。

第三，金融体系的经营状况不断恶化。

20世纪90年代初，亚洲各国经济达到高速增长的顶点，但金融体系却日益脆弱。原因在于：① 经济高速增长和房地产等资产价格的不断上升使私人部门对资金的需求大大增长;② 高利率和开放的资本市场吸引了大量外资。作为资金供需的中介,金融机构一方面从离岸市场上吸收外资,另一方面向私人部门大量贷款。从1990—1996年年底,各国银行体系向私人部门的贷款在GDP中的比重迅速上升。例如,1990年,马来西亚、泰国和韩国的银行向私人部门贷款占GDP的比重分别为111.4%、83.1%和102.5%;到了1996年年底,这三个数字分别达到了144.6%、141.9%和140.9%。

但是,金融机构的投资行为存在极大的弊端:①"借外贷内"(借入外币,而贷出本币),这带来了巨大的汇率风险。②"借短贷长"(借入短期外资,贷出长期本币),它使银行的资产负债期限不匹配,增加了各国对外债的依赖性,容易造成偿债风险。到1997年中期,印尼、泰国和韩国的短期外债都超过了外汇储备。③"风险投资",金融机构大量投资房地产,而房地产业对经济有"放大反馈"的作用,当经济增长时,房地产价格和对房地产的投资增长速度都超出实际经济增长率,并通过财富效应使人们产生了经济高速增长的幻觉,即产生了"泡沫经济"。

官方数据显示只有少部分私人银行贷款进入了房地产市场,但由于各行动用了自有流动资金和其他类型的贷款进行房地产投资,还有许多外资直接通过发放离岸商业票据或是跨国信贷注入各国的私人企业或非银行金融机构,所以实际情况远远超出官方的统计数据。

尽管金融体系的缺陷早在1996年就已现端倪,但当时全世界都在为"亚洲奇迹"欢呼喝彩,各国不仅没有进行改革,反而还借着经济发展的势头变本加厉地吸收外资。例如,泰国建立了"曼谷国际银行业务往来设施"(Bankok International Banking Facility),对外资往来提供了更大的方便。作为反例,一些基本面因素相对良好的国家和地区在亚洲金融危机中则幸免于难,例如中国香港、新加坡和中国台湾。

3. 评价

基本因素论具有一定的说服力,尤其是它在传统的指标体系中加入了金融体系的诸多表现,使指标更加切合危机的实际情况。但是,基本因素论的缺陷也非常明显。

首先,基本面因素固然是引发危机的重要原因,但即使是正常时期也不能保证基本面因素的完好。所以,这只能是导致危机、恶化危机的必要条件,而并非充分条件。以亚洲为例,在危机爆发之前,各项经济指标的恶化状况远远没有达到1994年墨西哥金融危机前拉美各国的程度;各国的恶化程度各不相同,没有一致的危机预示,例如,泰国和马来西亚两国的经常项目赤字较高,而印尼和韩国则低得多;虽然理论界和实务界都有一些有识之士(当然,其中也包括国际投机者)在危机前认识到了亚洲的诸多问题,但是大多数国际投资者都认为经济基本面的恶化只是表明经济的不平衡发展,需要进行适当的调控,但是不太可能爆发重大的危机。所以,虽然基本因素论提出政局变动等突发事件是危机的导火索,但是没有说明危机爆发的机制。

其次,基本因素的恶化和危机的相关性并不足以说明它们的因果关系。许多学者指出,金融机构的坏账问题、财政赤字增加等现象都是在危机后才出现的,所以在某种程度上说,它们是危机的后果而非原因。如果危机没有爆发,这些问题也许一直会隐含下去,或是以一种更加温和的方式表现出来。当然,我们也不能否认,这些"隐含"问题确实引起了国际投机者对亚洲的觊觎。所以,它们是互为因果的。

(三) 金融恐慌论

金融恐慌论对资本流动恶化危机的作用进行了比较完整的描述。该理论认为,亚洲各国在危机前夕大多经历了一个资金迅速流入的过程,但是外资的流入是很脆弱的,极易受到"金融恐慌"的影响而发生逆转,一旦发生大规模逆转,危机就会发生。

1. 理论渊源

早在1983年,戴孟得(Dybvig Diamond)等经济学家就指出"金融恐慌"会导致并恶化危机。所谓"金融恐慌"(Financial Panic),是指由于某种外在的因素,使短期资金的债权人突然大规模地从尚具有清偿能力的债务人那里撤回资金,这是一种集体行为(Collective Action)。

具体而言,金融市场存在多重均衡,"金融恐慌"是金融市场向不利均衡(Diverse Equilibrium)发展的结果。造成恐慌的原因有三个:① 一国或一个金融机构的短期债务超过了短期资产的数额;② 一国或一个金融机构不具备足够的流动资金来偿还其所有的短期债务;③ 没有一个经济单位能够担负起最后借款人的职责。如果上述现象发生,那么当一个债权人(包括存款者)发现其他债权人已经撤回资金,它就会做出同样的行为;相反,如果债权人发现其他债权人还在继续借出资金,它同样也会这样做。从经济学意义上讲,这两种行为都是理性的。但是,第一种行为将会演化成大规模的"金融恐慌",引起严重的经济损失(例如投资项目半途而废和银行挤提等),并引发危机。该理论产生于对美国存贷款危机的反思,并由于提出了"多重均衡"的概念,成为第二代危机理论的渊源。

2. 基本观点

美国经济学家瑞得立克和萨克斯(Steven Radelet and Jeffrey Sachs)在1998年对金融恐慌论进行了论述和修正。新一代金融恐慌论的观点可以概括如下:

第一,在危机之前一段较短的时间内突然流入的外资潜伏着巨大的风险。亚洲各国自20世纪80年代初开放资本市场后,以其高速增长的经济潜力吸引了大量外资。但是,这些外资最初并没有流向投机性很强的房地产和金融部门,而是进入了生产性较强的实物经济领域,促进了经济发展(因为亚洲各国当时正在致力于发展外向型经济,实物经济部门的扩张需求非常旺盛)。这种状态一直持续到90年代。此后,亚洲各国的经济金融形势出现了巨大的变化,金融市场开始成熟,投机需求不断增长。同时,由于对经济前景充满信心,外资流入迅猛攀升。但是,这些外资多为短期资金,而且大多投向风险性较强的行业,因此非常容易发生逆转。

第二，危机爆发前后，金融市场上出现了一系列导致"金融恐慌"的触发事件（Triggering Events）。这些事件包括金融机构和企业的破产、政府违背自己的承诺或是金融市场上投机者的恶意炒作。例如，1997年1月，韩国韩宝钢铁厂在60亿美元债务的压力下宣告破产，成为近10年来第一个破产的韩国财团；2月，韩国起亚公司遭受了同样的命运。这些大企业集团的破产使对其提供担保的韩国各大商业银行承受了巨大的压力。同年，泰国Samprasong房地产公司将大量金融公司带入噩梦之中，包括第一金融公司。但是，泰政府出尔反尔，违背先前做出的承诺，导致第一金融公司破产。这几个事件引发了信心危机，加上国际游资对各国货币发起了猛烈的攻击，外资纷纷撤出亚洲，危机爆发。

第三，危机爆发后，一系列因素使"金融恐慌"不断放大，恶化了危机。盲目而短视的防治措施和危机爆发后的诸多经济现象放大了"金融恐慌"，加速了资金外逃，使各国金融市场和经济在一个很短的时间内彻底崩溃。

具体来看，有以下几个因素放大了金融恐慌：

第一，政府和国际社会的政策失误。各国政府以外汇储备为代价捍卫固定汇率制，并采取了其他一些激进的措施，远远超出了其自身的承受能力，使市场对固定汇率制的可维持性产生了怀疑。例如，印尼政府要求国有企业从银行体系提出存款并购买中央政府票据，加剧了挤提压力，直接提高了利率水平，影响了正在进行的投资项目。马来西亚在股市剧烈动荡时宣布成立一个大型基金来推高股价，但由于资金和实力不足，不久就放弃了这个计划。泰国和韩国向濒临破产的金融机构注入了大量资金，结果只是扩大了财政赤字。此外，政府官员和市场参与者的煽动性舆论（例如马来西亚总统和乔治·索罗斯的著名对话）进一步刺激和加速了资金外逃。以上种种不成熟的政府行为使投资者对其维持市场秩序的能力丧失了信心。

第二，亚洲各国政局出现动荡。危机爆发后，韩国、泰国、菲律宾和印尼等国都面临着政府换届。其中，韩国和泰国早在危机开始之初就更换了政府成员。菲律宾总统也在1998年5月换届。印尼大选则在苏哈托总统出现健康问题同时又没有比较成熟的继任者的情况下于1997年年底匆匆举行，并在大选同时爆发了大规模骚乱，迅速影响周边国家。

第三，信用评级机构对亚洲各国的国家信用实行了降级处理。

第四，资本外逃本身加剧了"金融恐慌"的严重性，形成恶性循环。货币贬值和股市动荡等经济条件的变化使资金大量外逃（包括外资的撤回和国内居民对美元的抢购），引发了新一轮的货币贬值、银行挤提和利率上涨。汇率风险和融资成本的上升恶化了一些本来业绩比较良好的公司和银行的经营状况，使离岸债权人对其投资项目产生了疑虑，不愿意将其短期债务进行展期。同时，为了恢复资本充足率，一些流动性较强的跨国或国内银行也开始限制贷款的发放。为了偿还美元短期贷款、优先争取流动性资金，人们对银行的挤提加剧,使银行的资产质量和公司的财务状况迅速恶化,资金进一步外逃。

第五,危机在亚洲地区的蔓延。亚洲各地区的经济结构具有较强的相似性,资金和业务往来都非常密切,因此,局部问题会扩散到整个亚洲,就像霉菌的扩散一样。例如,1997年11月,香港地区联系汇率制受到了国际游资的打击,金融监管当局为此提高了利率,使香港在东南亚其他地区的资金纷纷撤回,恶化了香港本土的资金状况。

以上种种都使市场参与者的恐慌与日俱增,资金不断外逃,最终恶化了危机。

通过以上分析,金融恐慌论提出了下面的政策建议:第一,资本市场会发生多重均衡,所以要对金融体系进行改革,令其健康发展,以防患于未然;第二,国际金融市场容易受到金融恐慌的影响,因此必须由一个公平有效的组织充当最后贷款人,及时防止金融恐慌的爆发和扩大;第三,政策制定者必须全面而又谨慎地制定和采取措施,并在危机初现端倪时就采取微调的手段,防止因为短期行为对市场情绪产生不利的影响。

3. 评价

金融恐慌论认为恐慌源于一国的基本面恶化,由一系列突发性金融和经济事件引发,并由于各国政府和国际组织对危机的处理不当而不断膨胀,导致大规模的资金外流,最终导致并恶化了危机。这一观点具有较高的理论价值。它结合了基本因素论和道德风险论等理论的诸多优点,引进了市场情绪这一新变量,突出了国际资金逆转性流动的触发作用,对危机的恶化做出了新的解释。

货币危机理论对汇率制度的选择理论产生了很大的影响。其实三代货币危机理论都在阐述一个主题,即固定汇率制度或是更广义一点的中间汇率制度是不能持久的,极易导致货币危机。第一代货币危机理论指出了自主的国内宏观经济政策同固定汇率制度的不相容性,实际是"不可能三角"的翻版。第二代货币危机理论又进一步指出在固定汇率制下发生货币危机的风险较大,即使是经济基本面没有出现问题,由于多重均衡的存在,仅仅是危机的预期就可以产生真正的危机。第三代货币危机理论则认为发展中国家的发展中特征在资本自由流动的条件下与固定汇率制是不相容的,因而三代货币危机理论都指向一个结论,即在资本自由流动的条件下,实行固定汇率制特别是发展中国家实行固定汇率制将面临很大的发生货币危机的风险。20世纪90年代以来发生过金融危机的新兴市场国家也的确以实行固定汇率制的居多,这似乎佐证了这些理论的正确性。

第四节 三元悖论问题

追求货币政策的独立性,维持汇率的稳定性以及实现资本的自由流动和开放是每个国家政府的终极目标。但美国经济学家保罗·克鲁格曼(Paul Krugman)就开放经济下的政策选择问题更明确地给出了"三元悖论"（也称"三难选择"），其含义是：本国货币政策的独立性、汇率的稳定性、资本的完全流动性不能同时实现，最多只能同时满足两个目标，而放弃另外一个目标。

第一，保持本国货币政策的独立性和资本的完全流动性，必须牺牲汇率的稳定性，实行浮动汇率制。实行浮动汇率制，发挥汇率的调节作用，实际上是以牺牲稳定的汇率为代价来达到货币政策的独立性与资本的完全流动性。由于浮动汇率给国际贸易和投资带来很大的不确定性，大多数新兴的发展中国家实行相对稳定的钉住汇率制度，来维持对外经济的稳定。而这样做的同时，给汇率的高估留下了隐患。利用汇率调节将汇率贬值到真实反映经济现实的水平，可以改善进出口收支，改善服务贸易收支，影响国际资本流动。虽然汇率调节自身具有缺陷，但实行汇率浮动确实较好地解决了"三难选择"。但对于发生金融危机的国家来说，特别是发展中国家，信心危机的存在会大大削弱汇率调节的作用，甚至起到了恶化危机的作用。当汇率调节不能奏效时，为了稳定局势，政府的最后选择是实行资本管制。

第二，保持本国货币政策的独立性和汇率稳定，必须牺牲资本的完全流动性，实行资本管制。在金融危机的严重冲击下，在汇率贬值无效的情况下，唯一的选择是实行资本管制，实际上是政府以牺牲资本的完全流动性来维护汇率的稳定性和货币政策的独立性。

实行短期资本管制可在市场平静下来之前为资本外逃设置一道障碍，有利于减轻危机的恶化。由此可见，短期资本管制可以作为抑制金融危机蔓延的手段，尤其是在汇率调节不起作用的时候。但是，长期实行资本管制又不利于金融体系优化结构和健康发展，因此各国在采用资本管制的时候，应采取随机应变的态度。

第三，维持资本的完全流动性和汇率的稳定性，必须放弃本国货币政策的独立性。根据蒙代尔-弗莱明模型，资本完全流动时，在固定汇率制度下，本国货币政策的任何变动都将被所引致的资本流动的变化抵消其效果，本国货币政策丧失自主性。在这种情况下，本国或者参加货币联盟，或者更为严格地实行货币局制度，基本上就很难根据本国经济情况来实施独立的货币政策对经济进行调整，最多在发生投机冲击时短期内被动地调整本国利率以维护固定汇率。可见，为实现资本的完全流动与汇率的稳定，本国经济将会付出放弃货币政策的巨大代价。

本章复习思考题

一、主要名词概念
马歇尔-勒纳条件　J曲线效应　麦克杜格尔模型　三元悖论　货币危机　金融危机

二、思考题

1. 试述弹性理论的核心思想和内容,并对该理论的贡献与不足作出评价。
2. 试对乘数理论的核心思想和内容进行阐述。
3. 试对吸收论的核心思想和内容进行阐述。
4. 试对货币论的核心思想和内容进行阐述。
5. 试对内部化理论的核心思想和内容进行阐述。
6. 试对垄断优势理论的核心思想和内容进行阐述。
7. 试对产品寿命周期理论的核心思想和内容进行阐述。
8. 试对生产综合理论的核心思想和内容进行阐述。
9. 试述国际证券投资理论的主要内容。
10. 试比较日本式对外直接投资与美国式对外直接投资的区别。

三、讨论题

1. 结合世界金融危机的实际,应用三代货币危机理论对其作出具体分析和评判。
2. 查阅各种文献资料,总结关于货币危机理论新的发展和研究趋势。

国际金融宏观管理

第九章 开放经济条件下的宏观经济政策及其协调

导读

在开放经济条件下,一国的经济政策不但要受到国内经济条件的制约,而且还要受到国际经济形势与其他国家经济活动的影响,各国宏观经济政策的变化会影响到其他国家的经济运行。因此,在开放经济条件下,政策当局如何制定和执行其经济政策,便成为一个十分重要的问题。本章主要讨论开放经济条件下的一国内部均衡与外部均衡的关系,经济政策目标与工具之间的关系,以及相关的政策搭配原理;分析两种宏观经济政策(货币政策与财政政策)在两种汇率制度(固定汇率与浮动汇率)与两种资本管制状态(资本完全管制与完全自由)下,如何同时实现两种均衡(对内均衡与对外均衡);探讨宏观经济政策的国际协调原理和实践。

学习重点与难点

1. 掌握开放经济条件下的宏观经济政策目标与工具。
2. 掌握开放经济条件下的各种政策搭配思想和理论。
3. 理解和熟悉宏观经济政策的国际协调原理和实践。

第一节 开放经济下的宏观经济政策目标和工具

一、开放经济下的宏观经济政策目标——内外均衡

(一) 内外均衡的表述

在开放经济中,一国政府所追求的宏观经济总目标主要有四个:物价稳定、经济增长、充分就业和国际收支平衡。由于经济增长是长期、动态的过程,并且主要发达国家越来越强调应通过市场机制的自身运作来实行持续的经济增长,所以,经济增长目标逐步从这些国家政策目标菜单中淡化或消失。因此,在短期分析中常不考虑经济增长目标。这样我们可将政府的内部均衡(Internal Balance)目标定义为国民经济处于无通货膨胀的充分就业状态。

而国际收支平衡则是政府的外部均衡(External Balance)目标。但是由于国际收

支平衡的含义不同,外部均衡目标的具体内涵也经历了一个发展阶段。在布雷顿森林体系下,外部均衡通常被视为经常项目平衡;20世纪70年代以来的浮动汇率制下,将外部均衡视为总差额的平衡;80年代以来,国际资本流动问题日益突出,追求经常项目平衡和总差额的平衡在国际资本流动的条件下不能说明问题,也没这个必要去追求这个平衡,一国应该根据其经济特点和发展阶段确定相应的经常项目余额目标,并进而确定合理的国际收支结构。因而,外部均衡可以定义为与一国宏观经济相适应的合理的国际收支结构。简单而言,则是指与一国宏观经济相适应的合理的经常项目余额。

那么外部均衡的一般标准是什么呢?

(1) 经济理性。经常项目可以表示为一国国内储蓄与投资之间的差额。假定一国可以按照世界利率无限制地借款或贷款,那么,在该国存在收益率高于世界利率的投资机会而国内储蓄又不能满足时,符合理性的行为就是在国际金融市场上借款以使本国投资大于国内储蓄,该国出现经常项目逆差。一国经常项目逆差就是其他国家经常项目盈余,经常项目余额的基础是其国内的储蓄、投资与其他国家之间存在的差异,而各国储蓄与投资之间存在的差异分别由各国不同的时间偏好的差异、资本边际生产率的差异所决定。

(2) 可维持性。经常项目余额为逆差时,资金流入形成的债务必须在将来某一时期偿还,即经济面临着跨时期的预算约束,否则一国的经常项目逆差就是不可维持的。判断可维持性的方法有二:第一,分析资金流入的具体情况,如资金流入的性质、资金流入的结构等;第二,分析债务比率指标,如偿债率、负债率和短期债务比率等。

(二) 内外均衡的关系

1. 内外均衡的一致

某一均衡目标的实现会同时使得另一均衡目标得到改善。如一国经济衰退、失业增加,且国际收支顺差,为实现经济的内部均衡,显然要求政府采取增加社会总需求的措施进行调控,这便会通过边际进口倾向的作用导致进口的相应增加,在出口保持不变时,这会带来经常项目的逆差增加,从而使原有的国际收支顺差状况得以改变而趋向于平衡;如果一国经济过热、通货膨胀严重,且国际收支逆差,政府采取削减社会总需求的措施,便会导致进口的相应减少,在出口保持不变时,这会带来经常项目逆差的减少,从而使原有的国际收支逆差状况得以改变而趋向于平衡。这样,政府在采取措施实现内部均衡的同时,内部均衡的改善也对外部均衡的实现发挥积极影响,因此在此时是内外均衡一致的情况。

2. 内外均衡的冲突

某一均衡目标的实现会同时使得另一均衡目标受到干扰和破坏。如一国经济衰退、失业增加,且国际收支逆差,需求扩张性政策在实现内部均衡的同时,会使得国际收支逆差增加;而如果一国通货膨胀、国际收支顺差,需求收缩性政策在实现内部均衡的同时,会使得国际收支顺差增加。这表明,政府在通过调节社会总需求实现内部均衡时,会引起外部经济状况距离均衡目标更远,此时是存在内外均衡冲突的情况。

在固定汇率制度下,由于汇率固定不变,政府只能运用需求调节政策来调节内外均衡,在开放经济运行的特定区间,便会出现上述内外均衡难以兼顾的情形,这一现象被称为米德冲突(Meade's Conflict)。所谓"米德冲突",是指英国著名经济学家,1977年诺贝尔经济学奖获得者詹姆斯·爱德华·米德(J. E. Meade)在其1951年出版的《国际收支》(The Balance of Payments)中首次提出的一种理论。他认为:在固定汇率制度下,政府难以使用需求调节政策来调节内外均衡,单独使用支出调整政策,会使内部均衡和外部均衡两个目标的实现发生冲突。而在浮动汇率制下,政府同样面临着内部和外部均衡问题,完全利用外汇市场自发调节内外均衡是不可能的。在汇率变动受到政府的一定管理的条件下,通过国内总需求的变动来调节内外均衡仍是相当常见的做法,因此浮动汇率制下也会出现许多与固定汇率制下相类似的内外均衡冲突现象。并且,在汇率变动程度与固定汇率制下相比非常剧烈的条件下,外部均衡与内部均衡之间的相互影响或干扰更加复杂,内外均衡冲突问题甚至可能更加深刻。

3. 内外均衡冲突的根源

造成内外均衡冲突的根源在于经济的开放性。对开放经济来说,它一方面在运行中保持自身的相对稳定,避免通货膨胀、失业等宏观经济失衡现象;同时,经济开放的最重要目的就是要通过商品、劳务、资金的国际流动来增加本国福利,而内外均衡目标实际上就是对开放经济追求的内在稳定性与合理开放性的描述。直接影响开放经济的内在稳定性与合理开放性的变量有很多,在开放条件下,这些变量之间通过各种机制而发生着复杂的联系。在开放经济运行中,同时处于内外均衡区间的情况是很少的,各种变量变动造成的冲击都会使经济偏离最佳区间,政府必须运用可控制的变量也就是政策工具来实现经济的稳定与合理开放。在一些区间内或状态之下,经济的内在稳定性与合理开放性要求该变量的调整方向是相反的,实现某一均衡目标会带来另一均衡目标的恶化,这就形成了内外均衡的冲突。在固定汇率制下,造成内外冲突的原因可以分为三类:第一,国内经济条件的变化;第二,国际间经济波动的传递;第三,与基本经济因素无关的国际资金的投机性冲击。

二、开放经济下的宏观经济政策工具

对宏观经济的调控最主要是通过对社会总需求进行调节而实现的,所以宏观调控常被称为"需求管理"。对总需求的调节又可从两个方面来进行,进而可将宏观经济政策分为两种类型:支出调整(增减)型政策和支出转换型政策。

(一) 支出调整(增减)型政策(Expenditure Adjustment Policies)

支出增减型政策主要通过支出水平的变动来调节社会需求的总水平,它主要包括财政政策与货币政策。

1. 财政政策

财政政策是政府利用财政收入、财政支出和公债对经济进行调控的经济政策,它的主要工具包括财政收入政策、财政支出政策和公债政策。

2. 货币政策

货币政策是中央银行通过调节货币供应量与利率以影响宏观经济活动水平的经济政策,它的主要工具是公开市场业务、再贴现以及改变法定准备金率这三种。

财政政策与货币政策都可直接影响社会总需求,由此调节内部均衡;同时,社会总需求的变动又可以通过边际进口倾向影响进口和通过利率影响资金流动,由此调节外部均衡。

(二) 支出转换型政策(Expenditure Switching Policies)

支出转换型政策主要通过支出方向的变动来调节社会需求的内部结构,在开放经济中,这主要是指调节需求中外国商品和劳务与本国商品和劳务的结构比例。支出转换型政策主要包括汇率政策与直接管制政策。

1. 汇率政策

在不进行管制的情况下,汇率政策主要通过确定汇率制度与汇率水平来对经济产生影响。在宏观调控中,汇率政策的主要问题是确定合理的汇率水平。汇率政策对社会总需求的转换机制在于:通过汇率的贬值,使得本国产品在外国市场上变得相对便宜,外国产品在本国市场上相对昂贵,这将诱发本国居民将需求由外国产品转向本国的进口替代品,从而减少进口需求;同时还刺激外国居民减少对自己国内产品的需求,增强对贬值国出口品的需求。可见,汇率政策首先作用于净出口(X—M),并在此基础上作用于社会总需求,对社会总需求的结构与数量都有影响。

2. 直接管制政策

它是指政府对经济交易实施的直接行政控制。政府的直接管制可能遍及经济领域的各个方面,例如国内商品的价格管制、国内金融管制、国际经济交易中的贸易管制(如关税、进出口配额等)与金融管制(如外汇兑换管制、汇率管制等)。直接管制政策是通过改变各种商品的相对可获得性来达到支出转换的目的。直接管制政策的利弊都很突出。一方面,它具有立竿见影、灵活易行的特点,可以针对不同情况而迅速收到效果;另一方面,它不可避免地使市场产生扭曲,会导致资源配置的低效率,导致黑市交易和走私等非法活动,而且还易于引起其他国家的报复。

三、其他政策工具

它主要包括调节社会总供给的工具和提供融资的工具。

(一) 调节社会总供给的工具

调节社会总供给的工具一般又可称为结构政策。它包括产业政策和科技政策等,旨在改善一国的经济结构和产业结构,从而提高产品质量,降低生产成本,增强社会产品的供给能力。供给政策的特点是长期性,在短期内难以有显著的效果。

(二)提供融资的工具

融资政策是指在短期内利用资金融通的方式,弥补国际收支出现的超额赤字以实现经济稳定的一种政策。融资政策包括官方储备的使用和国际信贷的使用,从一国宏观调控角度看,它主要体现为国际储备政策。对外部均衡调控的首要问题就是"融资还是调整",因为如果国际收支偏离外部均衡标准是临时性的、短期的冲击引起的,那么可以用融资方法弥补以避免调整的痛苦;而如果是中长期因素导致的,那么就势必要求运用其他政策进行调整。可见,融资政策与调节社会总需求的支出政策之间具有一定的互补性与替代性。

四、国际收支调节政策选择

当一国国际收支出现失衡时,政府面临四个层次的政策选择:① 在融资政策和调整手段之间进行选择;② 如选择调整手段,则可在需求调整(支出型)政策与供给型政策之间进行选择;③ 如果确定采用需求调整手段,则要在采用支出增减政策和支出转换政策之间进行选择;④ 如果确定采用支出转换政策,则必须在本币贬值和管制措施之间进行选择。各种政策均有其利弊,政策调节的目的在于:当国际收支失衡时,正确使用并搭配各种不同类型的调节政策,应该根据具体情况进行权衡,加以选择,以最小的经济和社会代价达到国际收支的平衡或均衡。

第二节 政策搭配原理

一、经济政策目标和工具之间的关系

由于一国面临多个经济目标,这些经济目标本身并不内在一致,并且,一国有多种政策工具可供选择,而各种政策工具实施的效果可能大相径庭,因此,一国必须决定采用什么政策来达到它预期的目标。

(一)丁伯根法则(Tinbergen's Rule)

首届诺贝尔经济学奖获得者(1969年)、荷兰经济学家简·丁伯根(Jan Tinbergen)最早论及了经济政策目标和工具的关系。在其代表作《经济政策理论》一书中他提出了著名的"丁伯根法则"。其核心思想是:一国要实现 N 种独立的政策目标,那么至少需要有相互独立的 N 种有效政策工具与之相匹配,如果政策工具的数目等于政策目标的数目,那么经济政策目标可以实现;如果政策工具多于政策目标的数目,那么实现政策目标就有多种组合方案,而且必然有一个较好的搭配(如财政政策与货币政策搭配),决策者能通过政策工具的配合达到理想的目标水平;如果政策工具数目小于政策目标数目,则总有政策目标无法实现。从方法论来讲,在政策工具与经济目标之间的关系中,经济目标可以被看作未知数的解,政策工具可以被看作已知参数,只要未知数(经济目标)与参数(政策工具)之间有函数关系存在,就可以建立起众多未知数与众多参数之间的函数关系的联立方程式。只要独立的方程式数目等于未知数的数目,则联立方程有唯一解存在。只要将已知的参数值代入,即可求得未知数的解。

(二) 有效市场分类原则(Principle of Effective Market Classification)

当然,在许多情况下,不同的政策工具实际上掌握在不同的决策者手中,如果决策者并不能紧密协调这些政策而是独立进行决策的话,就不能达到最佳的政策目标。"米德冲突"是 20 世纪 50 年代被广泛接受的理论。但到了 60 年代,1999 年诺贝尔经济学奖获得者、美国著名的经济学家蒙代尔(Robert • A. Mundell)在其《政策搭配理论》(Policy Mix Theory)一文中提出的"有效市场分类原则"打破了这一看法。蒙代尔指出:在固定汇率制度下,财政政策和货币政策是两种独立的政策工具,只要适当地搭配使用,就可以同时实现内外均衡。用财政政策取得内部均衡,用货币政策取得外部均衡。很多时候,针对某个特定目标的某项政策可能会对实现另一目标有帮助,而有时候,它会阻碍另一目标的实现,因而不同政策实施的效果往往会有冲突。针对这一情况,蒙代尔认为:应将每一种政策实施在它最具影响力的目标上。这就是所谓的"蒙代尔搭配法则(Mundell's Assignment Rule)",或称"有效市场分类原则"。蒙代尔认为,如果每一工具被合理地指派给一个目标,并且在该目标偏离其最佳水平时按规则进行调控,那么在分散决策的情况下仍有可能得到最佳调控目标。

蒙代尔提出的"有效市场分类原则"强调的是:每一目标应指派给对这一目标有相对最大的影响力,因而在影响政策目标上有相对优势的工具。如果在指派问题上出现错误,则经济会产生不稳定性而距均衡点越来越远。

二、开放经济下的政策搭配

丁伯根法则与有效市场分类原则一起确定了开放经济下政策调控的基本思想,即:针对内外均衡目标,确定不同政策工具的指派对象,并且尽可能地进行协调以同时实现内外均衡。一般来说,我们将这一政策间的指派与协调称为"政策搭配"。

基于政策目标和工具之间的关系,许多经济学家提出了许多政策搭配方法。其中最有影响的是澳大利亚经济学家斯旺提出的用支出调整政策和支出转换政策搭配解决内外均衡矛盾的方法和美国经济学家蒙代尔提出的用财政政策和货币政策搭配解决内外均衡的方法。

(一) 斯旺图形——支出转换政策和支出变更政策的搭配

针对米德冲突,澳大利亚经济学家斯旺(T. W. Swam)于 1955 年提出了著名的斯旺图形,论证了用支出转换政策来调控外部均衡目标,用支出变更政策来调控内部均衡的政策搭配方案。

斯旺图形建立在两个假设前提之下:① 没有资本流动,国际收支平衡等于贸易收支平衡;② 在经济达到充分就业之前国内物价水平保持不变。

图 9-1 中,纵轴代表实际汇率 $\left(E \cdot \dfrac{P^*}{P}\right)$,实际汇率上升,本币贬值;实际汇率下降,本币升值。横轴代表国内实际总支出或总需求(D),它包括国内消费、投资和政策支出。

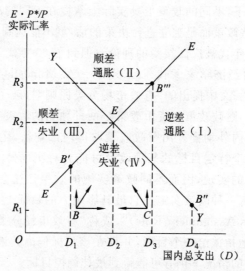

图 9-1 斯旺图形——支出转换政策和支出变更政策的搭配

图 9-1 中,YY 线是内部均衡线,表示对应于内部均衡时,实际汇率和国内总支出的各种组合,YY 线斜率为负,原因是如果本币升值(实际汇率下降),导致出口减少,进口增加,总需求下降,出现失业。为达到充分就业,恢复内部均衡,就必须扩张总需求(总支出)。例如,从 YY 线上点 E 开始,R 从 R_2 降至 R_1 时,为维持内部均衡,D 必须从 D_2 增加到 D_4,达到 YY 线上的点 B''。

EE 线是外部均衡线,它表示对应于外部均衡,实际汇率与国内支出的各种组合。EE 线斜率为正,原因是如果本币贬值(实际汇率上升),导致出口增加,进口减少,外部失衡。为达到外部均衡,就必须扩张总需求,增加国民收入,增加进口。例如,从 EE 线上 E 点出发,当 D 由 D_2 升至 D_3 时,R 须由 R_2 上升至 R_3,才能维持外部均衡(EE 线上点 B''')。

在图 9-1 中,只有 YY 线与 EE 线的交点 E,同时达到了内外部均衡。在 EE 线上方的任何一点都表示国际收支顺差,下方任何一点都表示国际收支逆差。在 YY 线上方任何一点都表示通货膨胀,下方任何一点都表示失业。这样就可以划分出内外同时失衡的四种情况:① 外部国际收支逆差,内部通货膨胀;② 外部国际收支顺差,内部通货膨胀;③ 外部国际收支顺差,内部衰退失业;④ 外部国际收支逆差,内部衰退失业。

当经济处于内外失衡状态时,可以搭配使用支出调整政策和支出转换政策,使经济达到 E 点。假设一国处于图中的点 B,即内部衰退失业,外部国际收支逆差,内外同时失衡。政府要想使经济从点 B 到达内外均衡的点 E,就必须同时使用支出调整政策和支出转移政策。一方面通过扩大国内支出解决失业问题,使点 B 向右边的曲线 YY 运动;另一方面利用本币贬值解决国际收支逆差问题,使点 B 向上边的曲线 XX 运动。在两个方向合力的作用下,点 B 沿向右上方倾斜的路径移向点 E。如果不是同时使用支出调整政策和支出转移政策,而是单独使用其中某一种政策,则点 B 会移向点 B',或者点 B''。这样只能解决一种失衡情况。假设一国经济处于图中的点 C,即内部衰退失业,外部国际收支逆差,内外同时失衡。点 C 和点 B 显然同处于区域Ⅳ中,但两者内外失衡的偏重点不同。所以采取的政策搭配也不同。在点 B,内部失衡严重,而在点 C 外部失衡严重,且国内总支出规模也较大,所以政府应该使用的政策搭配是让本国货币贬值和减少国内总支出。

根据斯旺支出调整政策和支出转换政策的搭配原理,在不同的经济状况下,政策运用一般如表 9-1。

表 9-1 支出调整政策和支出转换政策的常见搭配

经济状况	支出调整政策	支出转换政策
通胀/逆差	紧缩	贬值
失业/逆差	扩张	贬值
失业/顺差	扩张	升值
通胀/顺差	紧缩	升值

(二) 蒙代尔的财政政策与货币政策的搭配

1962 年,在蒙代尔向国际货币基金组织提交的题为《恰当运用财政货币政策以实现内外稳定》的报告中,正式提出了"政策配合说",其特色在于强调以货币政策促进外部均衡,以财政政策促进内部均衡。

蒙代尔用总需求 (AD) 和充分就业产出水平 (Y_f) 的关系解释内部均衡,用国际收支中经常账户余额 (CA) 和资本流入净额 (CF) 的关系解释外部均衡。当 $AD=Y_f$ 时,达到内部均衡;当 $AD>Y_f$ 时,出现通货膨胀;当 $AD<Y_f$ 时,出现失业。当 $CA>0$ 时,经常账户顺差;当 $CA<0$ 时,经常账户逆差;当 $CF>0$ 时,资本净流入;当 $CF<0$ 时,资本净流出。当 $CA+CF=0$ 时,达到外部均衡;当 $CA+CF>0$ 时,国际收支顺差;当 $CA+CF<0$ 时,国际收支逆差。

蒙代尔政策搭配理论的解释前提是:

① 当一国出口既定时,国内支出增加导致进口增加,$CA<0$;国内支出减少导致进

口减少，$CA>0$。② 资本流动的利率弹性大于投资需求的利率弹性。③ 充分就业产出水平在短期为既定的，国内支出仅受财政政策和货币政策的影响。

图 9-2 中，纵轴 r 是利率水平，代表货币政策；r 上升表示紧缩性货币政策，r 下降表示扩张性货币政策。横轴 G 是政府支出，代表财政政策；G 增加表示扩张性财政政策，G 减少表示紧缩性财政政策。

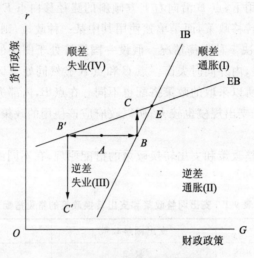

图 9-2 蒙代尔的政策搭配理论

图 9-2 中，曲线 IB 为内部均衡运动轨迹，代表内部均衡，即线上任何一点都代表使内部均衡得以实现的财政政策和货币政策的组合。图中曲线 EB 为外部均衡运动轨迹，代表外部均衡，即线上任何一点都代表使外部均衡得以实现的财政政策和货币政策的组合。曲线 IB 和曲线 EB 都向右上方倾斜，斜率为正，其原因是为保证内部均衡或者外部均衡，在实施扩张性财政政策时必须用紧缩性货币政策进行搭配。在曲线 IB 左上方的点意味着国内存在失业，而在右下方的点意味着国内通货膨胀。在曲线 EB 左上方的点意味着国际收支顺差，而在右下方的点意味着国际收支逆差。曲线 EB 之所以比曲线 IB 平缓，是因为资本流动的利率弹性大于投资需求的利率弹性。曲线 IB 和曲线 EB 的交点 E 是一般均衡点。在点 E，该国既实现内部均衡，又实现外部均衡，而且还实现内部均衡和外部均衡之间的均衡。

蒙代尔认为，有两种搭配财政政策和货币政策的方法。

第一种方法是用财政政策调节对内均衡，用货币政策调节对外均衡。这种政策搭配可以实现内外同时均衡。假设一国经济处于图 9-2 中的点 A，先实行扩张性财政政策到达点 B，实现内部均衡，后实行紧缩性货币政策到达点 C，实现外部均衡。此时虽然又偏离内部均衡，但偏离缩小。如此进行下去，最后经济收敛于点 E，达到内外同时均衡。这也说明,根据有效市场分类原则,应该采用财政政策去实现内部均衡目标,采用货币政策去实现外部均衡目标。

第二种方法是用财政政策调节对外均衡,用货币政策调节对内均衡。这种政策搭配是扩大国际收支的不平衡。也假设一国经济处在图9-2中的点A,先实行紧缩性财政政策到达点B',实现外部均衡,后实行扩张性货币政策移向点C'。此时虽然趋向内部均衡,但更偏离外部均衡。如此进行下去,最后经济发散,离点E越来越远。显然,采用财政政策实现对外均衡目标,采用货币政策实现对内均衡目标是错误的搭配。

根据蒙代尔的政策搭配理论,曲线IB和曲线EB将图分割为四个部分,经济处在不同的状态下,常见的政策搭配如表9-2所示。

表9-2 财政政策与货币政策的搭配

经济状况	财政政策	货币政策
通货膨胀/国际收支顺差	紧缩	扩张
通货膨胀/国际收支逆差	紧缩	紧缩
衰退失业/国际收支逆差	扩张	紧缩
衰退失业/国际收支顺差	扩张	扩张

三、各国追求内外均衡的实践

米德的分析有效地解释了各国追求内外均衡的政策实践。实际上,许多国家正是以财政政策与货币政策维持内部均衡,并将汇率政策与直接管制结合起来维持外部均衡。这是因为:

第一,财政政策与货币政策相对于支出转换政策更容易达到内部均衡,而汇率政策与直接控制对外部均衡的调节更有效。支出调整政策主要通过影响国内收入和国内总支出,或者通过控制货币供给量、收缩或扩张国内投资和消费总需求来调控国内总供给与总需求,以达到内部均衡目标。若为了调节国际收支,财政政策与货币政策仍需通过改变整个宏观经济来间接地影响进出口需求和供给,以达到外部均衡的目标。显然,支出调整政策为实现外部均衡所做的努力将会对国内经济形成较大的冲击,调整的代价过大。

而汇率政策和直接控制则通过改变相对价格直接作用于进出口和资本流动,从而影响国际收支,其效果往往是直接的。当一国贬值本币或以行政及关税手段限制进口、促进出口时,也会导致总需求和国内经济的调整。但是,这种影响与财政政策和货币政策的作用相比小得多。因此,为了达到外部均衡,选择汇率政策和直接控制较为合适,并且不会对国内经济造成较大的冲击。

第二,直接控制与汇率政策的结合能够实现总量与结构调整的统一。在运用汇率政策进行总量调节的同时,可运用关税、出口配额、补贴等直接控制措施,结合国内产业结构政策,对不同类型的进出口物资进行调整,促进贸易结构优化,实现质的均衡;通过改变资本项目管理和利用外资策略来控制外资流入的速度和规模,并引导外资投向,调节长期资本与短期资本的比例,从而改善外资结构。

第三,汇率、利率作为经济杠杆调节内外均衡,能否实现预期的效果取决于诸多因素。其中,进出口商品的价格弹性、利率的市场化程度、资本市场的开放程度是比较关键的三个因素。一国货币的升、贬值能否改善贸易收支,利率的变动能否引起投资需求的变动以及国际资本的流动,对于上述政策的效力具有决定性作用。在市场不发达、经济中行政性干预较多的国家,上述以市场传导机制为基础的政策搭配的效力将大打折扣。

从现实情况来看,在第二次世界大战后到 1971 年期间所实行的固定汇率制度下,很多国家即使其国际收支存在基本的不平衡,亦不愿实行公开的升值或贬值政策。顺差国希望保留顺差,以加强外汇储备;逆差国则把贬值看作是一国经济疲弱的征兆,担心会造成国际资本流动的不稳定。因此,各国一般都希望通过支出调整政策来促成内外均衡目标的实现。单纯依靠吸收政策是否能同时达到内外均衡,这一问题直到美国著名经济学家、诺贝尔奖得主罗伯特·蒙代尔(R. Mundell)提出了"政策派合说"之前,在理论上一直悬而未决。而蒙代尔的"政策派合说"首次在理论上证明,通过协调使用财政政策和货币政策,可以达到内外均衡的双重目标,这正是经济学家蒙代尔对国际经济发展所作出的卓越贡献。

第三节 开放经济条件下的政策选择
——蒙代尔-弗莱明模型

1963 年蒙代尔供职于国际货币基金组织时,在加拿大的《经济学》杂志上发表了名为《固定汇率和浮动汇率下资本流动和稳定政策》的著名论文。论文就开放经济条件下财政政策和货币政策对经济的短期影响做出分析。几乎是同时,国际货币基金组织的同事,英国经济学家弗莱明(Mareus Fleming)在 1962 年也提出类似的思想,因此这个理论被称作"蒙代尔-费莱明模型"(The Mandell-Fleming Model,简称 M-F)。"蒙代尔-弗莱明模型"是凯恩斯主义的 $IS\text{-}LM\text{-}BP$ 宏观经济模型在开放经济条件下的进一步应用,这一理论扩展了米德对开放经济条件下不同政策效应的分析,他们的研究有效地说明了资本是否自由流动以及不同的汇率制度对一国宏观经济的影响。这一研究成果不但深化了人们对开放经济的认识,而且在提高各国制定经济政策水平方面居功厥伟。

在图 9-3 中，IS 曲线表示商品市场的均衡，斜率为负。财政扩张和本币贬值都会使其右移，因为，财政扩张和本币实际汇率贬值都会使自发性吸收增加，从而都会通过乘数效应引致国民收入增加；反之，财政紧缩和本币实际升值则会使其左移 IS，曲线上的每一个点都代表着一对能使商品市场实现供需平衡的利率和国民收入的组合，IS 曲线右边的点表示商品市场的商品过剩，左边则表示商品短缺。

在图 9-4 中，LM 曲线，反映货币市场均衡的状况，斜率为正。货币供给增加会使其右移，货币供给的减少会使其左移；货币需求的增加会使其左移，货币需求的减少会使其右移。LM 曲线上的每一个点都代表着一对能够使得货币市场实现供需平衡的利率和国民收入组合。LM 曲线右边的点表示货币市场的通货紧缺，左边表示通货过多。

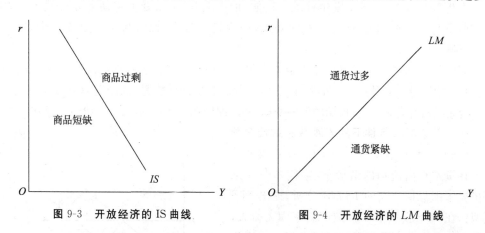

图 9-3　开放经济的 IS 曲线　　　　图 9-4　开放经济的 LM 曲线

在图 9-5 中，CM 曲线反映了国际收支平衡的状况。国际收支主要由经常项目和资本项目构成，曲线是一条斜率为正的曲线，因为随着收入的增加，进口会相应增加，出口会相应减少，此时一国只有相应提高利率以改善资本率流入，才能维持国际收支的平衡。而 CM 曲线的倾斜程度取决于国际间资本流动的利率弹性，其倾斜程度与利率弹性成反比。当资本完全不流动时，即利率弹性为零时，CM 曲线为一条垂线，见图 9-5(b)，此时，国民收入基本由经常项目构成，而经常项目基本与利率无关，主要与国民收入有关。当资本不完全流动时，即利率弹性为一有限正数时，该曲线为一条斜率为正的曲线，见图 9-5(a)，利率弹性越大，国际资本对利率越敏感，CM 线越平坦，这意味着利率微小的变动，将引起国际资本的巨大流动。当资本完全流动时，即利率弹性无穷大时，CM 曲线呈水平状，见图 9-5(c)，因为国际资本对利率变动极度敏感，微小的利率差异都立即会带来巨额的资本套利活动而使国内外利率水平趋于一致。CM 曲线上的每一个点都代表着一对能够使国际收支实现平衡的利率和国民收入的组合，CM 曲线左方的点表示国际收支顺差，右方的点表示国际收支逆差。

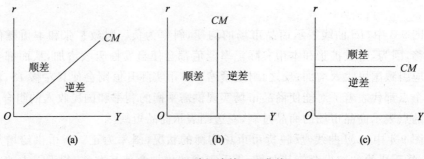

图 9-5 开放经济的 CM 曲线

当然,这里介绍的 CM 曲线的前提假定是固定汇率,故 CM 曲线不发生移动。如果汇率发生变化,CM 曲线将发生移动。比如,汇率上升,本币贬值将使 CM 曲线下移,因为该国贸易账户得到改善,需使利率降低,减少资本流入,以维持国际收支平衡;反之,汇率下降,本币升值将使曲线上移。

蒙代尔-弗莱明模型考察的是固定汇率制与浮动汇率制度下财政政策和货币政策的作用机制。模型分析对象是一个小型开放经济国家,分析的前提是:该国资源未被充分利用,总供给曲线富有完全弹性;预期的汇率变动为零,即使在长期里,购买力平价也不存在。

一、固定汇率条件下的宏观政策效应分析

(一)资本自由流动条件下的 M-F 模型

在资本自由流动的情形下,蒙代尔与弗莱明扩展了凯恩斯主义的 IS-LM 分析,提出 M-F 模型。在 M-F 模型中,CM 线的斜率为无穷大,亦即 CM 线为一水平直线,如图 9-6 所示。因为资本自由流动意味着资产所有者认为国内证券与国外证券之间可以完全替代,所以,只要国内利率超过国外利率,就会吸引资本大量流入;或者,只要国内利率低于国外利率,就会使资产所有者抛售国内资产,引起大量资本外流。资本自由流动时的蒙代尔-弗莱明模型说明,一国国内的利率水平受国际市场利率水平的影响,政策当局的经济政策不但不能改变利率水平,反而还要受国际资本流动的影响。蒙代尔与弗莱明的这一命题,对除美国等少数几个可以主动影响国际市场利率水平的国家之外的大多数国家来说,显然是可以成立的。

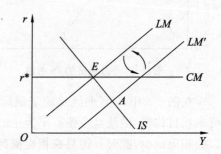

图 9-6 资本自由流动条件下的 M-F 模型

(二)货币政策无效论

假定中央银行试图通过扩张性的货币政策来促进经济增长。货币供给量的增加导致 LM 线右移到 LM'(见图 9-6),利率下降到 A 点,在资本自由流动的条件下,国内利率低于国际市场的利率水平,结果必然导致人们抛售本国证券资产,争购外币及外国资产。大量的资本外流将会引起国际收支逆差,并增加本币贬值的压力。为了维持固定汇率,中央银行不得不通过公开市场业务买入本币、抛出外汇进行干预,从而抵消了原先扩张货币供给的效应,LM' 又回移至 LM 处。其结果是货币供应量与收入未变,但国际储备下降了。因此,在固定汇率与资本自由流动的情况下,LM 线不能自行移动,货币存量完全是内生的,它不取决于中央银行的行为与资本市场的状况,而主要受商品市场需求变化的影响。

例如,假定由于种种原因(特别是政府通过采取扩张性的财政政策来刺激总需求),人们对商品的需求增加了,此时,IS 线向右移动至 IS'(见图 9-7)。由于收入的增长,经济中存在超额的货币需求,这又会带来国内利率的上升,在资本自由流动的条件下,套利的存在会促使人们抛售外币和外币资产,争购本币和本币资产,引起资本大量流入,导致国际收支顺差,同时使汇率面临升值压力。为了保持汇率水平不变,中央银行将通过公开市场业

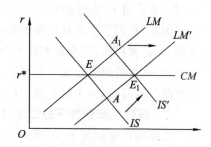

图 9-7　资本流动下的 M-F 模型

务进行干预,收购外币、放出本币,使得货币供给量上升,LM 向右移动到 LM' 处。最终结果是:总需求、收入与货币供应量均上升,国际储备增加。

因此,蒙代尔-弗莱明模型的结论是:在固定汇率制度下,资本自由流动的条件使得货币政策无力影响收入水平,只能影响储备水平;而财政政策在影响收入方面则变得更有效力,因为它所造成的资本流入增加了货币供应量,从而避免了利率上升对收入增长的负作用。

(三) 资本完全管制下的情形

在固定汇率条件下,如果政策当局实行资本管制,使得资本在国际间不能自由流动,则国内利率与国际利率水平就可能存在差异,中央银行为了维持固定汇率,也只需对经常项目下的外汇供求负责,LM 线会随着国际收支的变化而移动。例如,出口增加会使得外汇市场供大于求,为了稳定汇率,中央银行将不得不增加本币投放,从而使 LM 线向右移动。

现假定中央银行主动采取扩张性货币政策,货币供应量的增加引起 LM 线向右移动至 LM'(见图 9-8),货币供应量增加的同时,利率下降,整个国内经济投资大于储蓄。为了实现经济均衡,进口必须上升,从而使得经常项目恶化,本币汇率面临贬值的压力,迫使中央银行抛出外汇,以满足进口需求,

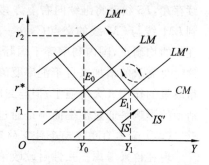

图 9-8　资本完全管制下的 M-F 模型

这又反过来导致本国货币供应量下降,LM 线向左移动,利率开始上升(如图 9-8 中虚线箭头所示)。这一过程将持续进行,直至总需求恢复至原来的水平。此时,LM 线与利率均回到原来的初始状态,货币政策对经济没有实质性的影响。

同样,假定政府增加开支,以刺激总需求,最初,IS 线向右移动至 IS′。随着总需求的增加,进口开始增加,国际收支恶化,中央银行为了维持汇率稳定,抛售外汇,使得 LM 线向左移动至 LM″(如图 9-8 中实线箭头所示)。最终,总需求与国民收入不变,只有利率水平由 r^* 上升到 r_2。

因此,在固定汇率和资本管制的条件下,扩张性的货币政策只能在短期内使得利率下降、总需求扩张,但在长期却不能改变总需求水平,只能使外汇储备减少。同样,在长期内,扩张性的财政政策对总需求的水平没有影响,但它会影响总需求的结构,即增加公共部门的需求,减少私人部门的消费和投资需求(由于利率水平上升)。

二、浮动汇率条件下的宏观政策效应分析

在浮动汇率制度下,汇率不再是一个政策变量,而是要根据供求状况及时调整。并且,汇率的变动会引起 IS 线的移动:本币汇率贬值,IS 线右移;本币汇率升值,IS 线左移。与在固定汇率条件下不同,浮动汇率使得中央银行不再简单地维持汇率不变,因而能够相对独立地决定货币供应水平。因此,在浮动汇率制度下,宏观经济政策的效应也有很大的不同。

(一)资本自由流动条件下的货币政策

假定中央银行通过公开市场操作增加货币供应量,这一行动将引起图 9-9 中的 LM 线向右下方移动到 LM′,同时,利率也下降到 r_1。此时,国内利率低于国际市场上的利率 r^*,由于资本能够自由流动,套利行为使得资本外逃,本币汇率开始贬值;进而,国际收支改善,进口增加,这将使得 IS 线向右上方移动。只要国内利率低于国际水平,本币汇率贬值的压力就持续存在,IS 线就将继续向右上方移动,直到 IS 线移动到 LM′线与 CM 线的交点 C,这一过程才会停止下来。

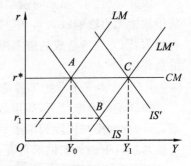

图 9-9 货币扩张的效应

在新的均衡点,国内利率等于国际市场上的利率水平,总需求从 Y_0 增加到 Y_1。当然,这时总需求的增加来自于汇率贬值引起的净出口的增加。与固定汇率条件下相比,货币政策的作用大大增强了;但与封闭经济不同,在资本流动的前提下,货币政策对经济活动的影响是通过汇率而不是通过利率来实现的。

(二)资本自由流动条件下的财政政策

现在再来考虑扩张性财政政策的后果。政府支出的增加首先使得 IS 线向右上方移动到 IS′,在 IS′与 LM 线的交点 B,国内利率高于世界水平(如图 9-10 所示),这将

引起资本流入和本币升值。汇率升值导致经常项目恶化,净出口减少,从而使 IS 线向左下方移动。只要国内利率高于国际水平,资本将持续流入,汇率将持续升值,IS 线也将不断向左移动。只有当 IS 线恢复到原来的位置时,最终的均衡才能实现。此时,总需求保持不变。应当注意到:在固定汇率制度下,财政扩张将引起货币供给内生性的增长;但在这里,政府增加支出对总需求的效应被汇率升值所引起的

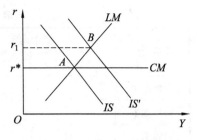

图 9-10　财政扩张的效应

经常项目的变动所抵消,财政政策的扩张效应完全被净出口的减少所"挤出",政府支出的增加在数量上等于净出口的减少。

(三)资本管制条件下的宏观政策效应分析

在浮动汇率制度下,如果资本处于被管制状态,则私人资本的流动就不复存在,中央银行也无须购买或出售外汇储备,汇率不断调整使得经常项目总是处于不平衡状态。对财政政策而言,政府支出的扩张增加了产出,但与资本自由流动时相比,本币汇率将会贬值而不是升值,因为政府支出的增加提高了经济对进口的需求,而且,伴随着利率的上升,没有资本的流入,以抵消汇率贬值的压力。对货币政策而言,货币供应量的增加也会引起产出的增长,同时,汇率也会下降,这与在资本自由流动条件下是一样的。需要注意的是,在资本管制的情况下,需求变化的构成会与在资本自由流动条件下有所不同。如果资本是可以自由流动的,政府开支的增加就会挤出净出口,而对消费和投资不会产生作用(因为利率保持不变);但在资本管制下,政府开支的增加会引起国内利率上升,从而部分挤出利率敏感性的消费和投资,而对净出口不会有较强的作用。货币政策的作用也有类似的差异,当资本可以自由流动时,货币供给对总需求的增加是通过增加净出口来实现的,因为利率不变,消费与投资也不会发生变化;但在资本管制情况下,如果存在货币扩张,经常项目是不会发生变化的,但由于利率水平降低,货币扩张仍能通过提高消费与投资发挥其作用。

三、不同制度环境下的政策效应比较

以上分析表明,同样的宏观经济政策,在不同的制度环境下,其作用的大小与发挥作用的机理是完全不同的,下面对这一现象做进一步的归纳和总结。

(一)不同政策手段在不同汇率制度下的政策效应比较

表 9-3 概括了货币扩张、财政扩张及汇率贬值对均衡的产出水平、物价水平、国际储备及汇率的影响。可以看出,不同政策手段的经济效应受汇率制度的影响很大。在固定汇率制度下,财政政策对产出水平和物价水平的影响十分明显,但在浮动汇率制度下,财政政策对经济不起任何作用;相反,货币政策在浮动汇率制度下十分有效,但在固定汇率制度下却没有任何作用。

表 9-3 不同政策手段的效应

政策效应	货币政策		财政政策		本币贬值
	固定汇率	浮动汇率	固定汇率	浮动汇率	固定汇率
产出水平	—	上升	上升	上升	上升
物价水平	—	上升	上升	上升	上升
国际储备	下降	—	上升	—	上升
汇率	—	上升	—	下降	上升

（二）在不同情况下，不同政策手段对国民收入的影响比较

表 9-4 进一步说明，仅对国民收入的影响而言，货币政策与财政政策的效应取决于不同的汇率制度安排和一国国际收支状况。

表 9-4 货币政策与财政政策对国民收入的影响

政策效应		汇率制度与国际收支状况
货币政策	财政政策	
最有效	最无效	浮动汇率
稍有效	稍有效	固定汇率，而且国际收支不平衡已消除
最无效	最有效	固定汇率，而且国际收支不平衡已消除

（三）在不同资本控制程度下，货币政策与财政政策对总需求结构的影响

资本项目的控制程度对经济政策效果的意义，并不主要体现在货币政策与财政政策对总需求水平的影响上，更重要的是表现在它们对总需求结构的影响上。这一作用是通过其能否影响国内利率水平来实现的。如表 9-5 所示，在资本自由流动的情况下，货币政策与财政政策首先影响净出口，扩张性的货币政策增加了出口，而扩张性的财政政策减少了净出口。在资本项目完全被政府所控制的情况下，货币政策与财政政策首先作用于国内利率敏感性的消费与投资。扩张性的货币政策使得利率下降，增加消费与投资；扩张性的财政政策提高了利率，"挤出"了私人部门的消费与投资。

表 9-5 货币政策与财政政策对总需求结构的影响

资本控制程度	货币扩张	财政扩张
资本自由流动	利率不变，出口增加	利率不变，"挤出"净出口
资本完全控制	利率下降，消费与投资增加	利率上升，"挤出"消费与投资

（四）在不同制度安排下，货币政策与财政政策发挥作用的机理与途径

表 9-6 假定经济最初处于均衡状态，以扩张性的货币政策和财政政策为例，总结了

在不同汇率制度下和不同资本管制状态下货币政策与财政政策影响经济活动的机理、途径与后果。这进一步说明,政策当局在制定和执行本国的经济政策时,必须要区分不同的政策环境,充分考虑到开放经济对国内经济的影响。只有这样,才有利于经济政策目标的实现。

表 9-6　不同制度安排下的货币政策与财政政策

	货币政策		财政政策	
	固定汇率	浮动汇率	固定汇率	浮动汇率
资本自由流动	货币供应量增加→本币存在贬值压力→对外汇的需求上升→中央银行抛售外汇→货币供应量减少→总需求不变	货币供应量增加→在利率不变时存在超额的货币供给→资本流出→本币贬值→净出口增加→总需求上升	财政支出增加→在利率不变时存在超额的货币需求→资本流入→中央银行购进外汇→货币供应量增加→总需求上升	财政支出增加→在利率不变时存在超额的货币需求→资本流入→汇率升值→经常项目恶化→总需求不变
资本完全管制	货币供应量增加→利率下降→投资大于储蓄→经常项目恶化→本币存在贬值压力→中央银行抛出外汇→货币供应量减少→总需求不变	货币供应量增加→利率下降→利率敏感性的消费与投资增加→总需求上升	财政支出增加→利率提高→进口增加→本币存在贬值压力→中央银行抛出外汇→货币供应量减少→总需求不变	财政支出增加→利率提高→利率敏感性的消费与投资减少→总需求不变
政策效果	无效	有效	在资本自由流动时有效	无效

第四节　宏观经济政策的国际协调

一、宏观经济政策国际协调的含义和原因

宏观经济政策的国际协调,是指各个国家、地区政府或国际经济组织,在承认世界经济相互依存的前提下,就财政、货币、汇率、贸易等宏观经济政策在有关国家之间展开磋商、协调,或适当修改现行的经济政策,或联合采取干预市场的政策行动,以减缓各种突发事件和经济危机带来的冲击,维持和促进各国经济的稳定增长。

第二次世界大战之后,不同的经济体越来越相互依赖,所有国家都是相互依存的。在封闭经济条件下,一国可以忽视经济政策的外部性,它能够通过调整货币政策与财政政策实现国内外经济的均衡。而全球化下外国政策的选择会对本国经济福利产生重要影响。从理论上说,在纯粹的浮动汇率条件下,汇率的完全自由波动可以隔绝经济震荡在国际间的传导,因而一国的宏观政策效应不会影响其他国家的经济状况,于是也就不需要宏观经济政策的协调。但是纯粹的自由浮动汇率制度是不存在的,各国都在运用宏观经济政策优先保证实现内部均衡,进而对其国际收支和货币汇率水平产生影响。

政策协调的主要动因源于国内独立的政策会对他国产生潜在的溢出效应。这些溢出效应会导致他国不利的经济后果。例如,一国为降低通货膨胀而采取紧缩的货币政策,使汇率上升,从而使他国进口价格上升,而对他国未来的通货膨胀产生不利影响。随着贸易壁垒的不断降低,技术进步的提高,资本和劳动力流动性的加强,世界经济一体化程度越来越高,溢出效应问题显得越来越重要。当存在溢出效应时,各国达成协议,同意追求协议中能够促进各国福利的经济政策,这时,政策协调就会出现。这就要求各国要特别考虑其政策对他国的溢出效应。在国际经济中,各国政府主要有两种简单的政策决策形式。一是各国政府独立决策,假定他国的决策是给定的。这种政府行为称为纳什非合作模型。在没有政策协调的时候,每个国家忽视这些外部性,而寻求各自的福利最大化。所有的国家都独立行动,最终的结果是纳什均衡,这个均衡是帕雷托无效率,这就促使各国协调其政策。另一种国际经济政策博弈的简单解是合作。这时,各国政策制定者、局中人协调其决策。他们降低差异,追求共同利益,以避免帕雷托无效率的结果出现。

专栏 9.1

美国政府的宏观经济调控政策

一、20 世纪 70 年代后美国政府的宏观经济政策及背景

回顾 20 世纪初期美国的历史,30 年代的经济大危机促使罗斯福"新政"出台,以凯恩斯主义为主导的经济政策统治美国经济数十年。70 年代后期的经济滞胀带来了对凯恩斯主义的反思,以货币主义学派和供应学派为核心的里根经济政策,改变了刺激经济的办法。

里根政府面对着高失业率和通货膨胀率的"滞胀"情况,奉行赤字财政政策,以减税、放宽管制来刺激投资,把扩张的财政政策与紧缩的货币政策结合起来控制通货膨胀,促进美国经济稳定增长。在里根任期内,美国经济从 1982 年年底起连续增长将近 8 年,是"一战"后和平时期持续增长最长的一次,失业率达到 50 年代以来的最低点。但是,里根的扩张性财政政策没能采取适当的货币政策相配合,给美国经济留下了巨大隐患,巨额财政赤字和巨额的外贸逆差是一直困扰着美国经济发展的巨大障碍。

1989年1月20日，老布什入住白宫。布什政府放弃了里根经济政策，实行了以凯恩斯主义为基础的经济政策。与里根相比，布什新的财政政策更注重长期效应，提出了"灵活冻结"的财政政策，期望通过削减公司资本收益税，刺激促进经济增长；增加税收，大幅度地压缩军费开支，取得预算平衡；实行互惠的贸易政策。但是，布什政府没能把衰退的美国经济拉出困境，其任期的第一年（1990年7月）美国经济开始衰退。原因是实现宏观控制的两大手段——财政政策与货币政策没能有效地结合。

1993年，克林顿上台后，果断采取紧缩的财政政策和低利率的货币政策。克林顿针对里根政府轻财政、重货币政策留下的后遗症，提出了"重建财政"，即采取了一系列紧缩政策，消除其前任历届总统累计高达2 930亿美元的财政赤字。克林顿经济政策的核心是通过谨慎理财控制财政赤字，推动经济增长，进而实现财政盈余。克林顿政府把削减财政赤字作为调控宏观经济的突破点，采取的措施主要是增收节支。一方面，削减社会保障、医疗照顾、国防费用等项目的财政支出，另一方面，采取果断的增税措施，解决财政赤字。这是里根、布什政府酝酿已久而未敢推行的政策。在克林顿宏观经济政策的支持下，美国经济保持了10年的高速度增长，并于1998年财政年度实现了财政盈余。

美国新一任总统小布什，远没有克林顿幸运。在他当选总统之前，美国经济已出现了衰退的迹象。为阻止美国经济的衰退趋势，小布什实施扩张性的货币政策和财政政策，降息与减税并举，期望刺激消费，带动投资，促进经济的发展。这种政策基调在"9·11"恐怖袭击事件发生后，表现得更加明显。为刺激经济增长，防止衰退，美联储连续十余次降息。与此同时，小布什政府也重操凯恩斯主义，运用扩张性的财政政策来干预经济。这种扩张表现为两方面：一是减税，这也是小布什竞选时就提出的主张；另一方面是增支，主要是用于支持航空业的恢复性发展和缓解失业带来的巨大压力。2002年3月，小布什在白宫签署了新的经济刺激法案，使其正式成为法律，美国经济开始出现复苏迹象。

2009年1月20日，奥巴马正式宣誓就任美国第44任总统，也是美国历史上第一位黑人总统。适逢美国爆发席卷全球金融市场的"次贷危机"，国内经济面临高失业、巨额财政赤字和经济可持续复苏这三大问题的挑战。在奥巴马的强力推动下，美国出台了总额7 870亿美元的经济刺激计划，是罗斯福新政后美国政府最大规模的经济刺激举动。同时，为挽救金融业，美国财政部出台了7 000亿美元金融救援计划，美国联邦储备委员会将利率降到零附近，并通过非常规渠道向金融市场注资1.75万亿美元。此次奥巴马经济刺激计划具体表现在三个方面：一是用于经济刺激的资金规模非常庞大；二是减税和政府支出并举；三是刺激美国经济和实现美国经济结构的战略转型相结合。

二、美国政府宏观经济政策的特点

可以看出，虽然美国政府从里根到奥巴马政府的宏观经济政策不同，但是历届政府都在实践中同时配合使用财政政策和货币政策,寻求两者的最佳组合。

财政政策实施力度大、影响范围广,但决策时间长,必须经过立法和国会审批程序,其政策效果存在一定的时滞;而货币政策决策快、独立性强,受政治干预小。财政政策主要作用于消费、投资、财政补贴、政府采购等;货币政策主要作用的对象是资本市场,主要通过影响资金成本、信用等因素实现经济调控目标,其政策工具主要包括公开市场操作、贴现率和法定准备金等。财政政策主要解决经济增长的长期性、结构性问题,货币政策主要调节短期经济波动。财政政策与货币政策互相搭配、取长补短是能够取得很好的宏观经济效果的。

例如,在克林顿执政时期,正是由于采取长期较为宽松的货币政策与平衡的预算政策,才取得了较长时间保持"高增长低通胀"的成就。在老布什政府的中后期,降息与赤字预算减少结合。1990年,布什政府和民主党控制的议会就预算赤字在5年内降低5 000亿美元达成协议,"我必须寻求某种缓减的机制",格林斯潘提议,"达成一个谅解,如果协议通过,我们就降低利率0.25个百分点"。这一政策没有避免老布什执政后期的经济衰退,但却带来了克林顿时期经济的持续繁荣。不过,一个短期效果也是明显的,即尽管1991—1992年的经济衰退持续时间偏长,但衰退程度却很轻。奥巴马时期,美联储和美国财政部联合出击实行"双松"政策,运用各自政策手段,各有侧重地解决经济中存在的问题,如美联储主要应对流动性问题,连续降息增加市场流动性,缓解次贷损失造成的流动性短缺局面;而财政部则通过减税刺激经济,促进消费、投资增长,确保经济稳定,避免经济由于金融危机影响造成大的滑坡。财政、货币政策虽各有侧重,具有相对独立性,却又相互协调。

资料来源:来自于顾洪英.美国政府宏观经济调控政策的特点及启示[J].华东理工大学学报(社会科学版),2003(1).

二、宏观经济政策国际协调的层次与方式

(一)宏观经济政策国际协调的层次

依据进行政策协调的程度,国际间政策协调可由低到高分为以下六个层次。

1. 信息交换

信息交换是各国政府相互交流本国为实现经济内外均衡而采取的宏观调控的政策目标范围、政策目标侧重点、政策工具种类、政策搭配原则等信息,但仍在独立、分散基础上进行本国的决策。信息交换是一种最低层次的国际间政策协调形式。

2. 危机管理

危机管理是指针对世界经济中出现的突发性、后果特别严重的事件,各国进行共同的政策调整以缓解、渡过危机。危机管理这一协调形式是比较偶然出现的、临时性的措施,它的主要目的在于防止各国独善其身的政策使危机更加严重或蔓延。

3. 避免共享目标变量的冲突

共享目标变量是指两国所要面对的同一目标。由于两国共享目标是同一个，因此如果两国对之设立了不同的目标值，这便意味着两国之间直接的冲突，两国之间的相应政策成为具有竞争性的"以邻为壑"的政策。

4. 合作确定中介目标

两国国内的一些变量的变动会通过国家间的经济联系而形成一国对另一国的溢出效应，因此各国有必要对这些中介目标进行合作协调，以避免它对外产生不良的溢出效应。

5. 部分协调

部分协调是指不同国家就国内经济的某一部分目标或工具进行协调。

6. 全面协调

全面协调是指将不同国家的所有主要政策目标、工具都纳入协调范围，从而最大限度地获取政策协调的收益。

(二) 宏观经济政策国际协调的方式

1. 相机性协调

所谓相机性协调是指根据经济面临的具体条件，在不存在规定各国应采取何种协调措施的规则的情况下，通过各国间的协商确定针对某一特定情况各国应采用的政策组合。一般认为，这一方法的优点在于可以针对不同的条件就更为广泛的问题进行协调，而缺点在于可行性与可信性较差。

2. 规则性协调

规则性协调是指通过制定出明确规则来指导各国采取政策措施进行协调的协调方式。规则性协调的优点在于决策过程清晰，政策协调可以在较长时期内稳定进行，可信性高，因此受到了更多的重视。

三、宏观经济政策国际协调的实践

(一) 布雷顿森林体系下的国际经济政策协调

真正意义上的国际经济政策协调出现于"二战"之后。战后成立的联合国成为协调国际事务的常设机构，而经济领域的协调则主要体现在布雷顿森林协议、关税与贸易总协定(GATT)的签订和国际货币基金组织(IMF)、世界银行的建立上。

"二战"结束前夕，一些国家深切感受到国际经济的动荡乃至战争的爆发，与国际经济秩序的混乱存在着某种直接或间接的关系。因此，除了重建各国国内经济，修复和重建国际经济秩序也是重建战后经济的一项重要任务。当时，因为各国之间的经济往来仍然以商品交易为主，所以世界贸易的恢复必须排除制度方面的两个障碍：一是各国间的贸易壁垒；二是"以邻为壑"的汇率制度。与此相适应，当时的国际经济政策协调主要集中在国际贸易政策以及与国际贸易相关的国际货币体系上。

1944年7月,由44国参加的"联合国货币金融会议"在美国新罕布什尔州的布雷顿森林举行,讨论战后国际货币制度的结构和运行等问题。会议通过《国际货币基金组织协定》和《国际复兴开发银行协定》,确立了新的国际货币制度的基本内容,其实质是建立一个以美元为中心的国际货币制度。1946年3月,国际货币基金组织正式成立,它是关于各国汇率制度安排和调整的国际协调组织。国际复兴开发银行即世界银行于1946年开始办理业务,其主要任务是对成员组织提供长期贷款和投资,以满足它们战后恢复和发展经济的资金需求。主要贷款对象最初是受战争创伤较大的欧洲国家,后来贷款重点逐渐转向发展中国家。1948年1月1日正式生效的关税与贸易总协定是关于降低关税壁垒、商定国际贸易政策的共同准则以及调整各国国际贸易关系的国际多边协定。关贸总协定的签订、国际货币基金组织和世界银行的建立,在战后的国际经济政策协调中起到了重要作用。一是有严格的组织管理机构和明确的宗旨,因而能保证世界经济在这一协调体系下正常运行;二是协调范围明确,可以在具体领域对所出现的问题进行调节;三是制定了一系列的国际合作与协调的规则,使成员能在世界范围内更充分地利用各种资源,以解决国际收支方面出现的暂时的或非根本性的不平衡。

战后直到20世纪70年代,国际经济政策协调是在布雷顿森林体系的基本框架下运行的,尽管该体系是以美国为中心,更多地代表了发达国家的利益,但它毕竟是多个国家共同协商产生的新型国际经济制度,在战后所起的作用是明显的。在此期间,世界经济与贸易的发展水平超过了历史上任何时期,发达国家再也没有出现像20世纪二三十年代那样的全球性经济危机。

(二) 以七国集团为主导的国际经济政策协调

1973年,美国向全世界宣布美元与黄金脱钩,标志着布雷顿森林体系的崩溃及美国在世界政治经济领域的霸权相对削弱。在此背景下产生了七国集团:一是七国首脑会议。1975年11月,在法国总统德斯坦的倡议下,法国、英国、德国(西德)、意大利、美国和日本六国首脑在巴黎郊外朗布依埃召开第一次首脑会议,加拿大与欧共体相继于1976、1977年出席。70年代中期以来,七国首脑会议每年举行一次,讨论世界经济政治的协调问题。二是七国财长及央行行长会议。该部长级会议从80年代中期开始在首脑会议以外对国际宏观经济政策进行协调,是七国集团宏观经济政策协调的重要决策者。很多重要议题都是由七国财长与央行行长会议通过后,再提交首脑会议签字对外发布的。从70年代中后期开始,七国集团在国际经济政策协调方面发挥了越来越重要的作用,其主要内容包括:

1. 财政政策协调

在每年一度的七国集团首脑会议和财长会议上,七国首脑和财长就各国的政府预算、税收政策的协调等进行讨论协商并达成一定的协议,以促进各国经济的持续增长。为解决西方国家经济发展不平衡问题,1978年举行的七国集团波恩会议提出"护舰队计划",共同实行适度扩张性财政政策等措施,标志着七国集团经济政策协调取得首次成功。在此后 20 多年中,财政政策协调一直是七国集团促进各国经济增长和经济平衡的主要手段。美国一向把财政政策作为反周期工具,特别支持实施扩张性的财政政策以推动经济增长。因此,往往是美国频繁地推动其他六国实行"协同增长计划",而德国、日本对财政政策的协调则显得比较被动。

2. 货币政策协调

随着经济全球化的深入,一国货币政策产生的"溢出效应"会对其他国家产生影响。为避免出现"以邻为壑"的政策,七国集团对各国货币政策进行协调,主要是协调利率政策,即通过各国央行行长和财长会议来协商并确定政策方向,通过各国国内的宏观政策加以实施。如 80 年代初,七国协调降低利率,以促进经济回升与发展;80 年代中期以后,随着通货膨胀率有所上升,又调高利率;而在股市危机和经济不景气时又调低利率。虽然各国从各自利益出发,有时意见不尽一致,但总的说来通过协调,大都能在短期内实现一定的政策目标。

3. 汇率政策协调

布雷顿森林体系瓦解以来,主要工业国家实行的是管理浮动汇率制,外汇市场干预成为各国中央银行特别是发达国家中央银行进行汇率调节的主要手段。从 70 年代末至今,西方国家在外汇市场干预方面的最重要特征是联合干预。80 年代以来,七国集团为影响汇率的走势曾多次达成协议,其中影响较大的有 1985 年的广场协议、1987 年的罗浮宫协议等。进入 90 年代以后,西方七国特别是美、日、德三个最主要的工业发达国家,仍然对外汇市场多次进行联合干预。

4. 贸易政策协调

从第一次首脑会议开始,七国集团凭借其强大的政治经济实力,对历次多边贸易谈判产生了重大的影响,并在一定程度上决定了世界贸易体制的发展方向。东京回合谈判期间的四届七国集团首脑会议,都在不同程度上影响了关贸总协定管理下的多边贸易谈判,对达成东京回合谈判的多边贸易协议起到了重要的促进作用。乌拉圭回合谈判中后期,几乎每届七国首脑会议都发表宣言,敦促乌拉圭回合取得进展。1995 年世界贸易组织(WTO)接替关贸总协定管理世界贸易体系后,七国集团对自由的多边贸易体制的支持仍未改变,并积极倡导多哈回合的谈判。但是,近年来随着贸易保护主义的抬头,七国集团贸易摩擦不断,在促进多边贸易谈判方面所起的作用也随之减弱。

5. 金融危机救助贷款

在历次经济危机中,国际货币基金组织资金期限太短,注资太慢,提供的国际贷款往往难以满足危机国的需要,而且其贷款往往附加一些宏观经济约束,经常受到国际舆论的批评。作为世界主要工业大国,七国集团的一个重要职能就是要形成有效的危机反应机制,面对金融危机充当最后贷款人的角色,以抑制金融及经济恐慌。1987 年 10

月爆发股市危机,七国集团即向世界展示出它有能力担当这一角色。90年代发生的历次金融危机中,七国集团也都发挥了一定的最后贷款人的功能。

(三) 20世纪90年代以来国际经济政策协调的新变化

第一,全球性国际经济组织的协调作用下降。国际货币基金组织、关贸总协定等的协调作用,主要体现为机构协调。但是,由于它们在运行过程中的缺陷,其协调作用已受到很大影响。例如,国际货币基金组织在处理亚洲金融危机中的表现,受到了许多经济学家和政治家的批评,面临着多方面改革的压力。再如,世界贸易组织也存在着各种制度缺陷,如谈判交易费用因其成员数量增多而不断增加,谈判耗时长、灵活性差,协议生效后的执行成本高、执行难等。近年来,要求世贸组织进行改革的呼声也不断出现,特别是2003年坎昆会议失败后,这种呼声更加高涨。

第二,七国集团的协调效力趋衰。80年代中后期,七国集团宏观经济政策协调曾经达到高潮,但是收益不大,没有达到政策制定者预期的效果,甚至还给某些国家的宏观经济带来负面影响。1998年俄罗斯被正式接纳为会员,七国集团更名为八国集团,但俄罗斯只参加政治议题的讨论,在经济问题上仍保持七国体制。世界经济发展的不平衡使这些国家之间在某些重大问题上的协调性降低,近年来美国的单边主义倾向更加剧了这种趋势。美国推动国际经济政策协调的动因往往是为了解决国内经济问题,但它不从自身寻找原因,而是将本国的经济问题归咎于外国的经济政策,要求别国进行经济政策的调整。美国的这种做法越来越受到各国的抵制。

第三,区域经济政策协调及双边经济政策协调不断发展,区域自由贸易成为新潮流。在不违背世贸组织原则的前提下,区域合作是对多边合作的补充。相对于多边合作,区域或双边合作具有更大的灵活性,往往可以避开世贸组织谈判中无法回避的难题。世贸组织成员经济实力和发展水平的差异,也促使一些地域邻近、经济互补的国家考虑优先采取区域合作的方法。坎昆会议的失败使得区域合作掀起热潮。目前,世界上已经签订的区域自由贸易协定达179个,内部货物贸易量占全球贸易总量的50%以上。

在亚洲,除了亚太经济合作组织(APEC)外,近年来一些次区域性的国际合作也获得了发展。亚洲金融危机之后,东亚地区成立了由东盟10国加上中、日、韩三国的次区域性合作组织,即"10+3",确立了首脑定期会晤、财长定期会商和政策对话等机制。目前,东盟10国已着手建立自由贸易区,并计划到2020年年底之前创建一个类似欧盟的经济共同体。东盟已与中国确定于2010年建成自由贸易区,同时也积极同日本、韩国、印度和欧美国家商讨建立自由贸易区。

欧盟各成员国的政策协调是目前较高级别的国际经济政策协调。近年来,欧盟致力于促进欧盟各国向更加健全、更加紧密的经济联盟过渡。在实施"东扩"计划的同时,欧盟也积极开展跨区域的双边合作,先后与墨西哥、智利、南方共同市场、中东与地中海沿岸国家以及海湾国家协商建立自由贸易区,其中与南非、墨西哥的自由贸易协议已经生效。

美洲经济贸易合作得到进一步发展。北美自由贸易区、安第斯共同体、南方共同市场等组成联合,涵盖除古巴之外的所有34个美洲国家,从而建成世界上最大的南北区域经贸集团,但这一进程并不顺利。

第四,发展中国家在国际经济政策协调中的作用逐渐增强。目前,尽管七国集团仍被视为"富国俱乐部",但它已不可能完全无视发展中国家的存在。高盛证券公司在2001年11月的一份题为《全球需要更好的经济之砖》中首次提出了"金砖四国"(BRIC)的概念,中国、印度、俄罗斯、巴西四国作为新兴经济体的代表和发展中国家的领头羊受到世界更多的关注。G7财长会议2005年首度邀请"金砖四国"代表列席。2009年6月在俄罗斯举行了首次"金砖四国"外长会议联合声明,表明了四国在世界发展和国际安全迫切问题上的统一立场。

(四) 从G7到G20:金融危机后世界经济新秩序拭目以待

二十国集团(G20)成立于1999年。在经历了1997年到1998年的亚洲金融危机后,世界迫切需要一个同时包括主要发达国家和主要新兴国家的组织,以加强政策协调,共同应对全球性金融和经济问题。二十国集团的成员除了七国集团成员和欧盟外,还包括中国、俄罗斯、韩国、印度、印度尼西亚、澳大利亚、南非、土耳其、沙特阿拉伯、巴西、墨西哥和阿根廷。成立最初几年,二十国集团只是一个较为松散的国际组织,以非正式的部长级会议形式运行。2008年9月中旬,美国次贷危机升级为一场全球性金融危机。在应对这场自20世纪30年代大萧条以来最严重金融危机的过程中,主要由发达国家组成的七国集团(G7)框架越来越显得力不从心,而包括了主要发达国家和主要新兴国家的二十国集团(G20),则开始在协调全球应对金融危机方面发挥越来越重要的作用。为共同应对世界金融危机,召开了两次G20首脑会议。第一次是2008年11月15日华盛顿峰会。二十国集团成员达成了应对金融危机的行动计划,包括各方采取紧急措施支持全球经济和稳定金融市场、加强金融监管和反对贸易保护主义等重要内容。由这次会议开始,二十国集团开始在协调各国政策、应对金融危机方面发挥真正的实质性作用。第二次是2009年4月2日伦敦峰会。G20决定对IMF增资和扩大职能以适应经济全球化条件下应对金融危机的需要。这充分表明,传统的国际经济秩序已不适应全球化发展的需要,宏观经济政策的国际合作,需要有G20这类新机制来进行。

改革开放三十多年,中国的综合国力和国际影响力实现了由弱到强的巨大转变。2005年起中国外汇储备稳居世界第一,2010年中国GDP超越日本,跃居世界第二,2013年中国贸易总额又居世界第一,中国正走向世界舞台的中央。为了应对国际金融危机,中国提出了推动建设世界经济、国际金融、国际贸易和全球发展四大体系的倡议,提出了增强信心、加强协调、密切合作的主张,世界需要开始认真倾听中国的声音。

本章复习思考题

一、主要名词概念

内外均衡　支出调整政策　支出转换政策　直接管制　丁伯根法则　米德冲突　有效市场分类原则　溢出效应　G7　G20

二、思考题

1. 简述内外均衡的关系。
2. 简述斯旺政策搭配说的主要内容。
3. 简述蒙代尔政策搭配说的主要内容。
4. 简述蒙代尔-弗莱明模型的主要思想。
5. 简述宏观经济政策国际协调的含义和原因。
6. 简述宏观经济政策国际协调实践的新变化。

三、讨论题

1. 2007年2月美国次贷危机引发的金融海啸爆发后,世界各国采取了哪些主要国际经济协调手段?其效果如何?
2. 结合中国实际,谈谈对"三元悖论"的理解。
3. 2013年下半年美国退出量化宽松货币政策,对世界经济产生了什么重大影响?世界经济的主要国家又采取了哪些重要协调措施?

第十章　国际货币体系和国际金融组织机构

导读

随着国际金融市场一体化和国际贸易的发展,国际货币关系日益成为世界经济中一个非常重要和复杂的问题。它突出反映了各国间的种种矛盾,涉及各国的利害关系和经济发展。国际货币体系由支配各国货币关系的规则、机构,以及国际间进行各种交易支付所依据的一整套安排和惯例所构成,从贸易、投资和资金融通等方面联系着世界各国的经济。本章将着重讨论国际货币体系的内容、演变和改革方向,讨论国际金融组织机构的类型、职能和作用。

学习重点与难点

1. 国际金本位体系。
2. 布雷顿森林体系。
3. 牙买加体系。
4. 国际金融组织机构的职能与作用。

第一节　国际货币体系

一、国际货币体系的内容、类型和作用

(一)国际货币体系的内容

国际货币体系是一个十分复杂的体系,从广义上讲,其构成要素几乎囊括了整个国际金融领域的制度构成与安排,如国际资本流动、国际汇率安排、国际收支协调、国际金融组织等等。但从狭义上讲,国际货币体系主要指国际间的货币安排。国际货币体系也称为国际货币制度,是指为了适应国际贸易和国际支付的需要,各国政府对货币在国际范围内发挥世界货币职能所确定的原则、采取的措施和建立的组织形式。

国际货币体系的内容包括以下几个方面。

(1)汇率制度的确定。为了进行国际支付,各国政府一般要规定本国货币对外兑换与支付的条件和范围,确定本国货币与国际本位货币的汇率的制定依据、汇率的波动幅度、货币汇率的调整以及维持货币汇率稳定采取的措施等等。

(2) 国际储备资产的确定。即为应付国际收支的需要,一国需保持哪些资产作为国际储备资产,它们的构成如何。

(3) 国际收支的调节方式。即当出现国际收支不平衡时,各国政府采取什么方法弥补这一缺口,各国之间的政策措施又如何相互协调。

(二) 国际货币体系的类型

历史上,有过各种不同类型的国际货币体系。确定一种货币体系的类型主要依据三条标准:第一条,货币体系的基础(即本位币)是什么;第二条,参与国际流通、支付和交换媒介的主要货币是什么;第三条,主要流通、支付和交换媒介的货币与本位币的关系是什么,包括双方之间的比价如何确定、价格是否在法律上固定,以及相互之间在多大程度上可自由兑换。

国际货币制度可以从储备货币或本位货币的保有形式和汇率制度的形态两个角度进行区分。储备货币或本位货币是国际货币制度的基础,按国际储备划分,有金本位制度、金汇兑本位制度和信用本位制度。金本位制度,是以黄金作为国际储备资产或国际本位货币。金汇兑本位制度,同时以黄金和可直接自由兑换的货币作为国际储备资产。信用货币制度,只以外汇(如美元或英镑)作为国际储备资产而与黄金无任何联系。汇率制度是国际货币制度的核心,按汇率制度分类,可以分为固定汇率制度和浮动汇率制度。然而在现实中,往往是同时以国际储备和汇率制度作为国际货币制度的分类标准,例如金本位条件下的固定汇率制度,以不兑现的纸币(如美元)为本位的固定汇率制度,以黄金和外汇作为储备的可调整的固定汇率制度或管理浮动汇率制度,以及完全不需要保有国际储备资产的纯粹自由浮动汇率制度,等等。

不同的历史时期,经历了不同的货币制度。1880—1914年,实行的是国际金本位制。第一次世界大战爆发使金本位制崩溃。各国纷纷停止黄金的兑换,国际货币制度陷于混乱。1925年后,主要工业国重建金本位制,但这时建立的是虚金本位制,即金汇兑本位制。1922—1923年的大危机使虚金本位制也随之垮台,国际货币制度又一次陷入混乱。1944年,西方盟国即着手重建国际货币制度,1945—1973年实行的是可兑换美元本位下的可调整固定汇率制度,即布雷顿森林体系。1973年布雷顿森林体系解体,货币制度开始进入浮动汇率制度,即牙买加货币体系时代。

(三) 国际货币体系的作用

理想的国际货币体系应该能够保障国际贸易发展和国际资本流动,以及世界经济的稳定、繁荣和发展。其作用主要体现在:

(1) 建立相对稳定合理的汇率机制,防止不必要的竞争性贬值。

(2) 为国际经济的发展提供足够的清偿力,并为国际收支失衡的调整提供有效的手段,防止个别国家清偿能力不足而引发区域性或全球性金融危机。

(3) 促进各国经济政策的协调。在国际金融体系框架内,各国经济政策都要遵守一定的共同准则,任何损人利己的行为都会遭到国际间的压力和指责,因而各国经济政策在一定程度上需要得到协调和相互谅解。

二、国际金本位体系

(一) 国际金本位体系的形成与特征

金本位制是一种以一定成色及重量的黄金为本位币的货币制度。它包括三种形式:金币本位制、金块本位制和金汇兑本位制,其中金币本位制是金本位制的典型形式。金本位制并非国际金本位制,前者是后者的基础,只有西方国家普遍采用金本位制后,国际金本位制才算成立。

国际金本位制的产生并非偶然,许多国家在经济发展到一定阶段后,必须采用贵金属作为货币。在17—18世纪,大多数国家实行金银复本位制。后来,由于白银产量大量增加,银价暴跌,金银相对价值不稳定,产生了"劣币驱逐良币"现象,造成金币退出流通、银币充斥,从而使货币制度陷入混乱。于是,英国政府于1816年率先颁布了铸币条例,发行金币,规定一盎司黄金为3镑17先令10.5便士,银币则处于辅币地位。1810年又颁布条例,要求英格兰银行的银行券在1821年能兑换金条,在1823年能兑换金币,并取消对金币熔化及金条出口的限制。从此英国实行真正的金铸币本位制。这一做法加速了英国国际贸易和金融业务的发展,并对世界其他主要资本主义国家起了很强的示范作用。德国靠普法战争胜利取得巨额赔款,于1873年根据货币法采用金本位制;丹麦、瑞典和挪威三国于1873年,荷兰于1875年也实行金本位制;法国、意大利、比利时和瑞士原曾缔结拉丁货币同盟,于1878年也开始实行金本位制;俄国和日本在1897年实行金本位制;美国也终于在1900年颁布金本位制法案。因此,到19世纪后期,金本位制已在资本主义各国普遍采用,它已具有国际性。这种以各国普遍采用金本位制为基础的国际货币体系,就是国际金本位制。国际金本位制度(金币本位制)持续了30多年,到第一次世界大战爆发时即告解体。因此,人们把1880—1914年这段时期称为国际金本位制度的"黄金时代"。

国际金本位制度的特征:

(1) 黄金充当国际货币,黄金是国际货币制度的基础。金币可以自由铸造、自由兑换、自由输出入。

(2) 汇率的决定与波动。国际金本位制下,各国货币都具有黄金含量,两国间的汇率取决于两国货币含金量之比——铸币平价。例如:1英镑的含金量为113.0016格令,1美元的含金量为23.2200格令,则英镑对美元的铸币平价为113.0016/23.2200=4.8666。当然,汇率并非恰好等于铸币平价,它还要受外汇供求关系影响。在金本位体系下,外汇供求变化引起的汇率波动十分有限,波幅不会超过黄金输送点——汇率波动的界限,其值等于铸币平价加减两国间黄金运输的费用,超过这一界限,黄金将取代外汇在两国间流动。因此,金本位制度下的外汇汇率是固定汇率。

(3) 国际收支的自动调节机制。英国经济学家大卫·休谟曾于 1752 年提出了金本位制度下国际收支的自动调节机制,即"价格-铸币流动机制(Price-Specie Flow Mechanism)"。国际收支自动调节作用机制如下:一国国际收支逆差→黄金输出→货币供应减少→物价和成本下跌→出口竞争力增强→出口扩大、进口减少→国际收支转为顺差→黄金输入;相反,一国国际收支顺差→黄金输入→货币供应增加→物价和成本上升→出口竞争力减弱→进口增加、出口减少→国际收支转为逆差→黄金输出。

因此,在金本位制度下,国际收支失衡无须各国中央银行采取不同的措施便可以自动得到修正。当然,这种自动调节机制的实现要求各国必须遵守三个原则:一是货币自由兑换黄金,其含金量保持稳定;二是黄金自由输出入,对黄金或外汇的买卖不加限制;三是货币发行必须有一定的黄金准备。

(4) 英镑的作用。国际金本位体系下,黄金是世界货币,但由于黄金运输不便,风险大,费用高,人们通常以英镑代替黄金,英镑因英国"日不落帝国"和"世界工厂"的地位,在当时的国际贸易中占据了 38%~90%的份额,大多数国家的外汇储备是英镑而非黄金。因此,国际金本位体系实际上是一个以英镑为中心、黄金为基础的英镑本位体系。

(二) 国际金本位体系的崩溃

1914 年第一次世界大战爆发,各参战国暂停金本位制,禁止本币兑换黄金和黄金的跨国流动。战争期间,各国大量发行不可兑换的纸币,产生了严重的通货膨胀,汇率波动剧烈,严重损害了国际贸易。战后,为恢复经济,试图重建金本位制度。然而,由于世界黄金存量的 2/3 集中在英、美、法、德、俄五国手中,其他国家缺乏实行金本位制度的物质基础,恢复第一次世界大战前的国际金本位制度已经不可能了。除美国因其迅速崛起而有实力恢复了金币本位制,英国和法国实行的是金块本位制(金币不在市场上流通,流通中的各种辅助货币和银行券与黄金之间的兑换受到很大限制,英法两国兑换黄金的最低货币额分别为 1 700 英镑和 21 500 法郎),德、意、奥、丹等其他 30 多个国家实行的都是金汇兑本位制(国家不铸造金币,市场上不流通金币,流通中的辅币和银行券不能直接兑换成黄金,本币与美元、英镑或法郎挂钩,通过这三种货币与黄金挂钩,并要求在美、英或法国存放大量外汇和黄金,作为本币汇率的准基金)。与第一次世界大战前的金本位制度相比,这种金本位制度的稳定性大大削弱,国际收支自动调节机制受到严重限制。1929 年爆发世界性经济危机。1929—1933 年,巴西、阿根廷、澳大利亚、奥地利、德国因国际收支严重失衡而宣布放弃金本位制,并向英格兰银行大量挤兑黄金,英国黄金面临枯竭。在强大的压力下,英国于 1931 年 9 月放弃金本位制,英镑区国家也纷纷效仿。1933 年 3 月,美元危机再次爆发,美国黄金流失惨重,不得不放弃金本位制。法国、比利时国际收支困难无法解决,于 1936 年最终放弃金本位制,至此,金本位体系彻底崩溃。

金本位制崩溃以后,正常的国际货币秩序遭到破坏,而一个统一的国际货币制度的重建在当时的政治与经济条件下又不可能,于是,英国、美国、法国等经济强国为了保护自身利益,纷纷成立区域性货币集团,1932年成立英镑集团,1934年成立美元集团、法郎集团。这些相互对立的货币集团,一般以一个资本主义大国的货币为中心,其成员国的货币都与这一中心货币相比制定汇率并维持固定比价,同时以这一中心货币作为各成员国的外汇储备和外汇管制的主要货币。对货币集团以外的国家,则实行严格的外汇管制和歧视性的汇率,禁止资本自由流动。货币集团的这些内容后来被制度化、法规化,逐渐转化为所谓"货币区"。

货币集团和货币区的出现,既是国际金本位制破产的结果和标志,同时也反映了这一时期世界经济与金融的集团分化及其相互对抗的混乱局面。

(三) 对国际金本位制度的评价

国际金本位制是国际金融史上第一个国际性的货币体系,是一种相对统一的货币体系。这种国际货币制度并非是在一个国际组织领导与监督下拟定共同的章程后形成的,而是各国货币制度自觉自愿地朝着一个较为一致的目标靠拢的结果。国际金本位制度是一种比较稳定且比较健全的货币制度。

国际金本位制对于世界经济的发展起了一定的作用,这主要表现在以下几方面:① 促进生产发展。在金本位制下,币值比较稳定,这就促进了商品的流通和信用的扩大。同时,它使生产成本较易计算,生产的规模和固定投资的规模不会因币值变动而波动,从而促进了资本主义生产的发展。② 保持汇率的稳定。在金本位制下,由于黄金输送点限制了汇价的变动,所以汇率波动的幅度比较小,基本上是稳定的。汇率的相对稳定,可以保障对外贸易与对外信贷的安全,为国际贸易和资本流动创造有利条件。③ 促进国际资本流动。当一国发生国际收支逆差时,外汇的供应小于需求,汇率(以本国货币表示)下跌,当汇率的下跌超过黄金输出点时就会引起黄金外流,减少了作为发行准备金的黄金数量,从而减少了货币发行量。于是金融市场银根吃紧,短期资金利率上升。当国内利率高于国外利率时,就将产生套利活动,促使短期资金内流。短期资金的利率上升,也会促使长期资金的利率上升,引起长期资金的内流。如一国发生国际收支顺差,则将发生相反的情形。这种资金流动,可以改善国际收支,稳定国际金融。④ 自动调节国际收支。在国际金本位制度下,资本主义各国的国际收支是自发进行调节的,因为国际收支的不平衡,会引起黄金的流动,黄金的流动使黄金输入国的银行准备金增加,并减少黄金输出国的银行准备金,而银行准备金的变动将会引起货币数量的变化,从而造成贸易国国内物价和收入的变动,最后纠正国际收支的不平衡。⑤ 协调各国经济政策。实行金本位制的国家,把对外平衡(即国际收支平衡和汇率稳定)作为经济政策的首要目标,而把国内平衡(物价、就业和国民收入的稳定增长)放在次要地位,服从对外平衡的需要,因而国际金本位制也使主要资本主义国家有可能协调其他经济政策。

但是,传统的金本位制也并不是十分完善的,它也存在若干缺点,主要有:① 货币供应受黄金数量的限制,不能适应经济增长的需要。已开采或未开采的黄金存量有限,使货币基础无法增长,当国民收入不断增长的同时要维持货币与黄金的固定比价,势必造成国内通货紧缩,而通货紧缩是痛苦的,往往伴随着银行倒闭、金融业危机、国内经济萎缩和失业率上升。② 金本位制的自动调节也存在着严重缺陷。金本位制自动调节的前提条件首先是没有大量的国际资本流动,一旦一国国际收支发生逆差,就导致黄金外流;其次是银行体系没有过剩的黄金储备,黄金流失意味着银行信用的紧缩和物价的下跌;再次是生产与贸易将对价格变动做出反应,价格下跌将使出口总值增加,从而纠正国际收支的不平衡;最后就是黄金流动与恢复国际收支平衡自动联系起来,金融当局没有进行干预的余地。

三、布雷顿森林体系

(一)布雷顿森林体系的建立

早在"二战"结束前,美英两国为了改变当时国际货币关系的混乱局面,就积极策划建立一个新的统一的国际货币制度。美国试图取代英国成为国际金融领域的霸主。当时经过两次世界大战,美国不仅在政治和军事上,而且在经济上都占绝对的优势。美国工业制成品占世界的一半,对外贸易占世界贸易总额的 1/3 以上,对外投资激增,成为世界最大债权国,黄金储备占世界黄金储备的 59%。由于当时世界上许多国家的贸易管制和汇率的不稳定,极大地阻碍了世界经济的发展,美国希望通过建立多边的经济合作,迫使各国放弃外汇管制和歧视性的双边措施,以确立美元在国际货币制度中的统治地位。但英国竭力想保持它原有的国际地位,由于当时英镑仍是世界主要储备货币之一,国际贸易结算的 40% 左右是用英镑进行的,伦敦仍是国际金融的重要中心,因此,英国企图与美国分享国际金融领域的领导权。从 1943 年 9 月到 1944 年 4 月,美英两国政府代表团在国际货币制度重建问题上展开了激烈的争论,分别提出了"怀特计划"和"凯恩斯计划"。

怀特计划的主要内容:建立一个国际性的货币稳定基金机构,各参与国交纳黄金和本国货币以建立外汇稳定基金,基金组织将创建一种国际货币单位尤尼塔(unita)。其含金量 137.142 格令,相当于 10 美元。该货币单位与美元发生联系,可以兑换黄金,也可以在会员国之间相互转移,非经基金组织同意不能改变;各国货币汇率采用固定汇率。基金的主要任务是稳定汇率,向参与国提供短期信贷以解决国际收支不平衡,各国的发言权和投票权取决于向基金组织缴纳份额的多少。美国提出该方案的目的,是想一手操纵和控制基金组织,获得国际金融领域的统治权。

英国财政部顾问、著名经济学家凯恩斯从本国立场出发,建议设立一个世界性的中央银行,叫国际清算联盟。由它发行不兑现纸币班柯尔(Bancor)作为清算单位,通过班柯尔存款户的转账,清算各国间的债权债务;各成员国在清算联盟中所享有的份额,以第二次世界大战前三年平均贸易额为基础,成员国不须缴纳资金;联盟对各成员国国内经济政策不得干预。凯恩斯计划考虑到英国黄金缺乏的情况,极力反对以黄金作为主要货币。

这两个方案反映了美、英两国经济地位的变化和两国争夺世界金融霸权的目的。美国凭借它在经济政治上大大超过英国的实力,迫使英国放弃国际清算联盟计划而接受怀特计划。1944年7月在美国新罕布什尔州的布雷顿森林召开了44国参加的联合国国际货币金融会议,通过了以怀特计划为基础的《国际货币基金组织协定》和《国际复兴开发银行协定》(统称"布雷顿森林协定"),建立起一个以黄金和美元为国际本位货币的国际货币制度。

(二) 布雷顿森林体系的主要内容

"二战"后的布雷顿森林体系的主要内容,是以国际协议的法律形式固定下来的。

(1) 建立一个永久性国际金融机构,对各国的货币金融事务进行监督、管理和协调,以促进国际金融合作。由此,1946年3月,国际货币基金组织(IMF)宣告成立,次年3月开始运行。该组织的主要职能是监督会员国货币的汇率,审批货币平价的变更,为国际收支逆差成员国提供融通资金,协调各国重大金融问题。

(2) 规定以美元作为最主要的国际储备资产,实行美元-黄金本位制。美元直接与黄金挂钩,规定1盎司黄金等于35美元的官价,各国政府或中央银行可以随时按官价向美国兑换黄金。其他国家的货币与美元挂钩,从而间接与黄金挂钩。各国货币与美元保持固定汇率,这一汇率不得随意变更,其波动幅度维持在货币平价±1%以内。只有一国国际收支发生"根本不平衡"时,经IMF的批准可以进行汇率调整。所以,布雷顿森林体系实行的是一种可调整的固定汇率制度。

(3) IMF向国际收支逆差会员国提供短期资金融通,以协助其解决国际收支困难。IMF资金的主要来源是会员国认缴的基金份额,份额的25%以黄金或可兑换黄金的货币(1976年牙买加会议后改用特别提款权或外汇)认缴,其余75%的份额以本国货币认缴。当会员国发生逆差时,可用本国货币向IMF按规定程序购买一定数额的外汇,将来在规定的期限内以黄金或外汇购回本币以偿还借用的外汇资金。

(4) 废除外汇管制。IMF的宗旨之一就是努力消除阻碍多边贸易和多边清算的外汇管制,它要求会员国履行货币兑换的义务。IMF协定的第8条规定会员国不得限制经常项目的支付,不得采取歧视性的货币措施,要在兑换性的基础上实行多边支付。但是有三种情况可以例外:① IMF不允许会员国政府在经常项目交易中限制外汇的买卖,但允许对资本项目实行外汇管制。② 会员国处于战后过渡时期时,可以延迟履行货币可兑换性的义务。IMF当初希望废除经常项目外汇管制的过渡期不超过五年,但实际上直至1958年年末主要工业化国家才取消了经常项目的外汇管制,恢复了货币自由兑换,即使在今天,IMF 所有会员国中,也只有部分国家遵守此项条款,外汇管制在发展中国家仍然相当普遍。③ 会员国有权对被宣布为是"稀缺货币"的货币采取歧视性货币措施。

(5) 设立稀缺货币条款。当一国的国际收支持续出现大量顺差时,逆差国对该国货币的需求将明显、持续增长,并会向基金组织借取该种货币。这就会使这种货币在基金组织的库存急剧下降。当库存下降到该会员国份额的 75% 以下时,基金组织可以将该会员国货币宣布为"稀缺货币",并按逆差国的需要进行限额分配,逆差国也有权对"稀缺货币"采取临时的兑换限制措施。这样,"稀缺货币"的发行国的出口贸易就可能受到影响,从而迫使其采取调节国际收支的措施。"稀缺货币条款"的目的是使国际收支顺差国与逆差国一样,肩负起调节国际收支的责任。

(三) 布雷顿森林体系的运行

1. 可兑换黄金的美元本位

布雷顿森林体系可以说是一种金汇兑本位制度,实际上是美元充当了国际储备货币。美元被广泛地用作国际间的计价单位、支付手段和贮藏手段,所以也有人干脆称这个体系为美元本位。在这个体系中,美元的供给主要是通过美国的国际收支赤字来提供的。在第二次世界大战结束后最初的十几年内,各国都需要从战争废墟中恢复,都需要进口美国商品,但又缺乏美元来支付,形成了美元荒。在 50 年代中期以前,美国的国际收支赤字扩大了美元供给,缓和了国际储备短缺的矛盾。然而自 1958 年以后,美国国际收支的持续恶化,使各国手中持有的美元数量激增,出现美元灾。

2. 可调整的固定汇率

布雷顿森林体系是固定汇率制度,每一会员国都规定其货币与美元的平价汇率,再通过美元与黄金之间的固定平价关系与黄金建立联系,进而决定各成员国货币彼此之间的平价关系。国际货币基金组织规定各成员国货币与美元的汇率如发生波动,范围不得超过平价的 $\pm 1\%$,除美国外,超过时每一会员国的中央银行均有义务在外汇市场上买卖美元和本国货币,以维持本国货币同美国汇率的稳定。另外,按照国际货币基金组织的规定,如果一国的对外收支发生基本不平衡,可以向国际货币基金组织申请调整其货币与美元的平价关系,而不必紧缩或扩张国内经济。实际上,在平价 10% 以下的汇率变动是可以自行决定而无须国际货币基金组织批准,如果在 10%~20% 之间,则需国际货币基金组织批准,所以这种固定汇率是可调整的。但是国际货币基金组织对什么是国际收支基本不平衡,没有明确的规定。在实际运行中,成员国汇率调整的情况是很少的,各国汇率是相当稳定的,实际上形成了固定汇率制。

3. 对国际收支的调节

根据布雷顿森林协定,国际收支的失衡有两种方法调节,一是短期的失衡由国际货币基金组织提供的信贷资金解决;二是长期的失衡通过调整汇率平价来解决。但是在实际运行中,两种方法的效用都不大。国际货币基金组织通过配额筹集的资金规模有限,对于巨额的国际收支失衡还是解决不了问题。事实上,在布雷顿森林体系运行的20多年时间里,国际收支大面积失衡的问题始终没有得到真正解决。

美国对布雷顿森林体系有两个基本的责任:第一是要保证美元按固定官价兑换黄金,维持各国对美元的信心;第二是要提供足够的国际清偿力即美元。然而这两个问题,即信心和清偿力是有矛盾的。美元供给太多就会有不能兑换黄金的危险,从而发生信心问题;而美元供给太少就会发生国际清偿力不足的问题。美国耶鲁大学教授特里芬(R. Triffin)在1960年出版的《黄金与美元危机》一书中,第一次提出了布雷顿森林体系的这一根本缺陷,即通常所说的"特里芬难题"(Triffin Dilemma)。特里芬指出,要满足世界经济和国际贸易增长之需,国际储备必须有相应的增长,而这必须有储备货币供应国——美国的国际收支赤字才能完成。但是各国手中持有的美元数量越多,则对美元与黄金之间的兑换关系越缺乏信心,并且越要将美元兑换成黄金。这个矛盾终将使布雷顿森林体系无法维持。

(四)布雷顿森林体系的崩溃

在20世纪50年代中期以后,由于西欧经济的恢复、发展和联合,日本经济的起飞,美国对外贸易面临严峻的挑战,加之美国忙于军备竞赛,民用工业相对落后,在50年代末就开始出现对外收支的逆差,并且不断扩大,使各国中央银行储存了大量美元。到1960年年底,美国对外流动债务已达210亿美元,而其当年黄金储备仅有178亿元,已不可能实现无限制兑换黄金的承诺,于是美元的国际信用开始动摇,终于在1960年10月爆发了第一次美元危机(Dollar Crisis)。

从第一次美元危机,到1973年1月布雷顿森林体系崩溃,曾先后发生过11次美元危机,其中4次极其严重。美元危机的主要表现是:① 市场上美元币值下跌,黄金价格的一再上涨,突破美元对黄金的官价;② 美国黄金储备不断流失,储备量不断下降;③ 市场纷纷抛售美元,抢购其他汇价坚挺的货币或黄金;④ 国际外汇市场在美元危机冲击下,被迫多次关闭;⑤ 美国的国际信誉呈现下降趋势;⑥ 美国的黄金储备急剧减少,迫使美国停止美元兑换黄金,美元不得不先后贬值。

对每一次美元危机,国际货币基金组织和西方国家都采取了一系列补救措施。主要拯救措施如下:

(1)稳定黄金价格协定。1960年10月,第一次美元危机爆发,导致了伦敦黄金市场金价暴涨。这不仅对美元的压力增大,而且使欧洲各国的外汇市场受到很大威胁。为保持黄金的官价水平,防止美元危机对西欧外汇市场的严重影响,在美国策划下,欧洲主要国家的中央银行达成一项君子协定,约定彼此不以高于35.20美元的价格购买黄金,但并未约定购入最低价格。这个协定的实际作用,在于抑制黄金价格上涨,保持美元汇率的稳定。

(2) 巴塞尔协定。1961年3月上旬联邦德国马克与荷兰盾公开增值,给予美元和其他西方货币以巨大的冲击。为了减缓国际投机资本对外汇市场的冲击,维持美元的稳定,参加国际清算银行理事会的英国、联邦德国、法国、意大利、荷兰、比利时、瑞士、瑞典等8国中央银行,在清算银行所在地瑞士巴塞尔达成了一个不成文的君子协定,即巴塞尔协定。协定规定:各国中央银行应在外汇市场上合作,以维持彼此汇率的稳定;若一国的货币发生困难,应与能提供协助的国家进行协商,采取必要的支援措施,或由该国取得黄金和外汇贷款,以维持汇率的稳定。巴塞尔协定的作用,是企图通过相互支持,来稳定主要货币之间的汇率。

(3) 黄金总库。1961年10月,美国为维持黄金价格和美元的地位,联合英国、法国、意大利、荷兰、比利时、瑞士及联邦德国,建立了黄金总库。总库所需黄金美国承担50%,其余部分为联邦德国11%,英国、法国、意大利各9.3%,瑞士、荷兰、比利时各3.7%,指定由英格兰银行作为总库的代理机构,在伦敦市场买卖黄金,以防止金价超过每盎司35美元的官价。

(4) 借款总安排。1961年9月,美国向国际货币基金组织建议联合英国、加拿大、联邦德国、法国、意大利、荷兰、比利时、瑞典和日本签订"借款总安排"协议,从各国借入款项,维持国际货币制度的运转。借款总安排的资金为60亿美元,这些基金是国际货币基金的补充资金,当国际货币基金缺少这些货币时,可向"借款总安排"的有关国家借入,转贷给需要的会员国。参加"借款总安排"的10国也叫"十国集团",由于法国在其中起了重要作用,所以也叫"巴黎俱乐部"。瑞士不是国际货币基金组织的会员国,但于1964年参加了"十国集团"。

(5) 货币互换协定(Swap Agreement, Reciprocal Agreement)。1962年3月,为了筹措足够的联邦德国马克、瑞士法郎等强币,美国联邦储备委员会分别与14个西方主要国家中央银行签订了"货币互换协定",总额为117.3亿美元,1973年7月又扩大到197.8亿美元。协定规定两国中央银行应在约定期间相互交换一定金额的对方货币,为维持汇率稳定,各国可随时运用对方的货币以干预市场。约定到期时,双方以实行互换时的汇率相互偿还对方货币,以免除汇率波动的风险。

(6) 黄金双价制(The System of Dual Price of Gold)。20世纪60年代中期,随着美国越南战争的扩大,国际收支进一步恶化,美元危机爆发越来越频繁。1968年3月,美国爆发了空前严重的第二次美元危机。半个多月中,美国的黄金储备流出了14亿美元,3月14日这一天,伦敦黄金市场的成交量达到350~400吨的破纪录数字。经黄金总库成员国协商后,美国及黄金总库不再按35美元一盎司黄金的官价向黄金市场供应黄金,黄金市场的金价听任供求关系而自由涨落,至于各国政府或中央银行仍可按黄金官价,以其持有的美元向美国兑换黄金,各国官方机构也按黄金官价进行结算。从此,自由市场的黄金价格便与黄金官价完全背离,在国际市场出现了黄金双价制。黄金双价制实行后,黄金总库也就不复存在,说明美国已经无力继续维持黄金市场的官价。

20世纪60年代末,美国的经济形势进一步恶化,国内的通货膨胀和经济衰退并发,使美国产品的国际竞争能力更加低落,到1971年,一向盈余的商品贸易项目也开始出现了巨额赤字,从而进一步恶化了国际收支,美元大量外流。各国普遍认为美元定值过高。鉴于此,美国曾于1970年和1971年劝说盈余国(主要是德国和日本)实行货币升值,但没有成功。于是美元贬值的形势愈来愈明显。1971年5月,西欧各主要金融市场上又一次掀起了抛售美元、抢购黄金与其他硬通货的风潮。各国中央银行不得不大规模地进行干预,有的甚至实行外汇管制。但是,这些措施都无法扼制住资本移动的狂潮,美元继续外流。面对巨额的国际收支逆差和各国中央银行挤兑黄金的压力,美国尼克松总统被迫于1971年8月15日宣布实行"新经济政策",其主要内容除对内采取冻结物价和工资,削减政府开支外,对外采取了两大措施:第一,停止美元兑换黄金,不再以每盎司黄金等于35美元的官价兑换黄金;第二,征收10%的进口附加税。

美元与黄金官价兑换的终止,使国际金融市场处于混乱状态,主要工业国一方面让各自的货币自由浮动,一方面进行协商,寻找解决方案。1971年12月,十国集团在美国首都华盛顿的史密森学会(Smithsonian Institute)召开会议,达成一项协议,史称"史密森协议"。主要内容是:美元对黄金贬值7.8%,黄金官价从每盎司35美元提高到38美元,并取消10%的进口附加税,同时,各国货币的金平价也做了较大调整,日元升值7.66%,德国马克、瑞士法郎各升值4.61%,比利时法郎、荷兰盾各升值2.76%,意大利里拉、瑞典克朗各贬值1%,英镑和法国法郎的平价不变。各国货币对美元汇率的波动幅度由原来不超过平价的±1%,扩大到±2.25%。

然而,美元停止兑换黄金和美元的小幅度贬值,并未能阻止美元危机与美国国际收支危机的继续发展。1973年2月,由于美国国际收支逆差日益严重,美元信用进一步下降,在国际金融市场上又一次掀起了抛售美元,抢购联邦德国马克和日元,并进而抢购黄金的浪潮。仅2月9日一天,联邦德国法兰克福外汇市场就抛售了近20亿美元,国际外汇市场不得不暂时关闭。在这种情况下,美国政府于2月12日又一次宣布美元贬值10%,黄金官价也相应由每盎司38美元提高到每盎司42.22美元。

美元的再度贬值仍未能制止美元危机,1973年3月,西欧又出现了抛售美元,抢购黄金和联邦德国马克的风潮。伦敦黄金价格一度涨到每盎司96美元,西德和日本的外汇市场被迫关闭达17天之久。西方国家经过磋商,最后达成协议:西方国家的货币实行浮动汇率制度;联邦德国在马克升值3%的条件下,与法国等西欧国家实行对美元的"联合浮动";英国、意大利、爱尔兰单独浮动,暂不参加共同浮动。此外,其他主要西方国家的货币也都实行了对美元的浮动汇率制。至此,各国钉住美元的可调整固定汇率制度彻底解体,布雷顿森林体系完全崩溃。

(五)对布雷顿森林体系的评价

布雷顿森林体系的建立结束了第二次世界大战前各个货币集团之间相互对立,相互进行外汇倾销,进而进行货币战和汇率战的局面,稳定了国际金融混乱的局势。同时它重新建立了国际货币秩序,实行以美元为中心的可调整固定汇率制度,有力地促进了多边贸易和多边清算,为国际贸易和国际投资提供了有利的外部环境,使战后的国际贸易和国际投资不仅比战前有较大的提高,而且其增长率还超过了同期世界工业生产增长的速度。因此,有人把这段时期称为资本主义世界的第二个"黄金时代",堪与第一次世界大战前的国际金本位制度相媲美。

然而,布雷顿森林体系虽然为 20 世纪 50 年代和 60 年代世界经济的高度繁荣创造了有利的条件,但它也存在着许多缺陷和问题。

(1) 布雷顿森林体系存在不可克服的内在矛盾,即"特里芬难题"所指出的清偿力与信心的矛盾。实际上任何国家的货币单独充当国际储备资产,都会遇到这样的难题,1925 年产生的可兑换黄金的英镑本位只实行了 6 年就垮掉了,战后的可兑换黄金的美元本位虽然实行了 20 多年,但最终还是崩溃了。特里芬的论断已成为事实。另外,由于美元在布雷顿森林体系中的特殊地位,美国可以利用美元负债来弥补其国际收支逆差,从而造成了以纸币换取实际物质资源的情形发生,被许多国家反对,称美国在征收"铸币税",意思是取得了货币面值与造币费用之间的差额。因此,美国不需要像其他国家那样为平衡国际收支付出调整国内经济的代价,所以,在布雷顿森林体系中,国际收支的失衡难以依靠市场力量自发调节。

(2) 布雷顿森林体系中的可调整固定汇率制因为难以经常根据实际情况调整而成为难以维持的固定汇率制。在布雷顿森林体系下,顺差国不愿使货币升值,逆差国不愿使货币贬值。汇率经常被明显地高估或低估,各国就通过借款和国内货币政策来维持汇率,这样很容易受到市场上预期因素所支配的投机资金的冲击,以致被迫进行货币贬值或升值,造成汇率更大幅度的变动。

(3) 布雷顿森林体系下,各国为了维持稳定的汇率,往往不得不牺牲国内经济目标。国际收支的逆差国,其货币趋于贬值,为了维持对美元的固定汇率,中央银行必须在货币市场上抛出美元购入本币,这无异于在公开市场上紧缩了国内货币供应量,导致衰退和失业;盈余国的货币趋于升值,为了维持对美元的固定汇率,中央银行必须在货币市场抛出本币购入美元,相当于在公开市场上增加了国内货币供应量,往往导致国内通货膨胀。布雷顿森林体系的这一缺陷也是其设计者所始料不及的。

四、牙买加体系

布雷顿森林体系崩溃后,国际金融形势动荡不安。1976 年 1 月,IMF 国际货币制度临时委员会达成《牙买加协定》,同年 4 月,IMF 组织理事会通过《IMF 协定第二次修正案》,从而形成了国际货币制度的新格局——牙买加体系。

(一)"牙买加协定"的主要内容

1. 浮动汇率合法化

IMF 会员国可以自由选择汇率制度。但会员国的汇率政策必须受到基金组织的监督,并与 IMF 协商。IMF 要求各国在物价稳定的条件下寻求持续的经济增长,稳定国内经济以促进国际金融的稳定,并尽力缩小汇率的波动幅度,避免操纵汇率来阻止国际收支的调整或获取不公平的竞争利益。协议还规定实行浮动汇率制的会员国根据经济条件,应逐步恢复固定汇率制度,在将来世界经济稳定之后,经 IMF 总投票权的 85% 多数票通过,可以恢复稳定的可调整的汇率制度。这实际上是对已实施多年的浮动制度予以法律上的认可,但同时又强调了 IMF 在稳定汇率方面的监督和协调作用。

2. 黄金非货币化

废除黄金条款,取消黄金官价,会员国中央银行可按市价从事黄金交易,取消会员国之间,或会员国与基金组织之间必须用黄金清偿债权债务的义务,降低黄金的货币作用。IMF 应逐步处理所持有的黄金。

3. 提高 SDR 的国际储备地位

修订 SDR 的有关条款,以使 SDR 逐步取代黄金和美元成为国际货币制度的主要储备资产。协议规定会员国可以自由地进行 SDR 交易,而不必征得 IMF 同意。IMF 中一般账户所持有的资产一律以 SDR 表示,IMF 与会员国之间的交易以 SDR 代替黄金进行,尽量扩大 SDR 的使用范围。同时,IMF 也随时对 SDR 制度进行监督,及时修正有关规定。

4. 增加基金组织会员国缴纳的基金

由原来的 292 亿 SDR 增加到 390 亿,增加了 33.6%。主要是石油输出国组织所占的份额比重增加了,其他发展中国家所占比重维持不变,主要西方国家除德国和日本外都有所降低。

5. 扩大对发展中国家的资金融通

IMF 以出售黄金所得建立信托基金,以优惠条件向最穷困的发展中国家提供贷款,将基金组织的信贷部分贷款额度由会员国份额的 100% 提高到 145%,并提高基金组织"出口波动补偿贷款"在份额中的比重,由占份额的 50% 提高到占份额的 75%。

(二)牙买加体系的运行

1. 储备货币多元化

与布雷顿森林体系下国际储备结构单一、美元十分突出的情形相比,在牙买加体系下,国际储备呈现多元化局面,美元虽然仍是主导的国际货币,但美元地位明显削弱,由美元垄断外汇储备的情形不复存在。原西德马克、日元随两国经济的上升脱颖而出,成为重要的国际货币,SDR、ECU 的作用不断上升,已经面世的欧元,很有可能成为与美元抗衡的新的国际货币。各国为了尽量减少风险暴露,只能根据自身的具体情况,在多种货币中选择,构建自己的多元化的国际储备。

2. 汇率制度安排多样化

浮动汇率制与固定汇率制并存,一般而言,发达工业国家多数采取单独浮动或联合浮动,但有的也采取钉住自选的货币篮子。对发展中国家而言,多数是钉住某种国际货币或货币篮子,单独浮动的很少。不同汇率制度各有优劣,浮动汇率制度可以为国内经济政策提供更大的活动空间与独立性,而固定汇率制则减少了本国企业居民可能面临的汇率风险,方便生产与核算。各国应根据自身的经济实力、开放程序、经济结构等一系列相关因素去权衡得失利弊。

3. 国际收支调节多渠道化

在牙买加体系下,调节国际收支的途径主要有五种:

(1)运用国内经济政策。国际收支作为一国宏观经济的有机组成部分,必然受到其他因素的影响。运用国内经济政策,改变国内的需求与供给,从而消除国际收支不平衡。比如在资本项目逆差的情况下,可提高利率,减少货币发行,以此吸引外资流入,弥补缺口。需要注意的是,运用财政或货币政策调节外部均衡时,往往受到"米德冲突"的限制,在实现国际收支平衡的同时,牺牲了其他的政策目标,如经济增长、财政平衡等,因而内部政策应与汇率政策相协调同时运用,才不至于顾此失彼。

(2)汇率政策。在浮动汇率制或可调整的钉住汇率制下,汇率是调节国际收支的一个重要工具,其原理是,经常项目赤字→本币贬值→增强外贸竞争力→出口增加、进口减少→经济项目赤字减少或消失;相反,在经常项目顺差时,本币币值上升会削弱进出口商品的竞争力,从而减少经常项目的顺差。但实际上,汇率的调节作用受到马歇尔-勒纳条件以及J曲线效应的制约,其功能往往令人失望。

(3)通过国际融资平衡国际收支。在布雷顿森林体系下,这一功能主要由IMF完成。在牙买加体系下,IMF的贷款能力有所提高,更重要的是,伴随石油危机的爆发和欧洲货币市场的迅猛发展,各国逐渐转向欧洲货币市场,利用该市场的比较优惠的贷款条件融通资金,调节国际收支中的顺逆差。

(4)加强国际协调。这主要体现在:① 以IMF为桥梁。各国政府通过磋商,就国际金融问题达成共识与谅解,共同维护国际金融形势的稳定与繁荣。② 新兴的七国首脑会议。西方七国通过多次会议,达成共识,多次合力干预国际金融市场,主观上是为了各自的利益,但客观上也促进了国际金融与经济的稳定与发展。

(5)通过外汇储备的增减来调节。盈余国外汇储备增加,赤字国外汇储备减少。这一方式往往会影响到一国货币供应量及结构,从而触发其他问题,解决方法之一是同时采取中和政策,相应改变其他途径的货币供应量,从而从总体上保持货币供应量不变。

(三) 对牙买加体系的评价

自1973年国际货币体系进入以浮动汇率制度为主的混合体系以来,至今已有20多年。目前世界经济的发展势头总的来说是好的,这说明牙买加体系具有积极作用。

(1) 牙买加体系基本摆脱了布雷顿森林体系时期基准通货国家与依附国家相互牵连的弊端,并在一定程度上解决了"特里芬难题"。牙买加体系实现了国际储备多元化和浮动汇率制,即使美元发生贬值,也不一定会影响到各国货币的稳定性;由于美元与黄金之间,与其他货币之间的双挂钩制已不存在,即使美元受美元预期的影响将要贬值,也不会出现以美元储备挤兑黄金的情况。对于导致布雷顿森林体系最终解体的"特里芬难题",牙买加体系也有了适当的解决方法。在牙买加体系下,美元不再是唯一的国际储备资产,国际储备资产多样化使国际储备货币的信心和清偿力之间已不再形成矛盾。即使美国出现国际收支顺差而且不向外投放美元,其他国家也会找到其他国际储备货币和国际清算及支付手段,以缓解国际清偿能力的不足;即使发生美国国际收支逆差,各国也不会再去挤兑黄金,对美元信心不足的问题也不会危及整个国际货币制度。

(2) 以浮动汇率为主的混合汇率体制能够反映不断变化的客观经济情况。主要储备货币的浮动汇率可以根据市场供求状况自发调整,及时反映瞬息万变的客观经济状况,这有利于国际贸易和金融的发展。同时,自由的汇率安排能使各国充分考虑本国的客观经济条件,做出自己的选择。

(3) 国际收支的多种调节机制在一定程度上缓解了布雷顿森林体系调节机制失灵的困难。多种国际收支机制更适应当今世界经济水平发展不均衡,各国发展模式、政策目标和客观经济环境不相同的特点,对世界经济的正常运转和发展起到了一定的促进作用。

当然,随着国际经济关系的发展变化,这一被称作"无体制的体制"的国际货币体系的问题也日益暴露出来。

首先,随着美元地位的不断下降,以美元为中心的国际储备多元化和浮动汇率体系日益复杂混乱与动荡不安。多元化国际货币本身缺乏统一、稳定的货币标准,因而这种国际货币体制从一开始就包含了不稳定因素。这种不稳定的国际货币格局随着世界经济的发展更是错综复杂,更容易造成外汇市场的动荡混乱。在牙买加体系下,汇率波动频繁而且剧烈。汇率剧烈波动增加了汇率风险,对国际贸易和国际投资都形成消极影响。

其次,在浮动汇率制度下,各国政府不再受国际收支的"纪律约束",一些具有膨胀倾向的政府可以大胆地膨胀国有经济,而让货币汇率去承受国际收支失衡的后果,汇率的下跌会导致国内物价水平的上升,因而比较容易导致通货膨胀。在牙买加体系下,各国汇率可以比较容易地向下浮动,所以容易引起世界性的通货膨胀。

再者，牙买加体系下，各国政府并不完全听任货币汇率随市场供求关系而自由浮动，它仍会多多少少地对汇率的走势进行干预，使货币汇率向着有利于自己的方向运动。也就是说，在牙买加体系下，各国实行的是"肮脏浮动"，或称"管理浮动"，这种浮动汇率制度并没有隔绝外部经济的冲击，外部经济的变动不仅作用于汇率的波动上，而且会影响到一国国内经济目标和经济政策的制定。

最后，牙买加体系下国际收支的调节机制仍不健全。如前所述，牙买加体系可以采用的汇率机制、利率机制、国际金融市场调节及国际金融组织调节都有自身的局限性，从而无法全面改善国际收支。自1973年以来，国际收支失衡的局面一直没有得到改善，而且日趋严重。一些逆差国，尤其是发展中国家只能依靠借外债来缓解，有的国家甚至成为重债国，一旦经济发展不利，极易发生债务危机。在这种情况下，逆差国往往不得不诉诸国际货币制度以外的力量，如实行各种形式的贸易保护主义来强制平衡国际收支。

综上所述，当前的牙买加体系虽然在各个方面有较强的适应性，但它的缺陷也相当突出。这日益引起世界各国的关注，许多国家在调整自己的货币、汇率制度，并不断探索新的方案，而对这些问题的争论与建议也一直没有间断过。

五、欧洲货币一体化

（一）货币一体化

20世纪50年代以来，世界经济一体化的趋势不断加强，在经济一体化的过程中出现了货币一体化。同经济一体化相类似，货币一体化可分为全球一体化和区域一体化。全球一体化只是远景，而区域一体化已初见端倪。所谓区域货币一体化是指一定地区内的有关国家和地区在货币金融领域中实行协调和结合，形成一个统一体，并最终实现一个统一的货币体系。为达此目标，这些国家一般会组成区域性货币联盟，这种货币联盟具有三个基本特征：一是汇率的统一，即成员国之间实行固定的汇率制度，对外则逐步实现统一的汇率；二是货币的统一，即发行单一的共同货币，它在成员国之间的使用不受限制；三是货币管理机构和货币政策的统一，即建立一个中央货币机关，由这个机关保存各成员国的国际储备，发行共同货币，以及决定联盟的货币政策等。如果货币联盟只具有第一种特征，我们说这是一种松散的联盟，即货币一体化还处在较低级的阶段。如果具有第二、第三种特征，这就是紧密的货币联盟，即货币一体化已达到高级阶段，统一的货币体系基本实现。

区域性货币联盟是战后国际金融领域出现的新现象，它和20世纪30年代的货币集团是完全不同的。20世纪30年代的货币集团或货币区是帝国主义国家在国际领域内控制和压迫弱小国家、附属国和殖民地的重要手段，具有明显的排他性，而各个集团之间的激烈斗争往往造成国际金融领域的严重混乱和动荡，损害了世界经济和国际经济关系的发展。战后情形不同了，由于生产和资本国际化，各国在世界经济中的相互依赖和相互合作日益加强,当然彼此间的矛盾亦在所难免并时有激化,这需要协调和协作。但是,国家很多,情形各异,达到和执行全球性的国际协议有相当难度。布雷顿森林体系可以算是一次较成功的国际货币合作,但它后来的解体也说明了上述这一点。后来的牙买加体系不是人为构建的,它是布雷顿森林体系解体后自发形成的,有"无体制的体制"之称。此时国际货币关系更为错综复杂。既然实现全球合作有困难,一些经济关系密切的国家就先从本地区着手,建立一些共同的机构,采取一些共同的措施,以增进彼此经济合作并达到互惠互利的目的。可以预见,区域货币一体化是全球货币一体化的良好开端和基础,其最终指向是全球货币一体化。当然,这一过程会相当漫长。

目前区域货币一体化的合作以欧洲货币一体化的影响最大,对国际货币体系的改革发挥着重要作用。

(二) 欧洲货币体系的建立

1950年欧洲支付同盟成立,这是欧洲货币一体化的开始。1957年3月,法国、联邦德国、意大利、荷兰、比利时和卢森堡在意大利首都罗马签订了"罗马条约",决定成立欧洲经济共同体(EEC)。欧共体成立后在经济一体化方面取得了较大进展,60年代末建立了关税同盟,实现了共同农业政策,并开始着手推动劳动力与资本流动的自由化。于是货币一体化也就成为必然趋势。

1969年12月在海牙举行的欧共体首脑会议决定筹建欧洲经济与货币联盟(EMU)。1970年10月产生了一个具体实施计划叫"魏尔纳报告"。该报告为实现欧洲货币联盟规定了一个10年的过渡时期,从1971年开始到1980年分三个阶段实行联盟的目标。第一阶段从1971年年初至1973年年底,主要目标是缩小成员国货币汇率的波动幅度,着手建立货币储备基金,以支持干预外汇市场稳定汇率的活动,并开始加强货币政策和经济政策的协调;第二阶段从1974年年初至1976年年底,主要目标是集中成员国的部分外汇储备以充实货币储备基金,进一步稳定各国货币间的汇率并促使欧共体内部的资本流动逐步自由化;第三阶段从1977年年初至1980年年底,目标是使共同体成为商品、资本和劳动力完全自由流动的统一体,汇率趋于完全稳定,并着手规划统一货币,货币储备基金则向统一的中央银行发展。

1971年3月欧共体部长理事会达成协议,决定正式实施货币联盟计划。1972年初,欧共体部长理事会着手推行货币联盟措施。这些措施包括建立联合浮动汇率制(对内实行可调整的中心汇率制,对外则实行联合浮动,又称"蛇形浮动")、建立欧洲货币合作基金(European Monetary Cooperation Fund,简称EMCF)、建立欧洲计算单位(European Unit of Account,简称EUA)。在布雷顿森林体系崩溃、石油危机及经济危机的多重冲击下,这一计划最后以夭折而告终。但这些措施成为未来EMS的基础。

1978年4月,在哥本哈根召开的欧共体首脑会议上,联邦德国总理施密特和法国总统德斯坦提出了建立欧洲货币体系(European Monetary System,简称EMS)的动议。同年 12 月 5 日欧共体各国首脑在布鲁塞尔达成协议。1979 年 3 月 13 日,EMS 正式建立,这标志着欧洲货币一体化发展进入了一个新阶段。

(三) 欧洲货币体系的主要内容

1. 创设欧洲货币单位(European Currency Unit,简称 ECU)

ECU 实质上是一个货币篮子,由 12 个成员国货币组成,权重依据各成员国的国民生产总值、各国对欧共体的贡献及在欧共体内贸易额的比重大小而定,5 年调整一次。

2. 实行稳定的汇率机制

EMS 通过平价网体系(Grid Parity System)和篮子汇价体系(Basket Parity System)的双重机制稳定成员国之间的货币汇率。平价网体系又称格子体系,要求成员国货币之间彼此确定中心汇率,各成员国相互之间的汇率只能在中心汇率上下浮动。成员国之间汇率波动幅度原则上为 ±2.25%,有些新成员及弱币国(如西班牙、英国、葡萄牙)波动幅度在 ±6% 范围内。篮子汇价体系,又称中心汇率体系(Central Rate System),规定成员国货币对 ECU 的中心汇率,然后计算每种货币对这一中心汇率所允许的最大偏离程度,当成员国货币与 ECU 的偏离达到一定程度时,就要进行干预,最大偏离度为 ±2.25%(或 6%)×75%×(1-该成员国货币在 ECU 篮子中的比重)。这种双重稳定机制更加稳定,且在成员国间均摊了调节责任。

3. 建立欧洲货币基金(European Monetary Fund,简称 EMF)

欧共体理事会曾决定以两年为限建成 EMF,EMF 集中各个成员国黄金储备的 20% 和外汇储备的 20% 及等值的本国货币,总计约 500 亿欧洲货币单位,以便使成员国能够在必要时有能力干预市场,稳定汇率,以及对发生国际收支困难的成员国提供援助。EMF 没有如期建成,所以至今仍沿用过去的"欧洲货币合作基金(EMCF)"的名称。

20 世纪 90 年代初欧洲货币体系爆发了两次汇率危机,英镑和意大利里拉贬值,迫使欧共体允许成员国间的汇率对中心汇率的波幅扩大,从 ±2.25% 放宽到 ±15%。这说明 EMS 的汇率机制本身存在一定的局限性,主要表现在:一是缺乏灵活性,各成员国不能随意根据本国的经济和国际收支状况调整汇率;二是欧共体成员国经济发展不平衡,EMS 的汇率机制不能准确反映各国财政和货币金融上的差异。

(四) 欧洲货币体系的发展

从 1983 年美国经济复苏开始,西方国家经历了 7 年的经济持续增长,欧洲货币体系对欧洲的稳定增长起了不可忽视的重要作用。受其鼓舞,欧洲货币一体化进程加速,1988 年欧共体在联邦德国汉诺威首脑会议上委托欧共体委员会主席德洛尔为首的一个委员会研究欧洲经济货币联盟的可行性,1989 年 6 月德洛尔向马德里峰会提交了德洛尔计划。德洛尔计划类似魏尔纳计划,也是花 10 年分三阶段完成欧洲经济货币联盟。第一阶段于 1990 年 6 月开始,撤销成员国的外汇管制,尽量避免货币汇率的重组,争取所有成员国以同等条件加入欧洲货币体系的汇率机制。第二阶段,进一步协调各国的经济政策,继续充实欧洲货币基金,将货币决策权由各国逐步移向欧共体,建立联邦式的"欧洲中央银行体系",制定共同体的货币政策,但各国中央银行有最终决策权。第三阶段,成员国汇率完全固定,欧洲议会将享有约束成员国财政和其他经济政策的权力,推行单一欧洲货币。至此,欧洲经济货币联盟正式成立。1991年12月欧共体在荷兰马斯特里赫特峰会上签署了《关于欧洲经济货币联盟的马斯特里赫特条约》(Maastricht Agreement on Economic and Monetary Union,简称《马约》)。《马约》参考了德洛尔计划的三个阶段,为欧洲经济货币联盟制定了详细的时间表。1990年7月到1993年年底,完成德洛尔计划第一阶段的任务,所有成员国都以同一条件加入汇率机制。从1994年开始,成员国要调整经济政策,使一些主要经济指标达到欧共体规定的标准。缩小成员国在经济发展上的差距。最早于1997年但不晚于1999年1月1日前发行单一货币——欧元。《马约》为各国过渡到欧洲经济货币联盟制定了四个共同标准,符合这些标准的成员国才有资格加入欧洲经济货币联盟。这四个标准是:① 通货膨胀率不得超过三个成绩最好国家平均水平的1.5个百分点;② 当年财政赤字不得超过GDP的3%,累积公债不得超过GDP的60%;③ 政府长期债券利率不超过三个最低国家平均水平2个百分点;④ 在加入欧洲经济货币联盟前两年汇率稳定,中心汇率不得重组。

欧盟自成立后,几经扩大,至1995年,有15个成员国,成员国分别为:法国、德国、意大利、荷兰、比利时、卢森堡、丹麦、英国、爱尔兰、希腊、西班牙、葡萄牙、奥地利、芬兰、瑞典。到2007年,欧盟成员增加到了27个。

(五) 欧元的诞生与影响

1995年欧洲联盟通过《马德里决议》,同年12月15日,欧洲联盟首脑在巴德里会议上将单一货币的名称正式确定为欧元(EURO)。1997年欧洲联盟阿姆斯特丹首脑会议确定欧元启动日期为1999年1月1日,并签署了《预算稳定与增长公约》《欧元法律地位》和《新的货币汇率机制》三个重要文件,为欧元的实施和稳定提供了法律依据。1998年3月25日,欧洲委员会公布了各成员国达到《马斯特里赫特条约》标准程度的评估报告,有11个国家可以首批加入货币联盟。这11个国家是:奥地利、比利时、德国、意大利、荷兰、卢森堡、法国、爱尔兰、西班牙、葡萄牙、芬兰。英国、丹麦、瑞典暂时不愿加入,希腊未能达到标准,也不能加入(希腊于2000年加入欧元区)。欧元的流通要通过两个阶段,第一个阶段是1999年1月1日到2002年1月1日,欧元将只在交易所、货币市场、国家债务管理部门、银行等部门作为记账货币,也就是金融交易都将以欧元标价。消费者和企业可以用欧元开账户、写支票并借款,旅行者能买欧元支票等,所有现金交易在2002年的1月1日前仍以各国货币进行。第二个阶段是2002年1月1日开始,欧元的钞票和硬币才开始流通,而且有6个月的转换时间,欧元和各国货币同时流通,6个月后,欧元全面流通,各国货币退出流通。斯洛文尼亚(2007年1月)、马耳他、塞浦路斯(2008年1月)、斯洛伐克(2009年1月)先后加入欧元区,至2009年1月欧元区的成员国扩展到16个国家。

表 10-1 欧洲统一货币进程表

1979年3月	欧洲货币体系(EMS)和欧洲货币单位(ECU)成立
1990年7月1日	第一阶段货币联盟展开,欧盟成员国的资金流动自由化
1992年2月7日	《马约》正式签署
1992年9月	英镑被迫脱离欧洲汇率机制;意大利里拉冲破欧洲汇率机制下限
1993年11月1日	《马约》正式生效,货币联盟进入第二阶段
1994年1月1日	欧洲货币局在法兰克福成立
1995年12月15日	欧洲议会正式采用欧元(EURO)为新货币名称;订立欧元推出时间表
1996年12月31日	欧洲货币局制定欧洲中央银行和欧洲中央银行委员会制度
1998年5月2日	欧盟首脑会议确定11国为欧元创始国。确定现任欧洲货币局局长荷兰人为欧洲中央银行第一任行长;确定11个成员国货币兑换中间汇率
1999年1月1日前	欧洲中央银行正式制定规则以及测试货币政策的运作机制
1999年1月1日	锁定各参加货币之间的汇率;欧元成为欧洲货币联盟的正式货币,并正式取消欧洲货币单位;欧元正式成为会计以及电子交易单位;新发行的欧元成员国国债均以欧元为单位,已经发行的兑换成欧元;正式执行单一货币政策和外汇管理

欧元的产生,是欧洲一体化进程的一个里程碑,对世界经济也将产生重大的影响,是20世纪70年代初布雷顿森林体系崩溃以来国际金融领域最重大的事件。

(1) 欧元给欧元区成员国带来巨大利益,有利于其经济、政治的稳定与趋同发展。欧元的流通使用,可以明显减少成员国之间的交易费用和汇率风险,为其贸易和投资等经济活动提供有利的金融环境。货币的统一,有利于经济政策的协调一致,这将对其资本市场、关税市场、劳务市场等各类市场统一和谐发展带来巨大的活力。货币的统一将使其成员国更紧密地联结在一起,有利于提升欧洲在国际舞台上的政治地位。正如德国前总理科尔所言:"欧元是对21世纪巨大挑战做出的最重要反应之一,欧洲单一货币的意义远远超出了经济范畴。"

(2) 欧元的推出将改变国际储备货币格局。欧元将成为能与美元抗衡的最有竞争力的国际储备货币。在现行的牙买加体系中,美元是关键货币。而从长期来看,一种货币能否成为世界主要储备货币,主要取决于该货币所赖以支持的经济主体的实力,据统计,1997年美国产出在世界份额中的比例为28%,欧盟为31%,东亚15国为26%。而在国际储备中的分量,美元为57%,欧洲各国货币之和为19%,日元为5%。显然,整个国际储备货币格局与经济实力之间存在着极大的偏离。单凭一国或几国的力量做不到与美国抗衡,但统一货币的使用,将提升欧元的竞争力,在今后的国际储备体系中,美元地位会相应削弱,将形成美元、欧元、日元(亚元)三足鼎立的储备格局。

(3) 欧元的推出对国际货币制度乃至国际金融体系的改革将发挥重要作用。现行的国际货币制度以美元为主导,欧元的出现将打破美国一家主宰国际货币和金融事务的局面,国际货币组织的现行章程会适应形势不断修改,在经济利益的驱动下,美元与欧元在竞争中的合作将多于对抗,这将有助于国际货币体系的稳定与发展,同时,应看到区域性统一货币的建立及原则有时可能不符合有关国际组织的规定,会对国际货币基金组织协调其成员国的政策带来一定困难。

当然,欧元作用发挥的大小会受到一些因素的制约,欧盟内部经济发展的不平衡,导致经济政策的协调困难重重,大多数国家难以达到"趋同目标"。欧债危机的爆发使欧元区因此而面临着自成立以后最为严峻的考验。不可否认,欧元区本身的确还存在体制上的缺陷,而最棘手的问题就是统一的货币政策同各成员国财政政策自主权的矛盾在短期内无法解决,这将直接威胁到人们对欧元这一趋于单一货币的信心以及欧元自身的未来发展。尽管如此,欧元的问世,是欧洲经济一体化发展的一个重要标志,是欧盟建设的一个里程碑。欧元是人类历史上主权国家第一次放弃各自的国家货币而创造出的一种共同货币,这种"多国一币"的创举为各国的经济发展提供了前所未有的空间,是人类文明的一大进步。我们可大胆地断言,全球最终将实现货币一体化,其先导就是区域货币一体化,欧元是这一进程的良好开端。美元、加元、墨西哥元之间的整合正在加速进行,亚洲区内日益频繁的经济合作也催生了人们对亚洲未来共同货币"亚元"的期待。

六、金融危机条件下的国际货币体系改革

(一) 金融危机暴露了国际货币体系的根本性制度缺陷

这次由美国次贷危机引发的国际金融危机,暴露了当前经济全球化的根本性的制度缺陷,即全球治理结构和国际货币体系的缺失,首要的是国际货币体系的制度缺失。现行的国际货币体系以国际货币"一主多元"和"浮动汇率"为主要特征。首先,作为储备货币主体的美元发行不受任何限制,美国可以根据自身需要无节制地印钞进行对外支付,无须承担任何责任。与之相对应,其他发展中国家通过出口推动经济的同时,换取了大量以美国国家信用为支撑的美元,随后又将这些资金用于购买美国金融资产,形成了一个以贸易(实物)—金融(资本)为链条的全球大循环,而其偿还却因为汇率的"浮动"而得不到保障。美国在利用货币特权向其他国家征收铸币税的同时,借助金融创新将风险扩散到全球,使全球为美国的危机埋单,其他国家只能被动接受。其次,现行国际货币体系缺乏平等的参与权和决策权,是建立在少数发达国家利益基础上的制度安排。美元、欧元、日元等货币汇率的不可预见性波动,反映出大国在全球化中的利益追逐和较量,发展中国家成为金融危机频繁发生的最大受害者。最后,IMF 作为世界中央银行资本不足,权威不够,其投票权和结构设计不合理,使美国具有否决权。而欧洲作为一个整体其投票权不仅大于包括美国在内的所有成员,实际上也握有否决权。这样就使得 IMF 不可能通过任何不利于美、欧利益的决议。而且也使 IMF 对美欧几乎不具备监督和约束的能力。可见,现行的国际货币体系是一种不稳定、不完善、不适应金融全球化的体系,特别是当金融危机发生之时,该体系自身的不稳定性和其协调的局限性尤其显得突出,从而使国际货币体系的改革尤其显得必要。

(二)国际货币体系的改革

国际货币体系改革的核心问题是作为国际储备基础的本位币选择问题。目前关于这个问题金融界主要有以下几种建议,其一,恢复金本位制。例如美国经济研究所研究员沃克·托德 2008 年 12 月撰文提出"应讨论恢复金本位制以应对金融危机"。重回金本位制的好处在于可避免滥发货币现象、防止少数国家榨取通胀税及铸币税、不存在利用名义汇率的升贬值来实行各种保护主义等,但金本位制存在致命的缺陷,即黄金存量的有限性与经济发展无限性的矛盾,将导致世界经济长期增长缓慢和通货紧缩。因此,重拾被遗弃了半个多世纪的金本位制度是不可能的。其二,恢复美元本位制。例如英国首相布朗、欧洲中央银行行长特里谢、美国前任总统布什等主张建立"21 世纪的新布雷顿森林体系""布雷顿森林体系Ⅱ"。但是这要面对"特里芬难题",即唯一国际货币发行国,其国际收支既不能出现顺差,也不能出现逆差。实践证明美元本位是不稳定的,当前的金融危机同样是最好的佐证。其三,实现储备货币多元化。许多学者指出储备货币多元化有利于形成若干个相互竞争、相互制约的国际区域货币,摆脱对某一国货币的过度依赖,削弱美元霸权地位。但储备货币多元化是一个似是而非的建议,本身就是储备货币的竞争使储备货币摆脱了对美元的过分依赖,导致了储备货币的多元化,而储备货币由单一化走向多元化,也加剧了国际金融市场的动荡。其四,改造特别提款权(SDR),建立一个超主权储备货币。例如我国央行行长周小川提出创造一种与主权国家脱钩并能保持币值长期稳定的国际储备货币。约瑟夫·施蒂格利茨主张建立一个"类似于国际货币基金组织特别提款权的系统"。理论上讲,国际储备货币的币值首先应有一个稳定的基准和明确的发行规则以保证供给的有序;其次,其供给总量还可及时、灵活地根据需求的变化进行增减调节;最后,这种调节必须超脱于任何一国的经济状况和利益。可见,这个建议是国际货币体系改革的理想目标和根本方向。

20 世纪四十年代凯恩斯就曾提出采用 30 种有代表性的商品作为定值基础建立国际货币单位"Bancor"的设想,遗憾的是未能实现。在布雷顿森林体系的缺陷暴露之初,基金组织就于 1969 年创设了特别提款权(SDR),以缓解主权货币作为储备货币的内在风险,但是由于分配机制和使用范围上的限制,SDR 的作用至今没有能够得到充分发挥。最大限度地发挥 SDR 的作用,创建取代美元的国际储备货币体系并非易事。美国当前虽然深陷危机,但其强大的经济、政治与军事实力并未遭受根本削弱。美元的国际储备货币地位使美国和其他主要西方国家获得了巨大的金融、经济甚至政治优势,它们不太可能在短期内支持取代美元的国际储备货币改革方案。当前的国际货币体系是沿袭布雷顿森林体系而来的,是经过一定的市场选择的结果,具有强大的自我维持惯性,要想在较短时间内,不经过艰苦的努力就实现国际货币体系的根本变革,是不现实的。从目前来看,以美元为主的国际货币体系在相当长时间内仍将维持。因此,很多政策的选择仍需要在当前的国际货币体系框架下思考,在可能的领域变为现实。第一,建立健全储备货币发行调控机制,加强和改善对主要储备货币发行经济体货币发行政策的监督。第二,稳步推进国际货币体系多元化,努力协调美元、欧元、日元等大的国际货币间的汇率关系,控制汇率波动幅度,以减少对国际货币体系的冲击和震动,支撑国际货币体系的稳定。第三,改造和重塑国际货币基金组织等机构,或可把国际货币基金组织(IMF)改造成为世界货币组织(WFO),赋予其协调、监督职责,提高其协调、监督功能。第四,增加国际货币基金组织的资本实力从而增强其干预协调的能力。第五,变革国际货币基金组织和世界银行内部的权力结构、治理结构,增加发展中国家、新兴经济体的投票权比例,使之对国际金融事务有更大的话语权和影响力。同时,建立和加强区域性货币协调体系,也是改革国际货币体系的重要方面。特别是在全球范围进行重大改革、协调货币关系难以进行的方面,退而求其次在地区范围进行协调,既有必要,也有可能。

世界经济发展的新形势呼唤国际经济和金融新秩序。随着中国经济实力的快速提升、贸易金融开放程度的不断提高以及金融环境的逐步改善,人民币区域化、国际化的条件正在不断成熟,必将成为国际货币体系中的重要货币,中国也必将更加积极主动地参与到国际金融体制的改造中去,为全球经济的稳定增长做出应有贡献。

专栏 10.1

清迈协议的多边化和东亚外汇储备库建设

2005、2006 年东盟"10+3"财长会议将集体决策机制引入货币互换协议,进一步研究各种提升区域流动性救援机制的可能路径,为 CMI 的多边化做了准备。2007 年 5 月日本京都财长会议上,各成员确认清迈协议框架下的货币互换总额已达 800 亿美元,一致同意建立东亚外汇储备库,这从本质上实现了 CMI 双边货币互换协议的多元化,是货币合作在 CMI 基础上的重要发展。2008 年 13 国财长会议正式宣布建立东亚共同外汇储备基金。

筹建区域外汇储备库是东亚国家在强化金融危机预警和国际救援机制方面的重要

合作,也是改革和完善国际金融体系的有益探索。储备库可以更好地利用东亚国家充裕的外汇储备,维护本地区的经济金融稳定,弥补现有国际多边救援资金的不足。

2009年2月的13国财长会议上公布了《亚洲经济金融稳定行动计划》(简称《行动计划》),该计划有三项主要内容:

一是扩大共同储备基金的规模,将共同储备基金由2008年提议的800亿美元扩大到1 200亿美元,其中中国(含中国香港)、日本以及韩国分别出资384亿美元、384亿美元和192亿美元,所占份额分别为32%、32%和16%。东盟10国共出资240亿美元,所占份额共计20%。按照出资额决定投票权,共同出资80%的中日韩拥有外汇储备基金启动的决定权。

二是进一步加强区域监测体系,建立有效可靠的监测机制,以便清迈协议能及时启动。成立独立区域监测机构,促进客观的经济监测。

三是待监测机制实现有效运行后,无须IMF核准即可动用的互用的互换资金比重可由目前的20%提至更高比例。

《行动计划》为清迈协议多边机制的制度化建设做了准备,也是高层次货币合作的基础。2010年3月24日,清迈倡议多边化协议正式生效,东亚外汇储备库正式得以建立,储备库中的1 200亿美元用于解决区域内国际收支和短期流动性困难,以及对现有国际融资安排加以补充。根据协议,各国能以本国货币换取美元,互换额度为各国基金捐献数额乘以某个购买乘数,中日两国的购买乘数为0.5,在协议各国中最低,而像缅甸、柬埔寨、文莱、老挝和越南等小国,其乘数最高为中日两国乘数的5倍。东亚外汇储备库与正在建设中的独立区域经济检测机构构成了东亚货币基金的雏形。

2012年3月29日,在东盟"10+3"财长金边会议上,东亚13国同意将地区货币互换协议的规模扩大一倍至400亿美元,互换协议的出资比重依然不变。会上还就减少国际货币基金组织干预达成一致,计划将无须IMF核准即可动用的互用的互换资金比重从目前的20%提高至30%。

第二节 国际金融组织机构

国际金融组织机构大多是在第二次世界大战以后建立和发展起来的。国际金融组织机构是世界各国为从事国际金融业务、进行货币合作和协调金融货币政策建立的一种跨国组织机构。国际金融组织机构的建立,旨在稳定和发展世界经济,从事国际金融事务的协调和管理。世界性的国际金融机构主要有国际货币基金组织、世界银行、国际金融公司、国际开发协会等。区域性的国际金融机构主要有国际清算银行、亚洲开发银行、非洲开发银行、泛美开发银行以及阿拉伯货币基金组织等。两者作为国际性的金融机构在本质上是一致的,其差别主要在于从事国际金融业务的范围和有关职能,而不是业务活动的内容本身。

国际金融机构的建立,对加强世界各国在经济、金融等方面的合作,对世界经济和地区经济的发展都起到了非常积极的作用。特别是随着国际间合作的不断加深和世界经济的不断繁荣,国际金融机构的地位和作用显得愈来愈重要。

一、国际货币基金组织

(一)国际货币基金组织的建立及宗旨

国际货币基金组织(International Monetary Fund,IMF)是根据1944年联合国国际货币金融会议通过的《国际货币基金协定》建立的,于1945年12月27日正式成立,并于1947年11月15日成为联合国的一个专门机构,其总部设在华盛顿,在成立初期基金组织的成员国共有39个,至2009年,已增至186个,几乎遍布世界各地,成为全球性的金融机构。

国际货币基金组织在成立时制定了六条宗旨:

(1)建立一个永久性的国际货币机构,以促进国际货币合作。

(2)促进国际贸易的扩大和均衡发展,借以提高成员国就业和实际收入水平,开发成员国的生产资源。

(3)促进汇价稳定,维持成员国间有秩序的外汇安排,避免竞争性的货币贬值。

(4)协助成员国建立国际收支中经常账户的多边支付并消除妨碍世界贸易增长的外汇管制。

(5)为成员国融通资金,协助成员国克服国际收支困难。

(6)根据上述宗旨,缩短成员国国际失衡的时间,减轻失衡程度。

(二)国际货币基金组织的组织结构

国际货币基金组织的组织结构由理事会、执行董事会、总裁和业务机构所组成。

1. 理事会

理事会是国际货币基金组织的最高决策机构,由每一成员国各派一名理事和副理事组成,其任免由成员国本身决定。理事和副理事任期5年,理事通常由各国的中央银行行长或财政部长担任,有投票否决权。副理事只是在理事缺席时才有投票权。理事会的主要职权是:批准接纳新的成员国,批准基金组织的份额规模和特别提款权的分配;批准成员国货币平价的普遍调查;决定成员国退出基金组织及讨论国际货币制度的重大问题。

2. 执行董事会

执行董事会是基金组织负责处理日常业务工作的常设机构,由22名执行董事组成,任期两年。执行董事分指定和选派两种,指定的是由持有基金份额最多的5个成员国——美、英、德、法、日各委派一名,我国和沙特各委派一名。选派的是由其他会员国按选区轮流选派。执行董事会的职权是：接受理事会委托定期处理各种政策和行政事务，向理事会提交年度报告，并随时对成员国国家经济方面的重大问题，特别是有关国际金融方面的问题进行全面研究。

3. 总裁

总裁是基金组织的最高行政长官，下设副总裁协助工作。总裁负责管理基金组织的日常工作，任期5年。由执行董事会推选，并兼任执行董事会主席。总裁出席理事会和执行董事会，但平时没有投票权，只有在执行董事会双方票数相等时，才可投决定性的一票。

4. 业务机构

基金组织设有16个部门，负责经营业务活动，另外，基金组织还有两个永久性海外业务机构，它们是：设在巴黎的欧洲办事处和日内瓦办事处。

国际货币基金组织的重大问题都由理事会和执行董事会通过投票表决的方式做出决定。基金组织对投票表决权的规定是这样的：每一成员国都有250票的基本投票权，在基本投票权的基础上，按各成员国在基金组织中认缴的份额，以10万美元增加一票。因此，成员国投票权的多少，基本取决于该国认缴股份的多少。国际货币基金组织的一些重大问题，要有80%～85%的赞成票才能通过。美国在基金组织中认缴的份额最大，它所拥有的投票权占到全部投票权的20%以上，因此，美国在国际货币基金组织中拥有最大的表决权和否决权。

(三) 国际货币基金组织的业务内容

国际货币基金组织的主要业务活动包括：向会员国融通资金，向会员国提供各项咨询培训服务以及对会员国进行汇率监督。

1. 融通资金

(1) 资金来源。国际货币基金组织向成员国提供的资金主要来源有：成员国所缴纳的份额；借入资金和未分配净收入。

基金组织成立之初，成员国应缴纳的份额是按照下面公式计算出来的：

$$应缴份额 = (0.02Y + 0.05R + 0.10M + 0.10V)(1 + X/Y) \qquad (10-1)$$

式中：Y表示1940年的国民收入，R表示1943年的黄金和美元储备，M为1934—1938年期间的年平均进口额，V为同时期中出口的最大变化额，X为同时期中年平均出口额。按(10-1)式计算出来的数字再乘以90%，才是一国实际缴纳的份额。剩下的10%为基金组织的机构份额，用于追加小国的份额或向某些国家提供特别追加份额。为了使份额的确定与各国的国际收支状况更加密切，于是基金组织于20世纪60年代和70年代分别对上述公式做了一些修正。主要的修正之处包括两点：一是进出口额改为经常账户的支出和收入；二是扩大了经常账户收支变动的作用，缩小了国民收入和国际储备的作用。

份额是基金组织的最大资金来源。"牙买加协议"生效以前,份额的比例是这样规定的:25%以黄金缴纳,其余的75%以本国货币缴纳。1978年"牙买加协议"生效以后,以黄金缴纳的25%改用特别提款权或可兑换货币缴纳。

基金组织的另一资金来源是向成员国借款。目前借款也是以特别提款权计值。基金组织的借款具有很高的流动性,贷款人除国际清算银行以外,如发生国际收支困难,可提前收回贷款。1962年10月,基金组织根据"借款总安排"借得60亿美元,以维持美元汇率的稳定;1979年基金组织与13个成员国签订了补充资金贷款借款安排;1981年5月又与一些官方机构分别签订了扩大贷款资金借款;另外基金组织还与成员国签订双方借款协议,以扩大资金来源。

基金组织于1976年决定,将按市价出售黄金获得利润作为信托基金,向最贫困的发展中国家提供优惠贷款。

(2) 贷款的种类。

① 普通贷款。亦称普通提款权,是基金组织最基本的贷款,期限不超过5年,贷款累计数的最高额度为会员国所交份额的125%,贷款分两部分:储备部分贷款和信用贷款。储备部分贷款占成员国份额的25%,成员国提取这一部分贷款是无条件的,也不需支付利息。成员国用外汇或特别提款权缴纳的份额作保证。信用部分贷款占成员国缴纳份额的100%,共分四个档次,每个档次为份额的25%。成员国在申请第一档信用部分贷款时比较容易获得,一般只需做出借款计划便可得到批准。而二至四挡属于高信用贷款,贷款条件比较严格,成员国要借款必须提供全面的、详细的财政稳定计划,而且在使用时还必须接受货币基金组织的监督。

② 补偿与应急贷款。该项贷款分为补偿贷款和应急贷款两部分。补偿贷款是国际货币基金组织在1963年设立的专项贷款,用于对初级产品出口国的贷款,也称为出口波动补偿贷款。当成员国由于无法控制的因素而造成国家收支暂时困难时,可在普通贷款之外,申请此项贷款。贷款期限为3~5年,最高限额为成员国份额的100%。1987年基金组织设立了应急贷款,期限为3~5年,与补偿贷款类似,但贷款条件却不同。其使用条件是:只有接受备用安排或中期贷款或结构调整贷款的成员国才能使用应急贷款;成员国申请使用应急贷款,必须是由于成员国无法控制的不利因素造成了国际收支融资净需求增加。1988年,基金组织将上述两项贷款合称为"补偿与应急贷款"。

③ 缓冲库存贷款。缓冲库存贷款是国际货币基金组织提供的用于帮助初级产品出口国建立缓冲库存的资金,是1969年设立的一种专项贷款。当国际市场商品价格波动时,申请贷款的成员国就采取向市场抛售或从市场购入该项商品的办法来稳定价格。缓冲库存贷款最高限额为成员国份额的50%。其主要运用于以下三个方面:① 资助建立商品库存。② 为缓冲库存机构提供营运费。③ 偿还因缓冲库存所形成的短期债务。

④ 中期贷款。1974年9月,基金组织设立了中期贷款。目的是向出现以下两种国际收支困难的成员国提供比普通贷款数量更大、期限更长的资金援助,使成员国有足够的时间和资金实施适当的调整政策。这两种收支困难是指:第一,成员国在生产和贸易中出现结构性失衡,价格和成本发生较大的扭曲;或是生产和交换模式不能完全反映该国的相对优势,造成严重的国际收支失衡。第二,成员国的经济出现缓慢增长,国际收支状况疲弱妨碍实施积极的发展政策。成员国在使用普通贷款后仍不能满足需要时,才申请中期贷款。申请时需向基金组织提交一份贷款执行期间内的调整计划,规划中要定出调整的政策目标和为实现目标所采取的措施。此项贷款期限为4～10年,最高借款额为借款国份额的14%。

⑤ 补充贷款。设立于1979年2月,总计100亿美元,其中石油输出国组织提供48亿美元,有顺差的七个工业国提供52亿美元,帮助成员国解决巨额国际收支赤字问题。借款期限为3～7年,最高借款额可达到会员国份额的140%,每年偿还一次,贷款的备用期限为1～3年。

⑥ 扩大贷款。1981年5月,基金组织实行扩大贷款政策,设立了扩大贷款项目,此贷款目的和内容同补充贷款基本一致。

⑦ 信托基金贷款。此项贷款是基金组织对低收入国家的一项特殊帮助,资金来源于1976年的黄金拍卖及一些成员国的捐赠。基金组织按优惠条件向低收入发展中国家提供贷款。借款国须提供调整国际收支的适当计划,并经基金组织审核其国际收支、货币储备以及其他发展情况,证实其确有资金需求,便可获得此项贷款。每个贷款国可获得的借款相当于其份额的55.5%,贷款年利率为0.5%,期限为10年。

除上述几项贷款以外,基金组织还根据国际经济发展实际情况,先后设立了一系列贷款项目,有1986年用信托基金贷款偿还的本息设立的结构调整贷款;1987年年底设立的扩大结构调整贷款;还有为促使苏联及东欧国家经济转轨于1993年设立的体制转换贷款等。

2. 提供咨询培训等服务

除贷款业务以外,基金组织还向成员国提供培训、咨询服务,这些服务主要是通过国际货币基金学院和联合维也纳学院来提供的,为成员国培训专门人员,帮助成员国编辑出版各种反映世界经济及国际金融专题的刊物和书籍,向成员国提供宏观经济政策方面的咨询服务;对成员国提供有关国际收支、财政、货币、银行、外贸和统计等方面的咨询和技术援助。

3. 汇率监督

为使国际货币体系发挥更为有效的作用,国际货币基金组织要检查成员国是否与基金组织和其他各成员国进行合作,以保证做出有秩序的汇兑安排,并促进建立一个稳定的汇率制度。这就是国际货币基金组织的汇率监督功能。自国际货币基金组织建立以来，国际货币和金融体系发生了深刻的变化，国际货币基金组织监督汇率的具体内容也在不断变化。

布雷顿森林体系实行的是固定汇率制度。在布雷顿森林体系下，国际货币基金组织的各成员国必须依据黄金的官价（1 盎司黄金等于 35 美元）确定本国货币同美元的兑换比率，即确定本国货币的平价（Par Value 或 Parity），并承担将本国货币汇率的市场波动维持在平价上下各 1% 的幅度以内的责任与义务。而且各国货币平价的任何改动都必须经过国际货币基金组织的批准。由于布雷顿森林体系下各国货币的汇率相对稳定，所以当时国际货币基金组织在汇率监督方面主要是督促并帮助各成员国维护各自的货币平价。

布雷顿森林体系崩溃后，黄金的官价不复存在，国际货币基金组织各成员国普遍采用浮动汇率制度，自行决定本国货币的汇率。在这样的形势下，国际货币基金组织在决定各成员国货币汇率方面的作用大大削弱，但在监督各国货币的汇率安排和汇价波动上的权力得到了加强。

根据《国际货币基金协定》第四条的有关规定，为了"提供一个便利国与国之间商品、劳务、资本的交流和保持经济健康增长的体制"，为了"继续发展保持金融和经济稳定所必要的秩序的基本条件"，国际货币基金组织应督促"各成员国保证同基金组织和其他成员国进行合作，以保证有秩序的外汇安排，并促进一个稳定的汇率制度"。这就是说，国际货币基金组织负有"监督国际货币制度，以保证其有效实行"的职责。为此，国际货币基金组织"应对各成员国的汇率政策行使严密的监督，并制定具体原则，以在汇率政策上指导所有成员国"。

《国际货币基金协定》还规定，国际货币基金组织指导各成员国汇率政策的原则应该符合各成员国用以确定本国货币对其他成员国货币比价的合作安排，应该符合各成员国根据基金组织的目标选择的其他汇率安排，还应该尊重各成员国国内的社会和政治政策。在执行这些原则时，国际货币基金组织要对各成员国的境况给以应有的注意。

国际货币基金组织对各成员国汇率安排进行监督并给予必要的指导，主要是为了推动各成员国对其国际收支失衡进行有效的调整，消除汇率安排上的不公平竞争，防止操纵汇率进而操纵国际货币体系的行为，避免世界范围内汇率安排的混乱，以维持各国货币币值稳定，保证国际货币制度的有序性。为此目的，国际货币基金组织还会同有关国家协调一致地对外汇市场进行必要的干预，同时指导这些成员国制定或调整其对内对外经济政策，帮助这些成员国应对和克服它们所面临的财政金融困难，实现国民经济的结构调整，以及增加就业、发展经济的目标。

近年来，国际货币基金组织除了密切关注主要国家货币的汇价波动，努力采取各种措施减小这种波动对世界经济增长造成的冲击外，更加注重世界范围的区域经济合作问题，环境保护问题，各成员国的经济增长、结构调整、生产发展、人力资源开发、收入分配以及教育、卫生、文化等社会进步问题。因为这些问题会对各成员国的宏观经济表现产生直接的或间接的影响,进而影响到它们的对外经济政策和整个国际货币体系的稳定性。

亚洲金融风暴期间,长期以来实行"钉住"汇率制的东南亚国家发生了严重的货币金融危机,东南亚国家的货币(如泰铢、马来西亚元)等受到了极大的冲击,这些国家的整个经济发展遭到了严重挫折,甚至出现了明显的倒退。所有这一切充分暴露出"钉住"汇率制的弊端,暴露出这些国家金融银行体系的脆弱性以及整个国民经济结构严重失衡的弊端。这就提出了既要坚持经济开放的大方向,进一步推进货币的自由兑换,同时又要建立相对完善的金融监管机制,提高金融监管的透明度和效率,减缓或防范国际短期资本对各成员国金融银行体系的恶意冲击,保持经济增长的稳定性的要求。鉴于此,国际货币基金组织目前正在集中致力于研究资本项目下的资本自由流动尤其是短期资本流动同成员国金融银行体系的稳定与安全之间的关系问题。

国际货币基金组织主要通过以下两条途径行使其汇率监督功能:一是同各成员国定期磋商;二是就世界经济发展及国际资本市场和国际金融体系的运行中出现的一系列重大问题展开多边讨论。通过建立同各成员国的定期磋商机制,国际货币基金组织可以系统地考察每个成员国经济政策的制定和执行情况及其经济发展现状,还可以建立起与各成员国的紧密协作关系,贯彻基金组织对有关成员国的具体政策,指导和帮助这些成员国完成经济结构和经济政策的调整,实现稳定其货币汇率的目标。

二、世界银行集团

世界银行集团(World Bank Group)内有五个机构:第一个是国际复兴开发银行(International Bank for Reconstruction and Development,IBRD),即世界银行;第二个是国际开发协会(International Development Association,IDA);第三个是国际金融公司(International Finance Company,IFC);第四个是解决投资争端国际中心(International Center for Settlement Disputes,ICSD);第五个是多边投资担保机构(The Multilateral Investment Guarantee Agency,MIGA)。这五个机构统称世界银行集团。

(一)国际复兴开发银行

1. 国际复兴开发银行的建立和宗旨

国际复兴与开发银行,简称"世界银行",它是布雷顿森林体系的产物。1944年7月布雷顿森林会议通过国际货币基金组织协定的同时,还通过了《国际复兴开发银行协定》。1945年12月,世界银行宣告成立,并于1946年6月25日开始正式营业,总部设在美国华盛顿,并在巴黎、纽约、伦敦、东京、日内瓦等地设有办事处。世界银行成立之初有39个成员国,按规定,凡参加世界银行的国家首先必须是国际货币基金组织的成员,目前世界银行已拥有186个成员国。

世界银行的宗旨:

(1) 通过使投资更好地用于生产事业的办法以协助会员国境内的复兴与建设,以及鼓励欠发达国家建设生产设施与开发资源。

(2) 利用担保或参加私人贷款及其他私人投资的方式,促进外国私人投资。

(3) 用鼓励国际投资以发展会员国生产资源的方式,促进国际贸易长期均衡地增长,并保持国际收支的平衡。

(4) 就本行所贷放或担保的贷款而对与通过其他渠道的国际性贷款有关者做出安排。

(5) 在执行业务时恰当地照顾到国际投资对各会员国境内工商业状况的影响,在紧急的战后几年内,协助促使战时经济平稳地过渡到和平时期的经济。

2. 世界银行的组织结构

世界银行的组织结构由理事会、执行董事会、行长和业务机构所组成。

(1) 理事会。世界银行是按股份公司的原则建立起来的国际金融机构。其最高权利机构是理事会,理事会由每一成员国各派一名理事和副理事组成,理事和副理事任期5年,理事通常由各国的中央银行行长或财政部长担任。理事会的主要职权是:批准接纳新的成员国,增加或减少银行资本;停止成员国资格;裁决董事会在解释银行协定方面发生的争执以及决定银行净收益的分配。

(2) 执行董事会。世界银行负责处理日常业务的机构是执行董事会。执行董事会由22人组成,其中5人由持有股份最多的美、英、德、法、日分别指派,我国在1980年恢复在世界银行的合法席位后也单独指派1名,其余的由其他会员国按地区组成选区轮流推举产生。执行董事会行使理事会赋予的职权。

(3) 行长。行长是世界银行的最高行政长官。由执行董事会选举产生,负责领导银行的日常工作以及任免银行的高级职员和工作人员。行长兼任执行董事会主席。任期5年,没有投票权,只有在执行董事会双方票数相等时,才可投决定性的一票。

3. 世界银行的资金来源

世界银行的资金来源是成员国缴纳的股金、借入资金、留存净收益、贷款资金回流及债权转让收入等五方面。

(1) 股金。世界银行是由成员国入股方式组成的企业性金融机构。因此,凡世界银行的成员国都要认缴一定数额的股份。会员国认缴股份分为两部分:① 实缴股金;② 待缴股金。实缴股金占全部股金的20%,其中2%以黄金或美元支付,世界银行可以行使自由使用,另外18%以本国货币在申请加入世界银行时直接支付,世界银行要将这部分股金用于贷款必须征得该成员国的同意。近年由于世界银行几次增资,使得上述比例分别下降至3%、0.3%和2.7%。待缴股金在世界银行催缴时,以黄金、美元或世界银行需要的其他货币支付。

(2) 借入资金。世界银行的自有资金远远不能满足其贷款资金的需求,因此,世界银行的大部分资金是通过发行债券等方式筹集的。世界银行主要采取以下两种方式向各国及国际金融市场发行债券筹集资金：① 直接向成员国政府、政府机构或中央银行发售中、短期债券；② 通过投资银行、商业银行等中间包销商向国际资本市场发行债券，这类债券期限较长。目前这两种方式中，后者占的总额比重更大。

（3）留存净收益。世界银行另一资金来源是业务收益。收益扣除支出即为业务净收益。业务净收益不分配给股东，除赠予国际开发协会和撒哈拉以南非洲地区特别基金款项以外，都留作准备金。

（4）贷款资金回流。世界银行将到期收回的贷款资金，留作周转使用。

（5）债券转让收入。世界银行将一部分贷款项的债券转让给私人投资者，主要是商业银行，获得一部分资金，加快资金周转。

4. 世界银行的贷款业务

世界银行最主要的业务是向发展中国家提供贷款，到 1991 年，世界银行已向 142 个发展中国家发放了 2 030.54 亿美元的贷款。在 2008 年一年中，世界银行就为发展中国家的 303 个项目提供了 469 亿美元资金，并利用其自身的财务或技术力量帮助这些国家从事减贫工作。截止到 2009 年第一季度，世界银行已经参与了 1 800 多个项目的建设，这些项目几乎涉及所有部门和发展中国家。

从世界银行的贷款投放项目来看，20 世纪 70 年代以前，贷款的 2/3 用于投资资助基础结构项目，特别是运输的电力。70 年代以后，逐渐开始重视农业和农村发展项目投资。同时为了提高生产力，增加就业机会和减少贫困现象，对小型企业、教育、卫生、保健和营养、人口、城市发展和供水排水等项目增加了投资。近年来，世界银行又对能源项目、石油、天然气、电力等扩大了贷款的数额。

1984 年，世界银行将其贷款分为五大类：

（1）项目贷款。这是世界银行贷款的重点，用于特定的、有助于一国生产发展和经济增长的项目如交通、公用事业、农田改造、水利工程及教育项目的开发建设。项目贷款的期限一般为 4~9 年。

（2）部门贷款。部门贷款是由部门投资及维护贷款、部门调整贷款和中间金融机构贷款三部分组成。部门投资及维护贷款用于改善部门政策和投资重点，增强执行投资计划的能力。部门调整贷款是用于支持某一具体部门的全面政策和体制改革，它比结构调整贷款涉及的范围要小，如果借款国执行能力不强，总的经济管理和政策改革水平或国民经济规模不允许进行结构调整时，就选用这种贷款。中间金融机构贷款是指将资金贷放给借款国的中间金融机构如开发金融公司和农业信贷机构，再由中间金融机构转贷给该国的分项目，转贷利率和期限由中间金融机构自行决定，但必须符合世界银行的标准。

（3）结构调整贷款，设立于 1980 年的结构调整贷款属于非项目贷款。此项贷款用于帮助借款国在宏观经济、部门经济和经济体制等方面进行全面调整和改革,使其能有效地利用资金和资源,克服经济困难,解决国际收支不平衡的问题。

(4) 技术援助贷款。为了加强借款国有关机构制定发展政策和准备特定项目的能力,世界银行设立了技术援助贷款。贷款期限为 2~6 年。

(5) 紧急复兴贷款。紧急复兴贷款只在特殊情况下发放,以帮助成员国应付自然灾害和其他灾害造成的影响,进行重建工作。

另外,世行 1975 年 6 月还举办了"第三窗口"贷款,主要是为了解决发展中国家面临的严重资金困难问题。2009 财年,世界银行集团向拉美和加勒比地区受到金融危机冲击的国家提供了巨大援助,而其援助重点是保护贫困人口和脆弱群体。其中,世界银行和国际开发协会对拉美地区的援助增加 3 倍,达到 140 亿美元,支持了 64 个项目。

(二) 国际开发协会

国际货币基金组织及世行虽都以各种方式向成员国提供贷款,但由于这两个机构的贷款要求比较高,一般都以有偿还能力作为贷款条件,贫穷的发展中国家往往得不到贷款,这些发展中国家强烈要求建立一个新的国际金融机构,以便满足他们对大量低息或无息贷款资金的需求,在这些国家争取下,1958 年 2 月,美国提出设立国家开发协会的建议。1960 年 9 月,国家开发协会正式宣告成立。

国际开发协会是世界银行的一个附属机构,其组织形式也和世界银行相同。理事会为协会的最高权利机构,下设董事会负责日常工作,实际上协会和世界银行是两块牌子、一套人马,只不过是提供条件不同的贷款窗口。开发协会的经理、副经理都是世界银行的正副行长兼任。因此,"世界银行"一词常指国际复兴银行和国际开发协会。国际开发协会的资金来源于以下四个方面:① 成员国认缴的股本。② 成员国和其他资助国提供的补充资金和特别补充捐赠基金。③ 世界银行从其收益中拨下的赠款。④ 协会本身的资金回流。

国际开发协会的主要内容是提供贷款。主要是向较贫穷的发展中国家提供,用于经济效益低、时间长但具有较好社会效益的项目,如农业、教育、能源等。开发协会的贷款条件较世界银行优惠,期限达 50 年,不收利息,只收取少量的手续费。贷款期间头 10 年不必还本,第二个 10 年每年还本 1%,其余 30 年每年还本 3%;贷款可以全部或一部分用本国货币偿还,所以协会贷款被称为"软贷款"。

(三) 国际金融公司

国际金融公司与国际开发协会一样,是由于世界银行业务的需要而产生的国际金融机构。与开发协会不同的是,国际金融公司不是世界银行的附属机构,它有自己的办事部门和工作人员。公司的组织结构和世界银行一样,其正副经理和正副执行董事均由银行的相应人员兼任。除此之外,它还有权设立一些自己独立的管理机构和工作人员。

国际金融公司的建立宗旨是:通过鼓励成员国,特别是欠发达地区成员国的生产性私营企业的增长,以促进经济发展,并以此补充国际复兴银行的各项活动。

国际金融公司的资金主要来源于三个方面:① 成员国缴纳的股份,这是公司主要的资金来源,各成员国应交纳的股金大小与其在世界银行认缴股金成正比。② 向世界银行、国际金融市场借款。国际金融公司根据与世行签订的《贷款总协定》,每年可从世界银行以优惠条件获得一定数量的借款,公司还凭借其作为国际金融机构所具有的较高政治地位和一定的资信,在欧洲货币市场和其他市场上通过发行债券筹集资金。③ 国际金融公司业务经营的净收入。

国际金融公司的主要业务活动是向成员国私人企业提供贷款,并无须政府的担保。贷款期限一般为7~15年,利率一般高于世界银行,还款时须以原借入的货币偿还。国际金融公司办理贷款业务时,通常采用与私人投资者、商业银行和其他金融机构联合投资的方式,这种联合投资活动,扩大了国际金融公司的业务范围。

三、其他主要国际金融机构

(一)国际清算银行

1. 创建国际清算银行的目的

1930年5月,根据海牙国际协定,英、法、意、德、比利时、日本的中央银行及美国的三家商业银行共同联合组成国际清算银行,将总部设在瑞士的巴塞尔。创建国际清算银行的目的是为了处理第一次世界大战后德国赔款的支付和解决德国国际清算问题,后来随着业务的不断拓展,国际清算银行的宗旨转变为:促进各国中央银行间的合作,为国际金融往来提供便利,以及接受委托或作为代理人办理国际清算业务。

2. 国际清算银行的资金来源

国际清算银行的资金来源于以下三个方面:① 成员国交纳的股金。国际清算银行成立时,法定股金有5亿法郎,以后经过几次增资,该行资金的4/5掌握在各成员国的中央银行手里,1/5为私股。② 借款。国际清算银行为补充其自有资金不足,一般向各国中央银行借款。③ 开展存款业务,大量吸收客户存款,存款在该行的资金来源中占的比重很大。

3. 国际清算银行的业务活动

(1)清算工作。国际清算银行作为国际清算中心,是欧洲经济合作组织、欧洲支付同盟、欧洲货币合作基金等多个国际机构的金融代理人。

(2)各种银行业务。国际清算银行在第二次世界大战后,业务不断拓展,扩展到办理各种银行业务,如存款、贷款、贴现、黄金储存和买卖、外汇和债券等,涉及面十分广泛。清算银行在办理黄金储存时,给予一定利息,因此一些国家的中央银行将一部分黄金存放该行,赚取利息。

国际清算银行每月的第一个周末在巴塞尔举行西方主要国家中央银行的行长会

议,商讨有关国际金融方面的重要问题,对西方的货币金融市场起着重大的影响作用。

（二）亚洲开发银行

1. 亚洲开发银行的建立和宗旨

根据联合国亚洲及远东经济委员会的决议,亚洲开发银行(Asian Development Bank, ADB)于1966年11月成立,并于同年12月正式营业,总部设在菲律宾的马尼拉。凡是亚洲及远东经济委员会的会员或准会员,亚太地区其他国家以及该地区以外的联合国及所属机构的成员均可参加亚洲开发银行。

2. 亚洲开发银行资金来源与构成

亚洲开发银行资金主要有三个来源：

(1) 成员国认缴的股本。亚洲开发银行是股份制企业,凡成员国都必须认缴该行股本。亚行成立初期,法定股本为10亿美元。随着业务的不断拓展,亚行理事会对法定股本进行多次增资,截止到1995年,法定股本为525.85亿美元,其中成员国认缴股本总额为384亿美元,实缴33.7亿美元,待缴股本为350.3亿美元。

(2) 借款。亚洲开发银行主要是在国际资本市场发行长期债券筹措资金,也向各成员国政府以及其他国际金融机构借款,有时也向商业银行借款。

(3) 基金。基金又分为特别基金和开发基金。特别基金来源有二：① 各成员国认缴股本以外的投资。② 从成员国认缴股本中提取10%。开发基金,主要是指亚洲开发基金,设立于1974年6月,是由工业发达国家提供的,专门用于向亚太地区贫困会员国发放优惠贷款,其大部分由美国和日本提供。

3. 亚洲开发银行的业务和活动

(1) 提供贷款。亚洲开发银行的贷款按贷款条件划分,可分为硬贷款、软贷款和赠款三类。硬贷款是由亚行普通资金提供的贷款,贷款利率为浮动利率,每半年调整一次,贷款期限为10～30年,含宽限期2～7年。软贷款是指优惠贷款,仅提供给人均国民生产总值按1983年美元计算低于650美元的会员国,贷款期限40年,含10年宽限期,不收利息,只收1%的手续费。赠款主要用于技术援助,由技术援助特别委员会提供。

亚洲开发银行贷款按贷款方式划分,可分为项目贷款和规划性贷款。项目贷款是为会员国的具体建设项目提供贷款。规划性贷款是对会员国某个需要优先发展的部门提供贷款,目的是促进会员国调整产业结构或扩大生产能力。

(2) 股本投资。亚行于20世纪80年代初开拓股本投资这一新业务,它是通过购买私人企业或私人开发金融机构的股票,实现对发展中国家私人企业的融资。

(3) 技术援助。亚行对成员国的技术援助包括提供咨询服务、派遣长期或短期专家顾问团,协助拟订和执行开发计划等。亚行举办各种地区性活动,如亚洲农业考察、东南亚地区交通考察等。此外,亚行还以各种方式与其成员国开展政府对话,或提供方便,促进其成员国之间展开政府对话。

(三) 非洲开发银行

非洲开发银行创立于1964年9月,非洲开发银行是面向非洲的互助性国际金融机构,它是在联合国非洲经济委员会的资助下设立的,其总部设在科特迪瓦的首都阿比让。起初会员国只限于非洲国家,最近该组织放宽了限制,美国、日本等国先后加入了该组织,我国也于1985年5月加入,成为正式会员国。

非洲开发银行的宗旨是:向非洲会员国提供贷款,进行投资及技术援助,充分利用非洲大陆的人力和自然资源,以促进各国经济的协调发展和社会进步。非洲开发银行的最高权力机关是理事会,由各成员国指派一名理事和副理事组成。理事会每年开会一次,下设董事会负责日常工作。行长由董事会选举产生,任期5年,在董事会指导下开展工作。

非洲开发银行资金主要来源于成员国认缴的股本和现金。其资金运用于向会员国提供贷款,贷款种类可分为普通贷款和特别贷款。普通贷款是非洲开发银行用普通股本资金提供的贷款。特别贷款是用该行规定专门用途的特别基金提供的贷款。非洲开发银行先后建立以下四个直属机构:非洲开发基金、非洲投资与开发国际金融公司、尼日利亚信托基金、非洲保险公司。这些机构用来扩大该行的贷款能力,促进非洲国家的经济独立和加强区域性合作。

(四) 亚洲基础设施投资银行

亚洲基础设施投资银行(Asian Infrastructure Investment Bank,简称亚投行,AIIB)是一个政府间性质的亚洲区域多边开发机构,重点支持基础设施建设,成立宗旨在于促进亚洲区域的互联互通和经济一体化进程,并且加强中国及其他亚洲国家和地区的合作。总部设在北京。亚投行法定资本1 000亿美元。

2013年10月2日,习近平主席提出筹建倡议,2014年10月24日,包括中国、印度、新加坡等在内21个首批意向创始成员国的财长和授权代表在北京签约,共同决定成立亚洲基础设施投资银行。

截至2015年4月15日,亚投行意向创始成员国确定为57个,其中域内国家37个、域外国家20个。涵盖了除美、日和加拿大之外的主要西方国家,以及亚欧区域的大部分国家,成员遍及五大洲。其他国家和地区今后仍可以作为普通成员加入亚投行。

2015年6月29日,《亚洲基础设施投资银行协定》签署仪式在北京举行,亚投行57个意向创始成员国财长或授权代表出席了签署仪式,其中已通过国内审批程序的50个国家正式签署《协定》。

2015年8月24日,筹建亚投行第六次谈判代表会议以共识方式推选现任亚投行多边临时秘书处秘书长金立群为亚投行候任行长。根据亚投行协定有关规定,亚投行正式成立后,将在首次理事会上将候任行长选举为行长。

亚投行的业务政策：坚持国际性、规范性和高标准，确保专业运营、高效运作、透明廉洁。亚投行将借鉴现有多边开发银行在环境及社会框架、采购政策、项目管理、债务可持续性评价等方面好的经验和做法，制定严格并切实可行的高标准业务政策。同时，亚投行将避免其他多边开发银行曾走过的弯路，寻求更好的标准和做法，以降低成本和提高运营效率。

亚投行投资方向：作为由中国提出创建的区域性金融机构，亚洲基础设施投资银行主要业务是援助亚太地区国家的基础设施建设。在全面投入运营后，亚洲基础设施投资银行将运用一系列支持方式为亚洲各国的基础设施项目提供融资支持——包括贷款、股权投资以及提供担保等，以振兴包括交通、能源、电信、农业和城市发展在内的各个行业投资。

四、中国与国际金融机构的往来

（一）中国与国际货币基金组织的合作

中国是国际货币基金组织创始会员国之一，1980年以前，这一席位被台湾当局占据，1980年4月17日，基金组织正式恢复中国的合法地位，这标志着中国与国际货币基金组织合作关系的开始。IMF成员国认缴份额的多少主要取决于其在全球经济中所占比重。份额越大，在国际货币基金组织中的投票权也就越大。在中国恢复合法席位之初，份额为18亿特别提款权。1992年份额增至33.85亿，2001年2月，基金组织理事会批准将中国的份额从46.872亿特别提款权提高到63.692亿特别提款权。增资之后，中国的投票权占基金组织总投票权的比重从2.19%提高到2.95%。到2009年中国在IMF的份额上升至3.72%，排名第六。

中国在基金组织执行董事会拥有一个单独选区，可以选任一名执行董事参加基金组织的日常业务工作，中国人民银行是国务院授权主管基金组织事务机构，人行行长和主营国际业务的副行长任基金组织的正副理事。

1980年以来中国从基金组织共获得三笔贷款，累积13.53亿特别提款权。① 1980年中国向基金组织借入4.5亿的第一档信用贷款和3.05亿信托基金贷款，用于解决当时中国经济失衡、国际收益逆差扩大等问题。第一档信用贷款于1983年提前全部偿还。信托基金贷款也于1990年全部还清。② 1986年，中国又借入5.977 25亿特别提款权的第一档信用贷款。该款项也于1991年年底全部还清。

国际货币基金组织还向我国提供多次技术援助和人员培训。自1990年以来，基金组织以代表团访问、研讨班、专家访问的形式对中国提供了技术援助。技术援助侧重的宏观经济领域包括：财政政策和税收征管；商业和中央银行立法；货币工具和同业市场的建立；对外经常项目可兑换和统一的外汇市场；经济和金融统计；等等。在基金组织的帮助下，中国在建立外债管理指标和统一外债监测制度，改进中国国际收支编制方法，加强中央银行作用，推进税制改革和完善税收管理等方面都已取得很大进步。基金组织为中国官员提供的培训项目包括：金融分析与规划、国际收支、公共财政、政府财政、货币与银行、对外资本项目可兑换以及金融统计的编制方法。此外，中国官员还参加了基金组织在奥地利的维也纳联合学院举办的培训课程和研讨班。最后，中国人民银行与基金组织建立了中国－基金组织联合培训项目。

在接受 IMF 提供的技术援助和人员培训的同时，中国也积极配合基金组织的工作，为世界经济的稳定和繁荣做出努力，比如在此次东南亚金融危机风波中，中国对亚洲危机采取了"同舟共济"的态度，积极参与在国际货币基金组织框架下，对亚洲金融危机国家的资金援助计划，在亚洲金融危机时期，中国共提供了 20 多亿美元的资金援助。

（二）中国和世界银行集团的合作

中国是世界银行的创始会员国，1980 年 5 月，世界银行集团执行董事会才通过了恢复我国在该集团中合法席位的决策。从此，我国与世界银行的合作逐步展开、扩大，在许多领域取得了良好的成果。中国在世界银行中获得了相当一部分贷款，而且世界银行的经济发展学院还为中国培训了大批了解世界银行业务情况、熟悉专业知识的管理人才。

世界银行集团的贷款可分为硬贷款和软贷款。国际复兴开发银行的贷款由于贷款条件严格，贷款利率相对较高，被称为硬贷款，而国际开发协会发放的优惠贷款则被称为软贷款。中国从恢复与世界银行关系到 1996 年 6 月取得世界银行的软、硬贷款共 253.04 亿美元，贷款主要用于农业、林业、交通能源、工业、金融和文卫环保等项目。从中国与世界银行合作开始到 2005 年，这一期间中国成为世界银行最大的借款国，利用世行贷款 400 多亿美元，投资项目超过 280 个，项目成功率在世行较大的借款国中居于首位。除贷款项目以外，世行还在中国开展了内容广泛的研究、技术援助和培训活动。

（三）中国与国际金融公司的合作

1980 年至 1995 年上半年，国际金融公司在我国的投资项目已有 13 个，其中有深圳中华自行车公司、广州标致汽车及建材、电子等行业的一些项目，公司本身对华投资总额达 1.79 亿美元，国际金融公司对我国私人部门定义较宽，包括中外合资企业，集体企业（含乡镇）、私营企业和实行股份制的国有企业，这样支持了我国多种经济成分的发展。

本章复习思考题

一、主要名词概念

国际金融体系 国际金本位 布雷顿森林体系 特里芬难题 牙买加货币体系 黄金非货币化 货币一体化 EMS 马斯特里赫条约

二、思考题

1. 简述国际货币体系的主要内容。
2. 简述国际金本位制度的特点和崩溃原因。

3. 简述布雷顿森林体系的主要内容和崩溃原因。
4. 简述牙买加货币体系的主要内容。
5. 简述欧洲货币体系的主要内容。
6. 简述国际货币基金组织和世界银行的建立宗旨和任务。

三、讨论题

1. 谈谈你对欧元面世和"亚元"前景的看法。
2. 谈谈你对国际货币体系改革的思考。
3. 例举世界重大金融危机中国际货币基金组织的作用和局限性。
4. 试述亚洲基础设施投资银行创立的背景和对我国"一带一路"战略实施的重大影响。